AF859008

À nous d'écrire l'avenir

Eric Schmidt et Jared Cohen

À nous d'écrire l'avenir

Comment les nouvelles technologies bouleversent le monde

Traduit de l'anglais (États-Unis)
par Anatole Muchnik

DENOËL
IMPACTS

Titre original :
The New Digital Age

Éditeur original : Knopf, Random House Inc, 2013
© Google Inc et Jared Cohen

Et pour la traduction française :
© Denoël, 2014

À Rebecca, que nous remercions
pour ses idées et son soutien,
et Aiden, que nous jalousons pour la
technologie qu'il lui sera donné de voir.

«Tout le monde devrait se sentir concerné par l'avenir, parce que c'est là que nous allons passer le reste de notre vie.»

Charles F. KETTERING,
inventeur et homme d'affaires américain

Introduction

Internet est l'une des rares créations de l'homme qu'il ne comprend pas tout à fait[1]. Ce qui n'était au départ qu'un mode de transmission électronique de l'information — d'un ordinateur gros comme une maison à un autre ordinateur gros comme une maison — est devenu le réseau omniprésent et multifacétique de canalisation de l'énergie et de l'expression humaine. Impalpable et en mutation perpétuelle, il devient plus étendu et plus complexe à chaque seconde qui passe. C'est à la fois la source de bienfaits considérables et de maux potentiellement terrifiants, dont nous ne commençons qu'à peine à mesurer les effets sur le théâtre mondial.

Internet est la plus vaste expérience d'anarchie de l'histoire. À chaque minute, des centaines de millions d'individus créent et consomment un volume indicible de contenu numérique dans un monde en ligne qui n'est pas vraiment contingenté par des lois terrestres. Ce nouveau domaine d'expression libre et de circulation de l'information a produit le luxuriant paysage virtuel que nous connaissons aujourd'hui. Songez à tous les sites Internet que vous avez jamais consultés, à tous les e-mails envoyés, à toutes les

1. Cette phrase est tirée du discours donné par Eric Schmidt lors de la conférence JavaOne tenue en avril 1997 à San Francisco. La phrase d'origine était : « Internet est la première création de l'homme que l'homme ne comprend pas, la plus grande expérience d'anarchie que nous ayons jamais connue. » Nous avons adapté cette citation à ce que nous pensons aujourd'hui, c'est-à-dire qu'il ne s'agit pas de la première, mais d'« une des rares » créations parmi d'autres, comme les armes nucléaires, la machine à vapeur et l'électricité.

histoires lues en ligne, tous les faits parvenus à votre connaissance, les fictions que vous avez dénichées puis démythifiées. Songez à toutes les relations nouées, aux voyages planifiés, aux emplois trouvés, à tous les rêves nés, nourris et réalisés par le biais de cette plateforme. Voyez aussi ce qu'autorise l'absence de contrôle venu d'en haut : les arnaques en ligne, les campagnes de harcèlement, les sites de groupes haineux et les forums de terroristes. Internet est tout cela à la fois, le plus vaste espace non gouverné du monde.

À mesure que s'étendra cet espace, notre perception d'à peu près tous les aspects de l'existence va se transformer, de nos moindres activités quotidiennes aux questions plus fondamentales de l'identité, des relations humaines et même de la sécurité. Grâce à la puissance de la technologie, certains obstacles historiques aux échanges entre les hommes, comme la géographie, la langue ou la restriction de l'information, sont en train de s'effacer et une nouvelle vague de créativité et de potentiel s'apprête à déferler sur nous. L'adoption d'Internet par les masses a mis en route l'une des plus excitantes transformations sociales, culturelles et politiques de l'histoire, qui, à la différence des précédentes mutations, survient cette fois à l'échelon mondial. Jamais dans l'histoire un si grand nombre d'individus en un si grand nombre d'endroits ont eu tant de pouvoir au bout des doigts. Et si l'on peut difficilement y voir la première révolution technologique de notre histoire, c'est la première qui va permettre à quasiment tout le monde de s'approprier, de développer et de diffuser du contenu en temps réel sans dépendre d'intermédiaires[1].

Et nous ne sortons qu'à peine des starting-blocks.

La prolifération des technologies de l'information s'est faite à une cadence sans précédent. Dans la première décennie du XXIe siècle, on est passé de 350 millions[2] à plus de

1. L'imprimerie, le télégraphe, la radio, la télévision et la télécopie représentent chacun une révolution technologique, mais tous requièrent un intermédiaire.

2. Pour les chiffres de l'an 2000, voir : « Estimated Internet Users (World) and Percentage Growth », ITU World Telecommunication Indicators (2001), cité par Claudia Sarrocco et le Dr Tim Kelly, *Improving IP Connectivity in the*

2 milliards d'individus connectés à Internet dans le monde[1]. Le nombre des utilisateurs du téléphone portable est passé de 750 millions à largement plus de 5 milliards (on a aujourd'hui dépassé les 6 milliards)[2]. L'adoption de ces technologies gagne les coins les plus reculés de la planète, et, dans certaines régions du monde, la cadence ne fait qu'accélérer.

En l'espace d'une génération, le gros de la population mondiale sera passé en 2025 de l'absence quasi totale d'information directe à la maîtrise de toute l'information du monde par le biais d'un appareil qui tient dans la paume de la main. Si l'innovation technologique maintient sa cadence actuelle, la plupart des 8 milliards d'habitants que comptera alors la planète seront connectés[3].

Dans toutes les strates de la société, la connexion va continuer de devenir beaucoup plus abordable et plus facile. On accédera partout à des réseaux Internet sans fil à un prix infiniment plus bas qu'aujourd'hui. Cela nous rendra plus efficaces, plus productifs et plus créatifs. Dans le monde en voie de développement, les connexions sans fil gratuites dans les lieux publics et les réseaux de particuliers à haut débit se renforceront mutuellement, et l'on naviguera sur Internet là où la ligne téléphonique terrestre n'est pas encore arrivée. Des sociétés entières sont appelées à sauter une génération technologique. Et les appareils qui font aujourd'hui notre émerveillement finiront chez les antiquaires, comme aujourd'hui le téléphone à cadran.

Least Developed Countries, International Telecommunication Union (ITU), Strategy and Policy Unit, 9, consulté le 23 octobre 2012, http://www.itu.int/osg/spu/ni/ipdc/study/Improving%20IP%20Connectivity%20in%20the%20Least%20Developed%20Countries1.pdf.

1. Pour les chiffres de l'année 2010, voir : « Global Numbers of Individuals Using the Internet, Total and Per 100 Inhabitants, 2001-2011 », International Telecommunication Union (ITU), ICT Data and Statistics (IDS), consulté le 8 octobre 2012, http://www.itu.int/ITU-D/ict/statistics/.

2. Pour les chiffres des années 2000 et 2012, voir : « Mobile-Cellular Telephone Subscriptions », International Telecommunication Union (ITU), ICT Data and Statistics (IDS), consulté le 8 octobre 2012, http://www.itu.int/ITU-D/ict/statistics/.

3. Voir : « World Midyear Population by Age and Sex for 2025 », U.S. Census Bureau, International Data Base, consulté le 8 octobre 2012, http://www.census.gov/population/international/data/idb/worldpop.php.

À mesure que se répandra l'adoption de ces instruments, leur rapidité et leur puissance informatique augmenteront sans répit. Selon la loi de Moore, qui régit l'industrie de la technologie, les puces — les petits circuits imprimés constituant l'épine dorsale de tout appareil électronique — vont doubler leur vitesse de traitement tous les dix-huit mois. Cela signifie qu'un ordinateur en 2025 sera soixante-quatre fois plus rapide qu'il l'est en 2013. Une autre loi, celle de la photonique (la transmission de l'information), prédit que le volume des données que transportera la fibre optique, la voie la plus rapide de connectivité, doublera à peu près tous les neuf mois. Même si ces lois rencontrent un jour leurs limites naturelles, la croissance exponentielle qu'elles promettent ouvre des perspectives de graphisme et de réalité virtuelle qui rendront l'expérience en ligne aussi réelle que la vraie vie, peut-être même plus encore. Imaginez-vous disposant du holodeck, un environnement de réalité virtuelle dans lequel s'immergent les passagers du vaisseau spatial de la série *Star Trek*, capable de recréer un paysage littoral et d'y incorporer un concert d'Elvis Presley rien que pour vous. De fait, l'évolution technologique qui s'annonce promet de transformer en réalité scientifique une foule des notions les plus prisées de la science-fiction : voitures sans chauffeur, mouvement robotique induit par la pensée, intelligence artificielle (AI) et réalité augmentée pleinement intégrée, qui posera un revêtement visuel d'information numérique sur notre environnement physique. Tout cela viendra s'ajouter aux éléments de notre monde naturel pour les mettre en valeur.

Ainsi se dessine notre avenir, toutes ces choses sont déjà en train de se concrétiser, et le secteur informatique est aujourd'hui un domaine d'activité particulièrement excitant. Ce n'est pas seulement qu'on y invente et fabrique de nouveaux appareils épatants, ni qu'on y relève des défis technologiques et intellectuels sans précédent ; c'est surtout lié aux conséquences qu'auront ces développements sur le monde.

Les technologies de la communication offrent l'occasion de bouleversements aussi bien culturels que techniques. Le monde en ligne qui nous entoure va continuer de peser sur nos interactions et notre perception de nous-mêmes. Grâce à notre disposition pour la mémoire sélective, nous sommes capables d'adopter rapidement de nouvelles habitudes. On aurait bien du mal aujourd'hui à imaginer un monde dépourvu d'appareils mobiles. L'omniprésence des smartphones nous préserve de l'oubli à travers l'accès à tout un monde d'idées (malgré l'obstination de certains gouvernements à compliquer les choses), et soumet en permanence quelque chose à notre attention, même si ce quelque chose n'est pas toujours utile, peut-être même moins qu'auparavant. Le téléphone *intelligent* porte bien son nom.

À mesure que se poursuivra cette avancée sans précédent de la connectivité mondiale, nombre d'institutions et de hiérarchies anciennes vont devoir s'adapter sous peine d'obsolescence et d'inadaptation à la société moderne. Les combats auxquels nous assistons aujourd'hui dans de nombreuses entreprises, petites ou grandes, illustrent bien les changements profonds qui nous attendent. Les technologies de la communication vont continuer de transformer nos institutions, du dedans comme du dehors. Il nous sera de plus en plus facile de nous lier avec des individus très éloignés de nos frontières et de notre groupe linguistique, pour partager des idées, faire des affaires et nouer des rapports authentiques.

Chaque fois plus, l'immense majorité d'entre nous sera amenée à vivre, à travailler et à être gouvernée dans deux mondes à la fois. Dans le virtuel, nous serons tous pourvus de quelque type de connexion, très vite et par le truchement de tout un éventail de moyens et d'appareils. Dans le monde physique, nous resterons aux prises avec la géographie, les aléas de la naissance (certains naîtront riches dans un pays riche, la plupart naîtront pauvres dans un pays pauvre), la mauvaise fortune et les bons et les mauvais aspects de la nature humaine. Dans ce livre, nous entendons montrer de quelle façon le monde virtuel va rendre le monde physique meilleur, pire ou simplement différent, selon les cas. Parfois, ces mondes s'imposeront mutuellement certaines contraintes ; parfois, ils entreront en collision ; parfois, chacun intensifiera, accélérera et exacerbera certains phénomènes dans l'autre, au point que les différences quantitatives deviendront différences de nature.

À l'échelon mondial, l'effet le plus significatif de la banalisation des technologies de la communication sera la redistribution vers l'individu des pouvoirs aujourd'hui détenus par les États et les institutions[1]. À travers l'histoire, l'avènement de nouvelles technologies de l'information a toujours donné du pouvoir à de nouvelles catégories au détriment de celles qui le détenaient traditionnellement, le roi, l'Église ou les élites. Aujourd'hui comme alors, l'accès à l'information et à de nouveaux modes de communication offre au citoyen de nouvelles occasions de participer, de réclamer des comptes au pouvoir et de maîtriser sa propre destinée.

La propagation de la connectivité, notamment à travers le téléphone portable relié à Internet, est incontestablement l'exemple le plus courant et le plus significatif de ce basculement du pouvoir, ne serait-ce que par son ampleur. L'habilitation numérique sera, pour certains, la première expérience de responsabilisation de leur vie, qui leur permettra d'être entendus, considérés et pris au sérieux — tout cela grâce à un appareil bon marché qui se transporte dans la poche. Les gouvernements autoritaires seront amenés à constater qu'il est plus difficile de contrôler, de réprimer et d'influencer une population connectée, tandis que les États démocratiques se verront contraints d'intégrer à leurs affaires un grand nombre de nouvelles voix (celles des individus, des associations et des entreprises). Évidemment, les gouvernants ne manqueront pas de trouver le moyen d'exploiter ce nouveau degré de connectivité à leur avantage, mais par sa structure même, la technologie des réseaux aujourd'hui en place favorise réellement le citoyen, nous le verrons plus loin.

Alors, au bout du compte, ce transfert du pouvoir vers l'individu va-t-il accoucher d'un monde plus sûr, ou au contraire

1. Cette idée animait nos conversations depuis quelque temps, mais il a fallu que nous en discutions avec notre ami Alec Ross pour lui donner cette forme. Il en partage donc la paternité avec nous. Voir Alec Ross, « How Connective Technological Tech Boosts Political Change », CNN, 20 juin 2012, http://www.cnn.com/2012/06/20/opinion/opinion-alec-ross-tech-politics/index.html.

plus dangereux ? Le temps nous le dira. Nous ne découvrons qu'à peine les réalités du monde interconnecté : les bonnes, les mauvaises, et celles qui ont de quoi inquiéter. Pour avoir abordé la question depuis des perspectives différentes — celle de l'informaticien et celle du spécialiste de géopolitique et de sécurité —, nous savons tous deux que la réponse n'est pas déterminée. L'avenir prendra la forme que lui donneront les États, les citoyens, les entreprises et les institutions en assumant les nouvelles responsabilités qui leur échoient.

Dans le passé, les théoriciens des relations internationales débattaient de l'ambition des États — pour certains, la politique intérieure et extérieure des États visait à maximiser leur pouvoir et leur sécurité, pour d'autres, certains facteurs additionnels entraient en ligne de compte, comme le commerce et l'échange d'informations. L'ambition des États ne changera pas, c'est leur conception des moyens d'y parvenir qui le fera. Il leur faudra pratiquer deux versions de la politique intérieure et extérieure — l'une pour le monde physique « réel », l'autre pour le monde virtuel en ligne. Ces politiques paraîtront parfois contradictoires — les gouvernements feront peut-être dans l'un la chasse à des comportements qu'ils toléreront dans l'autre ; ils mèneront peut-être la guerre dans le cyberespace tout en préservant la paix dans le monde physique — mais les États seront confrontés aux nouvelles menaces et aux nouvelles contestations de l'autorité que permet la connectivité.

Pour le citoyen, exister en ligne signifie posséder diverses identités dans le monde physique *et* le monde virtuel. À bien des égards, ses identités virtuelles finiront par prendre le pas sur toutes les autres, car les traces qu'il laisse resteront à jamais sur le réseau. Et parce que nos posts, nos mails, nos SMS et tout ce que nous partageons en ligne façonnent l'identité virtuelle des autres, de nouvelles formes de responsabilité collective devront entrer en vigueur.

Pour les associations et les entreprises, la connectivité mondiale apportera aussi son lot d'opportunités et de défis. Une nouvelle exigence de responsabilité, commandée par les individus, contraindra ces acteurs à réviser leur fonctionnement et leurs plans, ce qui transformera aussi bien leur façon de procéder que la présentation de leurs activités au public. Ils rencontreront aussi de nouveaux concurrents, parce que l'inclusion technologique générale entraîne le nivellement du terrain de l'information et donc des opportunités.

À l'avenir, nul individu, du plus puissant au plus faible, ne sera tenu à l'écart de bouleversements appelés dans bien des cas à s'avérer historiques.

Notre première rencontre, à l'automne 2009, s'est déroulée dans des circonstances propices au rapprochement. C'était à Bagdad, où nous étions venus envisager avec les Irakiens de quelle façon la technologie pouvait contribuer à rebâtir une société. En sillonnant la ville d'un rendez-vous à l'autre avec des ministres, des chefs militaires, des diplomates et des entrepreneurs irakiens, nous avons vu un pays dont l'avenir et les perspectives de rétablissement tenaient à un fil. La venue d'Eric constituait la première visite en Irak du P-DG d'une grande entreprise technologique mondiale, et la présence de Google soulevait beaucoup d'interrogations. Nous-mêmes ignorions alors ce que Google pourrait y trouver ou y accomplir.

La réponse s'est immédiatement imposée. Partout où se posaient nos yeux, ils voyaient des appareils mobiles. C'était une surprise. L'Irak était alors en guerre depuis plus de six ans, depuis la chute de Saddam Hussein qui, dans sa folie totalitaire, avait interdit l'usage du téléphone portable[1]. Le conflit avait anéanti les infrastructures du pays, et la plupart des habitants ne disposaient pas d'accès viable à la nourriture, à l'eau et à l'électricité[2]. Les denrées les plus élémentaires étaient hors de prix. Dans certains endroits, la collecte des déchets n'était plus assurée depuis *plusieurs années*[3].

1. « Better than Freedom ? Why Iraqis Cherish Their Mobile Phones », *Economist*, 12 novembre 2009, http://www.economist.com/node/14870118.

2. « Iraq : Key Facts and Figures », BBC, 7 septembre 2010, http://www.bbc.co.uk/news/world-middle-east-11095920.

3. Zaineb Naji et Dawood Salman, « Baghdad's Trash Piles Up », Environmental News Service, 6 juillet 2010, http://www.ens-newswire.com/ens/jul2010/2010-07-06-01.html.

Surtout, la sécurité de la population, des dignitaires de l'État aux plus petits commerçants, n'était garantie nulle part. Sur l'interminable liste des urgences du pays, le téléphone portable semblait figurer bon dernier. Nous avons pourtant découvert que, malgré les problèmes pressants qui les accablaient, les Irakiens faisaient de la technologie une priorité.

Non seulement ils valorisaient les appareils qu'ils possédaient, mais ils y voyaient un potentiel immense pour améliorer leur existence et le sort de leur pays. Les ingénieurs et les entrepreneurs que nous avons rencontrés nous ont fait part de leur grande frustration devant l'impossibilité de se prendre en main. Ils savaient parfaitement ce dont ils avaient besoin — un réseau électrique fiable, une bande passante permettant le haut débit, des outils informatiques accessibles et des capitaux suffisants pour faire décoller leurs projets.

C'était la première fois qu'Eric se rendait dans une zone de guerre, alors que Jared ne comptait plus ses visites, mais l'un comme l'autre nous avons eu le sentiment que quelque chose d'important était en train de basculer dans le monde. Si les Irakiens aux prises avec la guerre avaient conscience non seulement des possibilités qu'apporterait la technologie, mais aussi de ce qu'ils comptaient en faire, combien de millions d'individus dans le monde possédaient la motivation et le savoir, mais pas l'accès ? Ce voyage a confirmé aux yeux de Jared que les gouvernants étaient dangereusement à la traîne en matière d'anticipation des changements (que par ailleurs ils redoutent), et qu'ils ne percevaient pas les possibilités qu'offrent ces nouveaux outils face aux difficultés qui les attendent. Eric, pour sa part, y a trouvé la validation de son pressentiment que l'industrie de la technologie avait beaucoup plus de problèmes à résoudre, et de clients à servir, qu'on ne le pensait.

Dans les mois qui ont suivi, il nous est clairement apparu qu'un gouffre sépare les connaisseurs de la technologie des individus qui ont la charge des grandes questions géopolitiques planétaires, et que personne n'a encore tendu entre eux de passerelle. Pourtant, la collaboration entre l'industrie de la technologie, le secteur public et la société civile offre un potentiel immense. Considérant la propagation de la connectivité dans le monde, nous avons été captivés par les questions que soulevait ce gouffre : qui à l'avenir sera plus puissant, le citoyen ou l'État ? La technologie rendra-t-elle les actes terroristes plus faciles à commettre, ou au contraire plus difficiles ? Comment s'articulent la vie privée et la sécurité, et dans quelle mesure faudra-t-il renoncer à l'une ou à l'autre pour entrer dans le nouvel âge numérique ? Comment évolueront la guerre, la diplomatie et la révolution une fois que tout le monde sera connecté, et comment faire pencher la balance du bon côté ? Quel rôle peut jouer la technologie dans la reconstruction des sociétés brisées ?

Notre collaboration a commencé avec la rédaction conjointe d'un rapport à l'intention de la secrétaire d'État Hillary Clinton sur les enseignements de notre voyage en Irak, puis elle s'est poursuivie au nom de l'amitié. Nous partageons la même vision du potentiel des plateformes technologiques dans le monde et du pouvoir qu'elles recèlent, et c'est d'elle que découle tout notre travail, aussi bien au sein de Google qu'ailleurs. Nous croyons que les plateformes technologiques modernes, comme Google, Facebook, Amazon et Apple, sont encore plus puissantes qu'on ne l'imagine, et que le monde est appelé à connaître de profonds bouleversements à mesure que toutes les sociétés les adopteront. Ces plateformes représentent un vrai changement de paradigme, qui n'est pas sans rappeler l'invention de la télévision, et leur force vient de leur capacité de croissance — et plus particulièrement de la vitesse à laquelle elles se développent. Rien, à part peut-être un virus, ne se répand de façon aussi rapide, efficace et agressive, et cela donne d'autant plus de pouvoir à ceux qui les bâtissent, les contrôlent et les utilisent. Jamais jusqu'ici un si grand nombre d'individus n'ont été connectés par un réseau instantanément réactif ; les possibilités d'action collective à travers des plateformes communes (en tant que consommateurs, créateurs, contributeurs et militants de tout type) changent réellement la donne. Les effets d'échelle de ce que nous connaissons bien aujourd'hui, du vidéoclip viral à la plateforme internationale de commerce électronique, ne sont qu'un aperçu de ce qui nous attend.

Ces effets d'échelle feront que tout ira plus vite dans le nouvel âge numérique, et cela aura des implications dans tous les domaines de la société, y compris la politique, l'économie, les médias, le commerce et les normes sociales. Cette accélération, couplée à l'interconnectivité que favorise la technologie d'Internet, va propulser la mondialisation dans une nouvelle ère — la mondialisation des produits *et* des idées. En tant qu'acteurs de l'industrie technologique, il est de notre devoir d'examiner en profondeur et avec honnêteté l'impact qu'auront nos actes sur la vie des gens et sur la société, parce que les gouvernements vont avoir le devoir croissant de créer des règles en synergie avec des individus et des entreprises qui avancent de plus en plus vite, repoussant parfois les limites à une telle cadence que les lois ne suivent pas. Les plateformes, les réseaux et les produits numériques lancés aujourd'hui ont un effet surdimensionné à l'échelon international. Alors si l'on veut comprendre de quoi sera fait l'avenir de la politique, des affaires ou de la diplomatie, parmi d'autres, il faut d'abord comprendre de quelle façon la technologie transforme ces domaines.

Le hasard a voulu que, au moment même où nous commencions à échanger nos idées sur l'avenir, une série de grands événements mondiaux soient venus illustrer les notions et les problèmes précis dont nous débattions. Le gouvernement chinois a lancé des attaques informatiques sophistiquées contre Google et des dizaines d'entreprises américaines ; WikiLeaks a fait irruption sur la scène internationale, rendant accessibles à tous des centaines de milliers de documents numériques confidentiels ; d'importants tremblements de terre en Haïti et au Japon ont ravagé des villes entières, mais suscité des réactions novatrices fondées sur la technologie ; et les révolutions du Printemps arabe ont secoué le monde par leur vitesse, leur force et leur effet contagieux. Chacun de ces événements turbulents a apporté un nouvel éclairage sur l'avenir que nous devons envisager.

Nous avons consacré beaucoup de temps à débattre du sens et des conséquences de ces événements, à prédire les tendances et élaborer des théories sur de possibles solutions technologiques. Ce livre est le fruit de ces conversations.

Dans les pages qui suivent, nous allons explorer l'avenir tel qu'il nous apparaît, riche de questions complexes et planétaires autour de la citoyenneté, du rôle de l'État, du respect de la vie privée et de la guerre, entre autres, au regard des complications et des solutions qu'apportera l'avènement de la connectivité mondiale. Nous décrirons autant que possible ce qu'il convient de faire pour canaliser le flux des nouveaux outils technologiques de façon à assurer l'information, l'amélioration et l'enrichissement de notre monde. Le changement induit par la technologie est inéluctable, mais à chaque étape nous pouvons exercer un certain contrôle sur la façon dont il s'accomplit. Vous trouverez dans ces pages des prédictions dont vous aviez l'intuition de longue date sans toutefois pleinement les admettre — comme les conséquences logiques de l'arrivée dans la guerre des drones commerciaux — et d'autres qui vous apparaîtront totalement neuves. Nous espérons que ces prédictions et nos recommandations vous stimuleront et vous inviteront à réfléchir.

Ceci n'est pas un livre sur les gadgets, les applis pour smartphone ou l'intelligence artificielle, même si tout cela sera abordé. C'est un livre sur la technologie, mais plus encore sur l'homme, sur sa façon d'interagir, d'adopter la technologie, de s'y adapter et de l'exploiter dans son milieu, aujourd'hui et demain, partout dans le monde. Surtout, c'est un livre sur l'importance du fait qu'une main humaine conduise l'avènement du nouvel âge numérique. Car toutes les possibilités que représentent les technologies de la communication, leur bon ou leur mauvais usage, ne dépendent que des individus. Oubliez ce qu'on raconte sur la prise du pouvoir par les machines. Ce qu'il adviendra ne dépend que de nous.

1

Notre avenir personnel

Bientôt, tout le monde sur Terre sera connecté. Avec 5 milliards d'arrivants annoncés dans le monde virtuel[1], le boom de la connectivité numérique aura des répercussions positives sur la productivité, la santé, l'éducation, la qualité de vie et une foule d'autres domaines du monde physique — et cela concernera tous les usagers, du sommet de l'élite à ceux de la base de la pyramide économique. Mais «être connecté» revêtira un sens très différent selon les individus, notamment parce que les problèmes qu'ils ont à résoudre n'ont rien de commun. Ce qui représentera pour certains un petit pas en avant — un smartphone à moins de 20 dollars — sera pour d'autres un changement aussi profond que de se rendre au travail dans une voiture sans chauffeur. On trouvera parmi les bienfaits de la connexion au monde virtuel un sentiment accru d'égalité — par l'accès aux mêmes plateformes, aux mêmes informations et aux mêmes ressources en ligne —, alors que persisteront les différences significatives dans le monde physique. La connectivité ne résoudra pas l'inégalité des revenus, mais elle allégera certaines de ses causes les plus intraitables, comme le manque d'accès à l'éducation et aux

1. Voir «The World in 2011: ICT Facts and Figures», International Telecommunication Union (ITU), consulté le 10 octobre 2012, http://www.itu.int/ITUD/ict/facts/2011/material/ICTFactsFigures2011.pdf. On y apprend qu'en 2011, 35 % de la population mondiale était connectée. Nous avons intégré les projections de croissance démographique pour atteindre le chiffre de 5 milliards d'arrivants dans le monde virtuel.

opportunités économiques. Il convient donc de situer l'innovation et de la célébrer dans son propre contexte. Tout le monde tirera profit de la connectivité, mais pas de la même façon, et c'est la forme que prendront ces différences au quotidien qui nous intéresse ici.

Efficacité accrue

Les nouvelles possibilités du monde virtuel vont huiler les rouages de notre monde physique. À mesure que la connectivité gagnera les recoins les plus reculés de la planète, de nouveaux usagers vont bonifier toute une gamme de marchés, de systèmes et de comportements aujourd'hui inefficaces, aussi bien dans les sociétés les plus avancées que dans les plus en retard. Cela entraînera d'importants gains d'efficacité et de productivité, notamment dans les pays en voie de développement dont l'isolement technologique et les mauvaises politiques entravent la croissance et le progrès depuis de nombreuses années ; on en fera plus avec moins.

Dans ces pays, la disponibilité d'appareils intelligents à bas prix, téléphones ou tablettes, aura une influence transformative. Considérons l'effet produit par l'apparition de simples téléphones portables dans la vie d'une communauté de pêcheuses congolaises[1]. Elles devaient jusqu'à présent apporter leur pêche au marché et la voir lentement se gâter au fil de la journée, alors qu'elles peuvent désormais la conserver vivante dans le fleuve en attendant l'appel de leurs clients. Une fois la commande passée, le poisson est sorti de l'eau et préparé pour l'acheteur. Pas besoin de coûteux réfrigérateur, pas besoin de veilleur de nuit, pas de risque de poisson défraîchi qu'il faut jeter (ou d'intoxication du consommateur), pas besoin de pêcher à l'excès. Le marché de ces femmes peut encore se développer si d'autres pêcheurs des environs se coordonnent avec elles par l'intermédiaire

1. Cet exemple théorique des pêcheuses nous vient d'une conversation avec Rebecca Cohen, et si nous l'avons resitué au Congo, c'est à elle qu'il appartient.

de leurs propres téléphones. À défaut d'économie de marché formelle (qui mettrait des années à se développer), un tel recours pour ces femmes ou l'ensemble de leur communauté n'est pas méprisable.

La téléphonie mobile est en train de transformer la façon dont nous accédons à l'information et l'exploitation que nous en faisons, et la cadence de l'adoption des portables s'envole. L'Afrique compte déjà plus de 650 millions d'usagers[1], et l'Asie près de 3 milliards[2]. La plupart possèdent un appareil rudimentaire[3] — ne permettant que les appels vocaux et les SMS — parce que le coût du service dans leur pays est souvent prohibitif, au point que même les possesseurs d'un téléphone connectable à Internet ou d'un smartphone ne peuvent en utiliser toutes les fonctions. Cela ne manquera pas de changer, et ces populations profiteront alors pleinement de la révolution du smartphone.

Plusieurs centaines de millions d'individus vivent aujourd'hui dans les mêmes conditions que leurs grands-parents, dans des pays où l'espérance de vie n'atteint pas soixante ans, parfois pas même cinquante[4], et rien ne garantit que leur situation politique et macroéconomique connaisse bientôt une amélioration réelle. La grande nouveauté dans leur existence et dans leur avenir, c'est la connectivité. Fait déterminant, ils vont pouvoir sauter l'étape technologique précédente — les modems à bas débit, par exemple — et passer directement à la connexion sans fil à haut débit, ce qui signifie que les transformations qu'apporte la connectivité surviendront encore plus vite qu'elles ne l'ont fait dans le monde développé. L'apparition de la téléphonie mobile pos-

1. «Africa's Mobile Phone Industry "Booming"», BBC, 9 novembre 2011, http://www.bbc.co.uk/news/world-africa-15659983.

2. «Key ICT Indicators for the ITU/BDT Regions (Totals and Penetration Rates)», International Telecommunication Union (ITU), ICT Data and Statistics (IDS), mis à jour le 16 novembre 2011, http://www.itu.int/ITU-D/ict/statistics/at_glance/KeyTelecom.html.

3. *Ibid.* Comparaison entre les abonnements à la téléphonie mobile et ceux au haut débit mobile en 2011.

4. «Country Comparison: Life Expectancy at Birth», CIA, World Fact Book, consulté le 11 octobre 2012, https://www.cia.gov/library/publications/the-world-factbook/rankorder/2102rank.html#top.

sède un effet beaucoup plus transformateur qu'on ne le suppose généralement dans les pays modernes. Le simple fait de se connecter ouvre instantanément l'accès par une seule voie d'entrée à la quasi-totalité des informations du monde, dans sa propre langue. Cela vaudra même pour un gardien de troupeau illettré du Serengeti dont la langue natale, le maa, ne s'écrit pas — il pourra s'enquérir verbalement des cours du jour sur le marché et repérer la proximité d'un prédateur par crowd-sourcing, son appareil lui livrant la réponse sous forme vocale[1]. Le téléphone portable va permettre à des personnes autrefois isolées d'en contacter d'autres, extrêmement distantes et très différentes d'elles-mêmes. Sur le plan économique, les nouveaux instruments à leur disposition leur permettront de développer leur activité et d'accroître leurs profits, comme l'ont fait de façon beaucoup plus localisée les pêcheuses congolaises précédemment évoquées.

Au-delà du téléphone portable, la connectivité offre aussi la possibilité de récolter les données et de les exploiter. Les données sont en elles-mêmes un instrument, et partout où des statistiques peu fiables concernant la santé, l'éducation, l'économie et les besoins de la population ont retardé la croissance et le développement, l'occasion de recueillir des informations va tout changer. Les bienfaits des données numériques rejaillissent sur l'ensemble de la société, parce qu'elles permettent aux gouvernements de mieux mesurer l'effet de leurs programmes et aux médias ou aux organisations non gouvernementales d'étayer leurs travaux et de vérifier les faits. Dans ses propres données, Amazon, par exemple, trouve la possibilité de mieux connaître ses détaillants et de mettre au point à l'aide d'algorithmes des crédits bancaires adaptés à chaque cas — alors que les banques traditionnelles leur ont parfois fermé la porte. L'expansion des marchés et l'amélioration des indicateurs contribuent à rendre l'économie plus saine et plus productive.

1. L'un des auteurs a passé l'été 2001 dans un village perdu, où il n'y avait ni électricité ni eau courante, et pas le moindre téléphone portable ou filaire. Quand il y est retourné à l'automne 2010, les femmes maasaïes cousaient de très belles pochettes ornées de perles pour ranger leur téléphone portable.

En matière de gadgets et d'engins technologiques, le monde en voie de développement ne sera pas tenu à l'écart du progrès. Même si le coût des smartphones et des robots ménagers comme l'aspirateur reste élevé, les marchés illicites d'appareils électroniques contrefaits, tels que le réseau chinois du «*shanzhaï*»[1], ne manqueront pas de produire et de distribuer des imitations qui combleront le fossé. Et les technologies apparues dans le premier monde trouveront de nouveaux usages dans les pays en voie de développement. La «fabrication additive», ou impression 3D, permet littéralement d'«imprimer» des objets physiques à partir de leurs données tridimensionnelles en traçant leurs contours, couche ultrafine après couche ultrafine, au moyen de plastique liquide ou d'autres matériaux, jusqu'à ce que l'objet soit entièrement matérialisé[2]. Une gamme immense d'objets a déjà été produite de la sorte, notamment des téléphones portables personnalisés, des pièces de machines et même une réplique de motocyclette grandeur nature[3]. L'imprimante 3D aura forcément un effet considérable sur le monde en voie de développement, puisqu'elle permettra à ses habitants de fabriquer n'importe quel outil, n'importe quel objet dont ils ont besoin à partir de patrons numériques obtenus en *open source* — disponibles gratuitement sur Internet — au lieu d'avoir à attendre l'acheminement laborieux et incertain d'articles préfabriqués plus coûteux.

Dans les pays plus riches, l'impression 3D va devenir un partenaire idéal pour la fabrication avancée[4]. Les matériaux et les produits nouveaux seront exclusivement fabriqués à la demande à partir des indications d'Internet, par une machine

1. Nicholas Schmidle, «Inside the KnockoffTennis-Shoe Factory», *New York Times Magazine*, 19 août 2010, édition mondiale, http://www.nytimes.com/2010/08/22/magazine/22fake-t.html?pagewanted=all.

2. «The Printed World : Three-Dimensional Printing from Digital Designs Will Transform Manufacturing and Allow More People to Start Making Things», *Economist*, 10 février 2011, http://www.economist.com/node/18114221.

3. Patrick Collinson, «Hi-Tech Shares Take US for a Walk on the High Side», *Guardian* (Manchester), 16 mars 2012, http://www.guardian.co.uk/money/2012/mar/16/hi-tech-shares-us.

4. La fabrication dite «avancée» (*advanced manufacturing*) est celle qui recourt à la technologie de pointe. (N.d.T.)

manœuvrée par un opérateur spécialisé. Sans remplacer la fabrication massive et à faible coût que pratiquent de nombreuses industries, cela apportera une variété sans précédent aux produits que l'on utilise dans le monde développé.

Quant aux petites tâches quotidiennes de la vie, les systèmes d'information permettront aux habitants de ces pays d'en rationaliser un grand nombre, comme la blanchisseuse intégrée (lavage, séchage, pliage, repassage et triage) capable de faire l'inventaire des habits propres et de suggérer à l'usager une tenue adaptée au programme du jour par le truchement d'un algorithme. Se couper les cheveux sera enfin une activité automatisée, accomplie avec la précision des machines. Les téléphones, les ordinateurs portables et les tablettes se rechargeront sans fil, rendant l'encombrant chargeur obsolète. La centralisation de nombreuses activités de l'existence en un système simple, quasi intuitif, de traitement de l'information et de prise de décisions va supprimer tout sentiment d'effort de nos interactions avec la technologie. Dès lors que des garde-fous seront en place pour protéger notre vie privée et nous prémunir de la perte de données, ces systèmes nous délivreront d'une foule de petits tourments — les courses, les listes de choses à faire et les tâches de « surveillance » qu'elles comportent — qui assiègent aujourd'hui notre esprit du matin au soir. Nos propres limites neurologiques, qui nous font oublier et ignorer certaines choses, recevront le renfort de systèmes d'information conçus à la mesure de nos besoins. Il y a par exemple les prothèses de mémoire — qui conservent le planning et les listes de choses à faire — et les prothèses sociales, qui vous connectent instantanément à celui parmi vos amis qui possède l'expertise de la tâche à laquelle vous êtes confronté, quelle qu'elle soit.

Le recours à ces systèmes intégrés, qui concernera à la fois la sphère professionnelle et privée de notre existence, nous permettra chaque jour une meilleure utilisation de notre temps — que ce soit pour nous aménager un moment de « réflexion profonde », pour préparer un exposé important ou nous rendre pleinement disponibles pour le match de foot du petit dernier. Les moteurs de suggestion offrant des alternatives à l'usager dans ses recherches seront particulièrement utiles et stimuleront en permanence nos processus de pensée, ce qui au bout du compte n'endormira pas notre créativité, mais la renforcera. Évidemment, le monde sera rempli de gadgets, d'hologrammes permettant à votre version virtuelle de se trouver ailleurs, et d'une infinité de contenus qui vous procurera une foule de façons de flemmarder malgré tout — l'essentiel étant de pouvoir augmenter vos capacités aussitôt que vous choisirez d'être productif.

D'autres progrès s'annoncent, dans les domaines de la robotique, de l'intelligence artificielle (IA) et de la reconnaissance vocale, qui rendront notre existence plus efficace en simplifiant notre rapport au quotidien avec la technologie. Les robots à forme humaine entièrement automatisés et dotés de formidables aptitudes d'IA resteront probablement quelque temps inaccessibles au plus grand nombre, mais le consommateur américain moyen sera bientôt en mesure de posséder plusieurs robots multifonctions. La technologie qui sous-tend l'aspirateur Roomba d'iRobots, précurseur dans le domaine des robots « domestiques » grand public (apparu en 2002), ne va pas cesser de se perfectionner et de multiplier les fonctions. Divers types de robots domestiques devraient bientôt pouvoir assurer assez facilement d'autres tâches ménagères, y compris de petits travaux d'électricité et de plomberie.

À tout cela s'ajoute l'impact qu'auront sur notre existence les logiciels améliorés de reconnaissance vocale. Au-delà de la recherche d'information en ligne et de la transmission d'ordres à vos robots (déjà possibles aujourd'hui), le perfectionnement de la reconnaissance vocale offrira la possibilité de transcrire instantanément tout ce que vous produirez : courriels, notes, discours, dissertations de fin de trimestre. La plupart des gens parlant plus vite qu'ils ne tapent sur un clavier, nous serons nombreux à gagner du temps dans nos affaires courantes — sans compter que cela nous permettra peut-être d'échapper au syndrome du canal carpien. Le passage à la rédaction à travers la parole pourrait bien transformer le monde de l'écrit. Apprendrons-nous à parler en paragraphes, ou est-ce l'écriture qui adoptera nos schémas discursifs ?

L'accès à la technologie de reconnaissance gestuelle à usage quotidien est aussi plus proche qu'on ne le croit. Le Kinect de Microsoft, l'instrument sensoriel mains libres de la console Xbox 360 qui saisit et assimile les mouvements du joueur, est devenu en 2011 l'appareil d'électronique grand public aux ventes les plus rapides de l'histoire, avec plus de huit millions d'exemplaires après soixante jours de présence sur le marché. Les interfaces gestuelles ne vont pas tarder à quitter le domaine des jeux et du divertissement pour gagner des secteurs plus fonctionnels ; les écrans futuristes très remarqués dans le film *Minority Report* — où Tom Cruise utilise la technologie des gestes et l'imagerie holographique pour résoudre des enquêtes criminelles sur un ordinateur — ne sont qu'un début. À vrai dire, nous avons déjà dépassé ce stade-là — les travaux réellement intéressants portent aujourd'hui sur la conception de « robots sociaux » capables de reconnaître les mouvements de l'homme et d'y répondre, comme un jouet en forme de chien qui s'assied sur le simple geste d'un enfant[1].

D'ailleurs, si l'on regarde un peu plus loin, nous n'aurons peut-être même plus à bouger physiquement pour actionner ces robots. La technologie de commande par la pensée — qui ordonne le mouvement par simple processus mental — a fait ces dernières années des progrès très excitants. En 2012, une équipe japonaise de robotique a démontré qu'un individu allongé dans un appareil d'IRM (qui scanne le cerveau de façon continue pour mesurer des modifications du flux sanguin) pouvait contrôler un robot situé à des centaines de kilomètres en se contentant d'imaginer qu'il bougeait différentes parties de son corps[2]. Le sujet voyait ce que voyait le robot, grâce à une caméra installée sur la tête de ce der-

1. Sarah Constantin, « Gesture Recognition, Mind-Reading Machines, and Social Robotics », *H+ Magazine*, 8 février 2011, http://hplusmagazine.com/2011/02/08/gesture-recognition-mind-reading-machines-and-social-robotics/.

2. Helen Thomson, « Robot Avatar Body Controlled by Thought Alone », *New Scientist*, juillet 2012, p. 19-20.

nier, et s'il pensait à bouger le bras ou les jambes, le robot l'imitait quasi instantanément. Les perspectives qu'ouvre la commande par la pensée, pas seulement pour des « substituts » tels que des robots mais aussi pour des membres artificiels, sont particulièrement attrayantes pour des individus handicapés ou « enfermés » — ceux dont la moelle épinière a été endommagée, les amputés et les personnes rendues incapables de communiquer ou de bouger.

Plus d'innovation, plus d'opportunités

Vous ne serez pas surpris d'entendre que la mondialisation maintiendra sa cadence, et même qu'elle s'accélérera, à mesure que se répandra la connectivité. En revanche, vous le serez peut-être de découvrir à quel point votre monde va se rétrécir grâce à certains progrès technologiques relatifs à la multiplication des connexions et à l'interdépendance accrue entre les pays. La traduction instantanée des langues, les interactions sur la réalité virtuelle et l'édition collective en temps réel — ce qu'on appelle communément aujourd'hui les « wikis » — vont transformer les échanges entre les entreprises ou les organisations et leurs partenaires, leurs clients et leurs employés délocalisés. Certaines différences ne seront probablement jamais pleinement vaincues — les nuances culturelles ou les fuseaux horaires, par exemple —, mais la possibilité d'échanges entre individus géographiquement dispersés, avec une compréhension mutuelle quasi totale et sur des plateformes communes, va rendre ces interactions incroyablement naturelles.

La chaîne logistique des entreprises et d'autres types d'organisations va progressivement se désagréger, pas seulement du côté de la production, mais aussi de celui des personnes. L'amélioration de la communication entre différentes langues et différents pays va générer de la confiance et des opportunités pour les individus travailleurs et talentueux des quatre coins du monde. Il n'y aura rien d'inhabituel à ce qu'une entreprise de technologie française possède son équipe de vente en Asie du Sud-Est, ses ressources humaines au Canada et ses ingénieurs en Israël. Les obstacles bureaucratiques qui font aujourd'hui entrave à ce genre d'opération décentralisée, que ce soit à travers les visas ou la régulation des transferts d'argent, n'auront plus d'objet, ou alors on les contournera par des solutions numériques restant à découvrir. Un organisme de défense des droits de l'homme dont le personnel réside dans un pays soumis à de sévères sanctions diplomatiques paiera peut-être ses employés sous forme de crédit d'argent mobile ou dans une monnaie entièrement numérique.

Les emplois exigeant une présence physique deviendront de plus en plus rares, et les individus talentueux verront davantage d'options s'offrir à eux. Les jeunes Uruguayens compétents pourront concurrencer leurs homologues du comté d'Orange pour certains types d'emplois. Évidemment, tous les emplois ne sont pas automatisables, et tous ne peuvent s'accomplir à distance — mais ils sont quand même plus nombreux qu'on ne l'imagine. Et ceux à qui quelques dollars par jour suffisent pour vivre verront s'ouvrir une infinité d'opportunités d'augmenter leurs revenus. D'ailleurs, Amazon Mechanical Turk, une plateforme numérique de répartition du travail, nous fournit déjà un exemple d'entreprise qui sous-traite les petites tâches susceptibles d'être accomplies pour quelques cents par n'importe quel individu doté d'une connexion Internet. À mesure que les échanges virtuels gagneront en qualité, une série de métiers viendront étoffer la clientèle de la plateforme ; vous pourrez solliciter les services d'un avocat sur un continent et ceux d'un agent immobilier sur un autre. Les détracteurs de la mondialisation dénonceront cette érosion des monopoles locaux, mais nous serons bien avisés de l'accepter, parce que c'est ainsi que nos sociétés vont avancer et continuer d'innover. D'ailleurs, la connectivité va *aider* les pays à découvrir leur avantage compétitif — allez savoir si les meilleurs graphistes du monde ne se trouvent pas au Botswana, à l'insu du reste du monde.

Ce nivelage du terrain des compétences gagne le monde des idées, et l'innovation est appelée à provenir de plus en plus souvent des marges, de l'extérieur des bastions traditionnels de la croissance, à mesure que les individus établiront de nouvelles connexions et qu'ils apporteront des perspectives uniques à des problèmes difficiles, accélérant le changement. Cette collaboration, ce brassage entre différents secteurs au niveau international offrira aux meilleures idées toutes les chances d'accéder au sommet, où elles pourront être vues, envisagées, explorées, financées, adoptées et reconnues. Peut-être qu'un programmateur russe exerçant aujourd'hui le métier de professeur de physique à Novossibirsk sera amené à déceler dans la structure ludique du jeu très populaire Angry Birds un moyen d'améliorer les outils pédagogiques qu'il est en train d'élaborer pour ses élèves. Il lui suffira alors de trouver un jeu vidéo similaire en open source et de partir de là. À mesure que se développera le mouvement de l'open source (les gouvernements et les entreprises y trouvant un recours peu onéreux, et le contributeur y trouvant la reconnaissance et les opportunités économiques qui lui permettront de développer un mode de viabilité), notre programmateur russe disposera d'une immense réserve de plans pour s'instruire ou pour faire avancer ses propres travaux. Dans un monde totalement connecté, il aura de meilleures chances d'attirer le regard des personnes qui comptent, de se voir offrir un emploi ou un partenariat, ou de vendre sa création à une grande multinationale. Au pire, il aura l'occasion de mettre un pied dans la porte.

L'innovation pourra monter de la base au sommet, mais toutes les innovations locales ne fonctionneront pas à grande échelle, parce que certains entrepreneurs et inventeurs travailleront pour un public très ciblé, dont ils auront à résoudre les problèmes spécifiques. On le voit déjà aujourd'hui. Prenons le cas d'Anthony Mutua, ce jeune inventeur kenyan de vingt-quatre ans qui, au salon de la science de Nairobi en 2012, a présenté une puce de cristaux ultra-fins qui produit de l'énergie quand on la met sous pression[1]. Il l'a installée

1. « Shoe Technology to Charge Cell Phones », *Daily Nation*, mai 2012, http://www.nation.co.ke/News/Shoe+technology+to+charge+cell+phones++/-/1056/1401998/-/view/printVersion/-/sur34lz/-/index.html.

dans la semelle d'une chaussure de sport et a démontré qu'on pouvait recharger son téléphone portable rien qu'en marchant[1]. (Le fait qu'un innovateur comme Mutua soit en train de concevoir une puce qui transforme l'individu en centrale électrique ambulante nous rappelle le réel problème que constitue pour certains l'accès fiable à l'électricité abordable et, dans une moindre mesure, la courte durée de vie des batteries — et le fait que certains gouvernements ne se pressent manifestement pas de remettre en état le réseau électrique de leur pays.) La puce de Mutua est aujourd'hui sur le point d'accéder à la production de masse[2], et si cela permet d'en abaisser suffisamment le coût, ce sera l'une des plus brillantes inventions que personne n'utilisera jamais dans les pays riches, tout simplement parce que le besoin ne s'y fait pas sentir. Malheureusement, l'accès d'une population à une technologie dépend souvent de facteurs extérieurs, et même si le problème de l'électricité finit par trouver une solution (grâce au gouvernement ou aux citoyens), on ne peut pas deviner quelles nouvelles complications priveront certains groupes du niveau de connectivité et d'opportunité que connaissent les autres.

Le troisième pilier fondamental après l'innovation et l'opportunité — l'éducation — va connaître dans les prochaines décennies des bouleversements aussi profonds que positifs, à mesure que la connectivité croissante transformera les habitudes et offrira de nouvelles voies à l'apprentissage. La plupart des élèves seront extrêmement instruits en matière de technologie, parce qu'elle restera dans les programmes scolaires et que, dans certains cas, le cours traditionnel fera place à des ateliers plus interactifs. L'éducation sera un processus plus souple, qui s'adaptera au mode et au rythme d'apprentissage de l'enfant au lieu de prétendre que c'est l'inverse. Les élèves continueront de se rendre physiquement à l'école,

1. *Ibid.*
2. *Ibid.*

où ils se socialiseront et recevront les conseils d'orientation des professeurs, mais une part équivalente, voire supérieure, de ce qu'ils apprendront proviendra d'outils pédagogiques sophistiqués, dans l'esprit de ce que fait aujourd'hui la Khan Academy[1], une organisation à but non lucratif qui produit des milliers de petits films (le plus souvent dans le domaine des sciences et des mathématiques) qu'elle met gratuitement en ligne. La chaîne de la Khan Academy sur YouTube reçoit déjà des centaines de millions de consultations, à tel point que les enseignants américains y recourent de plus en plus et adoptent la méthode de son fondateur, Salman Khan — l'apprentissage modulaire adapté aux besoins de l'étudiant. Certains procèdent même à l'inversion qui consiste à remplacer le cours par le visionnage des vidéos à domicile[2] et à utiliser le temps passé en classe pour faire les devoirs traditionnels, comme la résolution d'un problème de mathématiques. À mesure que se répandront les outils numériques du savoir — Wikipédia, par exemple —, beaucoup de systèmes pédagogiques vont progressivement se focaliser sur la pensée critique et les facultés de résolution de problèmes, qui rendent moins important l'apprentissage par cœur.

Pour les enfants des pays pauvres, la connectivité qui s'annonce promet un nouvel accès aux outils éducatifs, même si ce ne sera clairement pas au niveau que nous venons d'évoquer. Les établissements scolaires demeureront en état de délabrement, les enseignants continueront de toucher leur paie sans forcément se présenter en classe et les livres et les fournitures resteront rares. Mais le nouveau terme de cette équation — la connectivité — offrira aux enfants qui auront accès aux appareils portables et à Internet l'occasion de profiter à la fois de l'expérience physique *et* virtuelle, même si dans le second cas ce sera de façon informelle et aux heures libres.

1. L'honnêteté nous oblige à signaler qu'Eric Schmidt appartient au conseil d'administration de la Khan Academy.

2. Clive Thompson, « How Khan Academy Is Changing the Rules of Education », *Wired Magazine*, août 2011, mis en ligne le 15 juillet 2011, http://www.wired.com/magazine/2011/07/ff_khan/.

Dans les endroits où l'État ne pourvoit pas aux besoins élémentaires, ou dans les régions accablées par l'insécurité, les technologies numériques de base offriront aux familles qui veulent donner une instruction à leurs enfants des options sûres et à bas prix, comme le téléphone portable. L'enfant privé de classe à cause de la distance, de l'insécurité ou du prix de l'école disposera d'un lien vital avec le monde de l'éducation s'il a accès à un téléphone portable. Et même pour ceux dépourvus d'accès mobile à Internet, certains services élémentaires comme le SMS et les serveurs vocaux interactifs (IVR, *interactive voice response*) pourront devenir source d'instruction. L'installation d'office dans les tablettes et les téléphones d'applications éducatives et de contenu de divertissement de qualité assurera l'accès à ces outils aux laissés-pour-compte de la bande passante. Quant aux enfants dont les classes sont surpeuplées, ceux qui manquent d'enseignants ou qui habitent un pays dont le programme éducatif national est volontairement limité, la connectivité par le biais des appareils portables servira de complément éducatif pour les aider à réaliser leur plein potentiel, quelle que soit leur nationalité. Dans les pays en voie de développement, de nombreux projets pilotes exploitent aujourd'hui la technologie mobile pour enseigner toute une gamme de matières et de compétences, notamment l'alphabétisation élémentaire des enfants et des adultes, l'acquisition d'une deuxième langue ou des cours universitaires avancés. En 2012, le MIT Media Lab a testé cette approche[1] en Éthiopie en distribuant des tablettes préprogrammées à des enfants en âge d'aller à l'école primaire sans leur fournir d'instructions ni de professeur[2]. Les résultats obtenus ont été extraordinaires : après quelques mois, ces enfants récitaient l'alphabet et lisaient des phrases entières en anglais. Tant que la connectivité ne sera

1. Nicholas Negroponte, « EmTech Preview: Another Way to Think About Learning », *Technology Review*, 13 septembre 2012, http://www.technologyreview.com/view/429206/emtech-preview-another-way-to-think-about/.

2. David Talbot, « Given Tablets but No Teachers, Ethiopian Children Teach Themselves », *Technology Review*, 29 octobre 2012, http://www.technologyreview.com/news/506466/given-tablets-but-no-teachers-ethiopian-children-teach-themselves/.

pas omniprésente, ce genre d'initiative demeurera forcément limité.

Imaginez l'effet de ces plateformes d'apprentissage par les tablettes ou les téléphones dans un pays comme l'Afghanistan, qui possède l'un des plus forts taux d'illettrisme du monde[1]. Que ce soit dans leur version simplifiée pour la téléphonie mobile ou celle plus sophistiquée pour l'usage en ligne, les plateformes numériques finiront par devenir imperméables à toute turbulence du milieu (instabilité politique, effondrement économique, peut-être même le mauvais temps) et capables de répondre aux besoins des usagers en toute circonstance. Alors, si l'éducation dans le monde physique restera aléatoire pour beaucoup, l'éducation virtuelle va peu à peu devenir l'option privilégiée. Et les élèves coincés dans des systèmes scolaires aux programmes trop restrictifs ou ne pratiquant que l'apprentissage par cœur vont avoir accès à un monde virtuel qui stimule l'exploration personnelle et la pensée critique.

Une meilleure qualité de vie

Outre l'ample gamme des progrès fonctionnels qui surviendront dans notre vie quotidienne, la connectivité de demain nous promet une panoplie sidérante d'améliorations de la « qualité de vie » : des choses qui nous rendront plus sains, plus sûrs et plus impliqués. Comme pour les autres bienfaits évoqués, l'accessibilité restera ici inégale, mais ces améliorations ne seront pas moins significatives pour autant.

Les appareils, les écrans et les différentes machines de votre appartement du futur n'auront pas seulement vocation d'utilité — ils vous offriront aussi des distractions, des loisirs choisis, de l'enrichissement intellectuel et culturel, de la détente et l'occasion de partager des choses avec d'autres. Le progrès déterminant qui s'annonce, c'est la personnalisation.

1. « Field Listing: Literacy », CIA, World Fact Book, consulté le 11 octobre 2012, https://www.cia.gov/library/publications/the-world-factbook/fields/2103.html#af.

Vous pourrez adapter vos appareils — et l'essentiel de la technologie qui vous entourera — à vos besoins, de façon à ce que votre environnement soit le reflet de vos préférences. On disposera de meilleurs modes de conservation des souvenirs que les traditionnels albums photo physiques ou en ligne, même si ces derniers ne cesseront pas d'exister. La vidéographie et la photographie de demain vous permettront de projeter toutes vos images animées ou fixes sous forme d'hologramme en trois dimensions. Plus remarquable encore, vous pourrez enregistrer la photo, la vidéo et le décor que vous souhaiterez sauvegarder dans un appareil holographique unique qui transformera votre salon en véritable galerie du souvenir. Un couple pourra recréer la cérémonie de son mariage pour les grands-parents malades qui n'ont pas pu y assister.

Vous seul, et pas le programme de télévision, déciderez quoi regarder sur vos divers écrans (LCD de haute qualité, projections holographiques ou appareil qui tient dans la main). Vous aurez au bout des doigts tout un univers de contenu numérique, constamment mis à jour, classé par préférences et par catégories pour vous permettre de trouver la musique, les films, les émissions, les livres, les revues, les blogs ou les œuvres d'art que vous aimez. L'usager deviendra plus influent que jamais sur les chaînes de divertissement ou d'information, à mesure que les producteurs de contenu basculeront du cloisonnement protectionniste vers des modèles plus unifiés et ouverts, car ils seront bien obligés d'adopter un nouveau business model s'ils entendent conserver leur audience. Les services comme Spotify, qui proposent aujourd'hui un vaste catalogue de musique gratuite en streaming, nous donnent un aperçu de ce que sera l'avenir : un contenu infini, disponible en permanence, sur à peu près n'importe quel appareil, et à coût très faible ou nul pour l'usager, sans nuire au circuit du droit d'auteur. Les barrières que rencontrent depuis si longtemps les créateurs de contenu sont aussi en train de tomber ; de la même façon que YouTube peut désormais lancer la carrière d'un artiste (ou en tout cas lui procurer une notoriété, même éphémère[1]), d'autres plateformes offriront aux artistes, écrivains, metteurs en scène et musiciens de tous pays l'accès à un public plus large. Créer des œuvres de qualité continuera de réclamer du talent, mais il sera plus facile de réunir une équipe qualifiée pour le faire – un animateur sud-coréen, une voix off des Philippines, un maquettiste mexicain et un musicien kenyan, par exemple – et le produit fini aura l'occasion de toucher un public aussi vaste que n'importe quelle grosse production hollywoodienne.

Nos divertissements seront par ailleurs beaucoup plus immersifs et personnalisés. L'utilisation de liens intégrés va faire passer les modes actuels de placement publicitaire pour passifs, voire maladroits. Si vous repérez à la télévision un pull qui vous plaît ou un plat que vous aimeriez cuisiner, les informations concernant les modalités d'achat ou la recette seront immédiatement disponibles, comme tout autre détail de l'émission que vous regardez, que cela concerne l'intrigue, les acteurs ou les lieux de tournage. Si, pris d'ennui, vous voulez vous accorder une heure de vacances, pourquoi ne pas profiter de votre caisson holographique pour aller faire un tour au carnaval de Rio ? Vous êtes stressé ? Allez donc passer un peu de temps sur une plage des Maldives. Vous trouvez que vos garnements se comportent comme des enfants gâtés ? Envoyez-les donc explorer le bidonville de Dharavi à Bombay. Vous êtes frustré parce que la rediffusion des Jeux olympiques répond à un autre fuseau horaire ? Munissez-vous d'un passe holographique pour un prix raisonnable et voyez les équipes féminines de gymnastique évoluer juste sous vos yeux, en direct. Grâce aux interfaces de réalité virtuelle et aux dispositifs de projection holographique, vous « participez » à ces activités pendant qu'elles ont lieu, comme si vous y étiez. Rien ne remplace la présence réelle, mais ce ne sera vraiment pas loin. Et beaucoup plus abordable. Ces

1. La renommée du chanteur K-pop coréen Psy a atteint des proportions mondiales quasiment du jour au lendemain quand son clip *Gangnam Style* est devenu la vidéo la plus regardée de l'histoire de YouTube sur un intervalle de trois mois.

technologies nouvelles vont vous apporter plus de stimulation, ou de détente, que jamais auparavant.

Vous gagnerez aussi en termes de sécurité, au moins sur la route. Si certains moyens de transport comme le tube supersonique et le vol spatial suborbital ne sont pas pour tout de suite, la banalisation de la voiture sans conducteur est imminente. Le parc automobile qu'a construit une équipe d'ingénieurs de Google et de l'université Stanford a accumulé des centaines de milliers de kilomètres sans connaître d'incident, et de nouveaux modèles s'apprêtent à le rejoindre sur les routes. On ne remplacera pas les conducteurs d'un coup, mais on commencera par leur offrir la «conduite assistée», qui leur permettra de mettre en marche l'automatisation quand ils le souhaiteront, comme le font les pilotes d'avion. Les pouvoirs publics américains ont déjà relevé le défi — en 2012, le Nevada est devenu le premier État à émettre un permis pour voiture sans conducteur[1], et la Californie a également reconnu le caractère légal du principe[2]. Imaginez les possibilités que cela créerait pour le transport routier longue distance. Au lieu d'éprouver les limites physiques du chauffeur en lui imposant des trajets de trente heures, l'ordinateur pourra prendre en charge les responsabilités essentielles et conduire le camion pendant que le chauffeur se repose.

Les progrès qui s'annoncent dans le domaine de la santé et de la médecine sont plus significatifs encore. Et grâce à l'essor de la connectivité, le nombre de bénéficiaires sera plus élevé que jamais dans l'histoire. Dans les projections qui tiennent compte de la propagation de la technologie

1. Chris Gaylord, «Ready for a Self-Driving Car? Check Your Driveway», *Christian Science Monitor*, 25 juin 2012, http://www.csmonitor.com/Innovation/Tech/2012/0625/Ready-for-a-self-driving-car-Check-your-driveway.

2. James Temple, «California Affirms Legality of Driverless Cars», The Tech Chronicles (blog), *San Francisco Chronicle*, 25 septembre 2012, http://blog.sfgate.com/techchron/2012/09/25/california-legalize-driverless-cars/; la Floride a approuvé une loi similaire : Joann Muller, «With Driverless Cars, Once Again It Is California Leading the Way», *Forbes*, 26 septembre 2012, http://www.forbes.com/sites/joannmuller/2012/09/26/with-driverless-cars-once-again-it-is-california-leading-the-way/.

numérique, des milliards d'individus supplémentaires vont profiter des progrès attendus dans la détection et le traitement des maladies, la gestion des dossiers médicaux individuels et la surveillance médicale personnalisée, qui leur offriront un accès plus équitable aux soins et à l'information.

Les fonctions de diagnostic de votre téléphone seront une chose du passé. (C'est-à-dire que la possibilité de scanner des parties de votre corps avec votre téléphone portable comme on scanne un code-barres sera une évidence.) Mais on ne va pas tarder à voir apparaître une flopée d'implants conçus pour veiller à votre santé, comme des robots microscopiques introduits dans votre système circulatoire pour surveiller votre pression, détecter la phase initiale d'un infarctus ou les prémices d'un cancer. Au cœur de la hanche en titane de votre grand-père logera une puce qui servira de podomètre et surveillera son taux d'insuline pour détecter tout début de diabète et qui sera même capable de contacter automatiquement les secours en cas de chute sévère. Un implant nasal vous préviendra aussi de la présence de toxines dans l'air et des signes avant-coureurs d'un rhume.

Ces accessoires vont finir par s'imposer comme l'a fait le pacemaker (dont le premier modèle a été posé dans les années 1950). Ils sont le prolongement logique des assistants médicaux personnels qui permettent aujourd'hui à l'usager de tenir les statistiques de l'exercice physique pratiqué, de surveiller les valeurs de son métabolisme et de tracer la courbe de son taux de cholestérol. En fait, la technologie médicale à ingérer existe déjà — c'est en 2012 que la Food and Drug Administration (FDA — instance américaine qui autorise la commercialisation des produits alimentaires et des médicaments) a approuvé le premier comprimé électronique[1]. Mis au point par une entreprise de biomédecine

1. Erin Kim, «"Digital Pill" with Chip Inside Gets FDA Green Light», CNN Money, 3 août 2012, http://money.cnn.com/2012/08/03/technology/startups/ingestible-sensor-proteus/index.htm; Peter Murray, «No More Skipping Your Medicine — FDA Approves First Digital Pill», *Forbes*, 9 août 2012, http://www.forbes.com/sites/singularity/2012/08/09/no-more-skipping-your-medicine-fda-approves-first-digital-pill/.

californienne nommée Proteus Digital Health, il transporte un capteur d'un millimètre carré[1] qui, une fois avalé, est activé par les acides gastriques et émet des signaux vers un petit relais externe (qui transmet à son tour les données à un téléphone portable)[2]. Le relais récolte des informations sur la réaction du patient à un médicament (à travers sa température, son pouls et d'autres indicateurs)[3], émet à l'intention des médecins des données sur la régularité des prises et même sur ce que le patient mange[4] Pour les individus atteints d'une maladie chronique et plus particulièrement les personnes âgées, cette technologie apportera de réels progrès : rappels automatiques qu'il faut prendre divers médicaments, possibilité de mesurer directement l'effet de ces derniers sur l'organisme et installation entre le patient et son médecin d'une boucle rétroactive instantanée, personnalisée et guidée par les données. Tout le monde ne souhaitera pas observer sa santé à ce point, et encore moins à travers les versions futures, plus riches de détails, mais très peu verront d'un mauvais œil que leur médecin dispose de ces données. Les « comprimés intelligents » et les implants nasaux deviendront aussi accessibles que le sont aujourd'hui les vitamines ou les compléments alimentaires. Sous peu, nous disposerons de systèmes individuels pilotés par un appareil portable qui décèleront immédiatement le moindre problème à partir de données récoltées par l'un des implants évoqués plus haut, et qui nous donneront à choisir entre plusieurs rendez-vous avec un docteur des environs auquel ils enverront (après consentement) toutes les données pertinentes concernant nos symptômes et nos indicateurs de santé.

La médecine régénérative saura faire pousser de nouveaux organes en remplacement de ceux fatigués ou malades d'un

1. *Ibid.*

2. Daniel Cressey, « Say Hello to Intelligent Pills : Digital System Tracks Patients from the Inside Out », *Nature*, 17 janvier 2012, http://www.nature.com/news/say-hello-to-intelligent-pills-1.9823 ; Randi Martin, « FDA Approves "Intelligent" Pill That Reports Back to Doctors », WTOP, 2 août 2012, http://www.wtop.com/267/2974694/FDA-approves-intelligent-pill-that-reports-back-to-doctors.

3. Cressey, art. cit., et Martin, art. cit.

4. Martin, *ibid.*

patient, à partir de matières synthétiques ou de ses propres cellules[1]. Au départ, le coût de ces pratiques en restreindra l'usage. Les greffons de peau artificielle, qui existent déjà, céderont la place à ceux développés à partir des propres cellules du patient. Dans les hôpitaux, on confiera de plus en plus de responsabilités aux robots, auxquels les chirurgiens délégueront les phases les plus difficiles de certaines procédures, celles exigeant un travail particulièrement délicat ou fastidieux ou celles requérant une palette très étendue de mouvements[2].

Les progrès de l'analyse génétique vont nous propulser dans l'ère de la médecine personnalisée. Grâce aux tests ciblés et au séquençage du génome (le décodage complet de l'ADN d'un individu), le médecin possédera davantage d'informations sur son patient[3], et donc sur ce qui peut lui être bénéfique, que jamais. Malgré les grands progrès de la science, les mauvaises réactions à un médicament prescrit demeurent l'une des premières causes d'hospitalisation et de décès. Les laboratoires pharmaceutiques développent aujourd'hui leurs produits sous l'angle de la « taille unique », mais cette pratique est appelée à disparaître à mesure que se développera le champ naissant de la pharmacogénétique[4].

1. Henry Fountain, « One Day, Growing Spare Parts Inside the Body », *New York Times*, 17 septembre 2012, http://www.nytimes.com/2012/09/18/health/research/using-the-body-to-incubate-replacement-organs.html?pagewanted=all ; Henry Fountain, « A First : Organs Tailor-Made with Body's Own Cells », *New York Times*, 15 septembre 2012, http://www.nytimes.com/2012/09/16/health/research/scientists-make-progress-in-tailor-made-organs.html?pagewanted=all ; Henry Fountain, « Synthetic Windpipe Is Used to Replace Cancerous One », *New York Times*, 12 janvier 2012, http://www.nytimes.com/2012/01/13/health/research/surgeons-transplant-synthetic-trachea-in-baltimore-man.html.

2. Des blocs opératoires robotisés sont déjà opérationnels dans certains hôpitaux des États-Unis et d'Europe.

3. Gina Kolata, « Infant DNA Tests Speed Diagnosis of Rare Diseases », *New York Times*, 3 octobre 2012, http://www.nytimes.com/2012/10/04/health/new-test-of-babies-dna-speeds-diagnosis.html?_r=1 ; Gina Kolata, « Genome Detectives Solve a Hospital's Deadly Outbreak », *New York Times*, 22 août 2012, http://www.nytimes.com/2012/08/23/health/genome-detectives-solve-mystery-of-hospitals-k-pneumoniae-outbreak.html; Gina Kolata, « A New Treatment's Tantalizing Promise Brings Heartbreaking Ups and Downs », *New York Times*, 8 juillet 2012, http://www.nytimes.com/2012/07/09/health/new-frontiers-of-cancer-treatment-bring-breathtaking-swings.html.

4. « One Size Does Not Fit All : The Promise of Pharmacogenomics », National

L'analyse génétique permettra de réduire la probabilité d'une réaction négative, d'augmenter les chances de guérison du patient et de fournir aux médecins et aux chercheurs davantage de données à étudier et à exploiter. On atteindra un jour le stade de la conception des médicaments sur mesure en fonction de la constitution génétique du patient, même si dans un premier temps seuls les plus riches en bénéficieront. Cela aussi est appelé à changer, car le coût de l'analyse génétique va passer sous le seuil de 100 dollars et tout ce que la planète comporte de biologique ou presque sera séquencé, permettant à une frange bien plus étendue de la population d'accéder à des diagnostics extrêmement spécifiques et personnalisés.

Les habitants des pays pauvres trouveront dans la connexion de base et l'accès au monde virtuel l'occasion d'améliorer leur qualité de vie, et dans le domaine de la santé plus qu'ailleurs. Même si leur environnement physique est frappé par l'insuffisance des soins, le manque de vaccins et de médicaments, la décomposition du système de santé et d'autres facteurs exogènes de crise sanitaire (comme les migrations internes à cause d'un conflit), les nouveaux usages du téléphone portable engendreront d'importants progrès sanitaires, grâce notamment à l'action d'individus et d'acteurs non gouvernementaux qui saisiront l'occasion de faire évoluer un système stagnant. Le phénomène est déjà en marche. Partout dans le monde en voie de développement, la révolution de la « médecine mobile[1] » — où le téléphone portable permet de relier le patient au médecin, de surveiller la distribution de médicaments et d'étendre le rayon d'influence des dispensaires médicaux — gagne du terrain à travers une gamme de jeunes entreprises technologiques, d'associations et d'entrepreneurs qui s'attaquent au problème à travers des solutions éminemment technologiques. Le téléphone

Center for Biotechnology Information, Science Primer, révisé le 31 mars 2004, http://www.ncbi.nlm.nih.gov/About/primer/pharm.html.

1. « mHealth in the Developing World », m+Health, consulté le 23 octobre 2012, http://mplushealth.com/en/SiteRoot/MHme/Overview/mHealth-in-the-Developing-World/.

portable sert aujourd'hui à suivre le parcours des cargaisons de médicaments et d'en vérifier l'authenticité, à partager les informations sanitaires élémentaires indisponibles à l'échelon local, à envoyer au patient des rappels concernant la prise de médicaments ou ses rendez-vous avec le médecin et à recueillir des données à partir desquelles les pouvoirs publics, les ONG et d'autres intervenants peuvent établir leurs plans d'action[1]. Les problèmes graves qui affectent le secteur sanitaire dans les régions pauvres, comme le manque de personnel dans les dispensaires, l'inaccessibilité des soins dans les endroits isolés, la rareté des médicaments ou leur mauvaise distribution et le manque d'information concernant les vaccins et la prévention des maladies, trouveront dans la connectivité des solutions au moins partielles.

À tout le moins, l'adoption du téléphone portable offre à l'usager une meilleure maîtrise de sa santé personnelle, même si l'appareil ne guérit évidemment aucune maladie en lui-même. Il peut servir à s'informer en matière de prévention comme de guérison. Ses fonctions peuvent servir d'outils élémentaires de diagnostic — il n'est certes pas doté des rayons X, mais d'un appareil photo et d'un microphone. Une femme peut prendre un cliché d'une lésion, ou enregistrer une quinte de toux, et envoyer le fichier à un médecin ou un professionnel de la santé, avec qui elle pourra dialoguer à distance, de façon efficace, pour un prix raisonnable et en toute confidentialité. Les recours numériques de ce genre ne remplacent pas idéalement un système de santé pleinement opérationnel, mais ils offrent en attendant de nouvelles informations et des possibilités d'échange qui atténueront au moins les carences plus profondes, enracinées depuis des générations.

1. Lakshminarayanan Subramanian *et al.*, « SmartTrack », CATER (Cost-effective Appropriate Technologies for Emerging Region), New York University, consulté le 11 octobre 2012, http://cater.cs.nyu.edu/smarttrack#ref3.

La frange supérieure

La connectivité profitera à tout le monde. Ceux qui n'en disposent pas du tout en disposeront un peu, et ceux qui en disposent déjà en auront encore plus. Pour le démontrer, imaginons que vous êtes un jeune habitant d'une ville américaine qui exerce une profession libérale. Voici à quoi pourrait ressembler une matinée ordinaire d'ici quelques dizaines d'années.

Vous n'êtes plus réveillé par un réveille-matin, en tout cas pas au sens traditionnel, mais par l'odeur du café, la lumière que laissent entrer les rideaux à ouverture automatique, et un léger massage du dos prodigué par votre lit high-tech. Il y a de fortes chances que vous soyez parfaitement frais et dispos, parce que votre matelas comporte un capteur qui surveille votre sommeil et détermine précisément à quel moment il peut vous réveiller sans interrompre un cycle de sommeil paradoxal.

Votre appartement est un orchestre électronique et c'est vous qui tenez la baguette. De simples mouvements du poignet et quelques instructions vocales vous permettent de contrôler la température, l'humidité, la musique d'ambiance et l'éclairage. Vous parcourez les nouvelles du jour sur des écrans translucides pendant qu'un costume fraîchement repassé sort de votre placard automatique parce que sur votre planning figure un rendez-vous important dans la journée. Alors que vous vous rendez à la cuisine pour prendre le petit déjeuner, les nouvelles du jour vous accompagnent, sous la forme translucide d'un hologramme qui vous précède dans le couloir, grâce à la détection de mouvements. Vous attrapez une tasse de café et un croissant, cuit à point dans votre four à humidité contrôlée — et parcourez vos e-mails sur une « tablette » holographique projetée sous vos yeux. Votre système informatique central vous soumet la liste des tâches que vos robots ménagers sont censés accomplir dans la journée, et vous validez le tout. Puis, constatant que vous allez tomber en panne de café dès mercredi, il vous suggère d'acheter un bocal de grand format actuellement en vente sur Internet. Et il vous propose aussi une sélection de commentaires sur d'autres types de café appréciés par vos amis.

Réfléchissant à tout cela, vous ouvrez les notes que vous avez prises en vue de l'exposé que vous êtes censé faire tout à l'heure devant d'importants clients étrangers. Toutes vos données — celles de votre vie privée comme celles de votre vie professionnelle — sont accessibles par tous vos appareils et stockées dans le nuage, un système de stockage numérique à distance d'une capacité quasi illimitée. Vous possédez plusieurs appareils numériques, différents et interchangeables ; l'un a la taille d'une tablette, un autre celle d'une montre à gousset, d'autres encore sont flexibles ou portables. Tout cela ne pèse pas lourd, opère à une vitesse incroyable sur des processeurs infiniment plus puissants que tout ce qui existe aujourd'hui.

Vous prenez une gorgée de café, persuadé que vous allez faire bonne impression sur vos clients. Vous avez le sentiment de déjà les connaître, même si vous ne les avez jamais vus en chair et en os puisque toutes vos rencontres se sont produites à travers une interface de réalité virtuelle. Vous dialoguez en fait avec des « avatars » holographiques qui reproduisent exactement les mouvements et les propos de vos clients. Vous comprenez parfaitement ce qu'ils disent et les besoins qu'ils expriment, et le logiciel autonome de traduction impeccable qui reproduit quasi instantanément le dialogue y est pour beaucoup. Ce genre d'interaction virtuelle en temps réel, à laquelle s'ajoute la possibilité de corriger ensemble certains documents ou projets et d'y collaborer, rend la distance géographique parfaitement négligeable.

En vous déplaçant dans la cuisine, vous vous cognez très fort l'orteil contre le coin d'un placard — aïe ! Vous prenez votre appareil portable et ouvrez l'application de diagnostic. Grâce à une puce minuscule qui émet des ondes sous-millimétriques à faible radiation[1], vous scannez votre pied,

1. Kevin Spak, « Coming Soon: X-Ray Phones », *Newser*, 20 avril 2012, http://www.newser.com/story/144464/coming-soon-x-ray-phones.html.

comme on le ferait aux rayons X. L'orteil n'est pas cassé, juste contusionné. Votre appareil vous invite à solliciter un deuxième avis auprès d'un cabinet médical des environs, mais vous refusez.

Il vous reste un peu de temps avant de vous rendre au travail — dans une voiture sans conducteur, bien entendu. Grâce à votre planning, elle sait chaque matin à quelle heure vous devez arriver au bureau et, tenant compte des prévisions de la circulation, elle transmet à la montre que vous portez au poignet un compte à rebours de soixante minutes. Le trajet sera aussi productif ou relaxant que vous le souhaiterez.

Avant de sortir, l'appareil vous rappelle qu'il faut acheter un cadeau d'anniversaire à votre neveu. Vous passez en revue ses suggestions, issues des données cumulées et anonymes d'enfants de neuf ans partageant son profil et ses centres d'intérêt, mais aucune ne vous inspire. Il vous revient alors une histoire que ses parents vous ont racontée et qui avait bien fait rire les plus de quarante ans : votre neveu n'avait pas compris l'allusion à la vieille excuse «le chien a mangé mon devoir»; comment un chien pourrait-il manger des données stockées dans le nuage[1] ? N'ayant pas connu l'école d'avant les manuels numériques et les cours en ligne, votre neveu avait si rarement été amené à utiliser du papier pour ses devoirs que la simple idée qu'on puisse «oublier» de faire ses devoirs *et* inventer une excuse de ce type lui avait semblé absurde. Après une brève recherche, vous achetez d'un seul clic un chien robot, auquel vous ajoutez quelques options susceptibles de lui plaire, comme un squelette de titane qui permettra à l'enfant de le chevaucher. Dans l'espace alloué à la carte de vœux, vous inscrivez : «Au cas où.» Le cadeau arrivera chez lui à l'heure de livraison que vous choisissez, à cinq minutes près.

Vous envisagez un instant de prendre un autre café, mais un appareil tactile intégré à la semelle de votre chaussure

1. Un dessin de Tom Cheney paru dans le *New Yorker* en 2012 exprimait une idée similaire. La légende disait : «Le nuage a mangé mon devoir.» Voir «Cartoons from the Issue», *New Yorker*, 8 octobre 2012, http://www.newyorker.com/humor/issuecartoons/2012/10/08/cartoons_20121001#slide=5.

vous picote doucement pour vous indiquer que si vous traînez, vous serez en retard à votre rendez-vous du matin. Vous saisissez alors une pomme en sortant, que vous mangerez sur le siège arrière de votre voiture sur le chemin du bureau.

Si vous appartenez à la frange supérieure de revenus mondiaux (comme la plupart des habitants des pays occidentaux), bon nombre de ces services technologiques vous sont directement accessibles, soit parce que vous les possédez vous-même, soit parce que vous êtes l'ami de personnes qui les possèdent. Sans doute aurez-vous reconnu dans ce tableau matinal certains éléments que vous avez déjà imaginés ou dont vous avez déjà fait l'expérience. Évidemment, il y aura toujours des gens beaucoup plus riches que vous qui disposeront d'options supplémentaires — ils n'auront probablement pas de voiture du tout et se rendront au travail dans un hélicoptère automatique à mouvement stabilisé, par exemple.

Nous rencontrerons encore certaines difficultés dans le monde physique, mais l'expansion du monde virtuel et des possibilités qu'il offre — de même que l'inclusion de 5 milliards d'esprits supplémentaires — signifie que nous disposerons de nouveaux modes d'acquisition des informations et d'allocation des ressources pour les résoudre, même si les solutions ne sont pas parfaites. Il y aura encore entre nous des inégalités significatives, mais la multiplication des interactions et l'application de meilleures politiques permettront d'atténuer ces écarts.

L'effet des progrès de la connectivité se fera sentir bien au-delà de la sphère individuelle; la coexistence du monde physique et du monde virtuel, avec ses aspérités et ses complémentarités, va considérablement influencer le comportement des citoyens et des États dans les prochaines décennies. Et tout ne sera pas forcément bon. Nous allons consacrer les chapitres qui viennent à la façon dont tout le monde — individus, entreprises, ONG, gouvernements et autres — gérera cette nouvelle réalité d'une existence dans deux mondes à la fois, où nous tirerons le meilleur et le pire de ce que chaque monde peut nous offrir au nouvel âge numérique. Chaque individu, chaque État, chaque organisation sera appelé à découvrir la formule qui lui est propre, et ceux qui navigueront le mieux dans cet univers multidimensionnel auront une longueur d'avance.

2

L'avenir de l'identité, de la citoyenneté et du journalisme de reportage

D'ici dix ans, la population du monde virtuel aura dépassé celle de la Terre. Nous serons à peu près tous représentés en ligne de multiples façons, ce qui créera des communautés dynamiques d'intérêts complémentaires qui figurent le monde et l'enrichissent. Toutes ces connexions produiront des masses considérables de données — certains parlent de « révolution des données » — et doteront le citoyen de capacités jamais imaginées. Pourtant, malgré tant de progrès, une réserve demeure, centrale et singulière : cette révolution des données aura pour effet de priver le citoyen d'une part importante de la maîtrise de ses informations personnelles dans l'espace virtuel, et cela sera lourd de conséquences dans le monde physique. Ce ne sera pas systématiquement vrai pour chaque usager, mais les conséquences à grande échelle seront profondes et elles redessineront le monde. L'individu est aujourd'hui sommé de déterminer jusqu'où il est prêt à aller pour reprendre le contrôle de sa vie privée et de sa sécurité.

Aujourd'hui, nos identités virtuelles exercent généralement une influence sur notre être physique, mais elles ne l'éclipsent pas pour autant. Ce qu'on fait ou dit sur les réseaux sociaux peut nous valoir les louanges ou l'intérêt des autres, mais pour l'essentiel, les informations vraiment sensibles ou intimes demeurent à l'abri du regard public. Les campagnes de diffamation et les empoignades en ligne ne visent généralement pas des citoyens ordinaires mais des personnages publics. À l'avenir, nos identités au quotidien se définiront de plus en plus en fonction de nos activités et de nos associations virtuelles. Notre passé, abondamment documenté, pèsera sur nos perspectives, et l'influence dont nous disposons sur la façon dont nous sommes perçus va sensiblement se réduire. La possibilité qu'un autre accède à certains pans de nos identités en ligne pour les divulguer ou les manipuler va croître, principalement à cause du stockage de données dans le nuage. (Le « nuage » – *cloud* en anglais – désigne les programmes hébergés sur Internet que l'usager n'a pas à gérer de près. Stocker des documents ou du contenu « dans le nuage » signifie que ces données sont entreposées dans des serveurs distants plutôt que dans l'ordinateur de l'usager, et que de nombreux réseaux et usagers y ont accès. Le *cloud computing* rend les activités en ligne plus rapides, plus fluides et moins susceptibles d'encombrement.) Cette vulnérabilité – à la fois perçue et réelle – obligera les entreprises technologiques à multiplier les efforts pour gagner la confiance de leurs usagers. Celles qui ne répondront pas aux exigences de confidentialité et de sécurité perdront des clients ou seront contraintes de renoncer à leur produit. L'industrie tout entière recherche activement aujourd'hui de nouvelles façons de réduire les risques, par exemple à travers l'authentification à deux facteurs, qui requiert que vous donniez deux des éléments suivants pour accéder à vos données personnelles : quelque chose que vous savez (un mot de passe), quelque chose que vous détenez (un appareil portable) et quelque chose que vous êtes (l'empreinte digitale du pouce). Il est aussi réconfortant de savoir qu'une part importante des meilleurs ingénieurs du monde travaille d'arrache-pied aux solutions de demain. Et en tout cas, le chiffrement sera à peu près universel, ce qui n'est pas parfait, mais quand même mieux que rien. (Le chiffrement consiste à brouiller les informations de façon à ce qu'elles ne soient décodables et lisibles que par ceux qui répondent aux exigences de vérification.)

Les principes fondamentaux de l'identité en ligne risquent aussi de changer. Certains gouvernements jugeront trop risqué que des milliers de leurs citoyens demeurent anonymes, intraçables et non identifiés – qu'ils soient des « gens cachés » ; ils voudront savoir qui est associé à chaque compte occulte, et exigeront une vérification, au niveau de l'État, pour exercer leur contrôle sur le monde virtuel. Il y a peu de chances à l'avenir que votre identité en ligne se limite à une simple page Facebook ; il s'agira plus vraisemblablement d'une constellation de profils, chacun correspondant à une activité en ligne, soumise à la vérification, voire à la régulation, des autorités. Imaginez que tous vos comptes – Facebook, Twitter, Skype, Google+, Netflix, votre abonnement à un journal – soient reliés à un « profil officiel ». Parmi les résultats rapportés par les moteurs de recherche, les pages associées aux profils vérifiés seront classées plus haut que le contenu dépourvu de toute vérification, et la plupart des usagers cliqueront naturellement sur les résultats (vérifiés) du sommet de la liste. Le véritable prix de l'anonymat risque donc d'être l'inanité ; le plus fascinant des contenus, dès lors qu'il sera associé à un profil anonyme, ne sera tout simplement jamais consulté parce qu'il se trouvera enfoui tout au fond des listes de résultats de recherche.

Pour les citoyens, les États et les entreprises qui entreront dans le nouveau monde numérique, passer de la situation où l'on forme son identité hors ligne pour la projeter en ligne à celle où l'identité façonnée en ligne se vit hors ligne sera lourd de répercussions. Et la façon dont les individus et les institutions géreront les problèmes de confidentialité et de sécurité dans cette phase de transition va déterminer les nouvelles limites du citoyen dans toutes les sphères. Nous allons à présent évoquer ce que signifiera la pleine connectivité pour le citoyen, la façon dont il y réagira et les conséquences qu'elle aura aussi bien pour les dictateurs que pour les démocrates.

La révolution des données

La révolution des données sera porteuse pour le citoyen de bienfaits inestimables. Elle lui donnera à voir comme jamais la façon dont les autres pensent, se comportent, et adhèrent aux règles ou s'en écartent, dans son pays et dans le reste du monde. La possibilité d'obtenir en ligne des informations exactes et vérifiées, sans difficulté, dans sa langue et en quantité infinie, propulsera toutes les sociétés jusqu'alors culturellement isolées dans une ère de pensée critique. Dans les pays où les infrastructures physiques sont pauvres, la connectivité procurera à l'individu des moyens nouveaux pour créer des entreprises, se lancer dans le commerce en ligne et interagir avec son gouvernement.

L'avenir nous réserve une ère sans précédent de choix et d'options. Certains citoyens chercheront à préserver leur identité en participant le moins possible au monde virtuel, d'autres estimeront que les opportunités qu'il recèle vaudront le risque d'exposition. La participation citoyenne atteindra des sommets, puisque toute personne pourvue d'un téléphone et d'un accès à Internet pourra intervenir pour défendre la responsabilité et la transparence. Un marchand d'Addis-Abeba ou un ado précoce de San Salvador pourront divulguer des informations sur les pots-de-vin et la corruption, dénoncer les irrégularités d'un scrutin électoral et plus généralement demander des comptes à leurs gouvernants. Les caméras installées dans les véhicules de police inciteront les policiers à l'honnêteté, si celles des téléphones portables ne suffisent pas. En fait, la technologie va fournir au citoyen une pléthore de façons originales et jusqu'alors impensables de surveiller sa police, y compris à travers des systèmes en temps réel où chacun pourra publiquement donner une note à n'importe quel agent de sa ville. À mesure que les grandes institutions entreront dans le nouvel âge numérique, le commerce, l'éducation, la santé et le système judiciaire deviendront plus performants, plus transparents et plus complets.

Quiconque cherchera à véhiculer des mythes concernant la religion, la culture, l'ethnicité ou quoi que ce soit d'autre aura du mal à maintenir son discours à flot dans un océan d'auditeurs désormais informés. La multiplication des données permet à chacun de disposer d'un meilleur cadre de référence. Le médecin sorcier du Malawi risque soudain de rencontrer l'hostilité de sa communauté si cette dernière trouve des informations infirmant son autorité et qu'elle y croit. Les jeunes du Yémen en viendront peut-être à tenir tête aux aînés de leur tribu concernant la pratique traditionnelle du mariage d'enfants s'ils constatent en ligne le large consensus qui s'y oppose et la mauvaise image qu'elle donne d'eux. Ou les adeptes d'un chef spirituel en Inde trouveront peut-être l'occasion sur Internet de vérifier ses références personnelles, et de se détourner de lui s'il apparaît qu'il les a dupés. On s'inquiète souvent dans le contexte de la multiplication des sources du phénomène du biais de confirmation (l'attitude, consciente ou pas, consistant à ne prêter attention qu'aux sources d'information qui renforcent notre vision du monde[1]), mais une étude récemment conduite par l'université d'État de l'Ohio indique que cet effet est plus faible qu'on ne le pense, en tout cas dans le paysage politique américain[2]. En fait, le biais de confirmation se manifeste dans notre façon de réagir aux informations que nous recevons passivement, mais aussi dans notre tendance à volontairement sélectionner les sources. Si bien que l'arrivée de millions d'individus en ligne nous donne des raisons d'être optimistes à propos des changements sociaux qui nous attendent.

Les gouvernements, à mesure que se connecteront leurs citoyens, auront eux aussi plus de difficulté à manœuvrer. La destruction de documents, les enlèvements, la démolition de monuments — tous les actes restrictifs et répressifs de ce genre — vont perdre l'essentiel de leur puissance fonctionnelle et symbolique avec l'avènement du nouvel âge numérique. Les documents seront récupérables, puisqu'ils auront été stockés dans le nuage, et la pression d'une communauté Internet mondiale mobilisée contre l'injustice

1. Eli Pariser parle quant à lui de « bulle de filtres » : *The Filter Bubble: What the Internet Is Hiding from You*, New York, Penguin Press, 2011.

2. R. Kelly Garrett et Paul Resnick, « Resisting Political Fragmentation on the Internet », *Daedalus* 140, n° 4 (automne 2011) : 108-120, doi:10.1162/DAED_a_00118.

incitera les gouvernements à réfléchir à deux fois avant d'enlever quelqu'un ou de le placer indéfiniment en détention. Un gouvernement tel que celui des talibans pourra toujours détruire un monument comme les bouddhas de Bamiyan, mais tous les sites de ce genre auront d'ici là été scannés à l'aide d'appareils sophistiqués qui conserveront la mémoire virtuelle de leurs moindres recoins, de leurs moindres fissures, et en permettront la reconstruction, que ce soit par l'homme, par des imprimantes 3D ou même par projection holographique. Peut-être que le Comité du patrimoine mondial de l'Unesco intégrera ces méthodes à ses travaux de restauration. La plus ancienne synagogue de Syrie, par exemple, qui se trouve aujourd'hui dans un musée de Damas, pourrait être projetée sous forme d'hologramme ou reconstruite par impression 3D sur son site d'origine, à Doura-Europos. Ce que l'on observe aujourd'hui dans la plupart des pays développés — la présence d'une société civile active, soucieuse de vérification et qui tient son gouvernement à l'œil — est appelé à se répandre à peu près partout, grâce en grande partie à la prolifération des téléphones puissants et à bas prix. Et sur un plan plus élémentaire, les citoyens des quatre coins du monde auront l'occasion de comparer leur mode de vie aux modes de vie d'ailleurs. Dans un tel contexte, les pratiques généralement considérées comme barbares ou arriérées ne le paraîtront que davantage.

Pour le citoyen de demain, l'identité sera la plus précieuse des marchandises, et c'est essentiellement en ligne qu'elle existera. La présence sur la toile commencera à la naissance, voire avant. Les étapes successives de notre existence seront figées dans le temps, et aisément consultables par tous. Du coup, les entreprises seront contraintes de créer de nouveaux outils de contrôle des informations, par exemple des listes permettant à chacune de décider qui peut ou ne peut pas accéder à ses données. Les technologies que nous utilisons aujourd'hui sont invasives par nature, elles regroupent nos photos, nos commentaires et nos relations dans des bases de données géantes propices aux recherches et qui constituent, en l'absence de régulation extérieure, un gibier facile pour les employeurs, le personnel des admissions universitaires ou les diffuseurs de ragots. Nous sommes ce que nous tweetons.

Dans l'idéal, chacun veillerait à gérer de près ses identités en ligne et ses existences virtuelles, à les surveiller et à les façonner dès le plus jeune âge pour ne pas se fermer de portes dans la vie. C'est évidemment impossible. Pour les enfants et les adolescents, l'incitation au partage sera toujours plus forte que le risque abstrait et distant de l'excès d'exposition, même si les exemples dissuasifs crèvent les yeux. À quarante ans, un homme aura accumulé et stocké toute une narration de faits et de fiction, de faux pas et de réussites, concernant toutes les étapes de sa vie. Même les rumeurs seront éternelles.

Dans les sociétés profondément conservatrices, où la réputation pèse très lourd, on pourrait voir apparaître un genre de «crime d'honneur virtuel» — une tentative délibérée de salir l'identité virtuelle d'une personne de façon préventive (en exposant ce qui passe pour un méfait ou en diffusant de fausses informations) ou réactive (en associant son identité en ligne à des contenus détaillant un crime, réel ou imaginaire). La destruction d'une réputation en ligne ne s'accompagnera pas forcément d'actes de violence physique de la part de son auteur, mais une jeune femme confrontée à ce type d'accusations pourrait se voir marquée d'une infamie qui, les données étant malheureusement mais inéluctablement définitives, ne l'abandonnera plus jamais. Et cette disgrâce publique pourrait inciter un membre de sa propre famille à l'assassiner.

Et les parents dans tout cela ? La tâche des parents est déjà difficile en soi, ceux qui ont des enfants le savent bien. Le monde virtuel complique encore les choses d'un cran, mais la situation n'est pas désespérée pour autant. Les parents conserveront leurs responsabilités actuelles, mais ils devront s'impliquer davantage s'ils veulent s'assurer que leurs enfants ne commettent pas en ligne d'erreurs susceptibles de nuire à leur avenir dans le monde réel. Les enfants étant amenés à exister en ligne beaucoup trop tôt par rapport à leur maturité physique, les parents en viendront à constater qu'il est préférable d'avoir avec eux une conversation sur la confidentialité et la sécurité avant même celle sur la sexualité. La bonne vieille méthode parentale du dialogue conservera donc une immense valeur.

Les systèmes scolaires auront aussi leur rôle à jouer, qui sera important. Les associations de parents d'élèves réclameront des cours consacrés à la confidentialité et à la sécurité parallèlement à ceux d'éducation sexuelle. On y enseignera aux élèves à optimiser le réglage de leurs préférences, ainsi que ce qu'il convient de faire et de ne pas faire dans le monde virtuel. Et les professeurs les effraieront à l'aide d'histoires réelles illustrant ce qui arrive quand on ne fait pas très attention dès le plus jeune âge.

Certains parents chercheront sans doute à protéger leur enfant par des méthodes plus algorithmiques, qui fonctionneront ou pas. Ce sera par exemple à travers le nom qu'ils lui donneront. À mesure que l'identité en ligne prendra une valeur fonctionnelle, la supervision parentale sera nécessaire de plus en plus tôt, dès le choix du nom de l'enfant. Dans le très populaire *Freakonomics*, Steven D. Levitt et Stephen J. Dubner ont observé que les prénoms préférés dans certains groupes ethniques (notamment dans les communautés afro-américaines) peuvent constituer un indicateur des chances de réussite dans la vie de l'enfant[1]. Les parents prévoyants tiendront également compte de l'influence du classement dans les moteurs de recherche. Les vrais stratèges ne se contenteront pas de réserver les profils sur les réseaux sociaux ou d'acheter à l'avance les noms de domaine (par exemple www.JohnDavidSmith.com), ils choisiront selon les cas un prénom plus facile ou plus difficile à trouver sur Inter-

1. Steven D. Levitt et Stephen J. Dubner, *Freakonomics*, Denoël, 2005. Leur étude montre que le prénom n'est pas un facteur de réussite ou d'échec d'un enfant, mais le symptôme d'autres indicateurs (socio-économiques en particulier) qui, eux, influencent ses chances. Voir Steven D. Levitt et Stephen J. Dubner, «A Roshanda by Any Other Name», *Slate*, 11 avril 2005, http://www.slate.com/articles/business/the_dismal_science/2005/04/a_roshanda_by_any_other_name.single.html.

net. Certains opteront délibérément pour un prénom unique ou à l'orthographe inhabituelle afin de donner à leur enfant un avantage dans les résultats de recherche, parce qu'il sera facile à trouver et à promouvoir en ligne sans trop de concurrence directe. D'autres choisiront la voie opposée, celle d'un prénom très ordinaire qui permettra à l'enfant de mener son existence en ligne relativement à l'abri des indexations — il ne sera qu'un « Jean Dupont » parmi des milliers d'autres.

On verra aussi proliférer les entreprises consacrées à la confidentialité et à la réputation. Ce secteur d'activité existe déjà, et des sociétés comme Reputation.com possèdent toute une gamme de méthodes actives et réactives pour faire disparaître certains contenus indésirables d'Internet ou pour les diluer[1]. Lors de l'effondrement économique de 2008, on a appris que plusieurs banquiers de Wall Street avaient requis les services de ce type d'entreprises pour minimiser leur présence en ligne, payant pour cela jusqu'à 10 000 dollars par mois[2]. Ce secteur est appelé à se diversifier à mesure que la demande grimpera, et les gestionnaires d'identité deviendront aussi courants que les agents de change ou les conseillers financiers. La gestion résolue par un individu de sa présence en ligne — en sollicitant par exemple des rapports trimestriels auprès de l'agent qui surveille l'évolution de son identité en ligne — deviendra une affaire routinière

1. La plupart de ces méthodes entrent dans la catégorie des processus d'optimisation pour les moteurs de recherche (*search engine optimization*, ou SEO). Pour influencer l'algorithme de classement de ces moteurs, la méthode la plus courante consiste à semer du contenu positif concernant la cible (le nom d'un individu, par exemple), à favoriser les liens qui y mènent et à le mettre souvent à jour, pour que les robots d'indexation aient toutes les chances de l'identifier comme étant récent et populaire, faisant ainsi reculer les contenus plus anciens et moins pertinents. L'usage de mots-clés distinctifs et l'ajout de liens retour (des liens pointant vers un site) vers des sites populaires peuvent aussi influencer le classement. Tout cela est légal et généralement considéré comme honnête. Mais cette optimisation possède son revers — la technique du « *black hat SEO* » — où la manipulation des classements englobe des méthodes moins légales ou plus discutables, comme le sabotage d'autres contenus (en le liant à des sites signalés, comme ceux de pornographie infantile), l'ajout de texte caché ou la pratique du *cloaking* (qui consiste à duper les robots d'indexation en leur présentant une version du site qui ne correspond pas à celle que voit l'usager).

2. Nick Bilton, « Erasing the Digital Past », *New York Times*, 1er avril 2011, http://www.nytimes.com/2011/04/03/fashion/03reputation.html?pagewanted=all.

pour les personnages publics comme pour ceux qui aspirent à le devenir.

On verra aussi apparaître un nouveau type d'assureurs. Certaines entreprises vous proposeront d'assurer votre identité en ligne contre le vol et le piratage, les accusations mensongères, les usages indus ou l'appropriation. Des parents pourront par exemple souscrire une police contre les torts causés à la réputation de leur enfant par ses activités en ligne. Certains enseignants choisiront peut-être de s'assurer ainsi contre l'éventualité qu'un élève vienne modifier sur leur compte Facebook certains détails de leur profil pour les mettre dans l'embarras ou nuire à leur réputation. Les entreprises de protection contre le vol d'identité existent déjà ; demain, les compagnies d'assurances proposeront à leurs clients de les protéger de certains détournements très précis. Ce genre de contrat risque d'attirer beaucoup de monde, de ceux qui en ont vraiment besoin aux grands paranoïaques.

L'identité en ligne va devenir une marchandise si précieuse qu'on assistera à l'émergence d'un nouveau marché noir où il sera possible d'acquérir une identité, réelle ou fabriquée. Ce type de réseau attirera les citoyens honnêtes autant que les malfaiteurs, puisqu'une fausse identité pourra aussi bien servir de couverture à un trafiquant de drogue notoire qu'à un dissident politique. Cette identité, fabriquée ou volée, s'accompagnera de traces de consultations et de journaux d'activité IP (Internet Protocol) antidatés, de faux amis et de faux achats, et d'une foule d'autres signes censés leur donner une apparence convaincante. Si la famille d'un informateur mexicain doit fuir Ciudad Juárez parce qu'elle craint les représailles d'un cartel, disposer d'un jeu de fausses identités Internet l'aidera certainement à couvrir ses traces et lui procurera l'occasion d'un nouveau départ.

Naturellement, à l'âge numérique, ce genre d'échappatoire sera une entreprise très risquée : se lancer dans une nouvelle vie supposera qu'on ait coupé tous les liens préalables, parce que le plus petit acte (l'usage d'un moteur de recherche pour trouver un parent) risquera de trahir le sujet. En outre, quiconque adoptera une fausse identité devra scrupuleusement éviter tous les lieux dotés de dispositifs de reconnaissance de visages au cas où l'image scannée du sien ornerait un profil précédent. Et ce marché noir n'aura pas à se cacher dans de sombres ruelles : toutes les identités pourront s'acquérir en ligne à travers une connexion chiffrée entre parties anonymes, le paiement s'effectuant dans une monnaie virtuelle difficilement traçable. Le vendeur et l'acquéreur de cette transaction courront un risque semblable à celui des vendeurs du marché noir actuel, notamment pour le premier de tomber sur un policier se présentant sous l'identité d'un acheteur et pour le second celui d'être victime d'un vendeur malhonnête (risque peut-être encore accru par le fait que ces transactions dans le monde virtuel sont par nature anonymes).

Certains se réjouiront du fait que la connectivité et la profusion de données rendent tout contrôle impossible. Ce sont ceux qui pensent que « l'information veut être libre[1] », et que la transparence appliquée à tous les domaines accouchera d'un monde plus juste, plus sûr et plus libre. Le cofondateur de WikiLeaks, Julian Assange, a été quelque temps le plus visible des ambassadeurs de cette cause, mais on trouve parmi les partisans de WikiLeaks et de ses valeurs tout type d'individus, des anarchistes de droite aux libertaires d'extrême gauche en passant par les amateurs de technologie apolitiques. Tous ne s'entendent pas toujours sur les questions de tactique, mais ils se rejoignent sur le fait que la pérennité des données est une garantie de sécurité pour la société. Malgré certains effets négatifs bien connus de leur mouvement (menaces sur la sécurité individuelle, réputations ruinées et chaos diplomatique), certains activistes de la liberté de l'information estiment que l'absence de fonction d'effacement ne fait en fin de compte que renforcer la marche de l'humanité vers davantage d'égalité, de

1. Le slogan est généralement attribué à Stewart Brand, fondateur et éditeur du *Whole Earth Catalogue*, qui l'aurait prononcé dès la première Hacker's Conference, en 1984.

productivité et d'autodétermination. Ce modèle nous paraît toutefois dangereux, notamment parce qu'il y aura toujours quelque esprit malavisé pour divulguer des informations susceptibles d'amener des gens à se faire tuer. C'est ce qui a incité les États à mettre en place des systèmes et des régulations qui, pour imparfaits qu'ils soient, devraient continuer de déterminer qui décide ce qui mérite de rester secret ou pas.

Nous avons rencontré Assange en juin 2011, alors qu'il était assigné à résidence au Royaume-Uni. Au-delà des idées exprimées ci-dessus, il faut se demander ce qu'entreprendront à l'avenir les activistes de l'information libre, et Assange est à cet égard un bon indicateur. Nous ne reviendrons pas sur les débats actuellement en cours (auxquels de nombreux livres et articles sont déjà consacrés) sur la réaction des pays occidentaux à WikiLeaks, le contenu des câbles divulgués, le caractère destructeur de ces fuites et la punition que méritent les impliqués. Notre intérêt portera plutôt sur l'avenir et sur ce que les prochaines vagues de mouvements de liberté de l'information — ceux du type de celui d'Assange, mais pas seulement — s'efforceront d'accomplir ou de détruire. Lors de notre entretien, Assange nous a livré ses deux grands arguments de fond[1], qui sont liés l'un à l'autre : d'abord, la civilisation humaine s'est édifiée sur l'ensemble de ses archives intellectuelles ; celles-ci doivent donc être aussi vastes que possible pour dessiner notre époque et informer les générations futures. Ensuite, considérant que divers acteurs seront toujours tentés de détruire ou d'occulter certains pans de cette histoire commune au nom de leur propre intérêt, l'objectif de tout individu épris de vérité doit être d'intégrer le plus de choses possible aux archives, d'empêcher leur effacement puis de rendre ces archives aussi accessibles et consultables que possible par tout le monde.

Assange n'est pas en guerre contre la notion même de secret — «Toutes sortes de raisons poussent les organisations faibles à pratiquer le secret, nous dit-il, et c'est à mes

1. Entretien avec les auteurs, juin 2011.

yeux légitime ; elles le font précisément parce qu'elles sont impuissantes » —, il se bat contre le secret qui entoure les actes contraires à l'intérêt public. « Pourquoi les organisations puissantes pratiquent-elles le secret ? » s'interroge-t-il à voix haute. À cela il répond que les projets qu'elles caressent susciteraient l'opposition du public s'il venait à les connaître, et que le secret permet d'emmener ces projets inavouables jusqu'au stade de la mise en pratique, une fois qu'il est trop tard pour en altérer le cours. Les organisations dont les projets ne risquent pas de soulever l'opposition ne portent pas ce fardeau, si bien qu'elles n'ont pas à cultiver le secret, ajoute-t-il. Dans l'affrontement de ces deux types d'organisations, celles qui jouissent authentiquement du soutien public l'emporteront. La divulgation des informations, conclut-il, « est une chose positive pour celles qui mènent des actions soutenues par le public et négative pour celles qui mènent des actions que le public désapprouve. »

Quand on lui dit que les organisations pratiquant le secret n'auront qu'à conduire leurs opérations hors ligne pour éviter toute divulgation indésirable, Assange répond qu'il pense son mouvement capable d'empêcher que cela arrive. Ce n'est pas envisageable, dit-il ; les organisations sérieuses laisseront toujours une trace sur papier. Par définition, explique-t-il, « l'injustice systématique devra faire participer beaucoup de monde ». Tous les impliqués n'auront pas pleinement accès aux détails des projets, mais chacun devra en connaître une partie pour faire son travail. « Si elles renoncent à mettre leurs informations sur papier, si elles en suppriment toute trace électronique ou physique, les institutions déclinent. C'est pour cela que toutes les organisations conservent rigoureusement une trace papier des instructions de leurs dirigeants. » La trace papier garantit la bonne exécution des instructions ; par conséquent, dit Assange, « si elles pratiquent le cloisonnement interne pour éviter les fuites, cela porte une atteinte considérable à leur efficacité ». Et une organisation moins efficace est une organisation moins puissante.

En revanche, selon la perspective d'Assange, la transparence place ce mouvement de chercheurs de vérité face à de nouvelles difficultés. « Lorsque tout devient plus ouvert, tout devient aussi plus complexe, parce que les gens se mettent à cacher ce qu'ils font — leurs mauvais comportements — dans la complexité. » Il cite à titre d'exemple flagrant la langue de bois des bureaucrates et les pratiques du secteur financier offshore. Bien qu'ils soient techniquement ouverts, ces systèmes sont en fait impénétrables ; il est difficile de les attaquer, mais plus encore de les utiliser de façon efficace. L'obfuscation[1] élevée à un tel niveau, où la complexité est légale mais elle cache encore quelque chose, est un problème beaucoup plus coriace que la censure franche.

Malheureusement, les gens comme Assange et les organisations comme WikiLeaks seront en position d'exploiter certains des changements appelés à survenir dans les dix ans qui viennent. Et même leurs partisans ne savent pas trop quoi répondre à certaines questions sur les méthodes et les implications de la divulgation sur Internet, notamment quand on dépasse le cas de WikiLeaks pour se projeter dans le futur. L'une des plus épineuses concerne le pouvoir discrétionnaire : qui décide qu'une information est digne de divulgation ou qu'elle doit être retenue, serait-ce provisoirement ? Pourquoi échoirait-il précisément à Julian Assange de déterminer ce qui mérite l'intérêt du public ? Et qu'advient-il si le décideur est disposé à accepter que des innocents pâtissent de ses divulgations ? La plupart des gens admettent que toute plateforme de donneurs d'alerte mérite une certaine supervision si l'on veut qu'elle joue un rôle positif pour la société, mais rien ne garantit que cette supervision existe (il suffit pour s'en convaincre d'un simple coup d'œil à la nature personnelle des informations que n'hésitent pas à publier les hackers[2] en ligne).

À partir du moment où un organisme central décide des

1. L'obfuscation, ou obscurcissement, consiste à publier des masses d'informations pour noyer celles qui dérangent. (N.d.T.)

2. Dans la communauté technique, le terme de « hacker » désigne les individus qui développent quelque chose de façon rapide et manifestement spontanée, mais nous l'employons ici dans son sens plus général, qui concerne ceux qui pénètrent un système sans autorisation.

informations qu'il convient de divulguer ou pas, la décision échoit à quelqu'un, individu ou groupe, qui possède ses propres idées et penchants. Tant que ce seront des hommes, pas des ordinateurs, qui dirigeront les affaires du monde, nous serons confrontés à cette question du jugement, si transparentes ou saines que soient les plateformes.

Certains pourraient penser que l'avènement de la connectivité dans le monde va entraîner la prolifération de plateformes de type WikiLeaks. Le nombre d'usagers et celui des informations confidentielles étant appelés à augmenter, disent-ils, des dizaines de petites plateformes de divulgation de secrets vont jaillir pour répondre à cet accroissement de l'offre et de la demande. L'idée est aussi convaincante qu'effrayante, mais elle est fausse. La multiplication des sites de donneurs d'alerte possède ses limites naturelles, notamment parce que certains facteurs exogènes restreignent leurs possibilités de coexistence en grand nombre. Quoi qu'on pense de WikiLeaks, considérons un instant tout ce qui a été nécessaire pour en faire une marque mondiale connue : il a fallu que parviennent entre ses mains plusieurs fuites de portée mondiale pour attirer l'attention internationale ; qu'elle se constitue des états de service témoignant de son engagement envers la cause, suscitant la confiance du public et encourageant d'autres donneurs d'alerte potentiels en leur montrant sa capacité à les protéger ; qu'elle se dote d'un représentant charismatique capable d'incarner l'organisation et de lui servir de paratonnerre, selon le propre terme d'Assange[1] ; une arrivée constante de nouvelles fuites (souvent par paquets) pour rester d'actualité aux yeux du public et, enfin et surtout, une plateforme numérique à large diffusion et techniquement sophistiquée au sein de laquelle les donneurs d'alerte, le personnel de l'organisation et le public puissent manier les informations divulguées (dans le plus parfait anonymat entre eux) et qui soit capable d'échapper

1. Atika Shubert, « WikiLeaks Editor Julian Assange Dismisses Reports of Internal Strife », CNN, 22 octobre 2010, http://articles.cnn.com/2010-10-22/us/wikileaks.interview_1_julian-assange-wikileaks-afghan-war-diary?_s=PM:US.

aux tentatives de fermeture par les autorités de nombreux pays. Un système aussi complexe et réactif est très difficile à mettre sur pied, sur le plan technique, d'une part, mais aussi parce que la valeur de la plupart des composantes dépend de celle des autres. (À quoi servirait une plateforme sophistiquée sans donneurs d'alerte motivés, ou un paquet de secrets précieux sans système capable de les traiter et de les disséminer à discrétion ?) Il a fallu des années à WikiLeaks pour obtenir un tel équilibre entre l'intérêt public, la divulgation privée et le dispositif technique de protection, on imagine donc difficilement un aspirant, une excroissance ou un rival bâtir une plateforme équivalente et la faire connaître plus rapidement qu'eux-mêmes ne l'ont fait — d'autant moins que les autorités du monde entier sont à présent averties de la menace que pose ce type d'organisation.

En outre, même si de nouvelles organisations parvenaient à créer une telle plateforme, il est très improbable que le monde ait la place d'en accueillir plus que quelques-unes à la fois, et cela pour plusieurs raisons. D'abord, même les plus croustillantes divulgations réclament un écho médiatique pour produire un effet. Si le paysage des sites de fuites devenait trop décentralisé, les médias auraient du mal à les suivre et à évaluer leur fiabilité. Ensuite, les donneurs d'alerte auraient naturellement tendance à se regrouper dans les organisations qu'ils estimeraient en mesure d'offrir le plus d'impact à leurs fuites tout en leur assurant la meilleure protection. Ces sites se disputeraient peut-être les donneurs d'alerte à coups de promesses de publicité et d'anonymat, mais la logique veut qu'un donneur d'alerte potentiel commence par observer les cas qui ont réussi et qu'il suive la voie de ses prédécesseurs. Qui irait tenter sa chance, et parfois risquer sa vie, auprès d'une organisation incertaine ? Et les organisations incapables d'attirer régulièrement les fuites de haut niveau perdront l'attention du public et leurs financements, ce qui les condamnera lentement mais sûrement. Assange dit que, du point de vue de son organisation, cette logique est positive, puisqu'elle produit un effet de contrôle sur WikiLeaks tout en la maintenant à flot. « Les sources n'hésiteront pas à s'en aller, dit-il. Nous sommes soumis aux lois du marché[1].»

Plus qu'autre chose, c'est peut-être la géographie qui déterminera l'avenir des sites de donneurs d'alerte. La plupart des gouvernements et des entreprises d'Occident ont pris conscience du risque que supposent des réseaux peu sûrs, et si ceux-ci restent loin d'être totalement impénétrables, d'importants moyens ont été investis dans le privé comme dans le public pour mieux protéger les archives, les données personnelles et les infrastructures. On ne peut pas en dire autant des pays en voie de développement, où il faut s'attendre dans la prochaine décennie à voir émerger une version locale de WikiLeaks, à mesure que les populations se connecteront : il est probable que certains individus ayant accès à des documents sensibles récemment numérisés seront tentés de les divulguer à des fins politiques. Les remous ainsi provoqués se circonscriront peut-être à certains pays ou certaines régions, mais ils n'en seront pas moins conséquents pour les milieux concernés. Ils pourraient même entraîner une révolution ou des émeutes bien réelles. On peut aussi s'attendre à ce que les autorités de ces pays répondent par les mêmes méthodes (même si ces organisations et leurs serveurs sont localisés ailleurs) : filtrage, attaques directes, blocus financiers et poursuites légales.

Ces plateformes finiront toutefois par se doter d'une technologie extrêmement sophistiquée qui les rendra vraiment imparables. En 2010, quand WikiLeaks a perdu son site URL principal, WikiLeaks.org[2], à la suite d'une série d'attaques distribuées par déni de service (*distributed denial of service*, ou DDoS) et de la capitulation de ses fournisseurs d'accès (qui hébergeaient le site), ses sympathisants ont immédiatement créé plus d'un millier de «miroirs» (des copies de l'original, hébergées sous d'autres cieux[3]), avec des URL de

1. Entretien avec les auteurs, juin 2011.
2. James Cowie, «WikiLeaks : Moving Target», Renesys (blog), 7 décembre 2010, http://www.renesys.com/blog/2010/12/wikileaks-moving-target shtml.
3. Ravi Somaiya, «Pro-Wikileaks Activists Abandon Amazon Cyber Attack», BBC, 9 décembre 2010, http://www.bbc.com/news/technology-11957367.

type WikiLeaks.fi (en Finlande), WikiLeaks.ca (au Canada) ou WikiLeaks.info. (Lors d'une attaque de type DDoS, un grand nombre de systèmes informatiques corrompus convergent sur une cible unique qu'ils saturent de demandes d'information au point de l'obliger à fermer.) WikiLeaks ayant été conçu comme un système distribué — c'est-à-dire que ses opérations ne sont pas concentrées en un seul point, mais réparties entre de nombreux ordinateurs —, il était beaucoup plus difficile de fermer la plateforme qu'on ne le croyait. Les sites de donneurs d'alerte de demain ne se contenteront pas de créer des sites miroirs, ils emploieront de nouvelles méthodes pour répliquer et occulter leurs opérations afin de se protéger des autorités. Ils pourront par exemple créer un système de stockage où des fragments de données sont copiés et distribués de telle façon qu'en cas de fermeture d'un répertoire, les données soient recomposables à partir de ces fragments. Ils inventeront aussi d'autres recours pour garantir l'anonymat aux donneurs d'alerte potentiels ; WikiLeaks a procédé au renouvellement constant de ses modes de soumission, recommandant à ses utilisateurs d'éviter les voies cryptographiques déjà employées — comme le protocole SSL (*secure sockets layer*) et le routage crypté Tor — aussitôt qu'elles apparaissaient insuffisamment sûres.

Et que deviendront les meneurs de ces mouvements ? Il y aura toujours des Julian Assange sur la planète, mais leur base de soutien demeurera réduite. Parmi les donneurs d'alerte de demain, les mieux considérés seront ceux qui adopteront les méthodes d'Alexeï Navalny, blogueur et militant anticorruption russe qui suscite beaucoup de sympathie à l'Ouest[1]. Définitivement déçu des partis progressistes d'opposition de son pays, ce juriste spécialiste de l'immobilier a créé son propre blog pour dénoncer la corruption au sein des plus grandes entreprises russes. Il a commencé

1. Matthew Kaminski, « The Man Vladimir Putin Fears Most », *Wall Street Journal*, 3 mars 2012, http://online.wsj.com/article/SB10001424052970203986604577257321601811092.html ; « Russia Faces to Watch : Alexei Navalny », BBC, 12 juin 2012, http://www.bbc.co.uk/news/world-europe-18408297.

par provoquer les fuites lui-même en prenant de petites participations dans leur capital et en invoquant le droit des actionnaires pour les forcer à lui donner leurs informations. Puis il a amplifié sa méthode en invitant ses sympathisants à l'imiter, avec un certain succès. Son blog a fini par devenir une vraie plateforme de divulgation, où le visiteur est invité à contribuer aux coûts d'exploitation sous la forme de dons envoyés à travers PayPal[1]. Navalny s'est fait connaître à force d'accumuler les scoops, et notamment par la publication d'une série de documents révélant la malversation de 4 milliards de dollars en 2010 au sein de l'entreprise nationale d'oléoducs Transneft[2]. Fin 2011, la dimension publique qu'il avait acquise l'a entraîné au cœur des manifestations qui ont précédé les élections, et le surnom qu'il a donné au parti de Vladimir Poutine, le « Parti des Escrocs et des Voleurs », a été adopté dans l'ensemble du pays[3].

La méthode de Navalny, au moins au départ, avait cette particularité que, malgré tout son entrain, il se gardait de viser la personne de Poutine. C'est essentiellement à la sphère commerciale qu'il s'en est pris, même si la distinction pas toujours très nette entre secteurs public et privé en Russie a fait que ses informations ont aussi touché certains représentants du gouvernement. En outre, malgré le harcèlement auquel il a été soumis — il a été interpellé, placé en garde à vue, surveillé et traduit en justice pour détournement de fonds[4] —, il est resté libre pendant des années. Ses

1. Tom Parfitt, « Alexei Navalny : Russia's New Rebel Who Has Vladimir Putin in His Sights », *Guardian* (Manchester), 15 janvier 2012, http://www.guardian.co.uk/theguardian/2012/jan/15/alexei-navalny-profile-vladimir-putin.

2. « Russia Checks Claims of $4bn Oil Pipeline Scam », BBC, 17 novembre 2010, http://www.bbc.co.uk/news/world-europe-11779154.

3. Tom Parfitt, « Russian Opposition Activist Alexei Navalny Fined for Suggesting United Russia Member Was Thief », *Telegraph* (Londres), 5 juin 2012, http://www.telegraph.co.uk/news/worldnews/europe/russia/9312508/Russian-opposition-activist-Alexei-Navalny-fined-for-suggesting-United-Russia-member-was-thief.html ; Stephen Ennis, « Profile : Russian Blogger Alexei Navalny », BBC, 7 août 2012, http://www.bbc.co.uk/news/world-europe-16057045.

4. Ellen Barry, « Rousing Russia with a Phrase », *New York Times*, 9 décembre 2011, http://www.nytimes.com/2011/12/10/world/europe/the-saturday-profile-blogger-aleksei-navalny-rouses-russia.html ; Robert Beckhusen, « Kremlin Wiretaps Dissident Blogger-Who Tweets the Bug », Danger Room (blog), *Wired*,

détracteurs l'ont qualifié de menteur, d'hypocrite ou d'agent de la CIA, mais Navalny est resté en Russie (contrairement à beaucoup des principaux opposants au Kremlin) et son blog n'a pas été censuré.

Aux yeux de certains, Navalny n'a jamais vraiment constitué une menace pour le pouvoir ; son nom demeure relativement méconnu de ses concitoyens[1], mais ses partisans attribuent ce fait à la faible pénétration d'Internet dans le pays et au boycott efficace des organes du pouvoir (Navalny est interdit de télévision publique)[2]. Mais d'autres soutiennent une théorie plus intéressante, selon laquelle Navalny aurait trouvé le moyen de ne pas dépasser les bornes en sachant ce qu'il pouvait révéler — à propos de qui — et quelles zones lui étaient interdites. À la différence des principaux détracteurs de Poutine, comme le milliardaire emprisonné Mikhaïl Khodorkovski[3] ou l'oligarque en exil volontaire Boris Berezovski[4], il semble avoir trouvé le moyen d'embêter le Kremlin et de dénoncer la corruption sans toucher aux domaines trop sensibles. (Pas grand-chose ne permet de l'associer à ces opposants, si ce n'est une photo grossièrement manipulée parue dans un journal du Kremlin où on le voit rire en compagnie de Berezovski[5].) Le gou-

---

8 août 2012, http://www.wired.com/dangerroom/2012/08/navalny-wiretap/. « Navalny Charged with Embezzlement, Faces up to 10 Years », RT (Moscou), mis à jour le 1er août 2012, http://rt.com/politics/navalny-charged-travel-ban-476/.

1. Parfitt, « Alexei Navalny : Russia's New Rebel Who Has Vladimir Putin in His Sights », http://www.guardian.co.uk/theguardian/2012/jan/15/alexei-navalny-profile-vladimir-putin.

2. Kaminski, « The Man Vladimir Putin Fears Most », art. cit.

3. « Mikhail Khodorkovsky », *New York Times*, mis à jour le 8 août 2012, http://topics.nytimes.com/top/reference/timestopics/people/k/mikhail_b_khodorkovsky/index.html ; Andrew E. Kramer, « Amid Political Prosecutions, Russian Court Issues Ruling Favorable to Oil Tycoon », *New York Times*, 1er août 2012, http://www.nytimes.com/2012/08/02/world/europe/russian-court-issues-favorable-ruling-to-oil-tycoon.html. Au moment où nous écrivons, Khodorkovski est toujours en prison. Il se murmure que le président Vladimir Poutine pourrait réduire sa peine à treize ans.

4. Svetlana Kalmykova, « Oligarch Berezovsky Faces New Charges », La Voix de la Russie (Moscou), 29 mai 2012, http://english.ruvr.ru/2012_05_29/76399306/. Berezovski a été trouvé mort chez lui en Angleterre le 23 mars 2013, apparemment par suicide. (N.d.T.)

5. « Russian Blogger Navalny Unmasks "Kremlin" Photo Smear », BBC, 10 janvier 2012, http://www.bbc.co.uk/news/world-europe-16487469.

vernement russe a semblé s'accommoder de ses activités jusqu'en juillet 2012, puis il a déployé tous les moyens pour le discréditer, l'accusant formellement de détournement de fonds dans une affaire concernant une entreprise nationale d'exploitation du bois de la région de Kirov, où Navalny a été conseiller du gouverneur[1]. Cette accusation, passible de dix ans de prison[2], témoigne de la menace qu'était devenu son mouvement de protestation. Le monde demeurera attentif au parcours de personnages comme Navalny, dont la méthode pourrait offrir aux activistes du web une certaine marge de protection.

Il faut aussi considérer la possibilité, guère rassurante, qu'émergent certains sites créés par des individus reprenant la conception et l'échelle de ces plateformes de donneurs d'alerte, mais avec des objectifs très différents. Au lieu de fonctionner comme une chambre de compensation pour les donneurs d'alerte, ces plateformes hébergeraient tout type de contenu numérique chapardé — opérations militaires en cours, comptes bancaires piratés, mots de passe volés ou adresses domiciliaires — sans autre dessein particulier que d'installer l'anarchie. Elles ne seraient pas dirigées par des idéologues ou des militants politiques, mais par des agents du chaos. Déjà, certains hackers et délinquants de l'information publient leur butin mal acquis de façon relativement aveugle — les dossiers de cent cinquante mille clients de Sony rendus publics par le groupe pirate LulzSec en 2011[3] pouvaient carrément être téléchargés sur un service de partage de données en peer-to-peer — mais si une plateforme centralisée venait à leur offrir un niveau de sécurité et de publicité semblable à celui de WikiLeaks, ils constitueraient un réel problème. L'autocensure, la vérification et toutes les précautions prises par WikiLeaks et ses partenaires de la

1. Ellen Barry, « Russia Charges Anticorruption Activist in Plan to Steal Timber », *New York Times*, 31 juillet 2012, http://www.nytimes.com/2012/08/01/world/europe/aleksei-navalny-charged-with-embezzlement.html.

2. *Ibid.*

3. Mathew J. Schwartz, « Sony Hacked Again, 1 Million Passwords Exposed », InformationWeek, 3 juin 2011, http://www.informationweek.com/security/attacks/sony-hacked-again-1-million-passwords-ex/229900111.

presse n'auraient probablement pas cours sur ces sites mal réglementés (d'ailleurs, Assange nous a avoué n'avoir pratiqué lui-même l'autocensure que pour réduire la pression internationale qui l'étranglait financièrement[1] et qu'il aurait préféré ne rien censurer du tout), et le manque de discernement concernant certaines données sensibles pourrait bien aboutir au meurtre de certains individus. Il ne fait à peu près aucun doute que de tels délinquants de l'information se livreraient au trafic de fuites massives avec la seule intention de susciter le plus de dégâts possible. Dans une certaine mesure, on peut dire que les fuites sélectives témoignent d'un propos, alors que la publication massive est surtout un moyen de faire un pied de nez à l'ensemble du système de l'information sécurisée.

Toutefois, le contexte aussi a son importance. Quelles auraient été les réactions, notamment parmi les gouvernements occidentaux, si WikiLeaks avait publié des documents confidentiels dérobés aux régimes du Venezuela, de la Corée du Nord ou de l'Iran ? Si Bradley Manning, source supposée des documents de WikiLeaks concernant l'armée et le gouvernement des États-Unis, avait été un garde-frontière nord-coréen ou un transfuge du corps iranien des Gardiens de la révolution islamique, comment l'auraient considéré les politiciens et les commentateurs américains ? Face à l'apparition d'une série de sites visant à faire connaître les abus commis dans *ces pays-là*, la classe politique occidentale adopterait certainement un tout autre ton. Si l'on se fonde sur l'attitude du président Barack Obama lors de son premier mandat — « tolérance zéro » pour les fuites d'informations confidentielles de la part de représentants de l'État[2] —, on pourrait s'attendre à voir les gouvernements occidentaux de demain adopter une posture ambiguë : ils encourageront les fuites dans les pays étrangers, mais les poursuivront avec la plus grande férocité chez eux.

1. Entretien avec les auteurs, juin 2011.

2. Charlie Savage, « Holder Directs U.S. Attorneys to Track Down Paths of Leaks », *New York Times*, 8 juin 2012, http://www.nytimes.com/2012/06/09/us/politics/holder-directs-us-attorneys-to-investigate-leaks.html?pagewanted=all.

La crise du journalisme

La provenance de nos informations et les sources auxquelles nous accordons notre confiance auront un impact profond sur notre identité future. Ce qui attend le secteur de l'information à l'ère d'Internet a été amplement analysé, et les batailles auxquelles on assiste aujourd'hui autour des stratégies de rentabilisation et de la syndication de contenu sont appelées à se poursuivre dans la décennie qui s'ouvre. Mais à mesure que la technologie supprimera les obstacles dans tous les secteurs d'activité, comment le paysage médiatique que nous connaissons aujourd'hui sera-t-il appelé à évoluer ?

Il apparaît clairement que les médias grand public vont se trouver à la traîne dans la couverture de l'actualité mondiale. Quel que soit le talent de leurs journalistes et de leurs pigistes, et quel que soit le nombre de leurs informateurs, ces groupes ne sont tout simplement pas assez rapides à l'ère d'Internet. Les nouvelles de dernière minute proviendront régulièrement de plateformes de type Twitter : des réseaux ouverts qui permettent la diffusion instantanée, à grande échelle et sous une présentation accessible. Quand tous les habitants de la planète seront dotés d'un téléphone intelligent ou y auront accès — nous n'en sommes pas très loin —, l'occasion de « lancer un scoop » ne dépendra plus que du hasard, ainsi que l'a découvert bien malgré lui un civil d'Abbottabad, au Pakistan, après avoir couvert en direct sur Twitter[1] l'assaut qui a coûté la vie à Oussama ben Laden[2].

1. Reed Stevenson, Reuters, « Sohaib Athar Captures Osama bin Laden Raid on Twitter », *Huffington Post*, initialement posté le 2 mai 2011, mis à jour le 2 juillet 2011, http://www.huffingtonpost.com/2011/05/02/osama-bin-laden-raid-twitter-sohaib-athar_n_856187.html.

2. *Ibid.* Sohaib Athar, Twitter post, 1er mai 2011, 12:58 a.m., https://twitter.com/ReallyVirtual/status/64780730286358528. Parmi les messages émis ce soir-là par Sohaib Athar, consultant en technologies de l'information, on a pu lire : 1) « Hélicoptère tournoie au-dessus d'Abbottabad à 1 heure du matin (un événement rare) » (c'est le premier de ses tweets). 2) « Va-t'en, hélicoptère, avant que je sorte

Ce délai — entre l'événement et le moment où les grands médias s'en emparent — finira par influencer la fidélité du public, qui recherchera des modes plus immédiats de réception de l'information. Chacune des générations à venir produira et consommera davantage d'information que la précédente, et l'on n'aura plus trop la patience pour des médias qui ne tiennent pas la cadence. La fidélité du public tiendra alors à la capacité d'analyse et de mise en perspective des médias et, par-dessus tout, à la confiance qu'il leur accordera. Le public recherchera la crédibilité des informations, la pertinence des analyses et le choix des priorités. Autrement dit, on se tournera vers les nouvelles plateformes pour les informations de dernière minute et vers les médias établis pour le reste.

Les grandes entreprises d'information conserveront une place importante et spécifique dans la société, mais beaucoup de titres ne survivront pas sous leur forme actuelle — seuls le feront ceux qui auront adapté leurs objectifs, leurs méthodes et leur structure à la nouvelle demande du public mondial. À mesure que s'estompera l'obstacle de la langue et que proliféreront les antennes-relais, on verra se multiplier les voix nouvelles, les sources potentielles, les journalistes citoyens et les photographes amateurs désireux de contribuer. C'est une bonne chose : la plupart des organes de presse se livrant actuellement à la réduction de leurs opérations, notamment en termes de couverture internationale, ces collaborations extérieures seront nécessaires. Le public mondial y gagnera lui aussi, puisqu'il disposera d'une gamme élargie de sujets traités et de points de vue. Avec l'implication d'un si grand nombre de nouveaux intervenants, connectés à travers une série de plateformes à un vaste système médiatique diffus,

---

ma tapette à mouches géante :-/.» 3) «Un grand boum fait trembler les vitres ici à Abbottabad. J'espère que ce n'est pas le début d'un sale truc :-S.» 4) «@m0hcin les quelques personnes en ligne à cette heure de la nuit disent que l'un des hélicos n'était pas pakistanais...» 5) «Puisque les talibans n'ont (probablement) pas d'hélicoptères, et puisqu'ils disent que ce n'était pas l'un des "nôtres", ce doit être une affaire particulière à Abbottabad.» Voir Rik Myslewski, «Pakistani IT Admin Leaks bin Laden Raid on Twitter», *Register*, 2 mai 2011, http://www.theregister.co.uk/2011/05/02/bin_laden_raid_tweeted/.

le rôle des grandes entreprises d'information consistera de moins en moins à informer, et de plus en plus à valider.

Les différentes tâches du métier de journaliste seront plus distribuées qu'aujourd'hui, ce qui élargira la portée de la couverture, mais réduira probablement la qualité d'ensemble du réseau. Le rôle des grands médias consistera alors essentiellement à récolter les informations, à les héberger et à les vérifier, comme un grand filtre de crédibilité déterminant ce qui mérite ou non d'être lu, compris et cru. Cette fonction de validation, et l'aptitude à produire une analyse pertinente, sera plus cruciale encore pour les élites — grands chefs d'entreprise, décideurs politiques et intellectuels qui font confiance aux médias établis. En fait, par réaction à la marée des reportages et des informations de mauvaise qualité qui envahira le système, l'élite deviendra probablement *plus* dépendante des entreprises d'information établies. Twitter n'est pas plus capable de produire de l'analyse qu'un singe de taper une pièce de Shakespeare (même si un dialogue rigoureux entre deux individus intelligents et crédibles sur Twitter pourra y ressembler) ; la force des plateformes de partage d'information ouvertes et non régulées tient à leur réactivité, pas à leur point de vue ou leur profondeur.

Les médias grand public vont devoir trouver une façon d'intégrer toutes les nouvelles voix mondiales qu'ils seront capables de joindre, c'est une tâche difficile, mais indispensable. Dans l'idéal, le métier de journaliste sera moins fait d'enquête individuelle que de collaboration ; si les eaux montent à Bangkok, au lieu de reproduire le témoignage d'un expert thaïlandais, le journal placera dans son article un lien vers la plateforme ou vers le fil personnels de ce témoin. Évidemment, le risque d'erreur croîtra avec l'inclusion d'amateurs — bon nombre de journalistes respectés pensent aujourd'hui que l'avènement du journalisme citoyen va nuire au secteur, et leur inquiétude n'est pas sans fondement.

La connectivité mondiale va faire apparaître dans la chaîne d'information certains contributeurs d'un genre totalement nouveau. Parmi ceux-ci, il y aura par exemple des spécialistes locaux du chiffrement qui ne s'occuperont que de clés d'encryptage. Leur valeur pour le journaliste n'aura aucun rapport avec le contenu ou les sources, mais elle tiendra à leur capacité d'assurer la confidentialité entre les parties. Les dissidents de pays répressifs — par exemple aujourd'hui la Biélorussie ou le Zimbabwe — seront toujours plus disposés à témoigner s'ils savent pouvoir le faire de façon sûre et anonyme. Beaucoup de monde pourra proposer des services de chiffrement, mais les spécialistes locaux seront particulièrement valorisés parce que la confiance est essentielle. Ce n'est pas très différent de ce qu'on voit aujourd'hui sur les marchés effervescents du Moyen-Orient, où les vendeurs de réseaux privés virtuels (*virtual private network* — VPN) se mêlent aux autres revendeurs de biens illicites pour offrir aux dissidents et aux jeunes rebelles la possibilité de connecter leur appareil à un réseau sécurisé. Les médias internationaux feront appel à ces jeunes vendeurs de VPN et de chiffrement comme ils le font aujourd'hui à des informateurs étrangers.

On verra aussi apparaître un nouveau type de *stringer*[1]. Ceux qu'on rencontre aujourd'hui sont des journalistes non crédités payés pour rendre compte de ce qu'il se passe chez eux, généralement un pays étranger, souvent instable. Ces pigistes risquent leur vie pour accéder à certaines sources ou à des lieux dangereux, parce que les reporters professionnels ne peuvent ou ne veulent pas s'y rendre. Un autre type de stringer va aussi probablement apparaître : celui-là ne s'occupera que de contenu numérique et de sources en ligne. Au lieu d'aller affronter le danger sur le terrain, il profitera de l'essor de la connectivité pour trouver des informations auprès de sources qu'il ne connaîtra qu'à travers le réseau. Il se chargera alors de mettre ces sources en contact avec le journaliste, comme le font les stringers actuels. Évidemment, considérant l'accroissement des distances et la nébulosité que suppose le monde virtuel, les médias devront redoubler de prudence quant au risque d'enjolivement, à la validation des sources et à l'éthique.

1. Informateur local d'un correspondant de presse, généralement payé à la pige. (N.d.T.)

Imaginons que, à l'avenir, certaines célébrités ouvrent leur propre page d'information en ligne sur un conflit ethnique qui les intéresse particulièrement. Estimant que les grands médias n'en parlent pas assez, ou qu'ils en parlent mal, elles décideraient de contourner les intermédiaires habituels pour livrer directement leur récit au public; on pourrait appeler cela l'info Brangelina. Elles embaucheraient leur propre personnel pour travailler dans la zone de conflit et émettraient des récits quotidiens, que l'équipe restée au pays convertirait en articles et publierait sur leur plateforme. Leurs frais généraux seraient faibles, certainement plus faibles que ceux des grands organes de presse, et il n'y aurait peut-être même pas à rémunérer de reporters ou d'informateurs, dont une bonne part travaillerait gratuitement pour la visibilité que cela leur donnerait. Très vite, leur site deviendrait la meilleure source d'information sur le conflit, parce qu'il s'agit de célébrités très en vue et qu'elles ont acquis suffisamment de crédibilité dans leur travail pour qu'on les prenne au sérieux.

Les entreprises de presse grand public seront amenées à rencontrer ce genre de concurrence importante — pas seulement celle des émetteurs de tweets ou des observateurs amateurs sur place — et cela ne rendra le monde médiatique que plus complexe pendant quelque temps. On l'a vu, beaucoup de consommateurs continueront de préférer et de soutenir les entreprises d'information établies, par fidélité et par confiance, et le journalisme sérieux — c'est-à-dire le travail d'investigation, les grandes interviews, l'anticipation contextualisée d'événements complexes — restera l'apanage des grands médias. Mais la diversification de l'offre en conduira d'autres à devoir choisir entre une source sérieuse et une autre, de type «people». Or, l'appétit apparemment insatiable que suscite la presse à sensation (aux États-Unis, au Royaume-Uni et ailleurs) laisse supposer que beaucoup choisiront la seconde. C'est la visibilité, pas la pertinence ou la qualité du contenu, qui décidera de la popularité de ces titres.

Comme elles le font aujourd'hui à travers des initiatives caritatives ou dans les affaires, les célébrités lanceront leur propre média comme un prolongement logique de leur « marque ». (Nous entendons ici « célébrité » au sens le plus large : tout personnage public à forte visibilité, ce qui va de n'importe quelle star de la télé-réalité aux grands prédicateurs évangélistes.) Il ne fait aucun doute que certains de ces nouveaux médias répondront à une réelle volonté d'intervention dans le débat public, mais la plupart seront insipides et quasiment vides de contenu, à peine un exercice d'autopromotion et d'exploitation d'une réputation.

Pendant un temps, on verra les foules se précipiter sur ces émetteurs parce qu'ils seront nouveaux et dans le vent. Ceux qui leur resteront fidèles le feront parce qu'ils ne seront pas dérangés par la qualité inférieure du contenu et du professionnalisme. Les médiologues déploreront cette évolution et crieront à la mort du journalisme, mais ce sera prématuré, parce qu'aussitôt que le public basculera, la substance journalistique en fera autant. Si le site d'une personnalité ne fournit pas assez d'information, ou s'il accumule les erreurs voyantes, les lecteurs l'abandonneront. La fidélité est chatouilleuse en matière de médias, et cela ne deviendra que plus vrai à mesure que le secteur se peuplera. Dès qu'un nombre suffisant de sites de célébrités auront perdu la confiance de leur public, on assistera à un retour massif vers les médias professionnels, qui auront entre-temps procédé à leur propre mue (davantage d'agrégation de contenu, portée plus étendue, réactivité accrue). Tous ne reviendront pas, de la même façon que tous ceux qui seront en désaccord avec les médias grand public n'y renonceront pas au profit d'une autre source d'information plus à la mode. En fin de compte, on ignore encore quel impact auront ces concurrents célèbres sur le paysage médiatique à long terme, mais leur irruption dans le jeu des auditeurs, des lecteurs et des annonceurs ne manquera pas de faire des vagues.

Pour les médias, la généralisation de la connectivité n'est pas seulement annonciatrice de difficultés; elle ouvre aussi de nouvelles possibilités concernant leur rôle général, notamment dans les pays où la presse n'est pas libre. Si les fonctionnaires corrompus, les grands criminels et d'autres personnages malfaisants d'une société peuvent agir sans crainte de poursuites, c'est notamment parce qu'ils ont la mainmise sur les sources locales d'information, soit de façon directe, à travers le fait qu'ils les possèdent ou les éditent, soit de façon indirecte à travers le harcèlement, les pots-de-vin, l'intimidation ou la violence. Cela vaut aussi bien dans les pays où la plupart des médias appartiennent à l'État, comme la Russie, que dans ceux où les organisations criminelles jouissent d'un pouvoir et d'un territoire considérables, comme le Mexique. Ce manque d'indépendance de la presse réduit à la fois les chances que le pouvoir soit tenu de rendre compte et que la pression publique fasse naître la volonté politique de mettre fin aux exactions.

La connectivité peut contribuer de plusieurs façons à inverser ces déséquilibres, et l'une des plus intéressantes concerne le chiffrement numérique et ce qu'il permettra aux médias résistants ou menacés. Imaginons une ONG internationale qui aurait pour mission d'assurer la confidentialité dans les régions où le métier de journaliste est particulièrement difficile ou dangereux. Elle se distinguerait des groupes de surveillance ou du mécénat que nous connaissons aujourd'hui par le fait qu'elle ouvrirait une plateforme numérique à disposition des médias de ces pays. Le concept de cette plateforme serait novateur, mais étonnant de simplicité. Pour protéger l'identité des journalistes (qui sont les plus exposés dans la chaîne de production de l'information), on attribuerait à chacun un code unique, dans lequel seraient encryptés son nom, son numéro de portable et d'autres détails identifiables. Les seuls individus en mesure de le décrypter appartiendraient au siège de l'ONG (mais personne au sein du journal), situé à l'étranger. Dans le pays, les journalistes ne seraient connus que sous ce code unique — au moyen duquel ils signeraient leurs articles et communiqueraient avec leurs sources et leurs rédacteurs en chef locaux. Ainsi, dans le cas du journaliste qui ferait état d'une irrégularité électorale au Venezuela, par exemple (comme beaucoup l'ont fait lors de la présidentielle d'octobre 2012, bien que de façon non anonyme), les sbires du président ne sauraient à qui s'en prendre, parce qu'ils n'auraient pas accès aux données identifiant le journaliste, et tous ceux qui auraient traité avec lui ne connaîtraient pas son identité réelle. Le journal ne posséderait pas de bureaux physiques susceptibles d'être visés. Il demeurerait nécessaire d'accréditer le journaliste au départ, mais ce dernier, une fois introduit dans le système, serait confié à un autre rédacteur en chef (qui ne l'aurait pas rencontré) et ses données personnelles s'évaporeraient dans la plateforme.

L'ONG entretiendrait cette plateforme à distance sûre du pays concerné, ce qui permettrait aux différents participants d'interagir en toute sécurité à travers un voile de chiffrement. L'idée consistant à traiter les journalistes comme on traite les informateurs confidentiels (en protégeant leur identité et leurs informations) n'est pas nouvelle, mais l'encodage des données d'identification et le recours à une plateforme en ligne pour faciliter la collecte anonyme d'informations n'étaient pas envisageables jusqu'à présent. Les informations et les données sensibles que dénichent les journalistes pourraient facilement être stockées dans des serveurs hors du pays (là où elles bénéficieraient d'une solide protection légale), ce qui réduirait encore l'exposition des intéressés à l'intérieur. Dans un premier temps, l'ONG lancerait sa plateforme comme un service gratuit pour plusieurs médias, financé par des dons de tiers. Elle pourrait ensuite fédérer l'ensemble des plateformes en activité et créer une super-plateforme accueillant les journalistes non identifiables du monde entier. Nous ne plaidons certainement pas en faveur de la généralisation de l'anonymat, mais nous estimons que dans certains cas la sécurité est si fragile et la société si répressive que ce serait un mal nécessaire. Un rédacteur en chef de New York pourrait accéder au système, rechercher un journaliste ukrainien et trouver quelqu'un ayant déjà publié des articles et même des commentaires d'anciens collègues. Sans avoir à connaître le nom du journaliste, le rédacteur en chef pourrait décider de travailler avec lui, sur la foi des articles disponibles et de sa confiance en la plateforme. Il solliciterait alors un appel téléphonique crypté, également possible à travers la plateforme, pour nouer le contact.

Ce type de système décentralisé et anonyme de récolte d'information ne serait pas difficile à mettre en place et à entretenir, et le chiffrement des données personnelles des journalistes (et de leurs rédacteurs en chef), et le stockage de leurs articles dans des serveurs à distance, réduira de plus en plus à l'impuissance tous ceux qui ont à perdre de l'émergence d'une presse plus indépendante. Comment s'en prendre à une plateforme informatique, notamment quand tout le monde peut consulter les informations sur un appareil portable ? Pour l'heure, dans bon nombre d'endroits où les médias ne sont pas libres, la connectivité demeure relativement faible[1]. Mais à mesure que cela changera, la portée de la presse locale sur les affaires sensibles est appelée à croître — jusqu'à devenir internationale. Ces deux tendances — un journalisme rendu plus sûr par le chiffrement et un lectorat élargi par la connectivité — garantissent que même dans un pays où les acteurs malfaisants échappent à toute poursuite parce que le système juridique est trop corrompu ou trop inefficace, ils subiront le jugement public en ligne à travers les médias. Les seigneurs de guerre qui sévissent dans l'est du Congo[2] ne seront peut-être pas traduits devant le Tribunal pénal international, mais leur vie sera moins

1. Voir la faible pénétration de la téléphonie mobile des pays situés au bas du classement de la liberté de la presse comme l'Érythrée ou la Corée du Nord dans « Mobile-Cellular Telephone Subscriptions Per 100 Inhabitants », International Telecommunication Union (ITU), ICT Data and Statistics (IDS), consulté le 15 octobre 2012, http://www.itu.int/ITUD/ict/statistics/, et « Classement de la liberté de la presse 2011/2012 », Reporters sans frontières (RSF), consulté le 15 octobre 2012, http://fr.rsf.org/press-freedom-index-2011-2012,1043.html.

2. « ICC/DRC : Second Trial of Congolese Warlords », Human Rights Watch, News, 23 novembre 2009, http://www.hrw.org/news/2009/11/23/iccdrc-second-trial-congolese-warlords ; Marlise Simons, « International Criminal Court Issues First Sentence », *New York Times*, 10 juillet 2012, http://www.nytimes.com/2012/07/11/world/europe/international-criminal-court-issues-first-sentence.html.

facile si chacun de leurs méfaits est observé et relaté par des journalistes qu'on ne peut identifier ni atteindre et si ces articles circulent dans le monde en ligne. Au minimum, leurs complices potentiels seront repoussés par cette radioactivité numérique, qui les rend trop visibles et trop surveillés pour faire de bons partenaires.

Reconsidérer la confidentialité — différentes implications pour différents citoyens

La sécurité et la confidentialité relèvent d'une responsabilité que se partagent les entreprises, les usagers et les institutions qui nous entourent. On attend de sociétés comme Google, Apple, Amazon et Facebook qu'elles protègent les données, préservent leurs systèmes du piratage et mettent à disposition de l'usager les outils assurant le meilleur contrôle possible sur sa vie privée et sa sécurité. Mais c'est aux usagers qu'il échoit de se servir de ces outils. Chaque jour où vous ne le faites pas, vous perdez un peu de confidentialité et de sécurité, à mesure que les données s'empilent. Et n'allez pas espérer qu'il suffise d'appuyer sur un bouton pour les effacer. Cette fonction d'effacement est une illusion — les fichiers perdus, les e-mails mis à la corbeille ou les SMS supprimés sont très facilement récupérables. Il est très rare que les données d'un ordinateur soient vraiment effacées ; le système d'exploitation se contente de retirer leur intitulé des listes du répertoire interne, sans toucher au contenu tant que l'espace mémoire n'est pas requis par autre chose. (Et même lorsqu'un document cède la place à un autre, il reste possible d'en récupérer certaines parties grâce aux propriétés magnétiques du stockage sur disque. Les spécialistes parlent de « rémanence des données ».) L'informatique en nuage ne fait que renforcer ce fait, en ajoutant une couche de protection pour l'usager et ses données.

Ces mécanismes de conservation ont été mis en place pour nous prémunir contre notre propre négligence dans l'utilisation de notre ordinateur. À l'avenir, les gens feront de plus en plus confiance au stockage dans le nuage — comme cela s'est produit avec les distributeurs automatiques de billets — qu'ils en viendront à préférer aux machines physiques ; ils trouveront plus sûr de confier leurs données sensibles à des entreprises qui leur épargneront le risque d'un disque dur endommagé, du vol d'un ordinateur ou de l'égarement de documents. Ce dispositif de secours à plusieurs couches rendra les interactions en ligne plus efficaces et plus productives, et sans doute même moins stressantes.

Le stockage quasi éternel de données aura de profondes répercussions sur la façon dont les citoyens opèrent dans l'espace virtuel. Toute activité, toute association en ligne, laissera une trace, et tout ce qui sera mis sur Internet viendra intégrer un dépôt d'information perpétuel. Il sera éternellement possible que les documents personnels d'un individu soient un jour publiés et portés à la connaissance de tous — que ce soit par erreur ou par malfaisance. L'individu sera tenu responsable de ses fréquentations virtuelles, passées et présentes, ce qui ne fera qu'accroître ce risque pour tout le monde, puisque les réseaux en ligne de chaque individu tendent à devenir plus importants et plus diffus que ses réseaux physiques. Les bons et mauvais comportements de ses contacts l'affecteront en bien ou en mal. (Et non, il ne suffira pas de choisir un réglage plus strict des préférences de confidentialité sur les sites de réseaux sociaux.)

Ce sera la première génération sur Terre dont la trace sera indélébile. Les collaborateurs de Richard Nixon ont peut-être réussi à effacer dix-huit minutes et demie de la bande enregistrée qui le compromettait dans l'affaire du Watergate, mais l'actuel président des États-Unis va devoir composer avec le caractère définitif de chaque e-mail qu'il envoie de son BlackBerry, rendu public par le Presidential Records Act[1].

1. « Presidential Records Act (PR A) of 1978 », National Archives, Presidential Libraries, Laws and Regulations, consulté le 12 octobre 2012, http://www.archives.gov/presidential-libraries/laws/1978-act.html ; « Presidential Records », National Archives, Basic Laws and Authorities, consulté le 12 octobre 2012, http://www.archives.gov/about/laws/presidential-records.html.

Puisque l'information veut être libre, gardez-vous d'écrire des choses que vous pourriez redouter de voir retenues contre vous devant un tribunal ou publiées à la une d'un journal, dit l'adage. À l'avenir, cela ne vaudra pas seulement pour ce que vous dites ou écrivez, mais pour les sites que vous consultez sur Internet, les gens que vous admettez dans votre réseau en ligne, ce que vous «aimez» et ce que font, disent ou partagent les individus auxquels vous êtes relié.

Nous serons de plus en plus soucieux, jusqu'à l'obsession, du stockage de nos données personnelles. On verra jaillir une foule d'entreprises promettant des solutions qui iront des applications actuelles telles que Snapchat, qui efface automatiquement une photo ou un message après dix secondes, à d'autres procédés plus originaux qui comportent une couche supplémentaire de chiffrement et un compte à rebours plus court. Mais ces solutions ne feront au mieux qu'atténuer le risque de divulgation des informations confidentielles. Cela se doit notamment aux innovations allant en sens opposé, comme les applications qui saisissent automatiquement une capture d'écran de chaque message ou de chaque photo envoyés, en moins de temps qu'il n'en faut à votre cerveau pour commander à vos doigts d'actionner votre appareil. Au regard de la science, toute tentative de préserver la confidentialité des données personnelles sera toujours vaincue par le recours dit de la passoire analogique[1], qui implique qu'une information appelée à être consommée est forcément partageable. Tant que cela restera vrai, le risque demeurera que quelqu'un saisisse une capture d'écran et diffuse du contenu.

Aussitôt qu'on est présent sur le web, on publie des choses et on court le risque de devenir un personnage public — cela ne dépend plus que du nombre de personnes qui sont attentives et à quelles fins. L'individu conservera une certaine latitude quant à ce qu'il partage avec ses appareils, mais il ne pourra pas contrôler ce que les autres capturent et partagent.

1. Méthode de capture des documents numériques par leur restitution analogique. On pourra toujours filmer l'écran qui diffuse le film numérique, par exemple, ou copier un CD en enregistrant par la sortie analogique d'un lecteur de CD. (N.d.T.)

En février 2012, un jeune chroniqueur de presse saoudien nommé Hamza Kashgari a posté sur son compte Twitter une conversation imaginaire avec le prophète Mahomet[1] où il disait notamment «j'ai aimé certains de tes aspects, j'en ai haï d'autres, et n'en ai guère compris plus encore». Cela a immédiatement déclenché l'indignation (certains y ont vu un blasphème ou un signe d'apostasie, autant de péchés extrêmement graves aux yeux des islamistes conservateurs). Kashgari a effacé ses messages six heures après les avoir postés[2] — mais il avait entre-temps reçu des milliers de réponses haineuses, de menaces de mort et un groupe avait été créé sur Facebook, «Le peuple saoudien réclame la mise à mort de Hamza Kashgari»[3]. Il a fui en Malaisie, dont il a été expulsé trois jours plus tard en direction de son pays[4], où l'attendait un procès pour blasphème[5] (un crime capital). Malgré ses excuses immédiates après l'incident, renouvelées en août 2012[6], les autorités saoudiennes ont refusé de le libérer. À l'avenir, peu importera que ces messages aient une existence publique de six heures ou de six secondes; ils seront conservés aussitôt que l'encre électronique atteindra

1. Mike Giglio, «Saudi Writer Hamza Kashgari Detained in Malaysia over Muhammad Tweets», *Daily Beast*, 10 février 2012, http://www.thedailybeast.com/articles/2012/02/08/twitter-aflame-with-fatwa-against-saudi-writer-hamza-kashgari.html.

2. Asma Alsharif et Amena Bakr, «Saudi Writer May Face Trial over Prophet Mohammad», Reuters, 13 février 2012, http://www.reuters.com/article/2012/02/13/us-saudi-blogger-idUSTRE81C13720120213.

3. Liz Gooch et J. David Goodman, «Malaysia Detains Saudi over Twitter Posts on Prophet», *New York Times*, 10 février 2012, http://www.nytimes.com/2012/02/11/world/asia/malaysia-detains-saudi-over-twitter-posts-on-prophet.html.

4. Ellen Knickmeyer, «Saudi Tweeter Is Arrested in Malaysia», *Wall Street Journal*, 10 février 2012, http://online.wsj.com/article/SB1000142405297020464 2604577213553613859184.html; Nadim Kawach, «Malaysia Deports Saudi over Twitter Posts», Emirates 24/7, 11 février 2012, http://www.emirates247.com/news/region/malaysia-deports-saudi-over-twitter-posts-2012-02-11-1.442363.

5. «Saudi Writer Kashgari Deported», Freedom House, News and Updates, consulté le 12 octobre 2012, http://www.freedomhouse.org/article/saudi-writer-kashgari-deported; «Saudi Arabia : Writer Faces Apostasy Trial», Human Rights Watch (HRW), News, 13 février 2012, http://www.hrw.org/news/2012/02/13/saudi-arabia-writer-faces-apostasy-trial.

6. Laura Bashraheel, «Hamza Kashgari's Poem from Prison», *Saudi Gazette* (Jeddah), mis à jour mardi 21 août 2012, http://www.saudigazette.com.sa/index cfm?method=home.regcon&contentid=20120821133653.

le papier numérique. La mésaventure de Kashgari n'est qu'un sombre avertissement parmi bien d'autres.

La pérennité des données restera un obstacle insurmontable partout et pour tous, on l'a dit, mais le type de régime politique en place et le niveau du contrôle gouvernemental détermineront à quel point cela affectera les individus. Pour étudier ces différences en détail, nous prendrons les cas d'une démocratie ouverte, d'une autocratie répressive et d'un État défaillant.

Dans une démocratie ouverte, où la liberté d'expression et la disposition à l'écoute du gouvernement incitent l'individu au partage, le citoyen sera de plus en plus appelé à juger ses pairs. La multiplication des données disponibles sur chacun ne fera que renforcer la tendance à laquelle on assiste aujourd'hui : chaque opinion trouvera un espace dans un paysage virtuel en expansion, la mise à jour en temps réel favorisera l'hyperactivité des sphères sociales et civiles, et l'omniprésence des réseaux sociaux permettra à chacun de tenir simultanément le rôle de la célébrité, du paparazzo et du voyeur. Chacun produira un volume important de données le concernant — à propos de son passé et de son présent, de ses goûts et de ses choix, de ses aspirations et de ses habitudes quotidiennes. Comme aujourd'hui, la plupart de ces informations seront de type *opt-in*, c'est-à-dire que l'usager choisit délibérément de partager un certain contenu pour tel ou tel motif social ou commercial ; mais d'autres ne le seront pas. Comme aujourd'hui encore, beaucoup de plateformes en ligne transmettront à des entreprises et à des tiers certaines données concernant l'activité de l'usager sans que celui-ci le sache expressément. Nous partagerons bien plus de choses que nous ne le saurons. Pour les États et les entreprises, cette manne de données est une aubaine qui leur permet de mieux répondre aux demandes du citoyen et du client, de cibler précisément certains secteurs démographiques et, grâce à la discipline naissante de l'analyse prédictive[1], de savoir ce que réserve l'avenir.

1. L'analyse prédictive est un champ d'étude récent où se mêlent les statistiques, l'exploration de données et la modélisation informatique. En essence, il

On l'a vu, jamais autant d'individus n'auront disposé d'autant d'informations. Les citoyens se feront une opinion au sujet des autres à partir de sources exactes ou inexactes, « légitimes » comme LinkedIn ou « illégitimes » comme d'anciens commentaires depuis longtemps oubliés qui se baladent sur YouTube. Plus d'un politicien en herbe sera amené à renoncer à faire carrière parce qu'un comportement du passé aura ressurgi. Sans doute, avec le temps, verra-t-on se renforcer la tendance normalisatrice qui rend le public plus tolérant à l'égard des infidélités commises ou des drogues consommées par leurs dirigeants dans le passé – nul n'a oublié que le président Clinton a pris la peine de préciser qu'il n'avait « pas avalé la fumée ». Peut-être que les électeurs choisiront d'ignorer une photo ou un post scandaleux d'un candidat datant d'une époque où il n'avait pas dix-huit ans. Le public finira peut-être par mieux accepter les erreurs de jeunesse ressurgissant sur Internet, mais il faudra probablement attendre pour cela que s'écoule un certain temps, et l'intervalle sera douloureux. C'est d'une certaine manière l'évolution logique d'une ère caractérisée par la chute des héros. Le mouvement entamé avec les mass media et le Watergate se poursuivra dans le nouvel âge numérique, où des données encore plus nombreuses sur l'individu, provenant d'à peu près chaque étape de sa vie, seront à la portée des regards. Les défaillances humaines viendront alimenter un flux sans fin de détails en ligne qui oblitéreront le statut mythique des héros.

Tout individu aspirant à exercer une profession libérale, notamment si elle repose sur la confiance, devra rendre compte de son passé. Vous-même ne préféreriez-vous pas être informé que votre médecin de famille consacre ses week-ends à écrire de longues diatribes contre les immigrés, ou qu'à vingt ans, l'entraîneur de foot de votre fils travaillait comme guide touristique dans le quartier chaud de

s'agit de faire des prédictions utiles concernant l'avenir. Pour prendre un exemple, l'analyse prédictive pourrait utiliser les données sur la fluctuation des usagers du métro new-yorkais pour décider du nombre de rames qui seront nécessaires à une date donnée, en tenant compte des variations de saison, de l'emploi et de la météo.

Bangkok ? Cette connaissance détaillée de nos pairs et de nos dirigeants aura au sein de la société des conséquences inouïes. Beaucoup verront leur passé les affecter sur leur lieu de travail ou dans la vie quotidienne, et certains craindront toute leur vie que tel ou tel épisode explosif refasse un jour surface.

Dans les pays démocratiques, il sera plus difficile à l'ère de l'implication citoyenne totale de s'en tirer à bon compte en cas de corruption, de délit et de scandale personnel. La quantité d'informations privées qui gagnera le domaine public — feuilles d'impôt, itinéraires de vol, géolocalisation téléphonique (données GPS recueillies par un téléphone portable) et bien d'autres, y compris ce qui aura été révélé par piratage — ne manquera pas d'offrir du grain à moudre à d'innombrables citoyens suspicieux. Les militants, les groupes de vigilance et les individus travailleront ensemble à exiger des comptes à leurs dirigeants, et ils disposeront des outils qui leur permettront de déterminer si ce que dit leur gouvernement est vrai. La confiance publique risque dans un premier temps de chuter, mais elle renaîtra plus forte que jamais à mesure que la génération suivante de politiciens prendra cette évolution en compte.

Lorsque ces changements auront atteint toute leur ampleur, d'importants secteurs de la population exigeront de leur gouvernement qu'il intervienne pour protéger la vie privée des individus, et ils le feront avec beaucoup plus de vigueur que tout ce qu'on peut observer aujourd'hui. Les lois ne changeront rien au caractère éternel des informations numériques, mais une régulation raisonnable permettra la mise en place de systèmes de contrôle assurant un minimum de confidentialité aux citoyens qui le désireront. À de rares exceptions près, nos gouvernants actuels ne comprennent pas Internet — pas plus son architecture que ses innombrables usages. Cela va changer. D'ici dix ans, les politiciens auront une meilleure connaissance du fonctionnement des technologies de communication et du pouvoir qu'elles confèrent au citoyen et à d'autres acteurs non gouvernementaux. Les représentants de l'État seront donc en mesure d'orchestrer des débats plus pertinents sur la confidentialité, la sécurité et la protection des usagers.

Dans les démocraties du monde en voie de développement, où les institutions démocratiques et la technologie sont des acquis plus récents, la régulation en matière de confidentialité sera plus aléatoire. Dans chaque pays, le problème se posera d'abord de façon dramatique à travers un incident particulier qui suscitera les exigences du public. C'est ce qui s'est produit aux États-Unis, qui ont adopté en 1994 une loi fédérale interdisant aux services d'enregistrement des véhicules des États de diffuser les données personnelles à la suite d'une série d'abus commis contre des personnalités, dont l'un a abouti à l'assassinat d'une actrice renommée par un harceleur[1]. En 1988, après la fuite d'informations sur la location de cassettes vidéo par le juge Robert Bork[2], survenue pendant le processus de nomination à la Cour suprême, le Congrès a voté la loi de protection de la confidentialité sur la location de vidéos, qui élève au rang de délit le partage de ce type d'informations sans le consentement du client[3].

Tant de chaos numérique constituera sans doute un désagrément pour les sociétés démocratiques, mais il ne mettra pas la démocratie à bas. Les institutions et les régimes seront secoués, mais ils resteront intacts. Et une fois que ces démocraties auront créé les lois appropriées pour réguler et maîtriser la tendance, elle pourrait même finir par constituer un progrès, le contrat social s'en trouvant renforcé et la société

1. «The Drivers Privacy Protection Act (DPPA) and the Privacy of Your State Motor Vehicle Record», Electronic Privacy Information Center, consulté le 13 octobre 2012, http://epic.org/privacy/drivers/.

2. «Existing Federal Privacy Laws», Center for Democracy and Technology, consulté le 13 octobre 2012, https://www.cdt.org/privacy/guide/protect/laws.php #vpp.

3. On remarquera que cette loi a été invoquée en 2008 lors d'un procès collectif intenté au Texas par une femme contre la chaîne Blockbuster pour avoir partagé avec Facebook le registre de ses locations et de ses achats sans son autorisation. Les parties ont trouvé un arrangement à l'amiable. «Harris *vs.* Blockbuster», Electronic Privacy Information Center, consulté le 13 octobre 2012, http://epic.org/amicus/blockbuster/default.html; Cathryn Elaine Harris, Mario Herrera et Maryam Hosseiny *vs.* Blockbuster, Inc., Settlement, District Court for the Northern District of Texas Dallas Division, Civil Action No. 3:09-cv-217-M, http://www.scribd.com/doc/28540910/Lane-v-Facebook-Blockbuster-Settlement.

connaissant un nouveau degré d'efficacité et de transparence. Mais cela mettra du temps, parce que les règles ne changent pas vite et que chaque société démocratique évoluera à son propre rythme.

Il ne fait aucun doute que l'accès élargi à la vie privée qu'entraînera la révolution des données va offrir à certaines autocraties répressives un dangereux instrument de surveillance de leurs citoyens.

C'est un fait déplorable, dont on ne peut qu'espérer qu'il sera atténué par l'évolution décrite ailleurs dans ce livre, mais il faut bien comprendre que les citoyens vivant sous un régime autocratique vont devoir lutter encore plus fort pour défendre leur vie privée et leur sécurité. Soyez assuré que la demande d'outils et de logiciels favorisant la protection des citoyens soumis à la répression numérique va engendrer un secteur d'activité croissant et agressif. Et c'est bien là le pouvoir de cette nouvelle révolution des données : chacun de ses aspects négatifs appellera en retour un bienfait substantiel. Les partisans de la confidentialité et de la sécurité seront plus nombreux que ceux qui cherchent à les restreindre, même dans les régions les plus réprimées du monde.

Mais les régimes autoritaires déploieront tous les vices pour résister. Ils profiteront de la pérennité des données et du contrôle qu'ils exercent sur les opérateurs de téléphonie mobile et les fournisseurs d'accès à Internet pour rendre leurs citoyens plus vulnérables. La maigre confidentialité qui subsistait aura disparu depuis longtemps parce que le nombre des appareils portables accompagnant partout les citoyens aura doublé, offrant aux régimes autoritaires les mouchards qu'ils ont toujours rêvé d'installer dans tous les foyers. Les recours électroniques ne protégeront qu'une petite minorité d'individus techniquement compétents, et seulement de façon provisoire.

Ces régimes piégeront les appareils avant même leur mise en vente, et cela leur donnera accès à tout ce qui se dit, s'écrit et se partage en public ou en privé. Les citoyens ne seront pas très attentifs à la vulnérabilité qu'induira ce partage de leurs secrets. Sans le vouloir, ils livreront d'eux-mêmes des renseignements utiles — surtout s'ils sont très actifs sur les réseaux sociaux — à partir desquels l'État tirera tout type de conclusions accablantes quant à leur identité et leurs intentions. Les logiciels malveillants diffusés par le pouvoir et les négligences humaines fourniront aux autorités plus de renseignements sur leurs citoyens qu'elles n'en auraient jamais obtenu par des voies non numériques. Les réseaux de particuliers, dont l'État encouragera la fréquentation par d'alléchantes incitations, livreront des informations sur leurs usagers. Sachez que les moyens technologiques permettant à la police de commander la caméra des ordinateurs portables, et de s'installer ainsi au domicile des dissidents pour écouter ou voir tout ce qui s'y passe à leur insu, existent déjà.

Les gouvernements répressifs auront les moyens de déterminer qui possède, sur son appareil portable ou chez lui, des applications de contournement de la censure, de sorte qu'il suffira de vouloir télécharger illégalement *Les Soprano* pour s'attirer leur regard. Ils pourront mettre en place des contrôles aléatoires ou organiser des perquisitions pour fouiller les appareils des individus, à la recherche de logiciels de chiffrement ou de proxys dont la présence entraînerait une amende, une peine de prison ou une fiche dans les registres de l'État. Quiconque se sera fait repérer pour avoir téléchargé un logiciel de contournement verra soudain sa vie se compliquer — il ne pourra plus solliciter un emprunt, louer une voiture ou faire un achat en ligne sans rencontrer quelque forme de harcèlement. Dans chaque école et chaque université du pays, les agents de l'État pourront aller de classe en classe et obtenir l'exclusion de tout étudiant dont le téléphone portable trahira qu'il a téléchargé ce genre de logiciels. La punition pourra s'étendre à son réseau d'amis et de parents, afin de décourager encore un peu ce genre de pratique parmi la population.

Et dans les régimes un peu moins totalitaires, si l'État n'a pas déjà institué l'obligation de posséder un profil «officiel» agréé par les autorités, il cherchera certainement à contrôler les identités présentes en ligne à travers certaines dispositions légales et certaines techniques de surveillance. Il adoptera des lois imposant que figurent dans les profils des réseaux sociaux diverses informations personnelles, comme l'adresse postale et le numéro de téléphone portable, afin de mieux surveiller les usagers. Il développera peut-être des algorithmes sophistiqués lui permettant de parcourir les profils de citoyens à la recherche d'omissions ou de contenu inapproprié.

Les États s'adonnent déjà à ce genre de procédé, même s'ils le font de façon relativement occulte. Début 2013, alors que se perpétuait la révolte en Syrie, un certain nombre de membres de l'opposition et de travailleurs humanitaires étrangers ont rapporté que leur ordinateur portable avait été infecté par un virus[1]. (Beaucoup ne s'en sont aperçus que lorsque leurs mots de passe sont soudain devenus inopérants.) Après analyse des disques durs, des spécialistes des technologies de l'information hors du pays[2] ont confirmé la présence de logiciels malveillants, en l'occurrence des chevaux de Troie de divers types (des logiciels qui paraissent normaux mais ne le sont pas) qui dérobaient des informations et des mots de passe, enregistraient les frappes clavier, saisissaient des captures d'écran, téléchargeaient de nouveaux logiciels permettant de mettre en route webcams et microphones à distance avant de renvoyer toutes ces informations à une adresse IP qui, selon les analystes, appartenait à l'entreprise d'État Syrian Telecommunications Establishment. Dans ce cas précis, le logiciel espion était introduit par un fichier exécutable (que l'usager doit ouvrir pour télécharger le virus), mais cela ne signifie aucunement que les individus ciblés ont fait preuve de négligence. Une travailleuse humanitaire[3] a par exemple téléchargé un fichier qui avait

1. Ben Brumfield, « Computer Spyware Is Newest Weapon in Syrian Conflict », CNN, 17 février 2012, http://articles.cnn.com/2012-02-17/tech/tech_web_computer-virus-syria_1_opposition-activists-computer-viruses-syrian-town?_s=PM:TECH.

2. *Ibid.*

3. *Ibid.*

l'air d'un lien rompu (c'est-à-dire hors d'usage) lors d'une conversation téléphonique sur les besoins humanitaires du pays avec un individu qu'elle prenait pour un opposant connu. Elle n'a découvert qu'après, à son grand désarroi, qu'elle avait en fait probablement parlé avec un imposteur qui s'était procuré des mots de passe par le vol ou la contrainte : le vrai militant était en prison.

Face à l'alliance de l'État et des entreprises corrompues qui roulent pour lui, les individus seront livrés à eux-mêmes. Ce que l'État ne peut élaborer tout seul, il le sous-traitera auprès de fournisseurs qui ne demandent pas mieux. Avec un tel degré de surveillance, la culpabilité par association prendra un tout autre sens. Le simple fait de figurer à l'arrière-plan d'une photo pourra devenir lourd de conséquences si jamais les logiciels de reconnaissance des visages qu'utilise l'État venaient à y identifier un dissident connu. Se faire repérer au mauvais endroit et au mauvais moment, que ce soit sur une photo, par la voix ou par son adresse IP, placera le citoyen sous les projecteurs à son insu. Le scénario est profondément injuste, mais il ne sera malheureusement que trop fréquent, et il incitera le reste de la société à l'autocensure.

Si la connectivité accroît le pouvoir de l'État au point de lui permettre de s'immiscer dans les données des citoyens sans être vu, elle réduit aussi sa capacité à maîtriser le cycle de l'information. Le black-out total, la propagande et les versions « officielles » ne pourront pas empêcher le public d'accéder aux informations extérieures, et les tentatives d'étouffement échoueront auprès d'une population informée et connectée. Les citoyens auront le temps d'enregistrer, de partager et de commenter un événement avant même que les autorités aient décidé quoi dire ou quoi faire à son sujet et, grâce à l'omniprésence des appareils portables à bas prix, ce pouvoir populaire sera assez bien distribué dans le pays, si grand soit-il. En Chine, où l'État dispose d'un des systèmes de censure les plus sophistiqués et les plus pénétrants du monde, les tentatives d'étouffement d'affaires jugées préjudiciables pour le gouvernement ont régulièrement échoué.

En juillet 2011, un accident ferroviaire survenu à

Wenzhou[1], au sud-est de la Chine, a provoqué la mort de quarante personnes et renforcé le soupçon déjà très répandu que les projets d'infrastructure du pays avançaient beaucoup trop vite pour être soumis à de sérieuses vérifications de sécurité. L'accident a été minimisé par les instances officielles, et les médias ne lui ont accordé qu'une couverture très réduite. Il a fallu des dizaines de millions de posts sur Weibo[2], l'équivalent chinois de Twitter, pour que l'État finisse par admettre que l'accident était dû à un défaut de conception[3], pas au mauvais temps ou à une panne électrique comme il l'avait annoncé. En outre, on a appris que les autorités avaient envoyé des instructions aux médias juste après l'accident[4], qui disaient textuellement : « Il ne faudra pas mener de recherche sur les causes [de l'accident], mais reprendre les déclarations des départements concernés. Pas de remise en question, pas de développements [de questions afférentes], pas de spéculations ni de propagation [de ce type de choses] sur les microblogs personnels ! » Il était aussi demandé aux journalistes d'aborder le sujet sur un ton positif : « L'accident de train de Wenzhou sera dorénavant traité sous l'angle de "l'immense amour déployé face à l'immense tragédie". » Mais si les médias dominants se sont alignés, pas les microblogueurs, et le gouvernement chinois s'est trouvé dans une posture extrêmement embarrassante.

Pour un pays comme la Chine, ce mélange de citoyens actifs armés d'outils technologiques et de contrôle gouvernemental serré est particulièrement explosif. Si l'autorité

1. « China Train Crash : Signal Design Flaw Blamed », BBC, 28 juillet 2011, http://www.bbc.co.uk/news/world-asia-pacific-14321060.

2. Michael Wines et Sharon LaFraniere, « In Baring Facts of Train Crash, Blogs Erode China Censorship », *New York Times*, 28 juillet 2011, http://www.nytimes.com/2011/07/29/world/asia/29china.html?pagewanted=all.

3. Sharon LaFraniere, « Design Flaws Cited in Deadly Train Crash in China », *New York Times*, 28 décembre 2011, http://www.nytimes.com/2011/12/29/world/asia/design-flaws-cited-in-china-train-crash.html ; « China Bullet Train Crash "Caused by Design Flaws" », BBC, 28 décembre 2011, http://www.bbc.co.uk/news/world-asia-china-16345592.

4. David Bandurski, « History of High-Speed Propaganda Tells All », China Media Project, 25 juillet 2011, http://cmp.hku.hk/2011/07/25/14036/?utm_source=twitterfeed&utm_medium=twitter.

de l'État repose sur une image de maîtrise totale des événements, le moindre incident contredisant cette image — le moindre faux pas capturé par la caméra d'un téléphone, le moindre mensonge mis au jour grâce aux informations de l'extérieur — plantera la graine du doute qui encouragera l'opposition et les franges dissidentes de la population, et cela pourrait déboucher sur une instabilité généralisée.

Il n'y a peut-être aujourd'hui dans le monde qu'une poignée d'États défaillants, mais ils nous offrent un modèle intéressant de ce que peut accomplir la connectivité dans le vide de pouvoir. En fait, le secteur des télécommunications est apparemment le seul capable de prospérer dans ce genre de contexte. En Somalie, ce sont les télécoms qui ont comblé bon nombre des carences créées par plusieurs décennies de guerre et de défaillance gouvernementale, en fournissant au public de l'information, des services financiers, et même de l'électricité[1].

Dans ces pays, quand la marée des smartphones à bas prix atteindra les usagers, ces derniers leur trouveront d'autres usages encore. Le téléphone leur permettra de réactiver l'éducation, le système de santé, la sécurité et les opportunités commerciales que le gouvernement n'est pas en mesure de leur procurer. La technologie mobile apportera aussi les outils intellectuels, sociaux et de divertissement si nécessaires à des populations très traumatisées. La connectivité ne saurait à elle seule remettre sur pied un État défaillant, mais elle peut considérablement améliorer la qualité de vie des citoyens. Nous le verrons plus loin, de nouvelles méthodes pour aider les communautés à gérer les difficultés qui se présentent pendant et après les conflits — comme la création d'institutions virtuelles ou de registres de travailleurs

1. Abdinasir Mohamed and Sarah Childress, « Telecom Firms Thrive in Somalia Despite War, Shattered Economy », *Wall Street Journal*, 11 mai 2010, http://online.wsj.com/article/SB10001424052748704608104575220570113266984.html.

qualifiés parmi la population en exil — apparaîtront pour accélérer le rétablissement local.

Dans le vide de pouvoir, toutefois, ce sont les opportunistes qui prennent les commandes, et la connectivité peut alors devenir une arme entre leurs mains. Les citoyens récemment connectés des États défaillants présenteront tous les points de vulnérabilité que suppose la pérennité des données, sans les dispositifs de sécurité susceptibles de les protéger. Chefs de guerre, extorqueurs, pirates et malfaiteurs sauront — s'ils sont assez malins — trouver le moyen de consolider leur pouvoir à partir des données des autres. Cela prendra peut-être la forme de persécutions de certaines populations spécifiques, comme des clans aisés ou des chefs religieux influents, de façon ciblée et sans risque de représailles. Si les données en ligne (les traces d'un virement sur une plateforme de paiement mobile, par exemple) montrent que telle famille a reçu une somme relativement importante de ses membres en exil, les voyous locaux pourront venir lui exiger un tribut — réglable, probablement, par paiement mobile également. Les seigneurs de guerre s'enrichissent aujourd'hui en prélevant des taxes sur la circulation de tout type de ressources, et les données personnelles seront à l'avenir un bien précieux, au même titre que les drogues, les minéraux et l'argent. Les extorqueurs de demain n'exploiteront peut-être même pas eux-mêmes les données qu'ils détiendront, ils les revendront à de tierces parties disposées à payer le prix fort. Le pire, c'est que ces opportunistes resteront plus discrets et plus indécelables qu'aujourd'hui, parce qu'ils auront les moyens de s'assurer un anonymat que le citoyen commun ne peut pas s'offrir.

Cet univers de vacance de pouvoir, de seigneurs de guerre et d'États effondrés semble peut-être aujourd'hui bien lointain à la Silicon Valley, mais cela ne va pas durer. Aujourd'hui, les entreprises technologiques affichent bien haut leur attitude responsable et se disent concernées par la notion de citoyenneté dans le monde virtuel. Mais avec cinq milliards d'arrivants sur le réseau mondial, elles vont se trouver confrontées à des difficultés beaucoup plus complexes que celles qu'ont posées les deux premiers milliards d'usagers. Une proportion importante de ces nouveaux venus vit dans la pauvreté, la censure et l'insécurité. En tant que fournisseurs d'accès, d'outils et de plateformes, ces entreprises technologiques vont bien devoir assumer une part du fardeau du monde physique tel qu'il se manifestera en ligne si elles veulent rester fidèles à leur doctrine de responsabilité à l'égard de *tous* les usagers.

Il faudra qu'elles aillent au-delà des attentes de leurs clients en termes de confidentialité et de sécurité. Il n'y a rien d'étonnant à ce que les architectes du monde virtuel soient tenus responsables des mauvais aspects de ce que réserve l'avenir. Cela dit, si les reproches adressés aux entreprises technologiques seront en partie justifiés — après tout, elles font leur profit à travers le développement rapide de leurs réseaux —, l'essentiel sera hors propos. Il est au fond beaucoup plus facile de s'en prendre à un produit ou à une entreprise donnés pour une application néfaste de la technologie que d'accepter les restrictions qu'impose la responsabilité individuelle. Et, évidemment, il y aura toujours certaines entreprises pour laisser la soif de profit l'emporter sur la responsabilité à l'égard de l'usager, mais celles-là auront à l'avenir plus de mal à réussir.

À vrai dire, certaines de ces entreprises ont une conscience plus aiguë que d'autres de leur responsabilité à l'égard de leurs usagers et de la communauté mondiale d'internautes; cela explique en grande mesure que la quasi-totalité des produits et services en ligne demandent aujourd'hui au particulier d'accepter les termes et les conditions d'usage et de se plier à ces directives contractuelles. Le consommateur est individuellement responsable de s'informer de la politique d'une entreprise en matière de confidentialité et de sécurité avant de délibérément partager ses données. La multiplication de ces entreprises va offrir au citoyen un plus grand nombre d'options, et la vigilance sera donc plus importante que jamais. Le consommateur avisé ne sera pas seulement attentif à la qualité d'un produit, mais aussi à la maîtrise qu'il lui offre de sa vie privée et de sa sécurité. N'empêche, aux yeux de l'opinion publique et dans un domaine où le droit reste bancal, ces stipulations préalables ne comptent que peu, et l'on peut donc s'attendre dans les prochaines décennies à ce que les fabricants et les fournisseurs de ce genre d'outils fassent l'objet d'une attention accrue.

Cette tendance ne manquera pas d'affecter la façon dont se constituent, grandissent et évoluent ces entreprises technologiques dans une période sans doute tumultueuse. Certains secteurs de l'industrie particulièrement montrés du doigt auront du mal à recruter des ingénieurs, à attirer les clients et à commercialiser leurs produits, mais cela ne résoudra guère le problème de fond (et ne fera finalement que nuire aux consommateurs qui seront en fin de compte privés des bienfaits que peut apporter une industrie innovatrice tournant à plein régime). Les entreprises technologiques devront avoir la peau dure dans les années qui viennent, parce qu'elles subiront les assauts d'un public inquiet en matière de confidentialité, de sécurité et de protection de l'usager. Le débat sur ces questions sera inévitable, et les entreprises seront forcées de prendre position.

Il faudra aussi qu'elles embauchent plus d'avocats. Les contentieux surviennent toujours plus vite que les vraies réformes légales, ainsi qu'en attesteront tous les géants de la technologie perpétuellement aux prises avec des procès autour de la propriété intellectuelle, des brevets et de la confidentialité parmi d'autres. Google est régulièrement poursuivi en justice par des gouvernements du monde entier pour de prétendues infractions au droit d'auteur ou aux lois nationales, et se démène pour montrer à ses usagers qu'il place leurs intérêts au premier rang de ses préoccupations, tout en restant dans les limites de la loi. Mais s'il fallait interrompre le développement d'un produit chaque fois qu'un gouvernement porte plainte, Google ne réaliserait jamais rien.

Les entreprises technologiques vont devoir apprendre à gérer les attentes du public concernant les possibilités et les limites de leurs produits. Au moment de définir leur politique, elles devront, comme les gouvernements, prendre en considération tout type de dynamiques nationales et internationales, notamment l'atmosphère politique, les relations diplomatiques entre États et les règles qui régissent la vie des citoyens. La grande vérité sur laquelle est fondée leur activité — la technologie est neutre, pas les individus — se trouvera par moments noyée dans le bruit général. Mais notre évolution collective en tant que citoyens de l'âge numérique dépendra de notre capacité à ne pas la perdre de vue.

Stratégies d'adaptation

Partout dans le monde, les individus et les institutions du secteur public comme du privé trouveront face aux nouvelles difficultés qui surgiront des stratégies d'adaptation novatrices. On peut grossièrement les classer en quatre catégories : l'entreprise, le droit, la société et l'individu.

Les entreprises technologiques vont devoir faire mieux que s'en tenir à leurs responsabilités en matière de confidentialité et de sécurité si elles veulent éviter que l'État impose des régulations indésirables qui risquent d'étouffer le dynamisme du secteur. Certaines prennent déjà les devants, en offrant par exemple à l'usager une « touche *eject* » — qui lui permet de supprimer toutes les données le concernant d'une plateforme donnée —, un gestionnaire de préférences, ou en s'interdisant de vendre ses informations personnelles à des tiers ou des annonceurs. Mais considérant la multiplication des problèmes de confidentialité et de sécurité, il reste encore beaucoup à faire. Peut-être qu'à travers la conclusion d'un genre de pacte, un groupement d'entreprises s'engagera collectivement à ne jamais vendre de données à des tiers.

La deuxième stratégie d'adaptation se focalisera sur les questions juridiques. À mesure que la révolution des données fera sentir ses effets, les États vont subir la pression croissante de leurs citoyens qui demanderont à être protégés de la pérennité de tout ce qui apparaît sur Internet et des nouvelles vulnérabilités que cela implique. Dans les démocraties, de nouvelles lois seront adoptées. Généralement imparfaites, trop idéalistes et sans doute souvent précipitées, elles constitueront toutefois la meilleure tentative de réaction des sociétés aux changements chaotiques et imprévisibles qu'entraîne la connectivité.

On l'a vu, le citoyen commence à déposer la traînée d'informations qui constituera son identité en ligne bien avant d'être capable de le comprendre. Dans la prochaine décennie, les jeunes vont être soumis à une scrutation sans commune mesure avec tout ce qu'on a pu connaître jusqu'ici. Si vous trouvez difficile aujourd'hui de passer un entretien d'embauche, imaginez ce que ce sera quand l'employeur disposera de l'équivalent de votre biographie complète. Cela concernera une telle proportion de la population que la pression publique et la volonté politique donneront lieu à toute une gamme de nouvelles lois en vue du nouvel âge numérique.

Au moment où cette génération va atteindre l'âge adulte, traînant derrière elle la trace numérique de chaque acte irresponsable commis à l'adolescence, on imagine mal que certains politiciens ne plaident pas la cause de l'enfouissement définitif des dossiers *virtuels* de jeunesse. Tout ce que partage un individu avant l'âge de dix-huit ans serait ainsi déclaré inexploitable, verrouillé et interdit de divulgation publique sous peine d'amende, voire de prison. Il deviendrait illégal pour un employeur, un tribunal, un conseil de copropriétaires ou une université de prendre ces données en considération. Évidemment, il sera difficile d'imposer le respect d'une telle disposition, mais sa simple existence contribuera à changer les usages, et peut-être que la société finira par porter sur la plupart des excès commis en ligne par les ados le même regard indulgent que sur la consommation expérimentale de drogues ou d'alcool.

D'autres lois apparaîtront peut-être pour tenter de protéger la vie privée du citoyen et d'accroître la responsabilité de ceux qui dévoilent des informations confidentielles. Voler un téléphone portable équivaudra à un vol d'identité, et l'intrusion en ligne (mots de passe volés, comptes piratés) pourrait bien être mise sur le même plan que l'effraction[1]. Chaque pays décidera de son propre seuil culturel pour distinguer ce qu'il est admissible de divulguer de ce qui est malvenu ou trop intime. Ce que le gouvernement indien jugera obscène, voire pornographique, pourrait très bien passer en France comme une lettre à la poste. Prenons le cas d'un pays très soucieux du respect de la vie privée, mais saturé de smartphones et de caméras drones disponibles dans tous les magasins de jouets. Les catégories auxquelles sont aujourd'hui soumis les paparazzi (distinction entre espace «public» et «privé») pourraient se généraliser à l'ensemble de la population, à travers la création de certaines «zones sûres» où toute prise de vue exigerait le consentement du sujet (ou, dans le cas de l'Arabie saoudite, celui du tuteur masculin d'un sujet féminin). On obtiendrait l'autorisation à l'aide d'une application spécifique installée sur son téléphone et l'horodatage et le tatouage numérique permettront de déterminer très facilement si quelqu'un a pris une photo illégale. Le tatouage numérique est l'insertion, dans un fichier image, audio ou vidéo, d'informations concernant son auteur — le nom, la date, les droits d'auteur, etc. C'est un dispositif de protection contre la manipulation parce que, bien qu'invisibles, ces données peuvent être extraites et lues à l'aide d'un logiciel spécial, de sorte que, en cas de soupçon, un expert peut déterminer l'authenticité d'un document.

À propos du troisième type de stratégies d'adaptation, qui concernera le champ sociétal, il convient de se demander comment réagiront les acteurs non étatiques (comme les communautés locales ou les associations) aux conséquences de la révolution des données. Nous pensons que la prochaine décennie verra jaillir une myriade d'organisations de la société civile cherchant à protéger le citoyen connecté de son État et de lui-même. De puissants lobbies défendront des lois sur le contenu et la vie privée. Des associations qui

1. Aux États-Unis, la justice a déjà appliqué le délit de violation de propriété au cyberespace. Eric J. Sinrod, «Perspective : A Cyberspace Update for Hoary Legal Doctrine», CNET, 4 avril 2007, http://news.cnet.com/A-cyberspace-update-for-hoary-legal-doctrine/2010-1030_3-6172900.html.

auront l'œil sur les méthodes de surveillance abusives réclameront une meilleure protection du citoyen. Des groupes de soutien aideront différents secteurs démographiques à gérer les conséquences de la pérennité des données. Des organisations éducatives chercheront à communiquer avec les écoliers pour leur apprendre à ne pas trop se livrer. (« Ne fournis jamais tes données à un inconnu. ») Concernant le harcèlement sur Internet, la campagne récemment lancée aux États-Unis ne devrait être qu'un signe avant-coureur de ce qui nous attend : une large prise de conscience du public, de grandes campagnes populaires de sensibilisation et quelques vagues mesures politiques. Dans les écoles, professeurs et directeurs attribueront la même gravité et les mêmes sanctions au harcèlement en ligne qu'aux altercations physiques, sauf qu'au lieu de se faire envoyer chez le directeur après la récréation, l'enfant y sera convoqué à son arrivée le matin pour ce qu'il a écrit la veille chez lui.

Au-delà de son rôle d'atténuation des inconvénients d'un monde hyperconnecté, c'est encore de la société civile que vont jaillir une bonne part des idées les plus prometteuses qui exploiteront l'évolution technologique dans le bon sens. Dans les pays en voie de développement, les organisations humanitaires montrent déjà la voie avec des projets pilotes novateurs qui tirent parti de l'accroissement de la connectivité mondiale. Pendant la famine survenue en 2011 dans l'est de l'Afrique, l'administrateur de l'Agence des États-Unis pour le développement international (USAID), Rajiv Shah, a fait savoir que son organisation exploitait les plateformes de paiement mobile en les associant au système somalien traditionnel de transferts d'argent, l'*hawala*[1], pour contourner l'interdiction faite par le groupe islamiste violent Shebab de toute aide humanitaire portée aux populations. (Le système de l'*hawala* est un réseau fondé sur la confiance qui fonctionne en dehors de toute institution financière formelle,

1. Andrew Quinn, « Cell Phones May Be New Tool *vs.* Somalia Famine », Reuters, 21 septembre 2011, édition Afrique, http://af.reuters.com/article/topNews/idAFJOE78K00L20110921.

par l'intermédiaire d'agents.) La cadence rapide de l'adoption du téléphone portable et de la connectivité de base dans le pays a ouvert de nouvelles opportunités à la population et à ceux qui cherchent à lui venir en aide[1]. Les organisations à but non lucratif et philanthropiques vont continuer de repousser les limites des solutions technologiques dans le nouvel âge numérique, car, plus flexibles que les agences gouvernementales et mieux disposées au risque que les entreprises commerciales, elles sont particulièrement adaptées à la tâche.

La quatrième catégorie de stratégies d'adaptation est celle de l'individu. Le citoyen fera de plus en plus confiance aux modes de communication anonymes en peer-to-peer (P2P). Dans un monde dépourvu de touche d'effacement, les réseaux P2P seront le mode d'opération par défaut de quiconque souhaite agir à l'abri des regards. Les technologies P2P mobiles contemporaines, comme Bluetooth, permettent à deux appareils électroniques de dialoguer directement sans avoir à transiter par Internet. En revanche, les réseaux de partage de fichiers en P2P comme BitTorrent opèrent sur Internet. Le point commun entre ces deux formes de technologie P2P, c'est que les usagers se connectent l'un à l'autre (agissant à la fois en tant que fournisseurs et que receveurs) sans recourir au service d'une tierce partie établie. Pour le citoyen du futur, le réseau en P2P aura l'avantage d'associer l'instantanéité à l'indépendance à l'égard du contrôle ou de la surveillance d'un tiers.

Tous les smartphones sont aujourd'hui équipés pour le P2P et, dans la prochaine décennie, à mesure que les téléphones à bas prix satureront les marchés émergents, ces outils seront de plus en plus accessibles. Bluetooth est déjà extrêmement répandu dans de nombreuses régions du monde en voie de développement, parce qu'il fonctionne sur des téléphones très rudimentaires. Dans une part importante de l'Afrique

1. Sahra Abdi, «Mobile Transfers Save Money and Lives in Somalia», Reuters, 3 mars 2010, http://www.reuters.com/article/2010/03/03/us-somalia-mobiles-idUSTRE6222BY20100303.

occidentale, où le téléphone portable a largement supplanté l'ordinateur et Internet[1], le téléphone sert généralement d'appareil à musique[2], parce que le partage en peer-to-peer permet le stockage, l'échange et l'écoute.

Au Mali, par exemple, cet usage répond peut-être à certains problèmes particuliers d'infrastructure, mais les gens vont aussi commencer à se tourner vers le P2P partout ailleurs, que ce soit pour des raisons personnelles (le fait que rien ne s'efface) ou pragmatiques (la sécurisation des communications). Les citoyens des États répressifs utilisent déjà les plateformes de communication P2P et les systèmes de chiffrement des messages comme BlackBerry Messenger (BBM) de l'entreprise Research in Motion (RIM) pour quelque peu se prémunir contre l'intrusion de l'État, et de nouvelles formes de technologies exploitant le P2P leur seront disponibles à l'avenir.

Aujourd'hui, les débats autour des technologies vestimentaires se focalisent sur un marché de luxe : on parle de bracelets qui vibrent ou émettent une pulsation quand le réveil sonne (certains modèles sont déjà disponibles), de boucles d'oreilles surveillant la pression sanguine, etc[3]. De nouvelles applications de réalité augmentée (AR, superposition d'éléments virtuels tactiles, sonores et visuels sur un environnement physique, du monde réel) promettent des expériences vestimentaires plus riches encore[4]. En avril 2012, Google a

1. Il n'y a qu'à comparer les abonnements à la téléphonie mobile avec ceux à Internet en 2010 pour des pays comme la Guinée équatoriale, le Mali, le Niger, etc., voir « Mobile-Cellular Subscriptions » et « Fixed (Wired) Internet Subscriptions », International Telecommunication Union (ITU), ICT Data and Statistics (IDS), consulté le 13 octobre 2012, http://www.itu.int/ITU-D/ict/statistics/.

2. Michael Byrne, « Inside the Cell Phone File Sharing Networks of Western Africa (Q+A) », *Motherboard*, 3 janvier 2012, http://motherboard.vice.com/2012/1/3/inside-the-cell-phone-file-sharing-networks-of-western-africa-q-a.

3. Il y a des points de chevauchement entre la technologie vestimentaire et le secteur émergent de la technologie tactile, mais l'une et l'autre ne se confondent pas. Cette dernière interagit avec le sens tactile de l'usager, généralement à travers des pulsations ou l'application d'une pression. Les technologies vestimentaires comportent souvent de nombreux éléments tactiles, mais elles ne s'y limitent pas (il existe par exemple une veste qui s'illumine le soir pour les cyclistes) ; toutes les technologies tactiles ne sont pas vestimentaires non plus.

4. Dena Cassella, « What Is Augmented Reality (AR) : Augmented Reality Defined, iPhone Augmented Reality Apps and Games and More », *Digital Trends*,

fait connaître son prototype d'AR, le Project Glass[1] — des lunettes dont un verre est doté d'un écran et qui permettent de gérer des messages par commande vocale, de filmer et d'enregistrer des images vidéo —, et d'autres entreprises travaillent actuellement dans le même sens[2]. Bientôt, quand s'accomplira la fusion de la technologie vestimentaire, de l'AR et du P2P, nous disposerons de données sensorielles, de voies d'information enrichies et de communications sécurisées qui nous donneront des appareils exceptionnellement utiles et intéressants. Dans les pays où la police religieuse et les agents en civil sillonnent les lieux publics, par exemple, une bonne perception de l'espace est indispensable, il est donc probable qu'un créateur de technologie vestimentaire invente un bracelet discret permettant à son détenteur d'émettre une pulsion d'alerte à l'intention de ses amis s'il repère un agent du régime dans les parages. Ces dispositifs sensoriels donneront naissance à tout un langage non verbal — deux pulsions pour signaler la présence d'un policier, trois pour dire « cours ! ». Grâce aux données GPS, le bracelet pourra aussi indiquer la localisation de son porteur à d'autres, qui seront peut-être munis de lunettes d'AR permettant de repérer d'où vient l'agent. Toutes ces communications se feront en P2P, elles seront donc plus sûres et plus fiables que si elles transitaient par Internet.

Votre appareillage connaîtra certaines choses de votre environnement que vous ne pouvez pas savoir sans lui : où se trouvent les gens, qui ils sont et ce que contient leur profil

---

3 novembre 2009, http://www.digitaltrends.com/mobile/what-is-augmented-reality-iphone-apps-games-flash-yelp-android-ar-software-and-more/.

1. Babak Parviz, Steve Lee, Sebastian Thrun, « Project Glass », Google+, 4 avril 2012, https://plus.google.com/+projectglass/posts ; Nick Bilton, « Google Begins Testing Its Augmented-Reality Glasses », Bits (blog), *New York Times*, 4 avril 2012, http://bits.blogs.nytimes.com/2012/04/04/google-begins-testing-its-augmented-reality-glasses/.

2. Todd Wasserman, « Apple Patent Hints at Google Glass Competitor », *Mashable*, 5 juillet 2012, http://mashable.com/2012/07/05/apple-patent-google-glass/ ; Molly McHugh, « Google Glasses Are Just the Beginning : Why Wearable Computing Is the Future », *Digital Trends*, 6 juillet 2012, http://www.digitaltrends.com/computing/google-glasses-are-just-the-beginning-why-wearable-computing-is-the-future/#ixzz29PI4PWK4.

virtuel. Aujourd'hui, nous partageons déjà nos bibliothèques iTunes avec des étrangers à travers des réseaux sans fil, mais nous pourrons à l'avenir partager bien d'autres choses. Au Yémen, par exemple, où le conservatisme social prive les adolescents de contacts avec le sexe opposé, les jeunes auront la possibilité d'occulter leurs informations personnelles sur les réseaux P2P quand ils se trouveront chez eux ou à la mosquée — allez savoir qui peut être en train de regarder — mais de les révéler dans les jardins publics, au café ou dans les fêtes.

Il demeure que, malgré leurs innombrables qualités, les technologies du P2P ne sont qu'un mauvais substitut d'Internet, qui demeure bien plus riche et plus pratique. Nos activités et nos communications nous amènent souvent à avoir besoin d'archives consultables, notamment si l'on veut partager quelque chose ou s'y référer plus tard. Et puis, malheureusement, même les communications en P2P ne sont pas parfaitement hermétiques aux infiltrations et à la surveillance. Si les autorités (ou les organisations criminelles) parviennent à identifier l'une des parties de la conversation, elles ne mettent pas longtemps à identifier l'autre. Cela vaut pour la messagerie, les appels en mode « voix sur IP » (VoIP) — c'est-à-dire les appels téléphoniques sur Internet, comme Google Voice ou Skype — et le tchat vidéo. L'usager se croit à l'abri, mais à moins que l'échange soit chiffré, quiconque dispose d'un accès à une partie intermédiaire du réseau peut écouter. Le possesseur d'une borne wi-fi, par exemple, peut épier toute conversation non cryptée des usagers qui y sont connectés. L'une des attaques les plus insidieuses contre les usagers du P2P est celle dite de « l'homme du milieu », une façon d'écouter aux portes. L'assaillant s'immisce entre deux participants d'une conversation et relaye automatiquement les messages qu'ils échangent, sans qu'aucun ne s'en aperçoive. Ce troisième larron agit comme un intermédiaire invisible et fait croire à chacun des participants que l'attaque provient de l'autre. Si bien que pendant la conversation (que ce soit par texte, par voix ou par vidéo) ce troisième homme a tout le loisir d'espionner en siphonnant de temps en temps certaines informations pour les stocker ailleurs. (Ou alors, plus malicieusement, il peut en insérer de fausses dans la conversation.) Ce type d'attaque s'accommode de tous les protocoles, pas seulement le P2P, mais elle paraît plus sournoise dans ce dernier pour la simple raison que les usagers se *croient* en sécurité.

La protection que permet le chiffrement n'est pas totalement sûre non plus, notamment face à certaines méthodes de vérification dans le monde physique qui ne vont pas disparaître. Aux États-Unis, le FBI et quelques avocats ont déjà demandé l'adoption de lois contraignant les services de communication comme BlackBerry et Skype à se plier à tout ordre d'écoute venu des autorités[1], à travers l'installation d'un dispositif d'interception des messages ou en leur fournissant les clés permettant le décodage des messages chiffrés.

Les réseaux P2P se sont déjà heurtés aux autorités, à propos de questions de droit d'auteur dans les démocraties (comme ce fut le cas pour Napster ou Pirate Bay) et de dissidence politique dans les autocraties (comme Tor). Aux États-Unis, le pionnier du partage en P2P, Napster, a été fermé en 2001 à la suite d'une injonction requérant de l'entreprise qu'elle empêche sur son réseau tout échange de matériaux soumis au droit d'auteur[2]. (Napster a assuré le tribunal de district qu'il pouvait bloquer le transfert de 99,4 % des fichiers de ce genre, mais le juge a estimé que ça ne suffisait pas[3].) En Arabie saoudite et en Iran, la police religieuse a éprouvé les pires difficultés pour empêcher les

1. Declan McCullagh, «FBI : We Need Wiretap-Ready Web Sites — Now», CNET, 4 mai 2012, http://news.cnet.com/8301-1009_3-57428067-83/fbi-we-need-wiretap-ready-web-sites-now/; Charlie Savage, «As Online Communications Stymie Wiretaps, Lawmakers Debate Solutions», *New York Times*, 17 février 2011, http://www.nytimes.com/2011/02/18/us/18wiretap.html.

2. Matt Richtel, «Technology; Judge Orders Napster to Police Trading», *New York Times*, 7 mars 2001, http://www.nytimes.com/2001/03/07/business/technology-judge-orders-napster-to-police-trading.html?ref=marilynhallpatel; Matt Richtel, «With Napster Down, Its Audience Fans Out», *New York Times*, 20 juillet 2001, http://www.nytimes.com/2001/07/20/business/technology-with-napster-down-its-audience-fans-out.html?pagewanted=all&src=pm.

3. Matt Richtel, «Napster Appeals an Order to Remain Closed Down», *New York Times*, 13 juillet 2001, http://www.nytimes.com/2001/07/13/business/technology-napster-appeals-an-order-to-remain-closed-down.html; Lawrence

jeunes équipés de téléphones pourvus de Bluetooth d'appeler et d'envoyer des SMS à des inconnus dans le rayon de portée du signal[1], parfois à des fins de flirt, mais aussi pour la coordination rapprochée de manifestants. À moins de procéder à la confiscation de tous les appareils portables du pays (tâche que même la police secrète reconnaît irréalisable), les jeunes dragueurs saoudiens et iraniens conservent donc une petite longueur d'avance sur leurs chaperons d'État.

Les appareils portables BlackBerry offrent à la fois le service téléphonique et le chiffrement, et l'encodage très particulier qu'ils utilisent a incité de nombreux gouvernements à s'y attaquer directement. En 2009, la compagnie téléphonique nationale des Émirats arabes unis, Etisalat, a envoyé à quelque 150000 usagers[2] BlackBerry une proposition de mise à jour pour « amélioration du service[3] ». Cette mise à jour était en vérité un logiciel espion donnant l'accès aux informations privées stockées dans le téléphone. (Quand le public a eu vent de l'affaire, le fabricant de BlackBerry, RIM, a pris ses distances avec Etisalat et expliqué à ses usagers comment désinstaller le logiciel[4].) Moins d'un an plus tard, les Émirats arabes unis et leur voisin, l'Arabie saoudite, ont appelé à l'interdiction totale des téléphones BlackBerry,

---

Lessig, *Culture Libre* (Perpignan, Eds de Saint-Amans, 2004), p. 73-74, http://www.ebooksgratuits.com/details.php?book=2198.

1. « Beware : Dangers of Bluetooth in Saudi... », *Emirates* 24/7, 1er décembre 2010, http://www.emirates247.com/news/region/beware-dangers-of-bluetooth-in-saudi-2010-12-01-1.323699 ; Associated Press (AP), « In Saudi Arabia, a High-Tech Way to Flirt », MSNBC, 11 août 2005, http://www.msnbc.msn.com/id/8916890/ns/world_news-mideast_n_africa/t/saudi-arabia-high-tech-way-flirt/#.UJBU0sVG-8A.

2. Margaret Coker and Stuart Weinberg, « RIM Warns Update Has Spy ware », *Wall Street Journal*, 23 juillet 2009, http://online.wsj.com/article/SB124827172417172239.html ; John Timmer, « UAE Cellular Carrier Rolls Out Spyware as a 3G "Update" », *Ars Technica*, 23 juillet 2009, http://arstechnica.com/business/2009/07/mobile-carrier-rolls-out-spyware-as-a-3g-update/.

3. « UAE Spyware Blackberry Update », *Digital Trends*, 22 juillet 2009, http://www.digitaltrends.com/mobile/uae-spyware-blackberry-update/.

4. George Bevir, « Etisalat Accused in Surveillance Patch Fiasco », *Arabian Business*, 21 juillet 2009, http://www.arabianbusiness.com/etisalat-accused-in-surveillance-patch-fiasco-15698.html ; voir aussi Adam Schreck, Associated Press (AP), « United Arab Emirates, Saudi Arabia to Block BlackBerry over Security Fears », *Huffington Post*, 1er août 2010, http://www.huffingtonpost.com/2010/08/01/uae-saudi-arabia-blackberry-ban_n_666581.html.

invoquant leurs lois sur le chiffrement[1]. L'Inde a suivi le mouvement en émettant à RIM un ultimatum lui enjoignant d'ouvrir l'accès aux communications cryptées sous peine de voir ses services interrompus[2]. (Dans les trois pays, l'interdiction de BlackBerry a été évitée.)

Les États répressifs ne montreront que peu de scrupule à tenter d'interdire ou de prendre le contrôle des communications en P2P. Les États démocratiques devront agir avec plus de prudence. Le cas s'est déjà présenté de façon frappante lors des émeutes survenues en août 2011 au Royaume-Uni. Les manifestants britanniques se sont réunis pour demander que justice soit rendue à Mark Duggan, un homme de vingt-neuf ans abattu par la police à Tottenham. Quelques jours plus tard, les foules se sont faites plus violentes, mettant le feu à des magasins, des voitures de police et un autobus. Dans les nuits qui ont suivi, la violence et les pillages se sont multipliés dans le pays, notamment à Birmingham, Bristol et dans d'autres villes. Le bilan s'est élevé à cinq morts[3] et à 300 millions de livres de dégâts matériels[4], sans compter la grande confusion occasionnée. L'ampleur des désordres dans tout le pays — et la vitesse à laquelle ils se sont répandus — a totalement pris de court la police et le gouvernement, et des outils de communication tels que Twitter, Facebook et surtout BlackBerry ont été montrés du doigt comme autant

1. Margaret Coker, Tim Falconer, Phred Dvorak, « U.A.E. Puts the Squeeze on BlackBerry », *Wall Street Journal*, 2 août 2010, http://online.wsj.com/article/SB10001424052748704702304575402493300698912.html; Kayla Webley, « UAE, Saudi Arabia Ban the Blackberry », *Time*, 5 août, 2010, http://www.time.com/time/specials/packages/article/0,28804,2008434_2008436_2008440,00.html ; « Saudi Arabia Begins Blackberry Ban, Users Say », BBC, 6 août 2010, http://www.bbc.co.uk/news/world -middle-east-10888954.

2. Bappa Majumdar and Devidutta Tripathy, « Setback for BlackBerry in India ; Saudi Deal Seen », Reuters, 11 août 2010, édition indienne, http://in.reuters.com/article/2010/08/11/idINIndia-50769520100811.

3. Laura Davis, « The Debate : Could the Behaviour Seen at the Riots Ever Be Justified ? », Notebook (blog), *Independent* (Londres), 8 août 2012, http://blogs.independent.co.uk/2012/08/08/the-debate-could-the-behaviour-seen-at-the-riots-ever-be-justified/.

4. John Benyon, « England's Urban Disorder : The 2011 Riots », *Political Insight*, 28 mars 2012, http://www.politicalinsightmagazine.com/?p= 911 ; « A Little Bit of History Repeating », *Inside Housing*, 27 juillet 2012, http://www.insidehousing.co.uk/tenancies/a-little-bit-of-history-repeating/6522947.article.

de facteurs de cette propagation. Lors des émeutes, le député de Tottenham a appelé BlackBerry à interrompre son service de messagerie pendant la nuit pour empêcher les émeutiers de communiquer[1]. Comme les violences se poursuivaient, le Premier ministre David Cameron a déclaré devant le Parlement qu'il envisageait de bloquer l'ensemble de ces services dans certaines situations, notamment «quand nous savons [que certains individus] prévoient de recourir à la violence, de semer le désordre et de commettre des délits[2]». Il s'agissait de «donner à la police les outils technologiques lui permettant de repérer les individus sur Twitter ou BBM, ou de fermer [ces services][3]». (Après avoir rencontré des représentants de ces entreprises, Cameron a dit que leur coopération avec la police était satisfaisante[4].)

Les exemples des Émirats arabes unis et de la Grande-Bretagne illustrent bien la réelle inquiétude des autorités, mais il faut préciser que cette inquiétude porte sur le chiffrement et les réseaux sociaux. Or, à l'avenir, on communiquera aussi sur des réseaux mobiles en P2P, ce qui signifie que les citoyens pourront fréquenter les réseaux sans passer par Internet (ce qui n'était pas le cas aux Émirats ni au Royaume-Uni). On peut donc imaginer que tous les pays, du plus démocratique au plus répressif, vont combattre la progression des communications d'appareil à appareil. Les gouvernements affirmeront que, en l'absence de restrictions, au moins de façon exceptionnelle quand les circonstances

1. Sky News Newsdesk, Twitter post, 9 août 2011, 5:32 a.m., https://twitter.com/SkyNewsBreak/status/100907315603054592; Bill Ray, «Tottenham MP Calls for BlackBerry Messenging Suspension», *Register*, 9 août 2011, http://www.theregister.co.uk/2011/08/09/bbm_suspension/.

2. «PM Statement on Disorder in England», *Number 10* (site officiel du bureau du Premier ministre britannique), 11 août 2011, http://www.number10.gov.uk/news/pm-statement-on-disorder-in-england/.

3. Rich Trenholm, «Cameron Considers Blocking Twitter, Facebook, BBM after Riots», CNET, 11 août 2011, http://crave.cnet.co.uk/software/cameron-considers-blocking-twitter-facebook-bbm-after-riots-50004693/; Olivia Solon, «Cameron Suggests Blocking Potential Criminals from Social Media», *Wired UK*, 11 août 2011, http://www.wired.co.uk/news/archive/2011-08/11/david-cameron-social-media.

4. «Social Media Talks About Rioting "Constructive"», BBC, 25 août 2011, http://www.bbc.co.uk/news/uk-14657456.

l'exigent, la capture de malfaiteurs et de terroristes (parmi d'autres activités légitimes de la police) et leur mise en accusation seront plus difficiles, que la planification et l'exécution de méfaits le seront moins et que n'importe qui pourra diffuser en toute impunité dans la sphère publique des informations calomnieuses, mensongères ou plus généralement nuisibles. Les régimes démocratiques craindront la diffamation et les fuites incontrôlables, les autocraties craindront la dissidence intérieure. Mais si les activités illégales sont vraiment le premier souci des gouvernements, il faut qu'ils sachent que la vraie difficulté résidera dans l'association de la monnaie virtuelle et des réseaux anonymes qui occultent la localisation physique des services. Déjà sur le réseau Tor des malfaiteurs vendent des drogues illégales contre des bitcoins (une monnaie virtuelle)[1], ce qui leur permet d'éviter à la fois les espèces et les banques. Les atteintes au droit d'auteur emprunteront les mêmes réseaux.

Dans notre réflexion sur la bonne façon de répondre à ces problèmes, il n'y a pas de réponse toute blanche ou toute noire ; le contexte est déterminant. Au Mexique, par exemple, les cartels de trafiquants de drogue sont parmi les usagers les plus actifs du chiffrement anonyme, aussi bien par P2P que sur Internet. En 2011, nous avons rencontré Bruno Ferrari, alors ministre de l'Économie, qui nous a décrit l'action de son gouvernement pour inviter la population à combattre

1. Bitcoin est à ce jour l'expérience la plus aboutie de monnaie numérique ; à travers un mélange de réseau en peer-to-peer et de signatures de chiffrement, elle gère les paiements en ligne. La valeur de cette monnaie a beaucoup fluctué depuis les origines ; si les premiers bitcoins publiquement échangés valaient 3 centimes de dollar, ils atteignaient 29,57 dollars un an après. On conserve les bitcoins dans des « porte-monnaie » numériques, et on s'en sert pour payer toute une gamme de biens virtuels et physiques. Sur le marché noir en ligne, nommé la Route de la Soie, où l'on peut acheter des drogues illégales à travers des voies chiffrées, le bitcoin est la seule monnaie valable, et il génère chaque année environ 22 millions de dollars de vente, selon une étude récente. Voir Andy Greenberg, « Black Market Drug Site "Silk Road" Booming : $22 Million in Annual Sales », *Forbes*, 6 août 2012, http://www.forbes.com/sites/andygreenberg/2012/08/06/black-market-drug-site-silk-road-booming-22-million-in-annual-mostly-illegal-sales/ ; Nicolas Christin, « Traveling the Silk Road : A Measurement Analysis of a Large Anonymous Online Marketplace » (document de travail, INI/CyLab, Carnegie Mellon, Pittsburgh, PA, 1er août 2012), http://arxiv.org/pdf/1207.7139v1.pdf.

les cartels — la crainte de représailles dissuade les gens de dénoncer des crimes ou de renseigner les forces de l'ordre sur l'activité des cartels dans leur voisinage. La corruption et la méfiance envers la police ne restreint que davantage la marge de manœuvre des citoyens. «Sans anonymat, nous a dit Ferrari, il n'y a pas de mécanisme clair qui permette aux gens de faire confiance à la police et de rapporter les crimes que commettent les cartels de drogues. Si l'on veut engager le citoyen à intervenir, le réel anonymat est indispensable[1].» Les cartels utilisent déjà ce système, alors l'anonymat généralisé permet d'équilibrer le jeu. «Les arguments pour la restriction du chiffrement anonyme se tiennent, a-t-il ajouté, mais pas au Mexique.»

État policier 2.0

Tout bien pesé, l'équilibre du pouvoir entre les citoyens et leur gouvernement dépendra du matériel de surveillance que ce dernier sera en mesure d'acquérir, d'entretenir et de faire fonctionner. Les États authentiquement démocratiques seront peut-être confrontés à la perte de confidentialité et de contrôle qu'induit la révolution des données, mais ils y gagneront des citoyens plus investis, de meilleurs politiciens et un contrat social renforcé. Malheureusement, la plupart des États du monde ne sont pas démocratiques, ou alors ils n'en ont que le nom[2], et l'effet relatif de la connectivité — positif et négatif — sera pour les citoyens de ces pays-là beaucoup plus important qu'ailleurs.

À la longue, les technologies de communication vont rogner le pouvoir de la plupart des gouvernements autocratiques car, on l'a vu, face à des citoyens armés d'appareils individuels permettant de vérifier les faits, les chances d'un régime restrictif qui craint l'information s'amenuisent à

1. Entretien avec les auteurs, novembre 2011.

2. Arch Puddington, *Freedom in the World 2012 : The Arab Uprisings and Their Global Repercussions*, Freedom House, consulté le 15 octobre 2012, http://www.freedomhouse.org/sites/default/files/FIW%202012% 20Booklet_0.pdf.

chaque nouvel incident gênant. Autrement dit, ce n'est pas un hasard si la plupart des autocraties d'aujourd'hui comptent parmi les sociétés les moins connectées du monde[1]. Mais à court terme, ces régimes sauront tirer leur parti de la poussée de la connectivité, comme ils le font de la loi et des médias. On observe parmi les gouvernements autoritaires une tendance à vouloir exploiter la puissance de la connectivité et des données plutôt qu'interdire les technologies de l'information. Ce basculement de la balourdise totalitaire vers des formes plus subtiles de contrôle a été parfaitement saisi par le journaliste William J. Dobson dans *The Dictator's Learning Curve* : « Les dictateurs et adeptes de l'autoritarisme sont aujourd'hui beaucoup plus sophistiqués, plus avertis et habiles qu'ils l'ont été dans le passé. Face aux pressions croissantes, les plus malins n'ont pas durci leur régime au point d'en faire un État policier, pas plus qu'ils ne se sont coupés du monde ; ils ont appris la leçon et se sont adaptés. Pour des dizaines de régimes autoritaires, le défi que constituait l'avancée de la démocratie a été source d'expérimentation, de créativité et d'ingéniosité[2]. » Dobson identifie de nombreuses façons par lesquelles le dictateur moderne consolide son pouvoir tout en feignant la légitimité[3] : un système judiciaire quasi indépendant, un semblant de Parlement élu, des lois rédigées en termes généraux dont l'application est sélective et un paysage médiatique qui autorise la presse d'opposition tant que les opposants comprennent où se situe la limite non dite. À la différence des régimes à main de fer et des États parias du passé, écrit Dobson, les États

1. Voir les faibles pourcentages d'usagers de la téléphonie mobile et/ou d'Internet dans les pays considérés les plus répressifs du monde, comme la Guinée équatoriale, l'Érythrée ou la Corée du Nord, dans *Worst of the Worst 2012 : The World's Most Repressive Societies*, Freedom House, consulté le 15 octobre 2012, http://www.freedomhouse.org/sites/default/files/Worst%20of%20the%20Worst%20 2012%20final%20report.pdf ; « Mobile-Cellular Telephone Subscriptions Per 100 Inhabitants » et « Percentage of Individuals Using the Internet », International Telecommunication Union (ITU), ICT Data and Statistics (IDS), consulté le 15 octobre 2012, http://www.itu.int/ITU-D/ict/statistics/.

2. William J. Dobson, *The Dictator's Learning Curve: Inside the Global Battle for Democracy*, New York, Doubleday, 2012, p. 4.

3. *Ibid.*

autoritaires modernes sont « des projets conscients, élaborés par l'homme, qui demandent à être bâtis avec soin, lustrés et renforcés[1] ».

Mais Dobson n'évoque qu'un petit nombre de cas particuliers, et nous ne sommes pas persuadés que le nouvel âge numérique offre ces opportunités à *tous* les régimes autocratiques. La façon dont les dictateurs géreront la connectivité déterminera en grande mesure leur avenir dans le nouvel âge numérique, et plus encore si leur pays entend jouer un rôle dans le concert politique et économique mondial. La centralisation du pouvoir, le délicat équilibre entre clientélisme et répression, la projection vers l'extérieur de l'État lui-même — tous les éléments de la gouvernance autocratique dépendront du contrôle qu'exercera le régime sur le monde virtuel dans lequel évolue sa population.

En l'espace d'une décennie, dans les autocraties du monde, la minorité connectée va devenir majorité et, pour les dictateurs qui espèrent rester en place, la transition sera mouvementée[2]. Mais il est fort heureusement très difficile de mettre sur pied un système capable de surveiller et de contenir toutes les dissidences, cela demande des solutions très spécifiques, des conseillers qui coûtent cher, des technologies relativement rares et beaucoup d'argent. Il faudra aussi des antennes-relais, des serveurs et des microphones, ainsi que de grands centres de stockage des données, des logiciels spécialisés pour traiter les données récoltées, du personnel formé pour faire fonctionner tout cela et des ressources élémentaires telles que l'électricité et la connectivité en quantités abondantes et constantes. Un autocrate qui voudrait créer un État surveillant devra s'attendre à le payer très cher — espérons que ce sera au-dessus de ses moyens.

Certaines autocraties dont la population est pauvre sont néanmoins riches de pétrole, de minéraux ou d'autres

1. *Ibid.*, p. 8.

2. Voir le faible taux de pénétration d'Internet dans les pays considérés comme les plus répressifs du monde, comme la Guinée équatoriale, l'Érythrée et la Corée du Nord, dans *Worst of the Worst 2012 : The World's Most Repressive Societies*, art. cit.; et « Percentage of Individuals Using the Internet », art. cit.

ressources qu'elles peuvent échanger. Comme dans le cas déjà observé du troc d'armes contre des minéraux, on peut s'attendre à voir certains échanges entre des pays technologiquement pauvres mais riches de ressources (comme la Guinée équatoriale) et des pays riches de technologie mais fortement demandeurs de ressources (la Chine en est un exemple évident). Les États en mesure de conclure ce genre d'accord seront rares, et on peut espérer que ceux qui le feront ne seront pas capables d'entretenir ou de faire correctement fonctionner ce qu'ils auront acquis.

Une fois l'infrastructure en place, les régimes répressifs devront gérer la masse des informations qu'ils récolteront à l'aide de superordinateurs. Dans les pays où la connectivité s'est installée très tôt, le gouvernement a eu le temps de s'habituer aux différents types de données que produisent leurs citoyens; l'adoption de la technologie et son évolution ont été relativement progressives. Mais les régimes fraîchement raccordés n'auront pas ce luxe; ils devront agir très vite pour exploiter leurs données s'ils comptent être efficaces dans leur gestion. À cette fin, ils fabriqueront de puissantes banques de données dont les capacités de traitement seront bien plus rapides que celle des ordinateurs portables, et ils achèteront ou développeront des logiciels facilitant l'exploration de données et la surveillance en temps réel qu'ils recherchent. Tout ce dont aurait besoin un régime autoritaire pour mettre sur pied un État policier numérique extrêmement intimidant existe sur le marché, et les restrictions à l'exportation sont actuellement trop peu surveillées et appliquées.

Une fois qu'un régime aura créé son État surveillant, il partagera son savoir-faire avec d'autres. On sait que les gouvernements autocratiques échangent des informations, des stratégies de gouvernement et du matériel militaire, et il est parfaitement logique que la configuration mise en place par un régime (si elle fonctionne) prolifère parmi ses alliés et ses semblables. Les marchands de matériel d'exploration des données, de caméras de surveillance et d'autres produits de ce genre ne manqueront pas de faire étalage de leurs réalisations pour le compte de ces gouvernements afin de s'attirer de nouveaux clients.

Pour un autocrate, le type de données qu'il faut absolument récolter, ce ne sont pas les posts sur Facebook ou les commentaires sur Twitter — ce sont les informations biométriques, c'est-à-dire celles qui permettent d'identifier à coup sûr un individu par ses traits physiques et biologiques. Empreintes digitales, photographies et tests ADN sont des données biométriques que nous connaissons bien aujourd'hui. Mais lors de votre prochain séjour à Singapour, vous serez sans doute étonné de voir les services de sécurité de l'aéroport vous demander de remplir un formulaire de douanes *et* de donner un échantillon de votre voix. Les logiciels de reconnaissance de la voix et des visages sont appelés à largement surpasser toutes les formes antérieures d'identification, à la fois en termes de précision et d'usage.

Les systèmes actuels de reconnaissance des visages emploient une caméra qui prend un cliché en gros plan des yeux, de la bouche et du nez d'un individu, dont ils extraient un « vecteur de caractéristiques », c'est-à-dire un ensemble de nombres décrivant certains éléments clés de l'image, comme la distance précise entre les yeux. (N'oubliez pas que les images numériques ne sont finalement que des nombres.) Ces valeurs sont transmises à une vaste banque de données de visages à la recherche d'une concordance. Beaucoup trouveront que cela relève de la science-fiction, et il est vrai que la précision du logiciel est aujourd'hui limitée (notamment par les photos prises de profil), mais les progrès accomplis ces dernières années dans le domaine sont remarquables. Une équipe de Carnegie Mellon a démontré dans une étude[1] en 2011 que l'application de logiciels disponibles dans le

1. Alessandro Acquisti, Ralph Gross, Fred Stutzman, « Faces of Facebook : Privacy in the Age of Augmented Reality », Heinz College and CyLab, Carnegie Mellon University (présenté lors de la Black Hat Security Conference de 2011, Las Vegas, NV, 3-4 août 2011), http://media.blackhat.com/bh-us-11/Acquisti/BH_US_11_Acquisti_Faces_of_Facebook_Slides.pdf.; Declan McCullagh, « Face-Matching with Facebook Profiles : How It Was Done », CNET, 4 août 2011, http://news.cnet.com/8301-31921_3-20088456-281/face-matching-with-facebook-profiles-how-it-was-done/.

commerce à des données librement consultables sur Internet permettait d'associer un grand nombre de visages de façon extrêmement rapide, grâce à certaines évolutions techniques telles que le cloud computing. Dans l'une de ces expériences, la comparaison de photos d'individus non identifiés trouvées sur des sites de rencontre (où l'on emploie généralement un pseudonyme) à celles du profil de sites de réseaux sociaux publiquement consultables à partir d'un moteur de recherche (sans mot de passe) a donné des résultats statistiquement significatifs. L'étude soulignait que ces recherches seraient irréalisables manuellement par un individu, mais qu'avec le cloud computing quelques secondes suffisaient pour comparer des millions de visages. La précision de la méthode augmente avec le nombre de photos du même individu disponibles en ligne — ce qui, à l'ère de Facebook, représente à peu près tout le monde.

Comme beaucoup d'avancées technologiques, la promesse de données biométriques complètes offre de nouvelles solutions à des problèmes sociopolitiques très enracinés — et fait saliver les dictateurs. Mais pour chaque régime répressif qui récolte ces données à des fins d'oppression, un investissement du même ordre sera réalisé par un régime ouvert, stable et progressiste avec des motivations très différentes.

Le programme d'identification unique (UID) actuellement en cours en Inde est la plus importante entreprise d'identification biométrique du monde[1]. Lancée en 2009, cette campagne, généralement appelée *Aadhaar* (« fondation » ou « soutien »)[2], vise à doter chaque citoyen du pays — soit 1,2 milliard d'habitants, mais ça ne cesse d'augmenter — d'une carte comportant un numéro d'identification unique à douze chiffres[3] et une puce électronique qui contient certaines données biométriques, notamment les

1. « UIDAI Background », Unique Identification Authority of India, consulté le 13 octobre 2012, http://uidai.gov.in/about-uidai.html.

2. « Aadhaar Concept », Unique Identification Authority of India, consulté le 13 octobre 2012, http://uidai.gov.in/aadhaar.html.

3. « What Is Aadhaar ? », Unique Identification Authority of India, consulté le 13 octobre 2012, http://uidai.gov.in/what-is-aadhaar-number.html.

empreintes digitales et l'image de l'iris[1]. L'objectif de ce programme est de lutter contre l'inefficacité, la corruption et la fraude endémiques qui polluent le système en vigueur, où le chevauchement des juridictions suppose l'utilisation de vingt formes d'identification par les divers organismes locaux et nationaux.

Beaucoup en Inde estiment qu'une fois en place, l'Aadhaar représentera un bienfait pour les exclus des institutions de l'État et des réseaux d'aide sociale. Pour les castes et les tribus du bas de l'échelle socio-économique, ce sera l'occasion d'accéder enfin aux aides de l'État, que ce soit en matière de logement ou de rations alimentaires — jusqu'ici techniquement disponibles, mais hors de portée des nombreux bénéficiaires dépourvus d'identification. D'autres qui avaient le plus grand mal à se procurer des papiers, comme les travailleurs migrants internes, seront enfin en mesure d'ouvrir un compte bancaire, d'obtenir le permis de conduire, de solliciter l'aide de l'État, de voter et de payer des impôts. Une fois intégré au processus, l'individu ouvre un compte bancaire lié à son numéro UID, qui permet à l'État d'acheminer les subsides et les allocations[2].

Dans un système politique gangrené par la corruption et handicapé par son gigantisme — moins de 3 % de la population indienne est inscrite sur les registres de l'impôt sur le revenu[3] —, cette initiative pourrait être une solution pour toutes les parties honnêtes. Les citoyens pauvres et ruraux y gagneront une identité, les systèmes de l'État gagneront

1. Sunil Dabir et Umesh Ujgare, « Aadhaar : The Numbers for Life », *News on Air* (New Delhi), consulté le 13 octobre 2012, http://www.newsonair.nic.in/AADHAAR-UID-Card-THE-NUMBERS-FOR-LIFE.asp.

2. Surabhi Agarwal et Remya Nair, « UID-Enabled Bank Accounts in 2-3 Months », *Mint with the Wall Street Journal* (New Delhi), 17 mai 2011, http://www.livemint.com/Politics/Go6diBWitIaus61Xud70EK/UIDenabled-bank-accounts-in-23-months.html ; « Reform by Numbers », *Economist*, 14 janvier 2012, http://www.economist.com/node/21542814.

3. « Salaried Taxpayers May Be Spared Filing Returns », *Business Standard* (New Delhi), 19 janvier 2011, http://business-standard.com/india/news/salaried-taxpayers-may-be-spared-filing-returns/422225/.

en efficacité et tous les aspects de la vie civique (y compris le vote et les impôts) gagneront en transparence et en inclusion. Mais l'Aadhaar possède ses détracteurs, qui le jugent orwellien par sa nature et son étendue et y voient un complot pour accroître les capacités de surveillance de l'État au détriment des libertés individuelles et du droit à la vie privée. (En fait, l'État est autorisé à utiliser l'Aadhaar pour surveiller les mouvements, les téléphones et les transactions monétaires de gens soupçonnés de terrorisme.) Ces détracteurs signalent aussi que rien n'oblige les Indiens à posséder la carte Aadhaar, puisque les organismes d'État n'ont pas le droit d'en exiger la présentation pour dispenser leurs services. Cette inquiétude que le gouvernement indien soit en train d'empiéter sur les libertés publiques nous renvoie à celle des opposants à un projet similaire mené en Grande-Bretagne, l'Identity Cards Act de 2006[1]. (Après plusieurs années de polémiques, le gouvernement de coalition récemment élu a fini par le mettre au panier en 2010[2].)

En Inde, ces inquiétudes paraissent peser moins lourd que les avantages du programme, mais la simple existence du débat atteste que, même en démocratie, l'appréhension que suscitent les grandes bases de données biométriques et le fait qu'elles finissent par servir l'État plutôt que le citoyen est bien réelle. Qu'adviendra-t-il alors quand les gouvernements moins démocratiques se mettront sérieusement à récolter les données biométriques ? Beaucoup s'y sont déjà mis, en commençant par les passeports.

La quête de données biométriques ne sera pas l'apanage des États. Les seigneurs de guerre, les cartels de drogues et les groupes terroristes vont s'efforcer d'en récolter, ou au moins d'y accéder, afin de repérer des recrues, de surveiller des victimes potentielles et de garder l'œil sur leur propre

1. « Identity Cards Act 2006 », The National Archives (Royaume-Uni), Browse Legislation, consulté le 15 octobre 2012, http://www.legislation.gov.uk/ukpga/2006/15/introduction.

2. Alan Travis, « ID Cards Scheme to Be Scrapped Within 100 Days », *Guardian* (Manchester), 27 mai 2010, http://www.guardian.co.uk/politics/2010/may/27/theresa-may-scrapping-id-cards ; « Identity Cards Scheme Will Be Axed "Within 100 Days" », BBC, 27 mai 2010, http://news.bbc.co.uk/2/hi/8707355.stm.

organisation. La logique qui s'applique aux dictateurs vaut aussi pour eux : s'ils ont quelque chose à échanger, ils pourront se procurer la technologie nécessaire.

Considérant la valeur stratégique de ces banques de données, il va falloir que les États accordent à la protection des informations de leurs citoyens le même degré de priorité qu'à celle des armes de destruction massive. Le Mexique s'oriente actuellement vers l'adoption d'un système de données biométriques pour améliorer les capacités des forces de l'ordre, la surveillance des frontières et l'identification des criminels et des chefs des cartels. Mais comme les cartels ont déjà infiltré de larges pans de la police et des institutions nationales, il y a tout lieu de craindre qu'un acteur indésirable accède aux précieuses données biométriques de la population mexicaine. Un groupe illicite ou un autre finira bien par réussir à voler ou acheter illégalement une banque de données biométriques auprès d'un gouvernement, et il faudra peut-être attendre que cela se produise pour que les États investissent pleinement dans des mesures de sécurité de haut niveau pour les protéger.

Toutes les sociétés se mettront d'accord sur la nécessité de ne pas laisser les données biométriques tomber aux mains de certains groupes, et la plupart chercheront aussi à en barrer l'accès aux individus. La réglementation, comme celle concernant d'autres types de données d'usager, variera selon les pays. Dans l'Union européenne, qui possède déjà toute une série de grandes banques de données biométriques, les États membres sont tenus par la loi de veiller à ce que ne soit bafoué le droit à la vie privée d'aucun individu. Avant d'intégrer des informations biométriques au système, ils doivent obtenir le consentement clair de leurs ressortissants pleinement informés et garantir au citoyen le droit ultérieur de retirer ce consentement sans conditions[1]. Les États membres ont enfin l'obligation de recevoir toute plainte et de pourvoir

1. « Opinion 15/2011 on the Definition of Consent », Article 29 Data Protection Working Party, European Commission, adopté le 13 juillet 2011, http://ec.europa.eu/justice/policies/privacy/docs/wpdocs/2011/wp187_en.pdf.

au dédommagement des victimes[1]. Les États-Unis vont probablement adopter des lois similaires parce qu'ils partagent cette préoccupation pour la confidentialité mais, dans les pays répressifs, ces banques de données seront probablement sous le contrôle du ministère de l'Intérieur, et l'on peut être sûr qu'elles serviront avant tout à la police et aux forces de sécurité. L'appareil d'État de ces pays disposera aussi de logiciels de reconnaissance des visages, de banques d'informations personnelles des citoyens et de méthodes de surveillance en temps réel à travers les appareils technologiques personnels des individus. La police secrète trouvera généralement qu'un téléphone portable est plus précieux qu'une arme.

Malgré tous les débats autour de la confidentialité et de la sécurité, on n'entend que rarement demander ce qui, considérant l'une et l'autre, provoque au fond tant d'inquiétude à propos d'Internet. Des sociétés les plus répressives aux plus démocratiques du monde, les citoyens s'interrogent avec effroi à propos des incertitudes, des risques et des crises susceptibles de survenir s'ils mêlent leur vie à un réseau peuplé d'inconnus. Pour les personnes déjà connectées, l'existence simultanée dans le monde physique et virtuel est devenue un aspect parmi d'autres de leur identité et de leurs activités. Avec l'usage, nous apprenons que ces deux mondes ne sont pas mutuellement exclusifs, et que ce qui se produit dans l'un a des répercussions dans l'autre.

Les débats aujourd'hui circonscrits à la sécurité et à la vie privée sont appelés à s'élargir vers la question de savoir qui contrôle et qui influence les identités virtuelles, et donc les citoyens eux-mêmes. Les démocraties se laisseront gagner par la sagesse des foules (pour le meilleur ou pour le pire), les autocraties pauvres se démèneront pour acquérir les moyens nécessaires à l'extension de leur contrôle au monde

1. «EU Directive 95/46/EC – The Data Protection Directive : Chapter III Judicial Remedies, Liability and Sanctions», Data Protection Commissioner, http://www.dataprotection.ie/viewdoc.asp?DocID= 94.

virtuel, et les dictatures plus riches bâtiront des États policiers modernes qui leur permettront d'affermir leur mainmise sur la vie du citoyen. Ces changements donneront lieu à des comportements nouveaux et à des lois progressives, mais, pour l'essentiel, la sophistication des technologies impliquées va contraindre le citoyen à renoncer à bon nombre des protections sur lesquelles il compte aujourd'hui. La façon dont les populations, les entreprises privées et les États géreront les changements à venir dépendra en très grande mesure des normes sociales, du cadre juridique et des caractéristiques particulières de chaque nation.

Nous allons à présent aborder la question des effets de la connectivité mondiale sur la façon dont les États opèrent, négocient et se combattent les uns les autres. Jamais la diplomatie n'a été aussi intéressante qu'elle le sera dans le nouvel âge numérique. Les États, qui se livrent constamment au petit jeu de la politique du pouvoir dans le système international, vont se trouver contraints de remodeler leur politique intérieure et étrangère dans un monde où leurs tactiques physiques et virtuelles ne sont pas toujours alignées.

3

L'avenir des États

De quoi parlons-nous au juste quand nous parlons d'Internet ? La plupart des gens n'ont qu'une vague idée de la façon dont Internet fonctionne, et le plus souvent, c'est très bien comme ça. La majorité des usagers n'a pas besoin d'en connaître l'architecture interne ni de savoir ce qu'est une fonction de hachage pour surfer avec fluidité sur la toile mondiale. Mais si l'on entend aborder l'influence réciproque entre l'État et Internet, quelques notions élémentaires devraient permettre de clarifier certains des scénarios complexes qui entrent en jeu.

Dans sa conception initiale, Internet est un réseau de réseaux, un immense entrelacs décentralisé de systèmes informatiques conçu pour transmettre des informations en utilisant des protocoles communs spécifiques. Ce que voit l'usager lambda — des sites et des applications, par exemple — est en réalité la flore et la faune d'Internet. En dessous, des millions de machines reçoivent, traitent et émettent des paquets de données à une vitesse inouïe à travers des câbles de fibre optique et de cuivre. Tout ce qu'on rencontre et tout ce qu'on produit en ligne se résume finalement à des séries de nombres, mis en paquets, expédiés par toute une panoplie de routeurs disposés dans le monde entier, et recomposés à l'autre bout.

Internet a souvent été décrit comme un espace « sans loi », non gouverné, ingouvernable par définition. Sa structure décentralisée et ses liens en mutation constante rendent futile toute tentative de «contrôle» gouvernemental. En revanche, les États disposent d'un pouvoir immense sur la *mécanique* d'Internet dans leur propre pays. Par la mainmise sur l'infrastructure physique que requiert la connectivité — les antennes-relais, les routeurs, les aiguillages —, ils contrôlent l'entrée, la sortie et les points de cheminement des données d'Internet. Ils peuvent ainsi limiter les contenus, décider du matériel que l'usager est autorisé à utiliser et même créer un réseau Internet dissocié. La connectivité confère du pouvoir à l'État comme au citoyen, mais pas de la même façon. Celui de la population vient de ce à quoi elle a accès, tandis que celui de l'État vient surtout de sa position de garde-barrière.

Nous nous sommes intéressés jusqu'ici à ce qu'il adviendra quand se connecteront des milliards de nouveaux usagers — quels usages ils feront d'Internet, avec quel type d'appareils et ce que cela changera dans leur vie —, mais nous n'avons pas encore évoqué à quoi ressemblera leur Internet, ni la façon dont les États l'appliqueront aux rapports physiques et virtuels qu'ils entretiennent avec les autres États et avec leur propre population. La question est appelée à prendre de plus en plus d'importance, à mesure que se connecteront des populations aux alphabets, aux intérêts et aux usages différents et que leurs gouvernements ajouteront à tout cela leurs propres intérêts, querelles et moyens. D'ici dix ans, la question essentielle ne sera pas de savoir si une société utilise Internet, mais quelle version elle utilise.

À mesure qu'ils s'adapteront au fait qu'une part importante de leur population est connectée, les États s'efforceront de ne pas céder leur contrôle, aussi bien à l'intérieur du pays que sur la scène internationale. De cette entrée dans l'âge virtuel, certains sortiront renforcés — plus sûrs et plus influents —, ils bénéficieront des alliances solides et des usages intelligents que permet la puissance numérique, tandis que d'autres auront du mal à tenir la cadence et à s'adapter à la mutation technologique aussi bien à l'intérieur du pays que sur le plan international. Les amitiés, les alliances et les inimitiés entre États gagneront le monde virtuel, ce qui ajoutera une nouvelle dimension fascinante à l'art traditionnel de la diplomatie. Au fond, on peut considérer qu'Internet est à bien des égards la mise en pratique de la théorie classique d'un monde anarchique et sans leader. Voici, selon nous, comment les États seront amenés à réagir entre eux et vis-à-vis de leurs citoyens.

La balkanisation d'Internet

On l'a vu, chaque État et chaque société dans le monde possède des lois, des normes culturelles et des usages qui lui sont propres. Dans les dix ans à venir, à mesure que se connecteront des milliards d'individus, beaucoup y trouveront une nouvelle indépendance — dans les idées, le discours et la conversation — qui mettra ces limites à l'épreuve. Leurs gouvernements, en revanche, préféreraient largement qu'ils y trouvent un contrôle équivalent à celui qu'ils exercent dans le monde physique, ce qui est compréhensible, mais profondément naïf. Chaque État va chercher à réguler Internet, à le façonner à son image. Le désir instinctif de projeter les lois du monde physique dans le monde virtuel est commun à tous les États, du plus démocratique au plus autoritaire. Ce qu'ils ne peuvent pas mettre en place dans le monde physique, ils voudront l'installer dans le monde virtuel, en excluant les éléments de la société qui ne leur plaisent pas, les contenus qui contreviennent à la loi et tout ce qu'ils considéreront comme une menace potentielle.

La majorité des usagers d'Internet dans le monde est soumise à une forme ou une autre de censure — généralement désignée par l'euphémisme de «filtrage» — dont les contours précis dépendent de la politique du pays et de ses infrastructures technologiques. Tout dans ce filtrage n'est pas censure politique, loin de là; les pays progressistes bloquent en permanence un petit nombre de sites, comme ceux qui présentent de la pornographie infantile.

Dans certains pays, la connectivité à Internet se fait par plusieurs points d'entrée, dont le contrôle échoit à une poignée d'entreprises privées de télécommunications (avec une dose de régulation). Dans d'autres, il n'y a qu'un point d'entrée, un fournisseur d'accès à Internet (FAI) unique et nationalisé, par lequel passe la totalité du trafic. Dans ce cas, le filtrage est relativement facile, plus que dans le cas précédent. Ce type de différence d'infrastructure, associé aux particularismes culturels et aux objectifs de filtrage, rend compte de la mosaïque des systèmes du monde que nous connaissons aujourd'hui.

Dans la plupart des pays, le filtrage s'effectue au niveau des FAI. Le plus souvent, l'État impose des restrictions aux routeurs passerelles par lesquels le pays est connecté et aux serveurs du système de noms de domaine (DNS). Cela lui permet soit de bloquer un site entier (comme YouTube en Iran[1]), soit de soumettre tout le contenu à une « inspection des paquets en profondeur » (*deep-packet inspection* — DPI). La DPI consiste à examiner le contenu des paquets de données à l'aide de logiciels pour y trouver notamment des mots interdits (on emploie par exemple des logiciels d'analyse de sentiment pour éradiquer les déclarations négatives à propos de politiciens), que l'on peut alors bloquer. Aucune technique n'est imparable ; l'usager peut toujours accéder aux sites interdits à l'aide de méthodes de contournement telles que les serveurs proxy (qui déjouent les routeurs) ou en recourant à des protocoles de chiffrement https sûrs (permettant une communication Internet privée qui, au moins en théorie, n'est lisible par personne d'autre que votre ordinateur et le site que vous consultez) et l'inspection des paquets en profondeur ne relève que rarement tous les cas de contenu interdit. Les États censeurs les plus sophistiqués consacrent des moyens importants à la mise en place de ces dispositifs, et punissent lourdement tous ceux qui cherchent à les contourner.

Lorsque les technologistes ont remarqué que certains

1. Gwen Ackerman et Ladane Nasseri, « Google Confirms Gmail and YouTube Blocked in Iran Since Feb. 10 », *Bloomberg*, 13 février 2012, http://www.bloomberg.com/news/2012-02-13/google-confirms-gmail-and-youtube-blocked-in-iran-since-feb-10.html.

États régulaient le trafic et projetaient leur influence en ligne, certains ont dénoncé une « balkanisation » d'Internet, où les filtrages nationaux et d'autres types de restrictions menaçaient de transformer ce qu'avait été l'Internet *mondial* en une série de réseaux connectés d'États-nations[1]. Le World Wide Web allait se fracturer, se fragmenter, et l'on aurait bientôt un « Internet russe », un « Internet américain » et ainsi de suite, coexistant et se chevauchant parfois, mais fondamentalement distincts. L'Internet de chaque État adopterait les caractéristiques nationales. Les informations circuleraient en grande mesure à l'intérieur des pays, mais pas entre eux, à cause du filtrage, des langues ou même simplement des préférences de l'usager. (Les études montrent que les usagers tendent pour la plupart à rester dans leur propre sphère culturelle, moins pour des raisons de censure qu'à cause de la communauté de langue et d'intérêts et par commodité[2]. Ce type de navigation peut aussi s'avérer plus aisée, parce que l'usage de caches réseau — le stockage temporaire de contenu dans un centre de données local — permet de considérablement accroître la vitesse d'accès.) À peine perceptible pour l'usager au départ, le processus finirait par se fossiliser et par totalement remanier Internet[3].

La première phase de ce processus, celle du filtrage agressif et distinctif, est en cours. Il est très probable que le scénario se réalisera sous une forme ou une autre, mais le degré auquel il le fera dépendra en grande mesure du comportement des États récemment connectés dans la prochaine décennie — de la voie qu'ils prendront, des modèles ou des partenaires qu'ils choisiront et de leurs principes directeurs.

1. Nous recommandons vivement la lecture du livre de Jack Goldsmith et Tim Wu, *Who Controls the Internet? Illusions of a Borderless World*, New York, Oxford University Press, 2006, qui décrit ce scénario avec beaucoup de clarté.

2. C'est l'intime conviction de l'auteur, fondée sur dix années passées en tant que P-DG et deux de présidence exécutive du CA de Google.

3. Les Balkans d'Internet, ainsi que nous les désignons, se distinguent des intranets. L'intranet utilise le même protocole qu'Internet, mais il est limité au réseau interne d'une organisation ou d'une zone précise, ce n'est pas un réseau de réseaux. Les intranets d'entreprise sont souvent protégés des intrusions extérieures par des pare-feu ou d'autres mécanismes de passerelle.

Pour analyser ces variables, examinons les différents modes de filtrage que l'on rencontre aujourd'hui. Nous en avons identifié au moins trois types : le flagrant, le honteux et l'acceptable sur le plan politique et culturel.

Le flagrant, d'abord : la Chine est le plus actif et le plus enthousiaste des filtreurs du monde. Des plateformes entières, immensément populaires partout ailleurs – Facebook, Tumblr, Twitter –, y sont bloquées par le gouvernement. Certains termes[1] comme « Falun Gong » – le nom d'un groupe spirituel associé à un secteur de l'opposition et interdit en Chine – sont tout bonnement absents de l'espace virtuel public, victimes de la censure officielle ou de l'autocensure généralisée. Vous ne trouverez pas mention sur l'Internet chinois des sujets politiques sensibles comme les manifestations de la place Tian'anmen, d'informations compromettantes pour les dirigeants politiques du pays sur le mouvement des droits tibétains et le dalaï-lama, ni de contenu lié aux droits de l'homme, aux réformes politiques ou aux questions de souveraineté. Concernant ces sujets, même certains des sites des médias occidentaux les plus réputés tombent sous le coup de la censure. Les versions en anglais et en chinois de Bloomberg News ont été bloquées à la suite d'un article de juin 2012 sur la fortune familiale de celui qui était alors le vice-président (et aujourd'hui président) Xi Jinping. Quatre mois plus tard, le *New York Times* a subi le même sort pour avoir publié un article similaire à propos du Premier ministre d'alors, Wen Jiabao. Comme on pourrait s'y attendre, toute information sur les outils de contournement de la censure est bloquée aussi. Nous avons pu prendre la mesure de l'étendue et de la précision de la censure chinoise en 2011, à la suite d'un séjour polémique d'Eric à Pékin[2], en tant que président exécutif de Google, séjour dont toute trace a été effacée de l'Internet chinois alors que partout ailleurs on a pu en lire la couverture par les médias.

1. Mark McDonald, « Watch Your Language ! (In China, They Really Do) », Rendezvous (blog), *International Herald Tribune*, 13 mars 2012, http://rendezvous.blogs.nytimes.com/2012/03/13/watch-your-language-and-in-china-they-do/.
2. Constat du président exécutif du CA de Google, Eric Schmidt.

Pour l'usager chinois ordinaire, cette censure est invisible — s'il n'est pas préalablement informé de certains événements ou de certaines idées, il aura le sentiment qu'ils n'ont jamais existé. Pour compliquer encore les choses, le gouvernement chinois n'hésite pas à mener une action plus énergique sur le contenu lui-même : selon une estimation parue en 2010, il rétribuerait près de trois cent mille « commentateurs en ligne » pour publier des posts tressant les louanges de leurs patrons, du gouvernement et du Parti communiste[1]. (L'« astroturfing », du nom d'une marque de gazon artificiel, désigne une participation factice qui semble venir de la base — c'est une méthode couramment employée dans le monde entier par les entreprises de relations publiques et les agences de publicité, notamment lors des campagnes électorales.)

Les dirigeants chinois n'hésitent pas à revendiquer cette politique de censure implacable. Dans un livre blanc paru en 2010[2], bien qu'Internet soit décrit comme « la cristallisation de la sagesse humaine », il est précisé que les « lois et réglementations de la Chine interdisent catégoriquement la diffusion d'informations dont le contenu subvertit le pouvoir de l'État et porte atteinte à l'unité nationale [ou] à l'honneur et aux intérêts de la nation ». La Grande Muraille Pare-Feu, ainsi surnomme-t-on le dispositif de blocage, n'est rien de moins que la garante de l'indépendance chinoise : « Sur le territoire chinois, Internet est sous la juridiction de la souveraineté chinoise. La souveraineté chinoise concernant Internet doit être respectée et protégée. » Cette attitude

1. Nate Anderson, « 280,000 Pro-China Astroturfers Are Running Amok Online », *Ars Technica*, 26 mars 2010, http://arstechnica.com/tech-policy/news/2010/03/280000-pro-china-astroturfers-are-running-amok-online.ars ; Rebecca MacKinnon, « China, the Internet, and Google », remarques préparées (mais pas retenues) pour la Commission exécutive du Congrès sur la Chine, 1er mars 2010, http://rconversation.blogs.com/MacKinnonCECC_Mar1.pdf ; David Bandurski, « China's Guerrilla War for the Web », *Far Eastern Economic Review*, juillet 2008, http://www.feer.com/essays/2008/august/chinas-guerrilla-war-for-the-web. Note : le chiffre de 280 000, initialement paru en 2008, a été réaffirmé en 2010.

2. Texte intégral : « The Internet in China, IV. Basic Principles and Practices of Internet Administration » (8 juin 2010), portail officiel du gouvernement chinois, http://english.gov.cn/2010-06/08/content_1622956_6.htm.

imperturbable et dépourvue du moindre remords à l'égard de la censure est naturellement séduisante pour les États à forte tendance autoritaire, ainsi que pour ceux dont la population est particulièrement impressionnable ou homogène (et qui redoutent l'incursion d'informations de l'extérieur sur le plan émotionnel).

Viennent ensuite les censeurs honteux : la Turquie, par exemple, a choisi une approche beaucoup plus nuancée que la Chine, elle a même montré une certaine sensibilité aux demandes publiques d'un Internet libre, mais cela ne l'empêche pas de mener sa censure à travers une obfuscation considérable. Le gouvernement turc entretient une relation ambiguë avec l'Internet ouvert; il se montre beaucoup plus tolérant que certains de ses voisins, mais beaucoup plus restrictif que ses alliés européens. Il est impossible en Turquie de jouir d'une connexion totalement dénuée de filtrage — et cela tranche nettement avec les pays occidentaux. YouTube a été bloqué pendant plus de deux ans par les autorités pour avoir refusé de supprimer des vidéos jugées dénigrantes à l'égard du fondateur du pays, Mustapha Kemal Atatürk[1]. (Se pliant à une loi de 1951 pénalisant les injures publiques à l'égard d'Atatürk, YouTube a accepté de bloquer ces vidéos pour le public turc[2], mais le gouvernement voulait leur suppression pure et simple de la plateforme à l'échelon mondial.) Cette interdiction-là a été particulièrement voyante, mais d'autres actes de censure sont plus discrets : la Turquie a bloqué près de huit mille sites sans avis ni confirmation officielle[3].

Le modèle honteux est très répandu parmi les gouvernements qui recherchent un équilibre entre différentes

1. Tom Zeller, Jr., « YouTube Banned in Turkey after Insults to Ataturk », The Lede (blog), *New York Times*, 7 mars 2007, http://thelede.blogs.nytimes.com/2007/03/07/youtube-banned-in-tu rkey-after-insults-to-ataturk/.

2. Jeffrey Rosen, « Google's Gatekeepers », *New York Times Magazine*, 28 novembre 2008, http://www.nytimes.com/2008/11/30/magazine/30google-t.html?partner=permalink&exprod=permalink.

3. Ayla Albayrak, « Turkey Dials Back Plan to Expand Censorship », *Wall Street Journal*, 6 août 2011, http://online.wsj.com/article/SB10001424053111903885604576490253692671470.html.

croyances, attitudes et préoccupations au sein de leur population. Mais les gouvernements qui le pratiquent courent le risque de devenir eux-mêmes l'ennemi s'ils vont trop loin, ou si leurs magouilles apparaissent à la vue de tous. Prenons un exemple récemment survenu en Turquie : en 2011, le gouvernement a annoncé une nouvelle politique nationale de filtrage d'Internet à travers une censure à quatre niveaux[1], chaque citoyen étant libre de choisir celui qu'il désirait (ce sont, par ordre décroissant de restriction, les niveaux «enfant», «famille», «domestique» et «standard»). L'Autorité des technologies de l'information et des communications (le BTK, selon ses initiales en turc) a expliqué qu'il s'agissait de protéger les mineurs et promis que ceux qui choisiraient le niveau «standard» ne seraient soumis à aucune censure. Beaucoup d'individus sceptiques à l'égard des pratiques du BTK en matière de transparence ont grincé des dents. En fait, ce plan a suscité un tel rejet parmi la population que des milliers de personnes dans plus de trente villes sont descendues protester dans les rues[2].

Sous la pression, le gouvernement a reculé et réduit son projet à deux systèmes de filtrage — «enfant» et «famille» — que l'usager pouvait librement adopter[3]. Mais la controverse ne s'est pas arrêtée là. Des groupes de défense de la liberté des médias ont dénoncé le fait que leurs propres tests avaient mis au jour un dispositif de censure beaucoup plus agressif que ne le reconnaissait le BTK[4]. Au-delà de la censure avouée des contenus violents ou de la pornographie infantile, le nouveau système bloquait systématiquement certains sites d'information ordinaires, certains contenus culturels trop progressistes ou occidentaux (par exemple

1. Sebnem Arsu, «Internet Filters Set Off Protests Around Turkey», *New York Times*, 15 mai 2011, http://www.nytimes.com/2011/05/16/world/europe/16turkey.html?_r=3&.

2. *Ibid.*

3. Ayla Albayrak, «Turkey Dials Back Plan to Expand Censorship», *Wall Street Journal*, 6 août 2011.

4. «Le filtrage du Net du BTK : une politique de censure masquée», Reporters sans frontières, 2 décembre 2011, http://fr.rsf.org/turquie-le-filtrage-du-net-du-btk-une-01-12-2011,41496.html.

tout ce qui contenait le mot « gay » ou des informations sur l'évolution des espèces) et des mots-clés associés à la minorité kurde. Certains militants ont avancé que le fait de bloquer les informations sur le séparatisme kurde avec le filtre « enfant » témoignait des mauvaises intentions du gouvernement ; Reporters sans frontières a qualifié la politique turque de « censure masquée[1] ».

Les autorités turques ont pris en compte une partie de cette inquiétude publique à l'égard du nouveau système. Quand un quotidien turc a signalé que les sites éducatifs traitant de l'évolution des espèces étaient censurés alors que ceux concernant un célèbre créationniste turc ne l'étaient pas[2], elles ont immédiatement levé le blocage. Mais la transparence est faible, voire nulle, concernant le choix des contenus censurés, et le gouvernement ne réagit que lorsque la mise au jour par les citoyens de ce genre d'incohérence le force à le faire. Le filtrage honteux d'Internet mêle donc la capacité d'un gouvernement d'échapper aux demandes de comptes à sa volonté d'entreprendre des actions constructives quand la pression se fait sentir. Cette approche est tentante pour les pays où la société civile est en plein essor, mais où les institutions de l'État restent fortes, ou pour les gouvernements dépourvus d'une solide base de soutien, mais dont les pouvoirs sont assez concentrés pour qu'ils prennent ce genre de décision de façon unilatérale.

La troisième approche, celle du filtrage admissible sur le plan politique et culturel, est utilisée par des États aussi divers que la Corée du Sud, l'Allemagne et la Malaisie. Il s'agit d'un filtrage limité et sélectif de contenus très précis, fondé sur la loi, sans tentative d'occulter la censure ou les motivations qui la sous-tendent. Certains parmi la population continuent peut-être de râler, mais l'immense majorité

1. *Ibid.*

2. « Internet Filters Block Evolution Website for Children in Turkey », Hurriyet (Istanbul), 8 décembre 2011, http://www.hurriyetdailynews.com/internet-filters-block-evolution-website-for-children-in-turkey.aspx?pageID=238&nID=8709&NewsCatID=374 ; Sara Reardon, « Controversial Turkish Internet Censorship Program Targets Evolution Sites », *Science*, 9 décembre 2011, http://news.sciencemag.org/scienceinsider/2011/12/controversial-turkish-internet-c.html.

accepte généralement ces mesures au nom de la sécurité ou du bien-être de la société. En Corée du Sud, par exemple, la loi sur la sécurité nationale interdit expressément les expressions de soutien à la Corée du Nord, aussi bien dans l'espace physique que dans l'espace virtuel[1]. Le gouvernement sud-coréen procède régulièrement au filtrage sur Internet des contenus affiliés à son voisin du Nord — en 2010, il a bloqué une quarantaine de sites associés ou favorables au régime nord-coréen[2], fermé une douzaine de comptes[3] potentiellement liés à Pyongyang sur des sites de réseau social comme Facebook et Twitter, et contraint les administrateurs de sites à supprimer des blogs plus de quarante mille posts élogieux envers la Corée du Nord.

L'Allemagne est dotée de lois très strictes contre les discours haineux, qui interdisent le négationnisme et la rhétorique néonazie, ce qui conduit le gouvernement à bloquer sur son territoire les sites qui expriment ces idées[4]. Et la Malaisie, malgré la promesse faite aux citoyens qu'Internet ne serait jamais censuré[5] — au point de l'inscrire dans un texte de loi[6] —, a brusquement fermé l'accès à des sites de partage de fichiers comme MegaUpload ou Pirate Bay en 2011[7], parce qu'ils contrevenaient à une autre loi, celle du droit d'auteur, adoptée en 1987. Dans une déclaration officielle, la Commission malaisienne des communications et du multimédia a justifié cet acte par le fait que « l'injonction de

1. « Pays sous surveillance : Corée du Sud », Reporters sans frontières, consulté le 21 octobre 2012, http://fr.rsf.org/surveillance-coree-du-sud,39723.html.

2. *Ibid.*

3. Lee Tae-hoon, « Censorship on Pro-NK Websites Tight », *Korea Times*, 9 septembre 2010, http://www.koreatimes.co.kr/www/news/nation/2010/12/113_72788.html.

4. « Europe », OpenNet Initiative, consulté le 21 octobre 2012, http://opennet.net/research/regions/europe ; « Germany », OpenNet Initiative, consulté le 21 octobre 2012, http://opennet.net/research/profiles/germany.

5. Clara Chooi, « Najib Repeats Promise of No Internet Censorship », *Malaysian Insider* (Kuala Lumpur), 24 avril 2011, http://www.themalaysianinsider.com/malaysia/article/najib-repeats-promise-of-no-internet-censorship.

6. « Benefits », *MSC Malaysia*, consulté le 21 octobre 2012, http://www.mscmalaysia.my/why_msc_malaysia.

7. Ricky Laishram, « Malayasian Government Blocks the Pirate Bay, MegaUpload and Other File Sharing Websites », *Techie Buzz*, 9 juin 2011, http://techie-buzz.com/tech-news/malayasian-government-blocks-websites.html.

la loi n'est pas assimilable à de la censure[1] ». Malgré le désaccord de nombreux citoyens, le blocage demeurait admissible tant sur le plan politique que juridique.

De ces trois modèles, les militants souhaiteraient voir le troisième prévaloir dans tous les États du monde, mais c'est très improbable ; seuls les pays dont la population est très engagée et informée auront besoin de faire preuve de tant de transparence et de mesure. La plupart des gouvernements étant appelés à prendre ce genre de décision avant que leurs citoyens ne soient pleinement connectés, rien ne les incitera vraiment à promouvoir le type d'Internet libre et ouvert que pratiquent les pays ayant adopté le « modèle politiquement admissible ».

L'évolution future des tendances que l'on observe aujourd'hui est globalement prévisible. Tous les gouvernements vont avoir le sentiment de perdre la bataille qu'ils mènent contre un Internet qui se réplique et change à l'infini, et la balkanisation leur apparaîtra comme un recours appréciable. Pour nombre d'États, l'étape suivante du processus sera celle du modelage collectif ; ils constitueront à plusieurs des communautés d'intérêts pour dessiner ensemble leur Internet, à partir de valeurs ou de critères géopolitiques partagés. L'action commune — que ce soit dans le monde physique ou virtuel — sera une démarche logique pour beaucoup d'États qui manquent de moyens, d'envergure ou d'influence sur de vastes territoires. Et même balkanisé, le cyberespace représente encore beaucoup de surface à couvrir, si bien que de la même façon que certains États profitent des moyens militaires d'un autre pour protéger davantage de territoire physique, des alliances se forgeront pour contrôler davantage de territoire virtuel. Pour les plus grands, cette collaboration donnera une légitimité à leur filtrage et détournera

1. Wong Pek Mei, « MCMC Wants Block of 10 Websites That Allow Illegal Movie Downloads », *The Star* (Petaling Jaya), 10 juin 2011, http://thestar.com.my/news/story.asp?file=/2011/6/10/nation/20110610161330&sec=nation.

une partie de l'attention dont ils seront heureux de se passer (c'est l'excuse typique « les autres le font bien, eux »). Pour les plus petits, ce type d'alliance sera un moyen peu coûteux de s'attirer les faveurs des plus gros poissons tout en acquérant des compétences techniques utiles et des ressources dont ils manquent.

Le modelage collectif se fondera peut-être sur une entente culturelle élémentaire et des antipathies communes aux États concernés, comme celle à l'égard de certaines minorités religieuses, sur leur vision d'autres régions du monde ou sur la considération culturelle qu'ils portent à certaines figures historiques comme Lénine, Mao Tsé-toung ou Mustapha Kemal Atatürk. Dans le monde en ligne, le partage de sensibilités culturelles ou normatives engendre un effet d'attraction entre États, même s'ils n'ont aucune raison de s'associer par ailleurs. Les grands États seront moins tentés par ce procédé que les petits — ils possèdent déjà les moyens techniques — et c'est donc probablement une nuée de petits pays qui mettront leurs moyens en commun. Si certains membres de la Communauté des États indépendants (CEI), qui regroupe d'anciens pays soviétiques, venaient à se lasser de l'insistance de Moscou à imposer la langue russe dans toute la région, ils pourraient décider ensemble de censurer chez eux tout contenu russophone sur Internet, limitant ainsi l'exposition de leurs citoyens à la Russie.

Les questions d'idéologie et de morale religieuse seront probablement les principaux moteurs de ces collaborations. Elles sont déjà celui de la censure aujourd'hui. Imaginons qu'un groupe de pays profondément conservateurs et à majorité sunnite — l'Arabie saoudite, le Yémen, l'Algérie et la Mauritanie, par exemple — constitue une alliance autour des valeurs et des besoins stratégiques qu'ils partagent et mette en place un « web sunnite ». Ce web sunnite serait techniquement une composante d'Internet au sens large, mais il constituerait pour leurs citoyens la première source d'information, de nouvelles, d'histoire et d'activité. Pendant des années, le développement et la propagation d'Internet ont été profondément déterminés par sa norme linguistique exclusivement anglaise, mais la mise en place progressive de noms de domaine internationalisés (IDN), qui permet l'usage et l'accès à des noms de domaine écrits en caractères non romains (par exemple http://رابتخإ.لاثم), est en train de changer la donne. La création d'un web sunnite — et de n'importe quel Internet nationalisé — a plus de chances de se produire si ses usagers peuvent y accéder dans la langue et l'alphabet qui sont les leurs.

Au sein du web sunnite, selon l'identité des participants et de l'instigateur de sa mise en place, Internet pourrait être adapté à la charia : le commerce et la banque en ligne y auraient une autre allure, puisque personne ne pourrait pratiquer l'intérêt ; la police religieuse pourrait surveiller les discours et collaborer avec les forces de l'ordre de chaque pays pour dénoncer les infractions ; les sites à contenu gay ou lesbien seraient systématiquement bloqués ; les mouvements de femmes en ligne seraient peut-être épurés et les groupes de minorités ethniques et religieuses seraient surveillés de près, soumis à restriction ou carrément exclus. Dans un tel scénario, la possibilité pour un citoyen maîtrisant la technologie de contourner cet Internet et d'accéder à la toile mondiale dépendrait du pays dans lequel il vit : la Mauritanie n'aurait peut-être pas la volonté ou la capacité de l'en empêcher, mais l'Arabie saoudite ne manquerait probablement pas de le faire. En revanche, si le gouvernement mauritanien venait à vraiment s'inquiéter du fait que ses usagers contournent le web sunnite, l'un de ses partenaires numériques l'aiderait probablement à dresser des cloisons plus étanches. Au sein de ces alliances de modelage collectif, les États moins paranoïaques permettront à leur population d'accéder aux deux versions d'Internet (un peu comme un système de contrôle parental optionnel pour la télévision), misant sur la préférence des usagers pour un contenu sûr et taillé sur mesure plutôt que sur le recours à la force brute.

Dans certains cas, le modelage commun rassemblera des nations autocratiques et des nations démocratiques. Ce sera généralement quand une petite démocratie se trouve dans le voisinage d'un État autocratique puissant qui la contraindra à adopter en ligne les mêmes engagements géopolitiques que dans le monde physique. C'est l'un des rares cas où la proximité géographique pèsera sur les affaires virtuelles. La Mongolie, par exemple, est une jeune démocratie dont l'Internet est ouvert, mais qui se trouve coincée entre la Russie et la Chine — deux géants dotés de leur propre politique restrictive. L'ancien Premier ministre mongol Sukhbaatar Batbold nous a fait part de son souhait que la Mongolie, comme tout pays, possède sa propre identité. Cela signifie, explique-t-il, qu'elle doit entretenir de bons rapports avec ses voisins pour qu'ils ne se mêlent pas de ses affaires. « Nous respectons le fait que chaque pays choisisse lui-même sa voie de développement. » Avec la Chine, « nous sommes convenus de ne pas nous mêler des questions relatives au Tibet, à Taiwan et au dalaï-lama, et ils ne se mêlent pas de nos affaires. Il en va de même avec la Russie, avec qui nous entretenons une relation de longue date[1] ».

Un accord neutre de non-interférence est plus facile à respecter dans le monde physique. L'espace virtuel complique sensiblement les choses, parce que, en ligne, le contrôle de l'activité échoit aux gens. Les sympathisants des groupes d'opposition et des minorités ethniques en Chine et en Russie verront la Mongolie comme un lieu de rassemblement idéal. Les partisans des rebelles ouighours, tibétains ou tchétchènes risquent de chercher à utiliser l'espace Internet mongol pour se mobiliser, mener des campagnes en ligne et créer des mouvements virtuels. Si cela se produisait, le gouvernement mongol ne tarderait pas à sentir les pressions chinoises et russes, qui ne seraient pas seulement diplomatiques parce que son infrastructure nationale n'est pas de taille à supporter les assauts informatiques de l'un ou l'autre de ces voisins. Pour contenter ces derniers et préserver sa souveraineté virtuelle et physique, la Mongolie estimera peut-être nécessaire de se plier à une exigence chinoise ou russe de filtrer les contenus Internet associés aux sujets épineux. Les perdants, dans ce cas, seraient les Mongols, qui se verraient ainsi privés de leur

1. Entretien avec les auteurs, novembre 2011.

liberté en ligne à cause des intérêts particuliers de puissances étrangères peu accommodantes.

Dans ce processus de balkanisation, tous les États ne chercheront pas à collaborer avec d'autres, mais cela ne changera rien au résultat final, qui sera un bric-à-brac de versions nationales d'Internet et de frontières virtuelles. La tendance aux plateformes mondialisées comme Facebook et Google crée un système qui favorise considérablement la propagation de la technologie, et met notamment à la disposition de chacun les outils d'ingénierie qui lui permettront d'édifier ses propres structures en ligne. Si l'État, par souci de régulation, n'inhibe pas l'innovation, cette tendance est appelée à se développer très rapidement. Au début, les usagers ne sauront pas vraiment quand ils naviguent dans l'Internet d'un autre pays parce que, comme aujourd'hui, ce sera quasiment imperceptible. Pendant que les États s'affaireront à dessiner les contours de leur autonomie dans le monde virtuel, la plupart des usagers ne constateront que très peu de changements.

Mais cette phase d'homéostasie sera de courte durée. Ce qui est né comme le World Wide Web ressemblera de plus en plus au monde réel, avec ses innombrables divisions internes et divergences d'intérêts. On verra apparaître sur Internet une forme ou une autre d'exigence de visa, qui s'obtiendra rapidement par voie électronique. Il s'agira de contenir le flux d'informations dans un sens ou dans l'autre, et l'usager souhaitant accéder à l'Internet d'un pays donné sera prié de s'enregistrer et d'accepter certaines conditions. Si la Chine décide que tous les étrangers doivent posséder un visa pour accéder à son réseau, l'engagement citoyen, les opérations commerciales internationales et le journalisme d'investigation s'en verront profondément affectés. Si l'on ajoute à cela les restrictions internes pesant sur Internet dans le pays, on aura quelque chose qui ressemble à une version moderne du fameux *sakoku* (« fermeture du pays »), l'isolement quasi total adopté par le Japon au XVIIe siècle.

Certains pays institueront des demandes de visa pour surveiller les visiteurs internationaux mais aussi comme source de revenus — une très petite somme sera automatiquement prélevée à l'entrée de l'espace virtuel d'un pays, voire davantage si les activités en ligne du visiteur (que le gouvernement pourra observer à l'aide de cookies et d'autres outils) venaient à violer les termes du visa. Les visas virtuels seront présentés comme une mesure de protection contre des attaques numériques ; si votre IP provient d'un pays sur liste noire, vous serez soumis à davantage de vérifications et de surveillance.

Certains pays, toutefois, proclameront haut et fort qu'ils ne réclament pas de visa, faisant ainsi étalage de leur adhésion à l'ouverture des données et encourageant d'autres États à suivre leur exemple. En 2010, le Chili est devenu le premier pays du monde à adopter une loi garantissant la neutralité du Net[1]. Près de la moitié de ses 17 millions d'habitants sont aujourd'hui connectés[2], et à mesure que le pays poursuivra le développement de son infrastructure technologique, ce genre de manifestation publique ne manquera pas de lui attirer la sympathie des États qui appuient cette politique novatrice. Les pays qui sont aujourd'hui en passe d'accéder à la connectivité vont comparer le modèle chilien à d'autres. Il leur sera peut-être demandé de signer un engagement collectif à ne pas solliciter de visa afin de favoriser les échanges en matière de commerce électronique et d'autres types de plateformes, à l'image de ce que sont les accords de Schengen (la zone européenne sans frontières) dans le monde physique.

Soumis à ces conditions, le monde verra apparaître les

1. Tim Stevens, « Chile Becomes First Country to Guarantee Net Neutrality, We Start Thinking About Moving », *Engadget*, 15 juillet 2010, http://www.engadget.com/2010/07/15/chile-becomes-first-country-to-guarantee-net-neutrality-we-star/.

2. Voir la population en 2011 et le pourcentage d'usagers d'Internet en 2011, dans « Midyear Population and Density-Custom Region-Chile, 2011 », U.S. Census Bureau, International Data Base, consulté le 21 octobre 2012, http://www.census.gov/population/international/data/idb/informationGateway.php et « Percentage of Individuals Using the Internet », International Telecommunication Union (ITU), ICT Data and Statistics (IDS), consulté le 21 octobre 2012, http://www.itu.int/ITU-D/ict/statistics/.

premiers demandeurs d'asile Internet. Un dissident privé de liberté dans un Internet autocratique et qui se voit refuser l'accès à celui d'autres États choisira de demander l'asile physique dans un autre pays pour acquérir sa liberté virtuelle. On pourrait même voir apparaître une forme d'asile virtuel provisoire, par lequel le pays d'accueil mettrait à la disposition du dissident des outils sophistiqués proxy et de contournement qui lui permettraient de se connecter à l'extérieur. Se voir accorder l'asile virtuel serait un premier pas important vers l'asile physique, un signe de confiance sans engagement ferme. L'asile virtuel pourrait devenir une nouvelle phase de sélection avant que la demande d'asile physique ne soit soumise à la justice.

Mais l'asile virtuel ne verra pas le jour si jamais se produit l'ultime escalade : la création d'un système alternatif de nom de domaine (DNS), ou même le traficotage agressif et constant de celui en place au nom de l'intérêt des États. Dans l'Internet que nous connaissons aujourd'hui, le DNS sert à faire correspondre les ordinateurs et les périphériques avec les sources de données pertinentes, traduisant les adresses IP (qui sont des nombres) en noms lisibles et inversement. La robustesse d'Internet repose sur le fait que tous les ordinateurs et les réseaux utilisent la même racine officielle DNS (gérée par la Société pour l'attribution des noms de domaine et des numéros sur Internet, l'ICANN, selon ses initiales en anglais), qui comprend tous les domaines de niveau supérieur apparaissant sous forme de suffixe dans l'adresse web — « .edu », « .com », « .net », etc.

Mais d'autres racines DNS existent, qui opèrent parallèlement à Internet sans y être rattachées. Dans les milieux techniques, on estime généralement que la création d'un DNS alternatif irait à l'encontre de tout ce qu'Internet représente et qui a motivé sa conception : le libre partage d'information. Aucun État n'est encore parvenu à mettre en place un système alternatif[1], mais celui qui le ferait débrancherait sa

1. Certains incidents mineurs prêtent cependant à penser que les États sont capables de manipuler l'acheminement DNS, et peut-être même avec une certaine

population du web mondial pour ne lui offrir qu'un intranet national fermé. En termes techniques, cela supposerait la création d'une passerelle censurée entre un pays donné et le reste du monde, de sorte qu'un proxy humain pourrait assurer la transmission de données à l'extérieur en cas d'absolue nécessité — lorsqu'il s'agit des ressources de l'État, par exemple.

Pour la population, les dispositifs de proxy populaires comme les VPN ou Tor seraient réduits à l'impuissance, puisqu'ils n'auraient plus à quoi se connecter. C'est la version extrême de ce que les technologistes appellent un «jardin muré», c'est-à-dire un environnement de navigation qui contrôle l'accès de l'usager aux informations et aux services en ligne. (Le concept n'est pas limité aux questions de censure, il est même profondément enraciné dans l'histoire technologique d'Internet : AOL et Compuserve, qui furent un temps des géants de la toile, ont commencé l'un et l'autre comme des jardins murés.) Pour que la déconnexion soit complète, le gouvernement commanderait aux routeurs de ne pas révéler l'adresse IP des sites — à la différence du nom DNS, l'adresse IP est immuablement liée au site lui-même —, ce qui aurait pour effet de placer ces derniers sur une île extrêmement lointaine, totalement inaccessible. Le contenu existant sur ce réseau national ne circulerait qu'en interne, piégé comme une grappe de bulles dans un économiseur d'écran, et toute tentative d'atteindre ces usagers venue du dehors trouverait porte close. D'un petit coup d'interrupteur, un pays entier disparaîtrait tout simplement d'Internet.

Ce n'est pas aussi invraisemblable qu'il y paraît. On a appris en 2011 qu'un projet iranien d'«Internet halal[1]» était en cours, et, un an plus tard, son lancement a paru imminent[2].

---

aisance. Il est arrivé plus d'une fois que l'adresse de Google renvoie mystérieusement les usagers vers www.Baidu.com, le moteur de recherche local de la Chine.

1. Neal Ungerleider, «Iran Cracking Down Online with "Halal Internet"», *Fast Company*, 18 avril 2011, http://www.fastcompany.com/1748123/iran-cracking-down-online-halal-internet.

2. Neal Ungerleider, «Iran's "Second Internet" Rivals Censorship of China's "Great Firewall"», *Fast Company*, 23 février 2012, http://www.fastcompany.com/1819375/irans-second-internet-rivals-censorship-chinas-great-firewall.

La mise en service en décembre 2012 de Mehr, une version de YouTube ne contenant que des «vidéos approuvées par les autorités[1]» a été un nouveau signe que les intentions du gouvernement iranien étaient sérieuses. Les détails du projet sont restés vagues, mais selon les représentants du régime, la version nationale «propre» d'Internet serait appelée à cohabiter quelque temps avec la toile mondiale (fortement censurée, comme elle l'est aujourd'hui) avant de complètement la remplacer[2]. Cela supposerait le transfert de tous les sites «halal» vers un groupe particulier d'adresses IP, et le filtrage de tout ce qui ne correspondrait pas à ce groupe deviendrait alors un jeu d'enfant. Le gouvernement et les institutions qui en dépendent se chargeraient de fournir le contenu de cet intranet national, soit en le reprenant sur le web mondial et en l'épurant, soit en le fabriquant de toutes pièces. La moindre activité en ligne serait suivie à la loupe, grâce au contrôle sophistiqué de l'infrastructure par l'État et sa mainmise sur les logiciels (qui semblent particulièrement préoccuper les autorités iraniennes, si l'on en juge d'après l'interdiction prononcée en 2012 d'importer tout logiciel de sécurité[3]). Le responsable iranien des affaires économiques a annoncé à l'agence de presse officielle que le gouvernement espérait voir sa version halal remplacer le web dans d'autres pays musulmans — au moins ceux de langue farsi[4]. Le Pakistan a promis de lancer un projet similaire[5].

1. David Murphy, «Iran Launches "Mehr", Its Own YouTube-like Video Hub», http://www.pcmag.com/article2/0,2817,2413014,00.asp.

2. Christopher Rhoads and Farnaz Fassihi, «Iran Vows to Unplug Internet», *Wall Street Journal*, mis à jour le 19 décembre 2011, http://online.wsj.com/article/SB10001424052748704889404576277391449002016.html; Nick Meo, «Iran Planning to Cut Internet Access to Rest of World», *Telegraph* (Londres), 28 avril 2012, http://www.telegraph.co.uk/news/worldnews/middleeast/iran/9233390/Iran-planning-to-cut-internet-access-to-rest-of-world.html.

3. S. Isayev et T. Jafarov, «Iran Bans Import of Foreign Computer Security Software», *Trend*, 20 février 2012, http://en.trend.az/regions/iran/1994160.html.

4. Rhoads et Fassihi, «Iran Vows to Unplug Internet», http://online.wsj.com/article/SB10001424052748704889404576277391449002016.html.

5. «Request for Proposal: National URL Filtering and Blocking System», National ICT R&D Fund, consulté le 21 octobre 2012, http://ictrdf.org.pk/RFP-%20URL%20Filtering%20%26%20Blocking.pdf; Ungerleider, «Iran's "Second Internet" Rivals Censorship of China's "Great Firewall"», http://www.fastcompany.com/1819375/irans-second-internet-rivals-censorship-chinas-great-firewall;

Il se peut que la menace iranienne ne soit qu'un coup de bluff. On ne voit pas bien comment l'État entend procéder, aussi bien sur le plan technique que politique. Comment ne pas s'attirer les foudres de la part non négligeable de ses citoyens qui ont accès au véritable Internet ? Certains observateurs estiment que la déconnexion totale de l'Iran est impossible, parce que le pays est économiquement très dépendant de ses liens avec l'extérieur. D'autres imaginent que, à défaut de parvenir à créer un système alternatif, l'Iran pourrait innover avec un modèle de double Internet susceptible d'intéresser d'autres États répressifs. Quelle que soit la voie que choisisse l'Iran, si l'Internet halal voyait le jour, il ravirait à la Grande Muraille Pare-Feu chinoise le titre de système de censure le plus poussé de l'histoire. Et cela transformerait considérablement l'Internet que nous connaissons aujourd'hui.

Multilatéralisme virtuel

Parallèlement à ces efforts de balkanisation, on assistera à l'avènement d'un multilatéralisme virtuel fondé sur une solidarité idéologique ou politique, où les États et les entreprises travailleront ensemble au sein d'alliances officielles. Des pays comme la Biélorussie, l'Érythrée, le Zimbabwe et la Corée du Nord — autoritaires, pratiquant le culte de la personnalité et frappés d'un statut de paria dans le monde entier — n'auront pas grand-chose à perdre à se joindre à une cyberunion autocratique où ils pourront échanger les méthodes de censure et de surveillance ainsi que les technologies. À mesure que ces pays avanceront ensemble dans

---

Danny O'Brien, « Pakistan's Excessive Internet Censorship Plans », Committee to Protect Journalists (CPJ), 1er mars 2012, http://www.cpj.org/internet/2012/03/pakistans-excessive-net-censorship-plans.php. On remarquera avec intérêt que, à l'heure où nous écrivons, le programme pakistanais a été « abandonné ». Voir Shahbaz Rana, « IT Ministry Shelves Plan to Install Massive URL Blocking System », The Express Tribune (Karachi) (blog), *International Herald Tribune*, 19 mars 2012, http://tribune.com.pk/story/352172/it-ministry-shelves-plan-to-install-massive-url-blocking-system/.

la constitution d'États policiers de l'âge virtuel, il deviendra de plus en plus difficile pour les entreprises occidentales, en termes de relations publiques, d'y faire des affaires, fussent-elles légales. Les entreprises non occidentales, dont les actionnaires sont moins scrupuleux et plus habitués à travailler dans ce genre d'environnement, trouveront au sein d'un réseau d'États autocratiques un espace où jouer un rôle plus actif.

Ce n'est pas un hasard, par exemple, si 75 % de Koryolink, le seul réseau de téléphonie mobile officiel de la Corée du Nord, appartient à l'entreprise de télécommunications égyptienne Orascom[1], qui a prospéré sous le long règne de Hosni Moubarak. (Les 25 % restants sont aux mains du ministère nord-coréen des Postes et Télécommunications.) Pour l'usager nord-coréen, le service de Koryolink est un jardin muré[2], une plateforme extrêmement limitée qui ne permet que des fonctions rudimentaires. On ne peut pas émettre ni recevoir d'appels internationaux, pas plus qu'on ne peut accéder à Internet. (Certains peuvent accéder à l'intranet nord-coréen, un étrange pastiche à base de contenu transféré d'Internet par les autorités et essentiellement constitué de propagande.) Les appels locaux et les SMS sont quasi certainement surveillés, et *The Economist* a révélé que le réseau mobile est déjà devenu une plateforme de diffusion de la propagande gouvernementale, où le quotidien *Rodong Sinmun* émet les dernières nouvelles par voie de SMS[3]. Sans y être explicitement contraints, les citoyens sont « invités » à régler leur facture téléphonique en euros[4] (une monnaie qui n'a pas de cours officiel), ce qui constitue une gageure pour la plupart des habitants du pays. Malgré cela, la demande est si forte que l'adoption des téléphones a explosé dans tout le pays, et l'on était passé, début 2012, de trois cent mille abonnés

1. « Mobile Phones in North Korea : Also Available to Earthlings », *Economist*, 11 février 2012, http://www.economist.com/node/21547295.

2. *Ibid.*

3. *Ibid.*

4. *Ibid.* ; David Matthew, « Understanding the Growth of KoryoLink », NK News, 15 décembre 2011, http://www.nknews.org/2011/12/understanding-koryolink/.

à plus d'un million en l'espace de dix-huit mois[1]. La marge brute d'exploitation de 80 % que pratique Koryolink est une affaire juteuse pour Orascom[2].

En Iran, à la suite d'une vague de répression très publique contre le mouvement vert en 2009, les entreprises technologiques occidentales comme Ericsson et Nokia Siemens Network (NSN)[3] ont pris leurs distances avec le régime. Le géant chinois Huawei a sauté sur l'occasion pour s'emparer de la première place sur le vaste marché iranien (contrôlé par l'État) de la téléphonie mobile. Alors que ses prédécesseurs occidentaux recevaient chez eux une pluie de critiques pour avoir vendu au gouvernement iranien des produits pouvant servir à débusquer les militants démocrates et à les faire disparaître, Huawei s'est livré à la promotion active de ses produits propices à l'autoritarisme[4]. Selon un article du *Wall Street Journal*, son catalogue proposait sans aucun scrupule des produits tels que du matériel de localisation pour les forces de l'ordre (récemment acquis par le principal opérateur iranien de téléphonie mobile) et un système téléphonique d'information compatible avec la censure. Le partenaire privilégié d'Huawei en Iran, Zaeim Electronic Industries Co., est aussi le favori de certains secteurs gouvernementaux[5], comme les Gardiens de la révolution ou le secrétariat de la présidence.

Officiellement, Huawei prétend n'offrir à Zaeim que des « produits et services commerciaux à usage public[6] » mais, selon le *Wall Street Journal*, lors de réunions de présentation tenues en catimini avec les représentants du régime iranien, Huawei n'a pas fait mystère de son expertise en matière de censure, acquise en Chine. (Peu après la parution de l'article,

1. « Mobile Phones in North Korea : Also Available to Earthlings », *Economist*, 11 février 2012.
2. *Ibid.*
3. Steve Stecklow, Farnaz Fassihi et Loretta Chao, « Chinese Tech Giant Aids Iran », *Wall Street Journal*, 27 octobre 2011, http://online.wsj.com/article/SB10001424052970204644504576651503577823210.html?_nocache=1346874829284&user=welcome&mg=id-wsj.
4. *Ibid.*
5. *Ibid.*
6. *Ibid.*

Huawei a émis un communiqué[1] démentant plusieurs de ces allégations avant de déclarer publiquement un mois plus tard son intention de « réduire volontairement » ses opérations dans le pays à cause de la « complexité croissante de la situation[2] ».)

En réponse à ces collaborations entre autocraties, les États démocratiques chercheront à mettre en place le même type d'alliances ainsi que des partenariats public-privé pour promouvoir un Internet plus ouvert, plus libre en matière politique, économique et sociale. L'un des objectifs consistera à contenir la propagation de technologies très restrictives de filtrage et de surveillance aux pays où Internet entame son développement, lentement mais sûrement. Cela pourrait prendre de nombreuses formes, comme l'offre de forfaits d'aide bilatérale comportant des conditions préalables précises ou le placement de l'ouverture d'Internet au premier rang des objectifs politiques des ambassadeurs d'un pays. On pourrait aussi voir survenir des campagnes transnationales pour la modification du cadre juridique international concernant la liberté d'expression et les logiciels libres. L'objectif général commun de ces États — accès à l'information, liberté d'expression et transparence — prendrait le pas sur les petites différences culturelles ou de réglementation qui les séparent, et l'on verrait renaître une espèce de Ligue hanséatique de la connectivité. La Ligue hanséatique a exercé son pouvoir collectif sur l'Europe du Nord du XIIIe au XVe siècle à travers l'alliance économique de cités-États adjacentes ; son équivalent contemporain pourrait reposer sur des principes similaires d'assistance mutuelle, mais dans une

1. Huawei, « Statement Regarding Inaccurate and Misleading Claims About Huawei's Commercial Operations in Iran », communiqué de presse, 4 novembre 2011, http://www.huawei.com/en/about-huawei/newsroom/press-release/hw-104191.htm.

2. Huawei, « Statement Regarding Huawei's Commercial Operations in Iran », communiqué de presse, 9 décembre 2011, http://www.huawei.com/en/about-huawei/newsroom/press-release/hw-104866-statement-commercialoperations.htm.

version beaucoup plus étendue, mondialisée. Ces alliances n'auront plus à dépendre si lourdement de la géographie ; dans l'espace virtuel, tout est équidistant. Si l'Uruguay et le Bénin trouvent des motifs de travailler ensemble, cela sera plus simple que ça ne l'a jamais été.

La défense de la liberté d'expression et d'information passera en partie par l'aide militaire, où il sera davantage question d'assistance technique et de soutien d'infrastructure que de chars et de gaz lacrymogènes — même si ces derniers ne disparaîtront pas de l'arrangement pour autant. Ce qu'a été Lockheed Martin au XXe siècle, des entreprises technologiques et de sécurité informatique le seront au XXIe. D'ailleurs, les leaders du secteur que sont Northrop Grumman et Raytheon travaillent déjà avec l'État américain au développement de sa capacité informatique. Les fabricants d'armes, les constructeurs d'avions et d'autres branches du complexe militaro-industriel ne deviendront pas moins nombreux — l'armée conventionnelle continuera d'avoir besoin de fusils, de chars et d'hélicoptères — mais les grandes opérations militaires, déjà amplement privatisées, feront une place importante à l'assistance technologique dans leur budget.

Encouragées par ces nouvelles alliances multilatérales, l'aide au développement et l'assistance étrangère prendront aussi une dimension numérique. Le principe de l'échange d'aide étrangère contre de l'influence future demeurera, mais pas son contenu. Dans un pays en voie de développement, alors qu'une puissance étrangère sera en train de construire des routes, une autre investira dans l'agriculture et une troisième installera de la fibre optique et des antennes-relais. À l'ère numérique, la technologie moderne devient une monnaie d'échange permettant de nouer des alliances avec des États en voie de développement ; on aurait tort de sous-estimer l'importance qu'aura le savoir-faire technologique pour ces pays et leurs gouvernements. L'incitation à solliciter de l'étranger une aide ayant la forme de réseaux rapides, d'appareils modernes et de bande passante abondante et à bas prix viendra peut-être de la population, qui pressera son gouvernement d'accepter les conditions préalables nécessaires. D'où que provienne l'impulsion, les États de demain dans le monde en développement feront certainement le pari à long terme de la connectivité et aligneront leurs relations diplomatiques en conséquence.

De nouvelles alliances se noueront aussi autour des intérêts commerciaux, notamment sur les questions de droit d'auteur et de propriété intellectuelle. À mesure que l'essentiel du commerce mondial basculera vers Internet, la dynamique de la défense du droit d'auteur donnera lieu à une nouvelle série de coalitions et d'antagonismes virtuels. La plupart des lois concernant le droit d'auteur et la propriété intellectuelle reposent aujourd'hui sur la notion de bien physique, et les attitudes divergent sur le fait de savoir si le vol ou le piratage de biens en ligne (films, musique et autres contenus) équivalent au vol de leur version physique. Dans l'avenir, les États s'impliqueront plus avant dans les querelles juridiques autour du droit d'auteur et de la propriété intellectuelle parce qu'il en ira de la santé de leurs secteurs commerciaux.

Les lois sur le droit d'auteur ont fait l'objet de multiples accords internationaux : la convention de Berne de 1886, qui exige la reconnaissance mutuelle du droit d'auteur entre pays signataires; l'accord de 1994 sur les aspects touchant au commerce, qui établit les règles minimales du droit de la propriété intellectuelle parmi les États membres de l'Organisation mondiale du commerce (OMC), et le traité sur le droit d'auteur de 1996 de l'Organisation mondiale de la propriété intellectuelle (OMPI), qui protège les technologies de l'information. Les lois qui régissent le droit d'auteur sont fondamentalement identiques partout dans le monde. Mais chaque pays est responsable de veiller à leur application sur son territoire, et tous ne montrent pas la même vigilance. Considérant la facilité avec laquelle les informations traversent aujourd'hui les frontières, les individus qui piratent du matériel protégé n'ont généralement aucun mal à trouver refuge dans des pays où la régulation est moins stricte.

Le grand motif d'inquiétude parmi les observateurs de la propriété intellectuelle dans le monde de la technologie, c'est la Chine. En sa qualité de signataire des conventions énumérées ci-dessus, elle est techniquement tenue d'observer les mêmes règles que les autres pays, États-Unis compris. Lors du sommet des dirigeants d'entreprise de la Coopération économique pour l'Asie-Pacifique (APEC) en 2011, le président chinois d'alors, Hu Jintao, a confié en privé à un petit groupe d'entrepreneurs que la Chine « donnerait pleinement vigueur à toutes les lois sur la propriété intellectuelle, ainsi que le requiert l'Organisation mondiale du commerce, et aux pratiques occidentales modernes[1] ». Nous étions présents à cette réunion, et, en sortant de la salle où le président Hu venait de faire cette promesse, le groupe d'hommes d'affaires américains n'a pas caché son scepticisme. Et il y avait de quoi : on estime que les entreprises américaines ont perdu environ 3,5 milliards de dollars rien qu'en 2009[2] à cause du piratage par la Chine de musique enregistrée et de logiciels, et que 79 % de tous les biens contrevenant au droit d'auteur saisis aux États-Unis provenaient de la Chine[3]. Ce n'est manifestement pas l'absence de textes de loi qui pose problème, mais leur non-application. Officiellement, la loi chinoise interdit de produire des contrefaçons ou de copier des biens relevant de la propriété intellectuelle à des fins de profit, mais dans la pratique, on décourage les représentants de l'État de poursuivre ces délits ; les infracteurs sont autorisés à conserver leurs bénéfices. En outre, les amendes prévues sont trop faibles et émises de façon trop irrégulière pour avoir un effet dissuasif, et la corruption à l'échelon local et régional incite les représentants de l'État à regarder ailleurs et à ignorer les infractions répétées.

La Chine n'est certainement pas le seul pays à ne pas vouloir ou ne pas pouvoir faire respecter les règles internationales de la propriété intellectuelle. La Russie, l'Inde et le

1. Hu Jintao (ancien président de la Chine) lors d'un débat avec un petit groupe de chefs d'entreprise lors du sommet de la Coopération économique pour l'Asie-Pacifique (APEC) en 2011.

2. « 2010 Report to Congress on China's WTO Compliance, United States Trade Representative » (décembre 2010), p. 5, http://www.ustr.gov/webfm_send/2460.

3. *Ibid.*

Pakistan ont été montrés du doigt pour leur manque d'entrain à faire respecter ces lois[1]. Israël et le Canada ne sont généralement pas considérés comme des foyers d'infraction au droit d'auteur, mais ni l'un ni l'autre n'ont pleinement mis en place les normes et les lois de l'OMPI[2], ce qui fait d'eux un refuge pour le piratage sur Internet. Et même au sein du groupe d'États dotés d'un dispositif législatif robuste de protection de la propriété intellectuelle, on trouve généralement des écarts d'interprétation importants et exploitables. La notion d'usage équitable, par exemple, qui limite l'usage des biens soumis au droit d'auteur sans le consentement de leur détenteur, est soumise à un contrôle beaucoup plus strict dans l'Union européenne qu'aux États-Unis ou en Grande-Bretagne.

Indépendance virtuelle

L'un de nos thèmes récurrents veut que, dans le monde virtuel, la taille importe peu. La technologie confère du pouvoir à toutes les parties, et permet à de petits acteurs de produire de grands effets. Et ces acteurs n'ont même pas à être reconnus ni officiels. Cela signifie qu'il nous paraît possible que soient créés des États virtuels, qui seront amenés à chambouler le paysage en ligne des États physiques.

Le monde compte aujourd'hui des centaines de mouvements séparatistes violents et non violents, et ce n'est sans doute pas près de changer. Une part importante de ces mouvements puisent leur motivation dans ce qu'ils perçoivent comme des discriminations ethniques ou religieuses, et nous aborderons bientôt comment se traduira en ligne la persécution physique de ces groupes, qui changera de forme mais pas de propos. Dans le monde physique, il n'est pas rare qu'un groupe persécuté soit soumis à des lois différentes et subisse

1. « 2011 Special 301 Report, United States Trade Representative », voir « Section II : Country Reports Priority Watch List », p. 25, 28, 30, http://www.ustr.gov/webfm_send/2841.
2. *Ibid.*

des arrestations arbitraires, des exécutions sommaires, l'absence de procès en bonne et due forme et toute sorte de restrictions aux libertés civiques et humaines. La plupart de ces méthodes se feront une place sur Internet, grandement aidées par l'outillage technologique qui permet à l'État de surveiller, de harceler et de cibler ses minorités indociles.

Pourchassés à la fois dans le monde physique et le monde virtuel, les groupes privés d'indépendance formelle pourront chercher en ligne à faire comme si. Peut-être pas aussi légitime ou utile que l'indépendance réelle, l'opportunité d'instituer une souveraineté virtuelle constituera, au mieux, une étape importante vers l'indépendance officielle, au pire, une escalade qui ne fera qu'enfoncer un peu plus les deux parties dans un conflit civil cafouilleux. Les populations kurdes d'Iran, de Turquie, de Syrie et d'Irak — les quatre pays où elles sont le plus nombreuses — pourraient bien bâtir un web kurde afin d'élaborer un genre d'indépendance virtuelle. Le Kurdistan irakien est déjà quasi autonome, alors cela pourrait bien commencer là-bas. Les Kurdes procéderaient à l'enregistrement d'un domaine de premier niveau (par exemple www.yahoo.com.krd), où «krd» désignerait le Kurdistan, et installeraient leurs serveurs dans un pays neutre ou acquis à la cause. Ce serait un point de départ.

L'indépendance virtuelle pourrait devenir bien plus qu'un geste symbolique et un nom de domaine. D'autres projets pourraient aussi donner lieu à une présence kurde bien distincte en ligne. Pour peu que les Kurdes s'en donnent la peine, leur web pourrait devenir une version plus robuste de l'Internet d'autres pays, en langue kurde, bien entendu. À partir de là, des ingénieurs kurdes, ou simplement sympathisants, pourraient développer des applications, des banques de données et d'autres destinations virtuelles qui ne feraient pas que soutenir la cause kurde, mais lui faciliteraient concrètement la tâche. La communauté virtuelle kurde pourrait aller jusqu'à organiser des élections et créer des ministères pour dispenser un service public de base. Elle pourrait même utiliser une monnaie virtuelle unique. Le ministère virtuel de l'Information gérerait l'échange de données avec les

« citoyens » kurdes, dans les deux sens. Celui de l'Intérieur s'occuperait de la sécurité de l'État virtuel et de la prévention des attaques informatiques. Celui des Affaires étrangères nouerait des relations diplomatiques avec d'autres États, bien réels. Celui de l'Économie et du Commerce ferait la promotion du commerce électronique entre les communautés kurdes et des intérêts économiques extérieurs.

De même que les efforts séparatistes visant à l'indépendance physique rencontrent une forte résistance de la part du pays hôte, ces groupes virtuels soulèveraient le même type d'opposition à leurs manœuvres en ligne. Il est probable que la création d'une Tchétchénie virtuelle cimenterait la solidarité ethnique et politique parmi ses partisans dans le Caucase, mais elle nuirait sans aucun doute aux relations avec le gouvernement russe, qui y verrait une violation de sa souveraineté. Le Kremlin pourrait alors répondre à cette provocation virtuelle par un assaut physique et envoyer ses chars étouffer l'agitation dans la Tchétchénie réelle.

Pour les Kurdes, qui sont répartis entre plusieurs pays, ce risque serait plus fort encore, car une campagne d'indépendance virtuelle rencontrerait l'opposition de toute la région, et notamment de certains pays qui ne comptent pas eux-mêmes de ressortissants kurdes mais craindraient un effet de déstabilisation. Tous les moyens seraient employés pour détruire les institutions virtuelles kurdes, à travers l'ingérence ou l'espionnage sous la forme de cyberattaques, de campagnes de désinformation et d'infiltration. Les populations sur le terrain seraient certainement les premières victimes des représailles. Les gouvernements, profitant des masses de données produites par ces citoyens, n'auraient pas beaucoup de mal à retrouver les activistes impliqués ou les sympathisants. Très peu de mouvements séparatistes disposent des moyens ou du soutien international qui leur permettraient de résister à une riposte de ce niveau.

La déclaration d'indépendance virtuelle serait élevée au rang de trahison, pas seulement dans les régions agitées, mais à peu près partout. C'est une option tout bonnement trop risquée pour qu'on la laisse ouverte. À elle seule, la notion d'institutions virtuelles redonnerait vie à des groupes indépendantistes qui n'ont pas obtenu grand-chose par la violence, comme les séparatistes basques en Espagne, les nationalistes abkhazes en Géorgie ou le Front Moro de libération nationale aux Philippines. Par ailleurs, il suffirait qu'une seule initiative de ce genre échoue ou s'avère absurde pour mettre un coup d'arrêt à la tendance dans son ensemble. Si par exemple les derniers partisans du mouvement sécessionniste texan se regroupaient pour lancer la République virtuelle du Texas et ne parvenaient à susciter que les moqueries, la notion même d'indépendance virtuelle pourrait en pâtir quelque temps. Les chances de succès de ces revendications virtuelles d'indépendance restent à déterminer (d'ailleurs, en fin de compte, qu'est-ce qui serait considéré comme un succès ?), mais le fait que ce soit un jour faisable en dit long quant à la dissémination du pouvoir des États à l'âge numérique.

Provocation numérique et cyberguerre

Le débat sur l'avenir des États connectés ne saurait être complet si l'on n'y abordait pas la pire des choses qu'ils feront entre eux : la cyberguerre. La guerre informatique n'est pas une idée neuve, mais ses paramètres ne sont pas clairement établis. Les spécialistes de sécurité informatique discutent encore de la réalité de la menace, de la forme qu'elle pourrait prendre et de ce qui constituerait concrètement un acte de cyberguerre. Pour notre propos, nous emploierons ici la définition qu'en a faite l'ancien patron de l'antiterrorisme américain, Richard Clarke[1] : ce sont des actes entrepris par un État-nation pour pénétrer les ordinateurs ou les réseaux d'un autre afin d'y occasionner des dégâts ou des perturbations[2].

1. Richard A. Clarke et Robert K. Knake, *Cyber War : The Next Threat to National Security and What to Do About It*, New York, Ecco, 2010, p. 6.

2. Notre distinction entre « cyberattaque » et « cyberterrorisme » repose sur l'individu ou l'entité qui se cache derrière et l'évaluation de ses motifs. L'une et

Les cyberattaques — qui comprennent l'espionnage, le sabotage, l'infiltration et d'autres méfaits numériques — sont, on l'a vu, susceptibles de produire d'importants dégâts et il est très difficile d'en remonter la trace. Aussi bien les groupes terroristes que les États auront recours aux méthodes de la cyberguerre, mais les seconds seront en quête d'informations plutôt que de pure destruction. Pour les États, il s'agira principalement de renseignement, même si les procédés employés sont similaires à ceux des acteurs indépendants qui cherchent à faire du mal. Le vol de secrets commerciaux, l'accès à des informations confidentielles, l'infiltration des systèmes officiels, la diffusion de désinformation — autant d'activités classiques des agences de renseignement — constitueront le gros des cyberattaques entre États. Certains experts sont en profond désaccord avec nous sur ce point, ils prédisent plutôt que les États chercheront à anéantir leurs ennemis en employant des méthodes très destructrices, comme couper le réseau électrique à distance ou provoquer un effondrement boursier. En octobre 2012, le secrétaire américain à la Défense Leon Panetta a lancé cette mise en garde : « Un pays agresseur [...] pourrait employer ce type d'outil informatique pour prendre le contrôle de commutateurs déterminants. Il pourrait faire dérailler des trains de passagers, ou, pire encore, des trains transportant des produits chimiques. Il pourrait contaminer les réserves d'eau de grandes villes, ou couper le courant électrique dans d'importantes portions du pays[1]. » Nous préférons pour notre part nous en tenir à une perspective plus optimiste (du moins concernant les États) et dire que ce type d'escalade, certes possible, demeure extrêmement improbable, ne serait-ce que parce que le premier État à franchir le pas risquerait d'en devenir la cible à son tour et qu'il créerait un précédent que

l'autre se manifestent toutefois de façon très similaire, notamment sous la forme de l'espionnage économique.

1. Elisabeth Bumiller et Thom Shanker, « Panetta Warns of Dire Threat of Cyberattack on U.S. », *New York Times*, 11 octobre 2012, http://www.nytimes.com/2012/10/12/world/panetta-warns-of-dire-threat-of-cyberattack.html?hp&_r=1&.

même le plus dévoyé des régimes n'envisagera qu'avec beaucoup de prudence.

On peut dire sans exagérer que nous vivons déjà à l'âge de la cyberguerre conduite par les États, même si nous n'en sommes généralement pas conscients. En ce moment même, le gouvernement d'un pays étranger est peut-être en train de pirater les banques de données du vôtre, de chercher à faire planter ses serveurs ou d'écouter ses conversations. Pour l'observateur extérieur, la cyberguerre en cours peut paraître bénigne (d'ailleurs certains diront que ce n'est même pas une « guerre », au sens clausewitzien classique de « continuation de la politique par d'autres moyens[1] »). Des ingénieurs financés par un gouvernement sont peut-être en train d'essayer d'infiltrer ou de fermer le système d'information d'entreprises et d'institutions dans un autre pays, mais cela ne produit ni morts ni blessés. Les effets de ces cyberguerres ont été jusqu'ici si peu visibles dans le monde physique que les civils y voient davantage un désagrément qu'une menace, l'équivalent d'une épidémie de rhume banal.

Mais ceux qui sous-estiment la menace de la cyberguerre le font à leurs risques et périls. Le phénomène ne mérite peut-être pas tant de battage, mais le danger est bien réel. Les cyberattaques sont chaque année plus fréquentes et plus précises. Plus nous enchevêtrons notre existence avec les systèmes d'information numérique, plus nous devenons vulnérables. Et l'arrivée en ligne de nombreux pays dans les années qui viennent ne fera qu'accroître cette vulnérabilité et la rendre plus complexe.

Pour un État, une cyberattaque constitue l'arme parfaite : elle est puissante, personnalisable et anonyme. Des tactiques comme le piratage, l'émission de vers informatiques ou de chevaux de Troie et d'autres formes d'espionnage virtuel offrent aux États une portée et une couverture que ne leur ont jamais permis les armes ou les opérations de renseignement traditionnelles. Le fait qu'elles ne laissent guère de traces procure à leur auteur un camouflage efficace et limite

1. Carl von Clausewitz, *De la guerre*, Éditions de Minuit, 1959.

sensiblement la capacité de réaction de la victime. Même si l'on parvient à remonter la piste de l'attaque jusqu'à une région ou une ville précise, l'identification des responsables est quasiment impossible. Comment un pays peut-il décider d'une réaction appropriée s'il n'est pas en mesure de désigner les coupables ? Selon Craig Mundie, chef de recherche et de stratégie chez Microsoft et éminent penseur de la sécurité sur Internet, cette absence d'attribution — l'un de nos thèmes récurrents — fait qu'il s'agit d'une guerre dans le noir parce qu'« il est beaucoup plus difficile de savoir qui vous a pris pour cible[1] ». Mundie qualifie les méthodes de cyberespionnage d'« armes de perturbation massive[2] ». « Leur prolifération sera beaucoup plus rapide, alors il s'agira d'un conflit beaucoup plus furtif que ce qu'on a classiquement désigné comme étant la guerre », dit-il.

Les États se feront mutuellement certaines choses en ligne qui seraient beaucoup plus provocatrices hors ligne, et les conflits sur le champ de bataille virtuel se dérouleront tandis que partout ailleurs règne le calme. La promesse d'un anonymat quasi inviolable fait des cyberattaques une option alléchante pour des pays qui ne souhaitent pas apparaître ouvertement trop agressifs mais n'en demeurent pas moins déterminés à nuire à leurs ennemis. Tant que les spécialistes techniques du monde n'auront pas avancé dans les méthodes d'identification de l'origine d'une cyberattaque et que la loi ne sera pas en mesure de faire rendre des comptes à ses auteurs, bon nombre de nouveaux États vont venir prendre part aux activités que l'on observe aujourd'hui. Des groupes de pays actuellement en plein essor de connectivité et d'apprentissage technique, en Amérique latine, en Asie du Sud-Est et au Moyen-Orient, vont bientôt se mettre à lancer leurs propres cyberattaques, ne serait-ce que pour prendre la température ambiante. Même ceux qui ne maîtrisent pas

1. Craig Mundie, entretien avec les auteurs, novembre 2011.

2. Craig Mundie, « Information Security in the Digital Decade ». Remarques devant la chambre américaine de commerce de Bangkok, Thaïlande, 20 octobre 2003, http://www.microsoft.com/en-us/news/exec/craig/10-20security.aspx.

eux-mêmes les techniques (ingénieurs ou pirates locaux) trouveront une façon de se procurer les outils nécessaires.

Prenons quelques exemples récents pour mieux illustrer l'univers de la cyberguerre. Le plus célèbre est peut-être celui du ver Stuxnet, découvert en 2010 et considéré comme le logiciel malfaisant le plus sophistiqué jamais rencontré, jusqu'à ce que Flame, en 2012, vienne lui ravir ce titre[1]. Conçu pour affecter un type précis de système de contrôle industriel fonctionnant sur Windows, Stuxnet a infiltré les systèmes de surveillance des installations nucléaires iraniennes de Natanz, dont il a conduit les centrifugeuses à de brusques accélérations et ralentissements jusqu'au point de l'autodestruction[2], tout en désactivant les systèmes d'alarme. Les systèmes iraniens n'étant pas raccordés à Internet, le ver a sans doute été chargé directement, peut-être de façon involontaire, par un employé de la centrale à l'aide de sa clé USB[3]. Les faiblesses des systèmes Windows ont été colmatées, mais le programme nucléaire iranien avait subi d'importants dommages, ainsi que l'a admis le président Mahmoud Ahmadinedjad[4].

Les premiers efforts pour identifier les créateurs du ver n'ont rien donné, même si, aux yeux de la plupart, la nature de la cible et le degré de sophistication du logiciel indiquaient que l'opération avait forcément été appuyée par un État. Les analystes de la sécurité qui ont fini par décortiquer le ver (entre autres parce que Stuxnet s'était enfui « dans la nature[5] » — c'est-à-dire qu'il était sorti de la centrale de

1. « Resource 207 : Kaspersky Lab Research Proves That Stuxnet and Flame Developers Are Connected », Kaspersky Lab, 11 juin 2012, http://www.kaspersky.com/about/news/virus/2012/Resource_207_Kaspersky_Lab_Research_Proves_that_Stuxnet_and_Flame_Developers_are_Connected.

2. David E. Sanger, « Obama Order Sped Up Wave of Cyberattacks Against Iran », *New York Times*, 1er juin 2012, http://www.nytimes.com/2012/06/01/world/middleeast/obama-ordered-wave -of-cyberattacks-against-iran.html?_r=1&ref=davidesanger&pagewanted=all.

3. *Ibid.*

4. Julian Borger et Saeed Kamali Dehghan, « Attack on Iranian Nuclear Scientists Prompts Hit Squad Claims », *Guardian* (Manchester), 29 novembre 2010, http://www.guardian.co.uk/world/2010/nov/29/iranian-nuclear-scientists-attack-claims.

5. Sanger, « Obama Order Sped Up Wave of Cyberattacks Against Iran », *New*

Natanz) ont notamment relevé dans le code certaines références précises à des dates et des épisodes bibliques hautement symboliques pour les Israéliens[1]. (D'autres ont trouvé ces indicateurs beaucoup trop évidents pour qu'il ne s'agisse pas de fausses pistes.) Les moyens engagés laissaient aussi supposer qu'il s'agissait de la production d'un État : les experts ont estimé que le code avait réclamé le travail d'au moins trente rédacteurs pendant plusieurs mois[2]. Et il y a eu un nombre sans précédent d'exploits « zero-day », c'est-à-dire d'attaques informatiques malveillantes mettant au jour les vulnérabilités (failles) jusqu'alors inconnues du créateur du programme (le système d'exploitation Windows en l'occurrence), lui laissant zéro jour pour se préparer. La découverte d'un exploit zero-day étant déjà un événement rare — et les informations ainsi obtenues se vendent des centaines de milliers de dollars au marché noir —, les analystes ont été frappés de découvrir qu'une des premières variantes de Stuxnet en utilisait *cinq*[3].

Évidemment, on a fini par apprendre en juin 2012 que non pas un, mais deux États se cachaient derrière l'activation du ver Stuxnet. Des représentants anonymes de l'administration Obama ont confirmé au journaliste du *New York Times* David E. Sanger[4] que Stuxnet était une opération conjointe des États-Unis et d'Israël visant à retarder et à perturber ce qu'ils tenaient pour un programme d'armement nucléaire de l'Iran[5]. L'initiative, d'abord autorisée par le président George W. Bush et dont le nom de code était Olympic Games, a été

York Times, 1er juin 2012, http://www.nytimes.com/2012/06/01/world/middleeast/obama-ordered-wave-of-cyberattacks-against-iran.html?_r=1&ref=davidesanger&pagewanted=all.

1. Elinor Mills, « Stuxnet : Fact *vs.* Theory », CNET, 5 octobre 2010, http://news.cnet.com/8301-27080_3-20018530-245.html.

2. Michael Joseph Gross, « A Declaration of Cyber-War », *Vanity Fair*, avril 2011, http://www.vanityfair.com/culture/features/2011/04/stuxnet-201104.

3. Elinor Mills, « Shared Code Indicates Flame, Stuxnet Creators Worked Together », CNET, 11 juin 2012, http://news.cnet.com/8301-1009_3-57450292-83/shared-code-indicates-flame-stuxnet-creators-worked-together/.

4. Sanger, « Obama Order Sped Up Wave of Cyberattacks Against Iran », art. cit.

5. Quand nous avons interrogé l'ancien patron du renseignement israélien Meir Dagan à ce sujet, il s'en est tenu à ce commentaire : « Vous croyez vraiment que je vous le dirais ? » Entretien avec les auteurs, juin 2012.

poursuivie par l'administration suivante[1], et même accélérée par le président Obama, qui a personnellement donné son feu vert à plusieurs déploiements de cette arme informatique. Une fois le logiciel malveillant développé et testé sur des répliques fonctionnelles de la centrale de Natanz bâties aux États-Unis[2] — et sachant qu'il pouvait bel et bien provoquer la rupture des centrifugeuses —, le gouvernement américain en a approuvé l'usage. La portée de cette décision n'a pas échappé aux représentants de l'État américain[3]. Michael V. Hayden, l'ancien directeur de la CIA, a dit à Langer : « Les effets des précédentes cyberattaques se limitaient à d'autres ordinateurs. C'est la première attaque majeure qui vise à provoquer des destructions physiques. Quelqu'un a franchi le Rubicon[4]. »

Deux ans plus tard, quand on a découvert le virus Flame, les rapports initiaux des experts en sécurité ont laissé entendre qu'il n'avait aucun rapport avec Stuxnet ; bien plus volumineux, il employait un autre langage de programmation et opérait différemment puisqu'il se focalisait sur la recherche de données au lieu de s'en prendre aux centrifugeuses. Il était aussi plus ancien — les analystes ont établi que Flame existait depuis au moins quatre ans au moment où ils l'ont découvert, ce qui signifie qu'il était antérieur à Stuxnet. Sanger, de son côté, a rapporté que les représentants de l'État américain ont nié que Flame ait fait partie du projet Olympic Games[5]. Pourtant, moins d'un mois après les premières révélations publiques concernant ces armes

1. Sanger, « Obama Order Sped Up Wave of Cyberattacks Against Iran », art. cit.
2. *Ibid.*
3. Larry Constantine, professeur à l'université de Madère, au Portugal, conteste l'analyse de Sanger dans un entretien accordé sur podcast le 4 septembre 2012 à Steven Cherry, rédacteur adjoint d'*IEEE Spectrum*, la revue de l'Institute of Electrical and Electronics Engineers, où il affirme qu'il est techniquement impossible que Stuxnet se soit répandu de la façon décrite par Sanger (Stuxnet ne pouvait se répandre que sur un réseau local, pas sur Internet). À notre avis, les arguments de Constantine ont assez de poids pour mériter ne serait-ce qu'un débat. Larry Constantine, interviewé par Steven Cherry, « Stuxnet : Leaks or Lies ? », Techwise Conversations (podcast), IEEE Spectrum, 4 septembre 2012, http://spectrum.ieee.org/podcast/computing/embedded-systems/stuxnet-leaks-or-lies.
4. Sanger, « Obama Order Sped Up Wave of Cyberattacks Against Iran », art. cit.
5. *Ibid.*

numériques, des spécialistes de la sécurité du Kaspersky Lab[1], une grande entreprise de sécurité informatique russe internationalement reconnue, ont conclu que les deux équipes qui avaient développé Stuxnet et Flame avaient, les premiers temps, travaillé ensemble. Ils ont identifié dans une première version de Stuxnet un module précis, nommé Resource 207[2], qui partage incontestablement le même code que Flame. « On dirait que la plateforme Flame a été comme le coup d'envoi du projet Stuxnet », a expliqué un important chercheur de Kaspersky[3]. « Les opérations ont pris des chemins séparés, peut-être parce que le code Stuxnet était assez mûr pour être lâché dans la nature. Nous sommes à présent sûrs à cent pour cent que les groupes Stuxnet et Flame ont travaillé ensemble. »

Bien que Stuxnet, Flame et d'autres armes informatiques liées aux États-Unis et à Israël soient les exemples connus les plus poussés de cyberattaques conduites par des États, d'autres méthodes de cyberguerre ont déjà été employées par les gouvernements du monde entier. Elles ne se limitent pas forcément à de lourdes questions de géopolitique ; elles peuvent être déployées avec autant de zèle pour harceler un État qu'on ne porte pas dans son cœur. À la suite d'une querelle diplomatique survenue en 2007 parce que l'État estonien avait décidé de démanteler un monument russe aux victimes de la Seconde Guerre mondiale érigé dans sa capitale[4], Tallinn, une foule de sites estoniens de premier plan, dont ceux des banques, de la presse et des institutions gouvernementales, ont été soudain frappés par une attaque

1. « Resource 207 : Kaspersky Lab Research Proves That Stuxnet and Flame Developers Are Connected », art. cit.; Mills, « Shared Code Indicates Flame, Stuxnet Creators Worked Together, art. cit.

2. « Resource 207 : Kaspersky Lab Research Proves That Stuxnet and Flame Developers Are Connected », Kaspersky Lab, 11 juin 2012, http://www.kaspersky.com/about/news/virus/2012/Resource_207_Kaspersky_Lab_Research_Proves_that_Stuxnet_and_Flame_Developers_are_Connected.

3. Mills, « Shared Code Indicates Flame, Stuxnet Creators Worked Together », CNET, 11 juin 2012, http://news.cnet.com/8301-1009_3-57450292-83/shared-code-indicates-flame-stuxnet-creators-worked-together/.

4. « Bronze Soldier Installed at Tallinn Military Cemetery », RIA Novosti (Moscou), 30 avril 2007, http://en.rian.ru/world/20070430/64692507.html.

distribuée par déni de service (DDoS)[1]. On dit de l'Estonie que c'est le pays le plus câblé du monde[2], parce que la quasi-totalité des fonctions quotidiennes de l'État (et celles d'à peu près tous les citoyens) passent par les services en ligne, que ce soit l'administration électronique, le vote électronique, la banque électronique et le « m-parking », qui permet aux automobilistes de payer leur stationnement à l'aide du téléphone portable. Le pays qui nous a donné Skype s'est soudain trouvé paralysé à la suite de l'intervention d'un groupe de pirates. Les systèmes ont fini par revenir en ligne, et les Estoniens ont immédiatement soupçonné leur voisin russe — le ministre des Affaires étrangères, Urmas Paet, a directement accusé le Kremlin —, mais il a été impossible d'établir cette culpabilité avec certitude[3]. Les experts de l'OTAN et de la Communauté européenne n'ont pas trouvé la moindre preuve d'implication du gouvernement russe[4]. (Les Russes, de leur côté, ont nié en bloc.)

Certaines questions — s'agissait-il vraiment d'un acte de cyberguerre ? Cela le serait-il si le Kremlin, sans aller jusqu'à le commanditer, avait simplement donné sa bénédiction aux pirates qui l'ont accompli ? — demeurent sans réponse. En l'absence d'attribution, les victimes d'une cyberattaque n'ont pas vraiment de quoi donner suite, et le responsable peut rester libre de poursuites même si tous les soupçons convergent. (Un an après les attaques en Estonie, des sites de l'armée et du gouvernement de Géorgie ont été éteints par des attaques DDoS[5], alors que le pays se trouvait en plein contentieux

1. Ian Traynor, « Russia Accused of Unleashing Cyberwar to Disable Estonia », *Guardian* (Manchester), 16 mai 2007, http://www.guardian.co.uk/world/2007/may/17/topstories3.russia.

2. Joshua Davis, « Hackers Take Down the Most Wired Country in Europe », *Wired*, 21 août 2007, http://www.wired.com/politics/security/magazine/15-09/ff_estonia?currentPage= all.

3. Doug Bernard, « New Alarm Bells, and Old Questions, About the Flame Virus and Cyber-War », VOA (blog), 30 mai 2012, http://blogs.voanews.com/digital-frontiers/tag/cyber-war/.

4. « Estonia Has No Evidence of Kremlin Involvement in Cyber Attacks », *RIA Novosti* (Moscou), 9 juin 2007, http://en.rian.ru/world/20070906/76959190.html.

5. John Markoff, « Georgia Takes a Beating in the Cyberwar with Russia », Bits (blog), *New York Times*, 11 août 2008, http://bits.blogs.nytimes.com/2008/08/11/georgia-takes-a-beating-in-the-cyberwar-with-russia/ ; John Markoff, « Before

avec, vous l'aurez deviné, la Russie. L'année suivante, les pirates russes ont pris pour cible les fournisseurs d'accès à Internet du Kirghizstan[1], bloquant pendant plusieurs jours 80 % de la bande passante du pays[2]. Certains pensent que ces attaques visaient à brider le parti d'opposition kirghize[3], particulièrement présent sur Internet, mais d'autres affirment qu'elles ont été motivées par l'échec d'un accord d'investissement à travers lequel la Russie entendait amener le Kirghizstan à fermer la base militaire américaine qu'il héberge.)

Il y a encore le cas des cyberattaques portées ces dernières années par la Chine contre Google et d'autres entreprises américaines. L'espionnage industriel informatique est une sous-catégorie tumultueuse de la cyberguerre, un phénomène relativement récent appelé à avoir de profondes répercussions sur les relations entre États ainsi que sur les économies nationales. Il arrive fréquemment à Google de constater que ses systèmes subissent l'attaque d'agresseurs numériques inconnus, ce qui explique que l'entreprise consacre autant de temps et d'énergie à la mise en place des protections les plus sûres pour ses usagers. Fin 2009, constatant la présence d'un trafic inhabituel au sein de ses réseaux[4], Google a observé l'activité de plus près. (Comme lors de la plupart des cyberattaques, plutôt que de fermer immédiatement les voies compromises, il était préférable de les laisser temporairement ouvertes afin que nos experts en cybersécurité puissent les observer.) On a alors découvert qu'il s'agissait d'une attaque industrielle contre la propriété intellectuelle de Google, hautement sophistiquée, et provenant de Chine.

---

the Gunfire, Cyberattacks », *New York Times*, 12 août 2008, http://www.nytimes.com/2008/08/13/technology/13cyber.html.

1. Gregg Keizer, « Russian "Cybermilitia" Knocks Kyrgyzstan Offline », *Computerworld*, 28 janvier 2009, http://www.computerworld.com/s/article/9126947/Russian_cybermilitia_knocks_Kyrgyzstan _offline.

2. Christopher Rhoads, « Kyrgyzstan Knocked Offline », *Wall Street Journal*, 28 janvier 2009, http://online.wsj.com/article/SB123310906904622741.html.

3. *Ibid.* ; « Kyrgyzstan to Close US Airbase, Washington Says No Plans Made », *Hurriyet* (Istanbul), 17 janvier 2009, http://www.hurriyet.com.tr/english/world/10796846.asp?scr =1.

4. David Drummond, « A New Approach to China », Google Blog, 12 janvier 2010, http://googleblog.blogspot.com/2010/01/new-approach-to-china.html.

Au fil de son enquête, Google a récolté assez d'indices pour déterminer que le gouvernement chinois ou ses agents se cachaient derrière la manœuvre. Au-delà des indices techniques, il y avait le fait qu'une partie des attaques visaient à accéder et surveiller les comptes Gmail de militants chinois des droits de l'homme, et ceux d'autres activistes de cette cause résidant aux États-Unis et en Europe. (La manœuvre a en grande mesure échoué.) En fin de compte, cette attaque massive — qui ne visait pas seulement Google, mais des dizaines d'entreprises cotées en Bourse — a été parmi les facteurs qui ont motivé la décision de Google de modifier son positionnement en Chine[1], aboutissant à la clôture de ses opérations dans le pays, à la fin de l'autocensure du contenu de l'Internet chinois et au détournement vers Hong Kong de toutes les demandes de recherche faites à Google.

Aujourd'hui, seul un petit nombre d'États disposent des capacités de lancer des cyberattaques de grande envergure — l'absence de réseaux rapides et de personnel technique retient les autres —, mais des dizaines viendront bientôt s'ajouter à la liste, que ce soit dans le domaine défensif ou offensif. Beaucoup estiment que la nouvelle course aux armements est déjà lancée, les États-Unis, la Chine, la Russie, Israël et l'Iran, parmi d'autres, investissant lourdement dans l'accumulation de capacités technologiques et visant à rester compétitifs. En 2009, à peu près au moment où le Pentagone donnait naissance à l'United States Cyber Command (USCYBERCOM)[2], le secrétaire à la Défense d'alors, Robert Gates, a déclaré que le cyberespace était le « cinquième domaine » d'opérations militaires, avec la terre, la mer, l'air et l'espace[3]. Peut-être que l'armée créera un jour l'équivalent pour le cyberespace de la Delta Force, ou que

1. *Ibid.*

2. « U.S. Cyber Command », U.S. Strategic Command, mis à jour en décembre 2011, http://www.stratcom.mil/factsheets/cyber_command/.

3. Misha Glenny, « Who Controls the Internet? », *Financial Times Magazine* (Londres), 8 octobre 2010, http://www.ft.com/cms/s/2/3e52897c-d0ee-11df-a426-00144feabdc0.html#axzz1nYp7grM6 ; Susan P. Crawford, « When We Wage Cyberwar, the Whole Web Suffers », Bloomberg, 2 avril 2012, http://www.bloomberg.com/ncws/2012-04-25/when-we-wage-cyberwar-the-whole-web-suffers.html.

nous verrons naître un département de la Cyberguerre avec à sa tête un nouveau secrétaire. Si cela vous paraît tiré par les cheveux, rappelez-vous la création du département de la Sécurité intérieure à la suite du 11 septembre 2001. Il suffit d'un épisode important sur le plan national pour pousser le gouvernement à l'action et à y affecter des moyens considérables. Souvenez-vous aussi que c'est l'expérience du terrorisme irlandais qui a incité le Royaume-Uni à installer des caméras en circuit fermé à chaque coin de rue de Londres, sous les vivats d'une part importante de la population. Évidemment, certains n'ont pas manqué de s'inquiéter que le moindre de leurs mouvements dans la rue soit désormais filmé et stocké, mais en période d'urgence nationale, les faucons l'emportent toujours sur les colombes. Les mesures de sécurité d'après-crise sont extrêmement coûteuses, car les États doivent agir vite et se mettre en quatre pour apaiser l'inquiétude générale. Certains experts en cybersécurité situent le coût du nouveau « complexe cyberindustriel » quelque part entre 80 milliards et 150 milliards de dollars annuels[1].

Les pays dotés d'un génie informatique consistant, comme les États-Unis, disposeront du capital humain nécessaire à l'élaboration « en interne » de leurs armes virtuelles, mais qu'en est-il de ceux dont la population est techniquement sous-développée ? Nous avons évoqué plus haut la possibilité d'échanges « minéraux contre technologie » pour les gouvernements visant l'édification d'un État surveillant, et on ne voit pas pourquoi ce type de marché ne fonctionnerait pas quand ces États porteront leur attention sur un ennemi extérieur. Certains pays d'Afrique, d'Amérique latine et d'Asie centrale ne manqueront pas de repérer les nations dont un apport technologique serait susceptible d'améliorer leur infrastructure. La Chine et les États-Unis seront les principaux fournisseurs, mais en aucune façon les

1. Ron Deibert and Rafal Rohozinski, « The New Cyber Military-Industrial Complex », *Globe and Mail* (Toronto), 28 mars 2011, http://www.theglobeandmail.com/commentary/the-new-cyber-military-industrial-complex/article573990.

seuls ; les agences gouvernementales et les entreprises privées du monde entier se feront concurrence pour offrir leurs produits et services aux États demandeurs. La plupart de ces accords étant passés à l'insu des populations, les questions dérangeantes ne manqueront pas de jaillir s'ils finissent par être révélés. Lors du saccage du bâtiment de la sécurité d'État égyptienne[1], après la révolution de 2011, on a trouvé des copies de contrats passés avec des entreprises privées, dont une obscure firme britannique qui vendait du matériel d'espionnage en ligne au régime de Moubarak.

Pour les pays cherchant à développer leur arsenal de cyberguerre, le choix du fournisseur sera capital, car il supposera plus ou moins qu'on accepte de se placer dans sa « sphère d'influence en ligne ». Les pays fournisseurs se livreront à un lobbying intensif pour gagner des positions dans les pays émergents, car l'influence est un bon investissement. La Chine a fait preuve d'une efficacité remarquable dans sa pénétration de l'Afrique, à coups d'échanges d'assistance technique et de grands projets d'infrastructure contre l'accès à certaines ressources et certains marchés de consommateurs, et cela se doit en grande mesure à la politique de non-ingérence et de prix cassés de la Chine. Vers qui pensez-vous alors que se tourneront ces pays quand ils décideront de développer leur arsenal numérique ?

En vérité, on voit déjà des signes d'investissements de ce type sous couvert de projets de développement scientifique et technologique. La Tanzanie, un ancien pays socialiste, est l'un des premiers bénéficiaires de l'aide extérieure directe de la Chine. En 2007, c'est à une entreprise de télécommunications chinoise qu'a été confiée la pose d'environ dix mille kilomètres de fibre optique[2]. Quelques années plus tard, une entreprise chinoise d'exploitation minière nom-

1. *Ibid.* ; Eli Lake, « British Firm Offered Spy Software to Egypt », *Washington Times*, 25 avril 2011, http://www.washingtontimes.com/news/2011/apr/25/british-firm-offered-spy-software-to-egypt/?page=all#pagebreak.

2. Câble WikiLeaks, « Subject : stifled potential : fiber-optic cable lands in Tanzania, Origin : Embassy Dar Es Salaam (Tanzania), Cable time : Fri. 4 Sep 2009 04:48 UTC », http://www.cablegatesearch.net/cable.php?id=09DARESSALAAM585.

mée Sichuan Hongda a annoncé avoir conclu un accord de 3 milliards de dollars avec la Tanzanie pour extraire du charbon et du minerai de fer dans le sud du pays[1]. Peu après, le gouvernement tanzanien a annoncé qu'il avait souscrit un emprunt d'un milliard de dollars auprès de la Chine pour la construction d'un gazoduc de gaz naturel[2]. Partout sur le continent, on observe ce genre de relation symbiotique entre des gouvernements africains et de grandes entreprises chinoises, nationales pour la plupart. (Les entreprises d'État représentent 80 % de la valeur du marché boursier chinois[3].) Un prêt de 150 millions de dollars pour le projet d'administration électronique du Ghana[4], mis en place par l'entreprise chinoise Huawei, un hôpital de recherche au Kenya[5] et une « Cité technologique africaine » à Khartoum[6], voilà autant de réalisations venues du Forum sur la coopération sino-africaine (FOCAC), un organisme créé en 2000 pour faciliter précisément ce genre de partenariats.

Dans l'avenir, les grandes puissances fournisseuses vont s'efforcer d'établir leur sphère d'influence en ligne autour de protocoles et de produits spécifiques, de façon à ce que leurs technologies constituent l'épine dorsale d'une société donnée et que leurs clients viennent à s'appuyer sur une certaine infrastructure critique qu'elles sont les seules à bâtir, à entretenir et à contrôler. Il existe aujourd'hui quatre grands fabricants de matériel de télécommunications : le Suédois

1. Fumbuka Ng'wanakilala, « China Co Signs $3 Bln Tanzania Coal, Iron Deal », Reuters, 22 septembre 2011, http://www.reuters.com/article/2011/09/22/tanzania-china-mining-idUSL5E7KM1HU20110922.

2. « China, Tanzania Sign $1 Bln Gas Pipeline Deal : Report », Reuters, 30 septembre 2011, édition Afrique, http://af.reuters.com/article/investingNews/idAFJOE78T08T20110930?pageNumber=1&virtualBrandChannel=0.

3. « Emerging-Market Multinationals : The Rise of State Capitalism », *Economist*, 21 janvier 2012, http://www.economist.com/node/21543160.

4. Andrea Marshall, « China's Mighty Telecom Footprint in Africa », eLearning Africa News Portal, 21 février 2011, http://www.elearning-africa.com/eLA_Newsportal/china%E2%80%99s-mighty-telecom-footprint-in-africa/.

5. « East Africa : Kenya, China in Sh8 Billion University Hospital Deal », *AllAfrica*, 22 avril 2011, http://allafrica.com/stories/201104250544.html.

6. John G. Whitesides, « Better Diplomacy, Better Science », *China Economic Review*, 1er janvier 1970, http://www.chinaeconomicreview.com/content/better-diplomacy-better-science.

Ericsson, le Chinois Huawei, le Français Alcatel-Lucent et l'Américain Cisco[1]. La Chine tirerait incontestablement un grand bénéfice à ce que de grandes portions du monde utilisent ses machines et ses logiciels, parce que l'État chinois exerce une influence dominatrice sur les activités de ses entreprises. Ericsson et Cisco sont moins soumis au contrôle de leur gouvernement respectif, mais le jour viendra où leurs intérêts commerciaux et nationaux s'aligneront en opposition à ceux de la Chine — sur l'usage abusif de leurs produits par un État autoritaire, par exemple — et ils coordonneront leurs efforts avec ceux de leur gouvernement, tant sur le plan diplomatique que technique.

Ces sphères d'influence en ligne seront à la fois techniques et politiques par nature, et il se peut que, dans la pratique, ce genre de relation à haut niveau n'affecte pas vraiment les citoyens dans leur vie quotidienne, mais aussitôt qu'il se produira quelque chose de grave (comme un soulèvement organisé par l'intermédiaire de téléphones portables), l'origine de la technologie qu'utilise le pays et la sphère à laquelle il appartient vont devenir des facteurs extrêmement importants. Les entreprises technologiques exportent leurs valeurs avec leurs produits, alors l'identité de celui qui pose les fondations de l'infrastructure de connectivité est absolument vitale. Différentes attitudes existent à l'égard des systèmes ouverts ou fermés, et tout le monde ne possède pas la même vision du rôle de l'État ni des normes de la responsabilité. Si, par exemple, un État client de la Chine utilise la technologie qu'il lui a achetée pour persécuter des minorités, les États-Unis n'auront que des moyens de pression très limités : tout recours légal sera vain. Il s'agit d'une bataille commerciale dotée de profondes implications de sécurité.

1. C'est du moins l'avis des auteurs.

La guerre des codes[1]

Le fait qu'un grand nombre de nouveaux pays se connectent, qu'ils se mettent à fabriquer ou à acheter de quoi lancer des cyberattaques et qu'ils se regroupent au sein de différentes sphères d'influence concurrentes aboutira logiquement à un état permanent de cyberguerre de basse intensité. De grandes nations attaqueront d'autres grandes nations, directement et par l'intermédiaire de proxys ; les pays en voie de développement exploiteront leurs nouvelles capacités pour régler d'anciens comptes ; et les plus petits États chercheront à avoir une influence disproportionnée, sûrs de ne pas se faire prendre grâce à la nature intraçable de leurs attaques. La plupart des attaques consistant à récolter des informations de façon silencieuse et progressive, elles ne provoqueront pas de représailles violentes. Cela devrait empêcher les tensions d'exploser pendant quelques années. Les superpuissances vont constituer des armées virtuelles au sein de leur sphère d'influence, se parant d'une épaisse couche de proxys pour mieux les isoler, et elles auront ensemble la capacité de produire des vers, des virus, des modes de piratage sophistiqués et bien d'autres méthodes d'espionnage en ligne à des fins commerciales et politiques.

Certains parlent à ce sujet de guerre des codes[2], où les grandes puissances mèneront une espèce de guerre froide dans une dimension tout en poursuivant imperturbablement leur évolution économique et politique dans l'autre. Mais à la différence de son précédent historique, cette guerre froide-là ne sera pas un combat fondamentalement binaire ; la participation de pays puissants à fort savoir-faire technologique comme l'Iran, Israël et la Russie la rendra au contraire

1. L'expression en anglais, « code war », joue sur la ressemblance phonétique avec « Cold War », la guerre froide. (N.d.T.)

2. L'expression n'est donc pas de nous : Michael Riley et Ashlee Vance, « Cyber Weapons : The New Arms Race », *Bloomberg BusinessWeek*, 20 juillet 2011, http://www.businessweek.com/magazine/cyber-weapons-the-new-arms-race-07212011.html.

multipolaire. Des lignes idéologiques claires se dégageront autour de la liberté d'expression, des données ouvertes et du progressisme. On l'a vu, il n'y aura pas vraiment d'escalade ouverte ni de débordements dans le monde physique, parce qu'aucun des acteurs ne voudra mettre en péril les relations existantes.

On verra réapparaître dans la guerre des codes certaines caractéristiques de la guerre froide, notamment celles ayant trait à l'espionnage, parce que les gouvernements tendront à voir dans leurs nouveaux moyens de cyberguerre le prolongement de leurs agences de renseignements. Aux taupes infiltrées, boîtes aux lettres mortes et autres marques de fabrique de nos romans d'espionnage classique succéderont les vers, les enregistreurs de frappe, le pistage électronique et d'autres outils numériques. Le fait qu'il faille extraire les informations de disques durs plutôt que d'êtres humains réduira probablement les risques encourus par les informateurs et leurs contacts, mais il apportera son lot de nouvelles difficultés : la désinformation sera encore de mise, et les ordinateurs seront peut-être plus durs à faire parler que les personnes.

Un autre attribut de la guerre froide, la guerre par procuration, est appelé à connaître un renouveau dans ces affrontements du nouvel âge numérique. D'un côté, on pourrait voir progressivement se constituer certaines alliances entre États pour contrecarrer certains groupes non étatiques dangereux, l'impossibilité de désigner les auteurs des cyberattaques offrant une garantie de couverture politique. Les États-Unis pourraient ainsi discrètement financer ou former les gouvernements latino-américains pour lancer des attaques électroniques contre les réseaux des cartels de drogue. De l'autre, la guerre numérique par procuration pourrait favoriser les erreurs d'orientation ou les fausses accusations, certains pays exploitant l'absence d'attribution de responsabilité à leur profit politique ou économique.

Comme pendant la guerre froide, les civils ne seront que peu impliqués, conscients ou affectés directement par le conflit, ce qui produira un effet délétère sur la perception des risques réels de ce type d'activité. Les États ambitieux mais manquant d'expérience risquent d'aller trop loin et de déclencher malgré eux un conflit qui fera un tort réel à leur population. On devrait finir par voir émerger entre États des doctrines de « destruction mutuelle assurée » — l'équilibre de la terreur — qui auront un effet stabilisateur, mais l'aspect multipolaire du paysage devrait maintenir une part d'instabilité dans le système.

Surtout, la guerre des codes laissera une place importante à l'erreur. Les méprises, les fausses pistes, les maladresses qui ont caractérisé la guerre froide réapparaîtront de façon éclatante pendant la phase où tous les participants seront en train d'apprendre le maniement des puissants outils désormais à leur disposition. Considérant la dose supplémentaire d'obfuscation qu'apportent les cyberattaques, cela pourrait bien finir par devenir pire que la guerre froide — même un missile laisse des traces. Des erreurs seront commises par les gouvernements agresseurs dans le choix de leur cible et le mode d'attaque, par les victimes qui s'en prendront dans la panique et la colère au mauvais coupable, et par les ingénieurs qui bâtiront ces programmes informatiques immensément complexes. À ce niveau de sophistication, il serait fort possible pour un individu d'installer une porte dérobée dans le programme — un accès qui contourne les mécanismes de sécurité et permet la manipulation à distance — dont la présence resterait invisible jusqu'au moment où il déciderait de l'utiliser. Ou qu'un usager implante sans le savoir un virus là où ses créateurs ne l'ont pas prévu, et qu'au lieu de prélever quelques informations choisies concernant le marché boursier d'un pays, il en provoque l'effondrement. Ou encore qu'un pays attaqué par un dangereux programme dont le code contient plusieurs fausses bannières (la version numérique du leurre) choisisse pour une fois d'agir contre l'auteur apparent.

Nous avons déjà évoqué plusieurs cas où le problème de l'absence d'attribution des cyberattaques pouvait aboutir à des erreurs au niveau des États. En 2009, trois vagues d'attaques DDoS ont paralysé d'importants sites officiels aux États-Unis et en Corée du Sud[1]. Quand les spécialistes ont mené leur enquête, ils ont trouvé des éléments en langue coréenne et d'autres indicateurs laissant fortement supposer que le réseau d'ordinateurs d'où provenait l'attaque, le botnet, se trouvait en Corée du Nord[2]. À Séoul, on a immédiatement montré Pyongyang du doigt[3], les médias américains se sont emparés de l'information et un éminent parlementaire républicain a exigé du président Obama des représailles sous forme de « démonstration de force » contre la Corée du Nord[4].

En vérité, personne n'était en mesure de *prouver* que ce pays était bien à l'origine des attaques. Un an plus tard, les analystes ont conclu que rien ne permettait d'affirmer l'implication de la Corée du Nord ou de quelque autre État[5]. Un analyste vietnamien a dit que c'était venu du Royaume-Uni[6], et la Corée du Sud a persisté à accuser le ministère nord-coréen des Télécommunications[7]. Certains ont été jusqu'à dire qu'il s'était agi d'une supercherie orchestrée par le gouvernement sud-coréen ou par des activistes pour pousser les États-Unis à intervenir contre le régime nord-coréen.

Les attaques, selon la plupart des observateurs, avaient

1. Kim Zetter, « Lawmaker Wants "Show of Force" Against North Korea for Website Attacks », *Wired*, 10 juillet 2009, http://www.wired.com/threatlevel/2009/07/show-of-force/.

2. Choe Sang-Hun et John Markoff, « Cyberattacks Jam Government and Commercial Web Sites in U.S. and South Korea », *New York Times*, 9 juillet 2009, http://www.nytimes.com/2009/07/10/technology/10cyber.html?_r=1 ; Associated Press (AP), « U.S. Officials Eye N. Korea in Cyberattack », *USA Today*, 9 juillet 2009, http://usatoday30.usatoday.com/news/washington/2009-07-08-hacking-washington-nkorea_N.htm.

3. Choe et Markoff, « Cyberattacks Jam Government and Commercial Web Sites in U.S. and South Korea », art. cit.

4. Zetter, « Lawmaker Wants "Show of Force" Against North Korea for Website Attacks », art. cit.

5. Lolita C. Baldor, Associated Press (AP), « US Largely Ruling Out North Korea in 2009 Cyber Attacks », *USA Today*, 6 juillet 2010, http://usatoday30.usatoday.com/tech/news/computersecurity/2010-07-06-nkorea-cyber-attacks_N.htm.

6. Martyn Williams, « UK, Not North Korea, Source of DDOS Attacks, Researcher Says », IDG News Service and Network World, 14 juillet 2009, http://www.networkworld.com/news/2009/071409-uk-not-north-korea-source.html?ap1=rcb.

7. « N. Korean Ministry Behind July Cyber Attacks : Spy Chief », *Yonhap News*, 30 octobre 2009, http://english.yonhapnews.co.kr/northkorea/2009/10/30/0401000000AEN20091030002200315.HTML.

été relativement inoffensives et grossières — aucune donnée n'avait été perdue, et le DDoS est généralement considéré comme un instrument assez peu raffiné — et cela explique en partie qu'il n'y ait pas eu d'escalade. Mais que se passera-t-il quand un plus grand nombre de pays seront capables de fabriquer des vers Stuxnet, voire des armes plus sophistiquées ? À partir de quel moment une cyberattaque constitue-t-elle un acte de guerre ? Et comment un pays peut-il riposter si l'agresseur est presque toujours en mesure de couvrir ses traces ? Il va falloir que les dirigeants du monde entier trouvent une réponse à ces questions, et plus vite qu'ils ne le pensent. Certaines solutions existent, mais la plupart, comme les traités internationaux sur les cyberattaques, exigeront un investissement substantiel et un dialogue sincère autour de ce que nous pouvons ou ne pouvons pas contrôler.

Les épisodes qui finiront par entraîner un tel dialogue ne seront probablement pas des actes de cyberguerre entre États ; il s'agira plus vraisemblablement d'espionnage industriel parrainé par un État. Les pouvoirs publics ont les moyens de limiter les conséquences d'une atteinte à leurs propres réseaux, mais une attaque portée contre une entreprise risque d'affecter beaucoup plus d'individus, notamment si les données d'usager ou de client sont concernées. Grâce à la mondialisation, l'espionnage industriel numérique est devenu beaucoup plus fructueux pour les États. Lorsqu'une entreprise cherche à améliorer sa présence sur de nouveaux marchés, les informations internes concernant ses opérations et ses projets peuvent permettre à des entités locales de remporter des contrats et d'obtenir la position préférentielle dans une région. Pour voir de quelle façon et ce que cela signifie pour l'avenir, il faut nous tourner, une fois de plus, vers la Chine.

La Chine est loin d'être le seul pays à lancer des cyberattaques sur des entreprises étrangères, mais c'est aujourd'hui le plus sophistiqué et le plus prolifique en la matière. L'allant que met Pékin à pratiquer l'espionnage industriel, et à le tolérer de ses entreprises, met les entreprises étrangères en position de vulnérabilité, et pas seulement celles qui cherchent à travailler avec la Chine, mais partout dans le monde. La vague de cyberattaques que la Chine a portées contre Google et des dizaines d'entreprises en 2009 n'est pas un cas isolé, loin de là ; rien que ces dernières années, la campagne d'espionnage industriel menée par les agences chinoises a ciblé des entreprises américaines produisant tout type de choses, des semi-conducteurs et des véhicules motorisés à la technologie de propulsion par réaction[1]. (Évidemment, l'espionnage industriel n'est pas un phénomène récent. Au XIXe siècle, par exemple, la Compagnie anglaise des Indes orientales a engagé un botaniste écossais pour faire passer des plantes et des secrets de la Chine à l'Inde dans le but de briser le monopole chinois sur le thé — l'homme, déguisé en marchand chinois, a réussi son coup[2].)

La nouveauté de l'espionnage industriel à l'ère numérique, c'est qu'on peut accomplir beaucoup de choses à distance et dans un anonymat quasi total. Nous le verrons bientôt en abordant la question de la guerre automatisée, c'est une donnée technologique déterminante qui affectera de nombreux domaines dans le monde de demain. Nous vivons une époque d'expansion, et à mesure que la Chine et d'autres superpuissances émergentes chercheront à étendre partout leur implantation économique, l'espionnage industriel numérique va leur procurer un atout considérable à cet égard. Qu'il soit officiellement parrainé ou simplement encouragé par l'État, le piratage du courrier électronique et des systèmes informatiques de la concurrence pour obtenir des informations confidentielles donnera forcément à ceux qui le pratiquent un avantage injuste. Plusieurs dirigeants de grandes entreprises américaines nous ont confidentiellement fait part de leur soupçon que certains marchés en Afrique et dans d'autres régions émergentes leur avaient échappé

1. Michael Riley and Ashlee Vance, « Inside the Chinese Boom in Corporate Espionage », *Bloomberg BusinessWeek*, 15 mars 2012, http://www.businessweek.com/articles/2012-03-14/inside-the-chinese-boom-in-corporate-espionage.

2. « Famous Cases of Corporate Espionage », *Bloomberg BusinessWeek*, 20 septembre 2011, http://images.businessweek.com/slideshows/20110919/famous-cases-of-corporate-espionage #slide3.

à cause de l'espionnage ou du vol d'informations sensibles par la Chine (informations ensuite utilisées pour bloquer les contrats ou les ravir).

Aujourd'hui, la plupart des cas d'espionnage industriel survenant entre la Chine et les États-Unis sont apparemment l'œuvre d'opportunistes, et la main de l'État chinois n'y apparaît pas. Un couple chinois du Michigan a volé des informations commerciales liées aux recherches de General Motors sur les véhicules hybrides (l'entreprise a estimé qu'il y en avait pour 40 millions de dollars) et tenté de les vendre à Chery Automobile, un concurrent chinois[1]. Un employé chinois de Valspar Corporation, un important fabricant de peinture et de revêtements, a procédé au téléchargement illégal de formules confidentielles estimées à 20 millions de dollars, dans l'intention de les vendre à la Chine[2], et un chimiste de chez DuPont a dérobé des informations sur les diodes lumineuses organiques pour les donner à une université chinoise[3]. Aucun de ces acteurs n'était directement lié au gouvernement chinois, sans doute étaient-ils motivés par l'argent. Mais on sait aussi qu'en Chine, où la plupart des grandes entreprises appartiennent à l'État ou subissent son influence, le gouvernement a conduit ou autorisé de nombreuses cyberattaques de renseignement contre des entreprises américaines. Il ne fait guère de doute que les cas parvenus à notre connaissance ne constituent qu'un faible pourcentage de toutes les tentatives, abouties ou non.

Les États-Unis ne s'engageront pas sur la même voie de

1. Ed White, Associated Press (AP), « Shanshan Du, Ex-GM Worker, Allegedly Tried to Sell Hybrid Car Secrets to Chinese Companies », *Huffington Post*, 23 juillet 2010, http://www.huffingtonpost.com/2010/07/23/shanshan-du-ex-gm-worker_n_656894.html.

2. Chinese employee of Valspar Corporation : « Cyber Espionage : An Economic Issue », China Caucus (blog), Congressional China Caucus, 9 novembre 2011, http://forbes.house.gov/chinacaucus/blog/?postid=268227 ; *Foreign Spies Stealing U.S. Economic Secrets in Cyberspace*, Report to Congress on Foreign Economic Collection and Industrial Espionage, 2009-2011, Office of the National Counterintelligence Executive, octobre 2011, p. 3, http://www.ncix.gov/publications/reports/fecie_all/Foreign_Economic_Collection_2011.pdf.

3. « Economic Espionage », Office of the National Counterintelligence Executive, consulté le 22 octobre 2012, http://www.ncix.gov/issues/economic/index.php.

l'espionnage industriel numérique, parce que leurs lois sont beaucoup plus strictes (et leur respect mieux assuré) et parce que la concurrence déloyale heurte le sens américain du fair-play. Cet écart de valeurs se traduit sur le plan juridique — on l'a vu, la Chine n'accorde pas aujourd'hui beaucoup de considération au droit de propriété intellectuelle. Mais cette disparité des pratiques entre les entreprises américaines et chinoises va placer les premières en position de net désavantage. Si elles entendent demeurer compétitives, les firmes américaines vont devoir consacrer beaucoup d'efforts à protéger leurs informations et à surveiller les frontières de leurs réseaux, tout en gardant l'œil sur la menace interne (tous les individus dans les exemples qui précèdent étaient des employés légitimes de ces entreprises).

L'espionnage économique actuellement en cours va perdurer pendant plusieurs décennies, aussi bien entre la Chine et les États-Unis qu'entre d'autres pays qui en acquièrent déjà les moyens techniques et perçoivent l'avantage concurrentiel que cela procure. Il n'y aura pas d'escalade spectaculaire, pour la même raison qu'il n'y en aura pas dans la guerre des codes : l'impossibilité d'attribuer les cyberattaques à un auteur. Le gouvernement chinois sera parfaitement libre de soutenir ou de participer à toutes les cyberattaques qu'il voudra contre des entreprises étrangères ou des organismes de défense des droits de l'homme tant que son implication demeurera improuvable[1].

Pour atténuer la portée des cyberattaques et rendre leurs auteurs plus vulnérables, nous disposons toutefois de quelques stratégies. Craig Mundie, de Microsoft, a eu une idée en ce sens : la quarantaine virtuelle. On l'a vu, une attaque se présente généralement aujourd'hui sous la forme du déni de service, qu'elle soit distribuée (DDoS) ou simple

1. Tôt ou tard, le gouvernement chinois se fera attraper la main dans le sac. Si l'affaire aboutit devant le Conseil de sécurité des Nations unies, aucune résolution ne sera prise, à cause du droit de veto dont dispose la Chine, mais cela n'en constituera pas moins un formidable camouflet géopolitique.

(DoS) — dans ce dernier cas, elle ne requiert qu'un seul ordinateur « ouvert », ou vulnérable, sur le réseau, que l'assaillant utilise comme base d'opérations pour bâtir une « armée de zombis » d'appareils infectés. (Les attaques DoS peuvent être générées par un petit nombre de machines hyperactives ; les attaques DDoS sont *distribuées* — d'où le « D » supplémentaire —, c'est-à-dire qu'elles proviennent d'un vaste réseau de machines assaillantes, souvent des ordinateurs piratés appartenant à un usager ordinaire qui ignore que son matériel est ainsi manipulé.) Un seul appareil mal protégé sur le réseau — le portable dont personne ne se sert jamais dans un laboratoire scientifique, ou l'ordinateur personnel qu'un employé apporte sur son lieu de travail — peut devenir la base de l'attaquant et compromettre l'ensemble du système[1].

En réaction à ce genre d'attaque, le mécanisme de la quarantaine autorise le fournisseur d'accès à Internet à isoler un ordinateur infecté aussitôt qu'il l'identifie, de façon unilatérale et sans autorisation du propriétaire, en le mettant hors ligne. « L'idée de base, c'est que face à une épidémie en réseau, il faut ralentir la propagation, explique Mundie. On le fait avec les personnes sans même y penser, mais dans le cyberespace, nous n'avons pas encore compris que c'est la solution[2]. » Dès qu'une machine montre des signes de contamination par un virus ou de maladie, il faut « l'isoler, la contenir et la soigner avant de la remettre en contact avec des systèmes sains ». Les usagers ne s'aperçoivent que rarement que leur ordinateur est infecté, alors en autorisant le fournisseur d'accès à agir, on favorisera une réaction beaucoup plus rapide. Selon le mécanisme et le type d'attaque choisi, l'assaillant peut s'apercevoir ou non que l'appareil infecté est hors ligne — mais l'usager constatera forcément que sa connexion à Internet est interrompue, à la demande du fournisseur d'accès. En privant l'assaillant de la possibilité d'opé-

1. Il convient ici d'opérer une distinction importante. Pour les attaques DoS ou DDoS, peu importe que les ordinateurs compromis se trouvent à l'intérieur ou à l'extérieur du réseau visé. En revanche, dans l'espionnage industriel, où l'objectif est l'extraction de données, l'ordinateur doit nécessairement en faire partie.

2. Craig Mundie, entretien avec les auteurs, novembre 2011.

rer à travers l'ordinateur infecté, on réduit considérablement le tort qu'il peut causer.

Dans l'idée de Mundie, un organisme international neutre recevrait du fournisseur d'accès les adresses IP des ordinateurs infectés[1]. Les autres fournisseurs d'accès et les États du monde entier pourraient alors refuser l'accès à leur espace en ligne aux adresses IP concernées, ce qui réduirait la portée de l'attaque. Entre-temps, les enquêteurs pourraient observer les assaillants à distance (ces derniers ne sauraient pas que l'ordinateur a été mis en quarantaine) pour se renseigner sur leur compte et peut-être remonter jusqu'à l'origine de l'attaque. L'usager ne serait libéré de sa quarantaine que sur certification que son appareil a été nettoyé (par un antivirus spécial). Parallèlement à la création d'un organisme mondial pour diriger ces opérations, on mettrait en place un traité international concernant les mécanismes automatiques de désactivation. Cet accord sur les actions à entreprendre rapidement en cas d'infection de réseaux serait un grand pas dans la lutte contre les cyberattaques. Les États qui refuseraient de le signer courraient le risque d'être mis en quarantaine, ce qui les rendrait inaccessibles à la plupart des usagers mondiaux.

Avant même d'en venir à envisager quelque mise en quarantaine que ce soit, l'adoption de mesures de sécurité renforcée fera déjà beaucoup pour améliorer les chances d'une cible potentielle. L'un des problèmes de fond concernant la sécurité des ordinateurs, c'est qu'il est beaucoup plus laborieux de bâtir des défenses que de les pénétrer ; certains programmes de protection d'informations sensibles reposent sur un code de dix millions de lignes[2] alors que cent vingt-cinq lignes suffisent à un assaillant pour y accéder. Regina Dugan, première vice-présidente de Google, a dirigé la DARPA

1. *Ibid.*

2. DARPA, « DARPA Increases Top Line Investment in Cyber Research by 50 Percent over next Five Years », communiqué, 7 novembre 2011, http://www.darpa.mil/NewsEvents/Releases/2011/11/07.aspx ; Spencer Ackerman, « Darpa Begs Hackers : Secure Our Networks, End "Season of Darkness" », Danger Room (blog), *Wired*, 7 novembre 2011, http://www.wired.com/dangerroom/2011/11/darpa-hackers-cybersecurity/.

(Defense Advanced Research Projects Agency – Agence pour les projets de recherche avancée de défense), où elle était chargée entre autres d'améliorer la cybersécurité de l'État américain. Elle nous a expliqué sa démarche : «Nous avons cherché du côté des bouleversements technologiques susceptibles de rectifier cette asymétrie de base[1].» Et comme Mundie, Regina Dugan s'est inspirée de la biologie : elle a mis ensemble des spécialistes de la cybersécurité et des maladies infectieuses[2]. Il en est issu un programme nommé CRASH, Clean-Slate Design of Resilient, Adaptive, Secure Hosts (Conception radicalement neuve d'hébergeurs résilients, adaptatifs et sûrs).

La philosophie qui sous-tend CRASH part du principe que le corps humain existe sous une grande diversité génétique et qu'il possède un système immunitaire conçu pour traiter les virus qui le parcourent et s'y adapter, alors que la structure de tous les ordinateurs est très similaire, ce qui permet aux logiciels malveillants de s'attaquer à un grand nombre de systèmes à la fois. «Le constat auquel nous sommes parvenus en matière de cybersécurité, dit Mme Dugan, c'est qu'il fallait installer l'équivalent d'un système immunitaire adaptatif dans la conception de la sécurité des ordinateurs.» Les ordinateurs ne changeront pas d'aspect ni de fonction, mais ils auront entre eux des différences uniques, développées dans la durée pour protéger et différencier chaque système. «Cela signifie que l'adversaire devra écrire cent vingt-cinq lignes de code pour des *millions* d'ordinateurs – voilà comment on rectifie l'asymétrie.» Évidemment, la leçon ne se limite pas aux questions de sécurité ; comme le dit Mme Dugan : «Quand on part perdant dès le départ, on est obligé de trouver quelque chose de fondamentalement différent, et rien que ça, en soi, ça ouvre des opportunités.» Autrement dit, quand on ne peut pas gagner la partie, on change les règles.

1. Regina Dugan, entretien avec les auteurs, juillet 2012.
2. Cheryl Pellerin, American Forces Press Service, «DARPA Goal for Cybersecurity : Change the Game», U.S. Air Force, 20 décembre 2010, http://www.af.mil/news/story.asp?id=123235799.

Il demeure que malgré l'existence de quelques outils pour répondre aux cyberattaques, l'absence d'attribution en ligne demeurera un problème important au regard de la sécurité des ordinateurs et des réseaux. En règle générale, la disposition en nombre suffisant de couches «anonymantes» entre deux nœuds d'Internet garantit l'impossibilité de remonter jusqu'à la source d'un paquet de données. Quand on est aux prises avec ces questions, il convient de se rappeler qu'Internet n'a pas été conçu en pensant à un usage criminel — le modèle reposait sur la confiance. Il est très difficile en ligne de déterminer à qui l'on a affaire. Les experts en sécurité du domaine des technologies de l'information (TI) s'améliorent chaque jour dans la protection des usagers, des systèmes et des informations, mais les éléments malfaisants et anarchiques présents sur le web en font autant. C'est un jeu du chat et de la souris qui se poursuivra tant qu'existera Internet. La publication des détails des cyberattaques et des logiciels malveillants n'est pas inutile au niveau des réseaux; une fois que les composants du vers Stuxnet ont été déballés et publiés, le logiciel qu'il infectait a été adapté et les experts ont pu se pencher sur la façon de protéger des systèmes contre ce genre de logiciel malveillant. Certaines mesures, comme l'enregistrement universel des usagers, pourraient aussi fonctionner, mais il reste encore beaucoup de chemin à parcourir avant que la sécurité sur Internet soit suffisante partout pour prévenir les cyberattaques simples. Une fois encore, on se heurte ici à la dualité du monde en ligne : l'anonymat offre des opportunités au meilleur comme au pire, selon que le sujet est un civil, un État ou une entreprise, et la façon dont ces opportunités se manifesteront à l'avenir dépendra en fin de compte des humains.

Pour résumer : les États seront amenés à regretter le temps où ils n'avaient à s'occuper de politique intérieure et étrangère que dans le monde physique. S'il suffisait de calquer ces politiques dans le domaine virtuel, l'exercice du pouvoir politique ne s'annoncerait peut-être pas aussi complexe à l'avenir. Mais les États vont avoir à se confronter au fait qu'il est désormais beaucoup plus difficile de gouverner chez soi et d'avoir de l'influence à l'étranger. Ils vont actionner les plus puissants des leviers dont ils disposent, notamment la maîtrise d'Internet dans leur propre pays, en modifiant le mode de navigation de leurs citoyens et en se regroupant avec des alliés aux idées similaires pour gagner de l'influence dans le monde virtuel. Cette disparité entre le pouvoir dans le monde réel et dans le monde virtuel offre de nouvelles opportunités à certains acteurs nouveaux et sous-estimés, comme les petits États cherchant à boxer au-dessus de leur catégorie ou d'autres en devenir qui n'ont pas froid aux yeux.

Les États qui cherchent à comprendre le comportement de leurs pairs, les universitaires qui étudient les relations internationales et les ONG ou les entreprises qui opèrent sur le terrain au sein de territoires souverains devront produire des évaluations distinctes pour le monde physique et le monde virtuel, comprendre quels événements survenant dans l'un ont des implications sur les deux et composer avec les contradictions susceptibles d'exister entre la politique physique et la politique virtuelle d'un gouvernement, à l'étranger comme chez lui. C'est déjà difficile d'y parvenir dans le simple monde physique, mais dans le nouvel âge numérique, les erreurs et les mauvais calculs seront plus fréquents. Sur le plan international, on assistera à un plus grand nombre de cyberconflits et à de nouveaux types de guerres physiques ainsi, nous allons le voir, qu'à de nouvelles révolutions.

4

L'avenir de la révolution

Nous avons tous vu survenir le Printemps arabe, mais ce que nous ignorons, c'est ce qui va suivre. Il ne fait guère de doute que l'avenir proche nous réserve une foule de mouvements révolutionnaires, à mesure que les technologies des communications permettront de nouvelles connexions et feront davantage de place à toutes les expressions. Il est clair aussi que certaines méthodes tactiques, comme la mobilisation de foules ou la diffusion de documents, vont devenir plus faciles à mesure que croîtra le taux d'implantation d'Internet et de la téléphonie mobile dans de nombreux pays.

Mais si les mouvements révolutionnaires seront plus nombreux, ils aboutiront moins souvent à un dénouement révolutionnaire — à un changement politique radical ou progressif. Le manque de dirigeants durables dans ces mouvements et les réactions plus avisées des États empêcheront le type de profond bouleversement (positif ou négatif) qu'ont apporté les révolutions arabes de la fin 2010. À travers l'histoire, la technologie de chaque époque a stimulé les révolutions et déterminé leur cours, mais fondamentalement, toutes celles qui ont réussi partagent certains facteurs communs, que ce soit leur structure institutionnelle, la présence d'un soutien extérieur et d'une cohésion culturelle. L'histoire est parsemée de tentatives échouées auxquelles ces éléments de base ont fait défaut, des tentatives russes précédant celle de 1917 à l'insurrection chiite irakienne de 1991 en passant par le soulèvement postélectoral de 2009 en Iran. Pour puissante qu'elle soit, la technologie moderne ne fait pas de miracles, mais elle peut radicalement accroître les chances de succès.

Avec un si grand nombre d'individus connectés en tant d'endroits, nous allons voir éclore la société civile la plus active, la plus expressive et la plus mondialisée que le monde ait jamais connue. Dès les premières émeutes, la nature bruyante du monde virtuel empêchera la sécurité d'État de réagir à temps et de les écraser, ce qui offrira à la révolution une chance de naître. Mais il faudra qu'elle soit très rapide, car ses meneurs auront alors à évoluer dans le monde physique des Parlements, des Constitutions et de la politique électorale — autant de domaines dans lesquels ils manquent d'adresse et d'expérience.

Facile au début...

À mesure que se répandra la connectivité et que de nouvelles régions rejoindront la communauté en ligne, on va voir jaillir des révolutions partout, plus naturellement et plus fréquemment que jamais dans l'histoire. Disposant désormais de l'espace virtuel et de ses technologies, les peuples et les groupes de population du monde entier vont tenter de raviver de vieilles doléances ou d'exprimer de nouvelles inquiétudes avec beaucoup de ténacité et de conviction. Les meneurs de ces offensives seront souvent jeunes, pas seulement parce que la population de la plupart des pays en train d'accéder au réseau l'est incroyablement — en Éthiopie, au Pakistan ou aux Philippines, par exemple, plus d'un habitant sur deux a moins de trente-cinq ans[1] — mais aussi parce que le militantisme et l'insolence sont des traits universels de la

1. Voir le faible taux de pénétration d'Internet en 2011 en Éthiopie, au Pakistan et aux Philippines dans « Percentage of Individuals Using the Internet », International Telecommunication Union (ITU), ICT Data and Statistics (IDS), consulté le 16 octobre 2012, http://www.itu.int/ITU-D/ict/statistics/, et la jeunesse de la population de ces pays en 2011 dans « Mid-Year Population by Five Year Age Groups and Sex — Custom Region — Ethiopia, Pakistan, Philippines », U.S. Census Bureau, International Data Base, consulté le 16 octobre 2012, http://www.census.gov/population/international/data/idb/region.php.

jeunesse. À cet âge, on est souvent persuadé de savoir ce qu'il faut faire pour arranger les choses, alors dès que l'occasion se présentera de prendre publiquement position, ils n'hésiteront pas.

Toutes les sociétés de demain, y compris celles qui ont adopté Internet dès la première heure, vont rencontrer de nouvelles formes de protestation, où les technologies de communication serviront à organiser, mobiliser et impliquer la communauté internationale. Les plateformes aujourd'hui utilisées par les manifestants — Facebook, Twitter, YouTube et d'autres — vont devenir des véhicules encore plus constructifs, car les développeurs du monde entier auront trouvé de nouveaux usages possibles des vidéos, des images et des messages pour chaque mission particulière. Le monde va voir apparaître de nouveaux militants du numérique, que la communauté internationale traitera en héros et qui s'efforceront de devenir les ambassadeurs de leur cause. Les pays qui n'ont pas encore connu leur première grande vague de protestation à l'âge numérique vont en faire l'expérience à l'échelon planétaire, sous les yeux du monde, même si cela n'en méritera pas toujours tant que ça. Dans les sociétés démocratiques on manifestera plus souvent contre l'injustice sociale et les inégalités économiques, tandis que les habitants des pays répressifs le feront contre des questions comme la fraude électorale, la corruption et les violences policières. On verra apparaître un très petit nombre de causes nouvelles, quelques formes améliorées de mobilisation et beaucoup de nouveaux participants.

La révolte était jusqu'ici réservée au groupe restreint des individus dotés des armes nécessaires, soutenus ou formés par l'étranger. Cette exclusivité a fondamentalement volé en éclats, puisque les technologies de la communication ont supprimé les barrières traditionnellement dissuasives de l'âge, du sexe, de la situation socio-économique et des circonstances. Les citoyens ne seront plus condamnés à subir l'injustice dans l'isolement ou la solitude, et la boucle rétroactive par laquelle la terre entière peut émettre des commentaires et réagir va inciter de nombreuses populations à se lever et à faire connaître leur sentiment. Les révolutions du Printemps arabe l'ont démontré, une fois levé l'obstacle de la peur et qu'apparaît soudain la vulnérabilité du gouvernement, beaucoup de citoyens jusqu'alors dociles ou silencieux n'hésitent plus à faire le pas. L'un des effets positifs des médias sociaux dans les révolutions arabes, par exemple, a été d'offrir aux femmes un rôle beaucoup plus actif[1], parce qu'elles ont trouvé l'occasion de s'exprimer sur les réseaux quand descendre dans la rue était trop risqué (même si beaucoup ont pris ce risque physique malgré tout). Dans certains pays, les protestations en ligne ou dans la rue auront lieu tous les jours, pour la simple raison que c'est possible. Nous avons pu le constater lors de notre visite en Libye en 2012. Les ministres du gouvernement de transition que nous avons rencontrés à Tripoli nous ont signalé avec le plus grand détachement que de petites manifestations avaient lieu presque tous les matins[2]. Cela les inquiétait-il ? avons-nous demandé. Certains l'ont admis, mais d'autres ont secoué la tête avec un petit gloussement ; après plus de quarante années d'oppression, c'était bien naturel.

L'espace virtuel ouvre de nouveaux espaces aux dissensions et à la participation, tout en offrant aux révolutionnaires potentiels de nouvelles protections. Dans l'ensemble, l'adoption massive des technologies de communication apportera une plus grande sécurité aux dissidents, même si les risques physiques encourus n'auront pas changé. (Et la connectivité ne protégera pas tous les activistes de la même

1. Courtney C. Radsch, « Unveiling the Revolutionaries : Cyberactivism and the Role of Women in the Arab Uprisings », James A. Baker III Institute for Public Policy, Rice University, 17 mai 2012 ; Jeff Falk, « Social Media, Internet Allowed Young Arab Women to Play a Central Role in Arab Spring », 24 mai 2012, Rice University, News and Media, http://news.rice.edu/2012/05/24/social-media-and-the-internet-allowed-young-arab-women-to-play-a-central-role-in-the-arab-spring-uprisings-new-rice-study-says-2/ ; *Women and the Arab Spring : Taking Their Place ?*, International Federation for Human Rights, consulté le 4 novembre 2012, http://www.europarl.europa.eu/document/activities/cont/201206/20120608ATT46510/20120608ATT46510EN.pdf ; Lauren Bohn, « Women and the Arab Uprisings: 8 "Agents of Change" to Follow », CNN, 3 février 2012, http://www.cnn.com/2012/02/03/world/africa/women-arab-uprisings/index.html.

2. Ministres du gouvernement de transition de Tripoli, entretien avec les auteurs, janvier 2012.

façon ; dans les pays où le gouvernement est techniquement très compétent, ils se sentiront aussi vulnérables en ligne que dans la rue.) Les arrestations, le harcèlement, la torture et les exécutions sommaires ne disparaîtront pas, mais dans l'ensemble, l'anonymat d'Internet et la puissance en réseau des technologies de communication procureront aux activistes et à ceux qui aspirent à s'engager une couche de protection supplémentaire qui les incitera à passer à l'acte.

De nouveaux instruments viendront apporter une aide significative aux militants et aux dissidents. Les bons logiciels de traduction instantanée permettent déjà la communication par-dessus les frontières. Le fait d'accéder aux informations de l'extérieur et aux communautés expatriées permet de contrer la désinformation de l'État et de témoigner de la taille de la base de soutien. Et les plateformes électroniques sûres qui facilitent les transferts d'argent ou les échanges d'information mettent les dissidents en contact avec des sources d'aide extérieure sans avoir à compromettre leur position.

Ces nouveaux mouvements révolutionnaires comprendront plus de participants occasionnels ou anonymes qu'aujourd'hui, pour la simple raison que le citoyen aura une plus grande maîtrise du moment et de la forme de son action. L'activité révolutionnaire supposait autrefois un engagement individuel total, mais aujourd'hui, et plus encore demain, les plateformes technologiques multiformes permettront à certains de s'engager à l'heure du déjeuner pendant que d'autres le font à plein temps. Les militants de demain bénéficieront du savoir collectif de leurs pairs du monde entier, notamment en matière de protection individuelle — les protocoles de sécurité, les outils de chiffrement et autres dispositifs électroniques du genre seront plus accessibles et mieux compris. Les individus appelés à se connecter dans la prochaine décennie vivent pour la plupart sous un gouvernement autocratique ou semi-autocratique, et l'histoire nous dit que les théocraties, les cultes de la personnalité et les dictatures sont beaucoup plus difficiles à maintenir dans une ère de dissémination de l'information ; qu'on se rappelle seulement de l'influence qu'a eue la politique de *glasnost* («transparence») sur l'effondrement de l'Union soviétique. On finira par voir émerger dans le monde un schéma dans lequel les populations accédant à l'espace virtuel et aux nouvelles informations protesteront continuellement en ligne contre leur gouvernement répressif ou trop opaque, et le geste révolutionnaire sera, de fait, permanent.

La connectivité changera aussi notre perception des groupes d'opposants. Les organisations et les partis tangibles continueront d'opérer à l'intérieur des pays, mais la profusion des nouveaux participants sur la place du village virtuel va profondément remanier le paysage des activistes. La plupart des individus ne s'identifieront pas à une seule cause, mais prendront part à des mouvements traitant plusieurs sujets et présents dans de nombreux pays. Cette tendance sera pour les organisateurs à la fois utile et frustrante, car s'il leur sera plus facile d'évaluer et de visualiser leur réseau de soutien, ils auront aussi une perception moins nette du degré d'intérêt et d'implication de chaque participant. Dans les pays où la liberté de réunion est limitée ou inexistante, l'occasion de communiquer et de faire des plans dans l'espace virtuel sera un don du ciel, quelle que soit la qualité des participants. Mais, plus généralement, il reviendra aux individus occupant les positions de direction de déterminer si leur mouvement jouit réellement du soutien des masses ou s'il ne s'agit que d'un effet d'écho.

Pour les groupes d'opposants, le monde en ligne offre de nouvelles possibilités dans des tâches de première importance, comme la récolte de fonds et la fabrication d'une identité reconnaissable. Les organisations pourront choisir de se présenter sous des jours différents dans différents secteurs d'Internet pour atteindre différentes populations. Un groupe de résistance d'Asie centrale mettra ses connotations religieuses en sourdine et insistera sur ses positions progressistes sur les plateformes anglophones où prédominent les usagers occidentaux et fera l'inverse sur les réseaux de sa région. C'est un peu ce que font aujourd'hui les Frères musulmans et certains partis islamistes, ou encore la chaîne Al Jazeera, dont les versions autonomes en langue anglaise ou arabe diffèrent par le ton et les sujets choisis. (Lors d'une manifestation aux premières heures du soulèvement syrien de 2011, par exemple, la version anglophone d'Al Jazeera a immédiatement fait état du nombre de morts parmi les manifestants[1] mais, curieusement, pas le site d'Al Jazeera en arabe, qui a préféré s'intéresser à un petit geste d'ouverture adressé par Bachar el-Assad à la minorité kurde[2]. Certains observateurs ont attribué cette divergence à l'obséquiosité politique de la chaîne arabe à l'égard de l'Iran, allié de la Syrie et voisin du Qatar, pays d'origine d'Al Jazeera[3].)

À mesure que ces groupes acquièrent les moyens de se faire connaître, le vieux modèle de l'organisation contestataire se transforme : les mouvements actuels disposent de sites Internet plutôt que de bureaux, de sympathisants et d'adhérents plutôt que de permanents, et l'usage de plateformes gratuites et publiques les libère d'importants frais fixes. Ces fronts numériques vont devenir si nombreux que la concurrence pour attirer l'attention promet d'être féroce.

La profusion de nouvelles voix en ligne et le bruit qu'elles vont générer amèneront chacun de nous à revoir sa définition du dissident. Au fond, tous ceux qui viennent dire ce qu'ils pensent en ligne — c'est-à-dire à peu près tous ceux qui disposent d'une connexion à Internet — ne méritent pas d'être estampillés dissidents. Les grands personnages qui émergeront de la prochaine vague de chefs militants seront ceux capables à la fois de conduire leurs adeptes et de traiter leur soutien en ligne par crowd-sourcing, ceux qui montreront une habileté réelle avec les outils de marketing numérique et, surtout, ceux qui seront disposés à prendre des risques physiques. Le militantisme numérique, à plus forte raison quand il s'accomplit à distance ou de façon anonyme,

1. « Fresh Protests Erupt in Syria », Al Jazeera, mis à jour le 8 avril 2011, http://www.aljazeera.com/news/middleeast/2011/04/201148104927711611.html.

2. David Pollock, « Al Jazeera : One Organization, Two Messages », Washington Institute, Policy Analysis, 28 avril 2011, http://www.washingtoninstitute.org/policy-analysis/view/aljazeera-one-organization-two-messages.

3. *Ibid.*

baisse la mise pour les aspirants activistes, de sorte que les vrais leaders se distingueront en prenant des risques physiques que leurs sympathisants virtuels ne peuvent ou ne veulent pas assumer. Et le plus probable, c'est que ceux qui connaissent bien les questions de réforme constitutionnelle, de création d'institutions et d'exercice du pouvoir mais ne possèdent pas le savoir-faire technique seront à la traîne, ils auront le plus grand mal à se faire remarquer dans la foule virtuelle et obtenir la considération des nouveaux jeunes dirigeants (qui ne percevront peut-être pas toute la valeur de leur expérience).

Les mouvements révolutionnaires de demain, on l'a dit, seront plus transnationaux et inclusifs que la plupart de leurs prédécesseurs (mais pas tous), ils s'étendront bien au-delà des barrières traditionnelles que sont la nationalité, l'appartenance ethnique, la langue, le sexe et la religion. Lors d'un voyage en Tunisie, en 2011, nous avons rencontré des militants de la révolution de Jasmin près d'un an après leur soulèvement, et quand nous leur avons demandé pourquoi leur mouvement avait eu un effet contagieux dans les pays voisins, ils ont invoqué la similarité des revendications et souligné le rôle de leurs réseaux régionaux[1]. Il leur était très facile d'établir des relations avec des inconnus de langue arabe vivant au Moyen-Orient, ont-ils dit, pas seulement pour la proximité culturelle, mais parce qu'ils avaient souvent des amis communs. Quand le souffle révolutionnaire a balayé la région, de vastes connexions sociales préexistantes ont été réactivées et se sont intensifiées, donnant lieu à des échanges de stratégies, d'outils, d'argent et de soutien moral.

Mais ces grands réseaux avaient encore leurs limites, qui correspondaient plus ou moins aux contours du monde arabe. À l'avenir, cela ne sera plus vrai. Les logiciels sophistiqués de traduction simultanée, capables de prendre en compte les accents régionaux, permettront à un militant arabophone du Maroc de se coordonner en temps réel avec un militant de Bangkok qui ne parle que le thaïlandais. L'interprétariat

1. Militants de la révolution de Jasmin, entretien avec les auteurs, janvier 2012.

vocal, les interfaces gestuelles fluides et, enfin, la projection holographique vont favoriser la constitution de réseaux virtuels beaucoup plus étendus que tout ce qu'on connaît aujourd'hui. On n'imagine pas le nombre d'affinités culturelles qui n'ont jamais été pleinement explorées à cause des difficultés de communication ; dans un contexte révolutionnaire du futur, des liens apparemment aléatoires entre populations ou individus donneront lieu au transfert de savoir, à la sous-traitance de certaines tâches et à l'amplification inattendue du message du mouvement.

Pour certains, les technologies de la communication apporteront la possibilité de s'engager sans risque, et d'éprouver les bienfaits du militantisme sans trop d'effort. Il n'y a rien de plus facile que de retweeter à distance un slogan hostile au gouvernement ou de partager une vidéo montrant des violences policières, surtout en comparaison des risques encourus par celui qui les a filmées. Tout individu qui n'est pas directement impliqué dans le mouvement pourra s'offrir un vrai sentiment d'engagement en faisant quelque chose, *n'importe quoi*, et les plateformes en ligne lui procureront l'occasion d'apporter sa petite contribution et de se sentir utile, même si cela n'a que peu d'effet sur le terrain. Pour les habitants des pays dont les autorités maîtrisent la technologie, en revanche, le courage virtuel ne sera pas sans risque.

Il demeurera toutefois possible à un adolescent de Chicago ou de Tokyo de participer de façon significative à une campagne mondiale. En Égypte, quand le régime de Moubarak a coupé les communications vers l'extérieur, de nombreux observateurs se sont rabattus sur le compte Twitter d'un étudiant d'une vingtaine d'années habitant à Los Angeles pour obtenir des informations qu'ils jugeaient crédibles[1] ; cet étudiant, John Scott-Railton, publiait des nouvelles puisées auprès de sources égyptiennes qui ne disposaient que du téléphone fixe[2]. Pendant quelque temps, son

1. Stephan Faris, « Meet the Man Tweeting Egypt's Voices to the World », *Time*, 1er février 2011, http://www.time.com/time/world/article/0,8599,2045489,00.html.
2. *Ibid.*

pseudonyme Twitter @Jan25voices a été un important relais d'informations sur les émeutes[1] — alors que le jeune homme n'était ni journaliste ni arabophone. Scott-Railton a sans doute attiré beaucoup d'attention sur ses tweets, mais il y a des limites à l'influence que peut exercer ce type d'individu sur les décideurs politiques.

Il y a aussi le cas d'Andy Carvin, plus significatif encore, qui a tenu à lui seul l'un des principaux canaux d'information en provenance des révolutions d'Égypte et de Libye[2], consulté par des dizaines de milliers de suiveurs et d'innombrables journalistes du monde, conscients que Carvin (ancien responsable de stratégie médias pour NPR, la radio publique américaine) observait les règles du journalisme professionnel et qu'il ne tweetait ou retweetait que des informations vérifiées. À force de cultiver et de sélectionner les sources, il est devenu à lui seul un filtre extrêmement influent.

Au bout du compte, toutefois, quel que soit le talent de tous les Andy Carvin et des John Scott-Railton du monde, le vrai travail révolutionnaire s'accomplit sur le terrain, par les habitants qui dans le pays sont prêts à descendre dans la rue. On ne prend pas d'assaut un ministère de l'Intérieur avec son téléphone portable.

L'occasion de faire étalage de courage virtuel va modifier le mode opératoire des militants eux-mêmes. Les plateformes sociales mondiales vont donner corps à la croyance parmi les activistes et les dissidents potentiels qu'ils disposent d'un auditoire, que cela soit vrai ou pas. Certaines organisations, surestimant la valeur du soutien en ligne, négligeront d'autres priorités plus laborieuses qui leur donneraient un avantage réel, comme le fait de persuader des administrateurs du régime de faire défection. L'existence d'un vaste réseau virtuel poussera certains groupes à prendre des risques, malgré l'absence de garanties. Gonflée à bloc par l'influence du monde virtuel, telle ou telle force d'opposition lancera

1. *Ibid.*

2. Interview d'Andy Carvin par Robert Siegel, «The Revolution Will Be Tweeted», NPR, 21 février 2011, http://www.npr.org/2011/02/21/133943604/The-Revolution-Will-Be-Tweeted.

une campagne prématurée ou malavisée, ce sera le résultat inévitable de la décomposition des mécanismes de contrôle traditionnels qui encadrent les mouvements révolutionnaires. Pour les participants extérieurs comme les organisateurs, ces tendances à la témérité virtuelle devront traverser une période de rodage avant que les groupes d'opposition sachent en faire bon usage.

Dans l'ensemble, le public devenant plus conscient des révolutions et des campagnes en cours dans le monde, on verra naître une culture de l'aide révolutionnaire. Il y aura des bénévoles de tout type, certains utiles, d'autres encombrants, voire dangereux. Des ingénieurs astucieux mettront au point des applications et des outils de sécurité qu'ils partageront avec les dissidents et certains rassembleurs virtuels exploiteront le nombre de leurs suiveurs pour exercer des pressions et exiger de l'attention. On verra certainement des appareils spécifiquement conçus entrer en contrebande dans les pays connaissant des mouvements de protestation, des téléphones chargés d'applications chiffrées permettant à l'usager de publier des informations (texte, photos, vidéos) sans laisser de trace — sans trace, un téléphone ne comporte aucune preuve de délit, il devient donc parfaitement inutile et anonyme pour l'agent de sécurité qui tombera dessus.

On verra aussi éclore un tourisme de la révolution, pratiqué par des individus qui passeront leurs journées à surfer sur le web à la recherche de protestations en ligne qu'ils contribueront à amplifier pour le simple frisson que cela procure. Ce genre d'acteur aidera peut-être à entretenir la dynamique en diffusant des contenus, mais, en l'absence de filtre et de supervision, il sera incontrôlable et son récit ne correspondra pas forcément aux attentes des individus qui prennent tous les risques sur le terrain. La tâche fondamentale du dirigeant contestataire efficace sera de trouver la bonne façon d'exploiter ces nouveaux participants à travers le contrôle de qualité et la gestion des attentes, et il faudra pour cela avoir conscience de tout ce qu'une révolution réclame par ailleurs.

... mais plus difficile à conclure

La prolifération galopante des mouvements révolutionnaires parmi les sociétés récemment connectées ne sera finalement pas aussi menaçante pour les pouvoirs en place que ne le prédisent certains observateurs. Malgré l'effet profondément transformateur des technologies de communication sur les révolutions, qui fera pencher la balance en faveur des populations, ces outils demeurent incapables d'accomplir certains éléments déterminants du changement. Le plus important sera la production de dirigeants de qualité, d'individus capables de préserver la cohésion de l'opposition dans les moments difficiles, de négocier avec un gouvernement susceptible de consentir à des réformes, ou de se présenter à des élections, de les gagner et de donner au peuple ce qu'il veut une fois le dictateur renversé. La technologie n'a aucun mot à dire dans le fait qu'un individu possède ou non la stature d'un homme d'État.

On a vu ces derniers temps qu'une foule de jeunes, à peine armée d'un téléphone portable, pouvait mettre en branle une révolution défiant des décennies d'autorité et de contrôle et accélérer un processus qui a toujours réclamé des années. Il ne fait plus de doute qu'utilisées comme il faut, les plateformes technologiques peuvent jouer un rôle important dans le renversement d'un dictateur. Considérant le nombre de dénouements possibles — répression brutale, changement de régime, guerre civile, transition démocratique —, il est tout aussi clair que ce sont les individus, pas leurs outils, qui font ou défont les révolutions. Les composantes traditionnelles de la société civile vont gagner de l'importance à mesure que les foules s'amasseront sur les places publiques virtuelles, parce que si certains des nouveaux participants (comme les ingénieurs militants) sont appelés à jouer un rôle pertinent et influent, bien d'autres, on l'a vu, ne seront que des amplificateurs et des générateurs de bruit venus faire un bout de chemin avec les insurgés.

Les révolutions de demain produiront beaucoup de célébrités, mais cela ne fera que retarder l'éclosion des dirigeants indispensables à la concrétisation du projet. La technologie peut aider à repérer les individus dotés des qualités de meneur d'hommes — penseurs, intellectuels et autres —, mais elle ne peut pas les engendrer. Un soulèvement populaire peut renverser un dictateur, mais son succès ultérieur dépend entièrement du fait que les forces d'opposition disposent d'un bon projet et qu'elles soient capables de l'exécuter. Sans cela, on aboutit soit au rétablissement de l'ancien régime, soit à la défaillance de l'État. La création d'une page Facebook n'est pas un projet ; seules de réelles capacités opérationnelles peuvent conduire une révolution à bon port.

Parmi les observateurs comme les participants, on a dit du Printemps arabe qu'il était « dépourvu de chefs », mais ce n'est pas tout à fait vrai. Certes, il est fort possible d'adopter une structure de commandement décentralisée dans l'organisation au quotidien des manifestations — c'est d'ailleurs plus sûr, puisque le régime ne peut pas étouffer le mouvement en capturant ses chefs. Mais il faut bien qu'un type d'autorité centrale finisse par émerger si l'on veut que le projet trouve une orientation. Les rebelles qui ont tenu tête à Mouammar Kadhafi pendant des mois ne constituaient pas une armée cohérente, mais le 27 février 2011, moins de deux semaines après les premières protestations publiques en Libye, ils avaient formé un Conseil national de transition (CNT) à Benghazi[1]. Composé d'importantes figures de l'opposition, de transfuges du régime, d'un ancien officier de l'armée, d'universitaires, de juristes, de politiciens et d'hommes d'affaires[2], le comité exécutif du CNT a fonctionné comme un gouvernement de l'opposition, négociant avec les pays étrangers et les responsables de l'OTAN tout en luttant contre Kadhafi. Son président, Mahmoud Jibril,

1. « Anti-Gaddafi Figures Say Form National Council », Reuters, 27 février 2011, édition Afrique, http://af.reuters.com/article/idAFWEB194120110227.

2. Dan Murphy, « The Members of Libya's National Transitional Council », *Christian Science Monitor*, 2 septembre 2011, http://www.csmonitor.com/World/Backchannels/2011/0902/The-members-of-Libya-s-National-Transitional-Council ; David Gritten, « Key Figures in Libya's Rebel Council », BBC, 25 août 2011, http://www.bbc.co.uk/news/world-africa-12698562.

a tenu lieu de Premier ministre intérimaire jusqu'à la fin du mois d'octobre, peu après la capture et l'assassinat de Kadhafi.

En Tunisie, en revanche, la révolution est survenue si vite que le temps de constituer un gouvernement d'opposition dans le style du CNT a manqué. Quand le président Zine el-Abidine Ben Ali a pris la fuite, l'État tunisien est demeuré intact. Les citoyens ont continué de protester[1] jusqu'à ce que les derniers membres restants du Rassemblement constitutionnel démocratique, le parti de Ben Ali, aient démissionné et qu'un gouvernement jugé acceptable par les masses prenne l'intérim. Si les fonctionnaires du gouvernement s'étaient montrés insensibles aux revendications du peuple, et s'ils avaient relancé la répression au lieu de redistribuer le pouvoir, la Tunisie aurait peut-être connu un tout autre destin, beaucoup moins stable. (On notera avec intérêt que, lors des élections tunisiennes d'octobre 2011, il y a eu parmi les élus bon nombre d'anciens prisonniers politiques, qui jouissaient auprès de la population d'un autre degré de crédibilité, peut-être plus intime, que les exilés de retour.) Le Premier ministre Hamadi Jebali — ancien prisonnier politique lui-même — nous a dit qu'il lui paraissait indispensable que le premier détenteur du portefeuille de ministre de l'Intérieur de l'après-Ben Ali soit « une victime du ministère de l'Intérieur[2] ». C'est ce qui l'a conduit à désigner Ali Larayedh, qui avait passé sous le régime précédent quatorze ans en prison, dont l'essentiel à l'isolement[3].

1. « Tunisia's Leaders Resign from Ruling Party », NPR, 20 janvier 2011, http://www.npr.org/2011/01/20/133083002/tunisias-leaders-resign-from-ruling-party ; Christopher Alexander, « Après Ben Ali : Déluge, Democracy, or Authoritarian Relapse ? », Middle East Channel (blog), *Foreign Policy*, 24 janvier 2011, http://mideast.foreignpolicy.com/posts/2011/01/24/apres_ben_ali_deluge_democracy_or_authoritarian_relapse.

2. Premier ministre tunisien Hamadi Jebali, entretien avec les auteurs, janvier 2012.

3. David D. Kirkpatrick, « Opposition in Tunisia Finds Chance for Rebirth », *New York Times*, 20 janvier 2011, http://www.nytimes.com/2011/01/21/world/africa/21islamist.html?pagewanted=all ; Tarek Amara et Mariam Karouny, « Tunisia Names New Government, Scraps Secret Police », Reuters, 8 mars 2011, http://in.mobile.reuters.com/article/worldNews/idINIndia-55387920110307?irpc=984.

Le mauvais côté de l'accélération d'un mouvement, c'est que les organisations et leurs idées, leurs stratégies et leurs chefs disposent d'un temps de gestation beaucoup plus court. L'histoire semble indiquer qu'une certaine maturation est indispensable, et que les vérifications et les jeux d'équilibre par lesquels se façonne un mouvement naissant le rendent au bout du compte plus fort et plus compétent, avec des dirigeants plus en phase avec la population qu'ils prétendent inspirer. Prenons le cas du Congrès national africain (ANC) en Afrique du Sud. Pendant ses années d'exil, l'organisation a connu de nombreuses approximations, et les hommes qui finiraient par accéder à la présidence du pays (Nelson Mandela, Thabo Mbeki et Jacob Zuma) ont eu le temps de se faire une réputation, un bilan et des réseaux tout en affinant leurs capacités opérationnelles. On peut en dire autant de Lech Walesa et son syndicat Solidarité en Pologne ; il a fallu dix ans pour que les dirigeants de Solidarité puissent prétendre à des sièges au Parlement, et leur victoire a préparé le terrain à l'effondrement du communisme.

La plupart des groupes d'opposition passent des années à s'organiser, à faire du lobbying et à cultiver leurs chefs. Nous avons demandé à l'ancien secrétaire d'État Henry Kissinger, qui a rencontré la quasi-totalité des grands chefs révolutionnaires de ces quarante dernières années, ce qui se perd lorsque les choses se passent trop rapidement. « On imagine mal un de Gaulle ou un Churchill s'adresser au monde sur Facebook », a-t-il répondu. En ces temps d'hyperconnectivité « je ne vois pas d'individus disposés à se dresser d'eux-mêmes et suffisamment confiants pour se tenir debout tout seuls ». C'est au contraire un genre de « consensus fou » qui va diriger le monde, et très rares seront ceux disposés à s'y opposer ouvertement, ce qui est précisément le type de risque que doit prendre un leader. « Le commandement unique est un phénomène humain, et il ne peut pas être produit par une communauté sociale [virtuelle] massive[1] », dit Kissinger.

1. Henry Kissinger, entretien avec les auteurs, décembre 2011.

Sans homme d'État ni leader, il n'y aura pas assez d'individus qualifiés pour faire avancer le pays, et on courra le risque de voir une forme d'autocratie en remplacer une autre. «Le citoyen investi de pouvoir, dit Kissinger, connaît la technique pour attirer les gens sur la place, mais il ne sait pas quoi faire d'eux une fois qu'ils s'y trouvent. Il sait encore moins quoi en faire une fois la victoire acquise.» Ce type d'individu peut facilement se faire marginaliser, explique-t-il, parce que ses méthodes s'émoussent au fil du temps. «On ne peut pas attirer tout le monde sur la place vingt fois par an. Il y a une limite objective, et l'étape suivante n'est pas nette.» Et en l'absence d'étape suivante clairement déterminée, le mouvement est voué à ne vivre que sur son propre élan, qui finit invariablement par s'essouffler.

Un certain nombre de militants de terrain, sans ménager leurs critiques à l'égard de leur propre révolution et de ses suites, ne pensent pas comme Kissinger. Mahmoud Salem, blogueur égyptien devenu activiste et porte-parole officieux de la révolution survenue en 2011 dans son pays, est de ceux-là. Très critique à l'égard de ses concitoyens pour leur incapacité à dépasser l'objectif à court terme du renversement de Moubarak et à ouvrir le système politique à la concurrence, Salem réserve ses réprobations à l'Égypte, pas au modèle révolutionnaire de l'âge numérique. En juin 2012, juste après la première élection présidentielle suivant la révolution, il a écrit : «Si vous êtes révolutionnaire, montrez de quoi vous êtes capable. Mettez quelque chose en route. Adhérez à un parti. Créez une association. Résolvez un problème bien réel. Faites autre chose que de courir d'une manif à une marche puis à un rassemblement. Ce n'est pas ça, le travail de rue : le vrai travail de rue, c'est de bouger la rue, pas de bouger dans la rue. Le vrai travail de rue signifie que la rue où vous habitez vous connaît et vous fait confiance, qu'elle bougera avec vous[1].» Il a exhorté les militants à participer à la conduite des affaires et à la réforme de la culture de la corruption contre

1. Mahmoud Salem, «Chapter's End!» Rantings of a Sandmonkey (blog), 18 juin 2012, http://www.sandmonkey.org/2012/06/18/chapters-end/.

laquelle ils avaient manifesté[1]. Cela signifie qu'il faut boucler sa ceinture au volant, respecter le code de la route, entrer à l'école de police, se présenter au Parlement et considérer que les élus locaux doivent rendre compte de leurs actes.

On trouve dans *Join the Club : How Peer Pressure Can Transform the World* («Bienvenue au club : comment l'influence du groupe peut transformer le monde»), de Tina Rosenberg, une autre revendication de ce que peuvent accomplir les foules[2]. Partant du constat de l'importance des rapports humains dans la définition des comportements individuels et des grandes tendances sociales, elle affirme que les révolutionnaires peuvent canaliser l'influence collective pour pousser l'individu et le groupe vers des comportements plus désirables. Le cas le plus flagrant de ce qu'elle qualifie de «guérison sociale» est peut-être celui de l'organisation militante serbe Otpor[3], qui a joué un rôle considérable dans la chute du régime de Slobodan Milosevic. Elle raconte comment ce groupe joyeux et tapageur s'est servi du théâtre de rue, des canulars, de la musique, des slogans et de la désobéissance civile pacifique pour briser la culture de la peur et de l'impuissance. En lui tombant dessus à bras raccourcis, le régime a fait grand étalage de son caractère brutal et parfois idiot, ce qui n'a pas manqué d'amplifier le soutien à Otpor.

Au-delà de ce qu'ont incarné des groupes comme Otpor dans le passé, ce qui compte, c'est le rôle que peuvent jouer

1. Mahmoud Salem, «For the Light to Come Back», Rantings of a Sandmonkey (blog), 30 mars 2012, http://www.sandmonkey.org/2012/03/30/for-the-light-to-come-back/.

2. Pour une interprétation plus détaillée de ce livre, voir Saul Austerlitz, «Power of Persuasion : Tina Rosenberg's *Join the Club*», review, *The National* (Abu Dhabi), 25 février 2011, http://www.thenational.ae/arts-culture/books/power-of-persuasion-tina-rosenbergs-join-the-club#full; Jeffrey D. Sachs, «Can Social Networking Cure Social Ills?», review, *New York Times*, 20 mai 2011, http://www.nytimes.com/2011/05/22/books/review/book-review-join-the-club-by-tina-rosenberg.html?pagewanted=all; Thomas Hodgkinson, «Join the Club by Tina Rosenberg — Review», *Guardian* (Manchester), 1er septembre 2011, http://www.guardian.co.uk/books/2011/sep/02/join-club-tina-rosenberg-review; et Steve Weinberg, «C'mon, Everyone's Doing It», Bookish (blog), *Houston Chronicle*, 27 mars 2011, http://blog.chron.com/bookish/2011/03/cmon-everyones-doing-it-a-review-of-tina-rosenbergs-new-book/.

3. Tina Rosenberg, *Join the Club : How Peer Pressure Can Transform the World*, New York, W. W. Norton and Co., 2011.

leurs dirigeants dans l'avenir. Ainsi que le souligne Tina Rosenberg dans sa description éloquente de l'influence qu'ont eue des activistes serbes d'hier sur des militants de demain dans le monde entier[1], les révolutionnaires qui veulent réussir doivent mener une double stratégie d'action, virtuelle et physique. Sans l'une ou l'autre, il ne reste qu'une surproduction de célébrités et de parasites, et trop peu de chefs inspirant confiance. Historiquement, occuper une position éminente supposait une certaine dose de confiance publique ; à l'exception de profils bien connus tel celui du seigneur de guerre ou du dirigeant politique clientéliste, la visibilité des grands chefs a toujours été proportionnelle à la taille de leur base de soutien. À l'avenir, cette équation va s'inverser : la visibilité viendra en premier lieu, facilement, et il faudra à l'intéressé se bâtir un soutien tangible, des références et une expérience.

On a déjà observé ce phénomène dans la prophétie auto-réalisatrice de certains candidats américains à la présidentielle qui « faisaient du buzz ». Herman Cain, quasiment inconnu en dehors du monde des affaires, a ainsi acquis quelque temps une très forte visibilité pendant la campagne de 2012, et certains l'ont traité comme un concurrent sérieux malgré ses insuffisances politiques au regard du poste visé — qui sont apparues lentement au fil des semaines, mais qu'on aurait immédiatement repérées s'il avait suivi le processus de sélection des instances de son parti. Les célébrités politiques telles que Cain sont appelées à se multiplier dans les mouvements révolutionnaires de demain, parce que les feux de paille charismatiques qui jouissent d'une forte présence en ligne gagneront très vite le dessus du panier. N'ayant jamais tâté de l'âpreté du jeu politique, ces célébrités révolutionnaires risquent fort de ne pas avoir le cuir assez tanné et, si leur séduction cache un manque de substance, cela se verra assez vite.

La façon dont les mouvements d'opposition aborderont la tâche difficile de faire émerger des chefs durables dépen-

1. *Ibid.*, p. 278-282, 332-336.

dra de l'endroit où ils se trouvent et des moyens dont ils disposent. Dans les pays où ils manquent de fonds et n'échappent jamais au regard du régime, il sera difficile de tamiser les foules pour y dénicher d'authentiques meneurs. Mais dans les mouvements bien financés et plus autonomes, on pourra embaucher une panoplie de consultants pour identifier certains leaders-nés, puis les aider à se former et à se créer les réseaux nécessaires. À la différence des consultants insipides d'aujourd'hui, ceux-là seront diplômés d'ingénierie et de psychologie cognitive ; ils posséderont des aptitudes techniques et une connaissance bien plus précise du bon usage des données numériques pour construire et affiner un personnage politique. Ils s'empareront d'un candidat prometteur dont la notoriété est supérieure à ses références réelles et mesureront son potentiel politique à travers toute une batterie de méthodes : analyse de ses discours et de ses écrits par des séquences de logiciels complexes d'extraction de caractéristiques[1] et d'analyse de tendances, cartographie des fonctions cérébrales pour déterminer l'aptitude à gérer le stress ou la tentation, et diagnostics sophistiqués pour évaluer les points faibles du répertoire politique.

Un grand nombre d'organisations et de groupes militants projetteront l'image d'un front virtuel beaucoup plus ample que ne l'est leur réalité physique. Imaginons un nouveau groupe d'opposition constitué dans les jours qui suivent une révolution en Algérie, qui parvient à recruter de brillants spécialistes de marketing et d'ingénierie informatique parmi la communauté exilée à Marseille. Son noyau ne comprend que cinq personnes qui viennent d'achever leurs études, aucune n'a atteint la trentaine et elles n'ont quasiment jamais fait de politique. Leur organisation n'a pas d'antécédents, mais

1. L'extraction de caractéristiques identifie immédiatement la présence, l'absence ou le niveau de certaines caractéristiques dans un ensemble de données. Ici, on trouvera parmi les caractéristiques essentielles l'aisance à l'écrit, la fréquence des termes émotionnellement chargés et le nombre de personnes citées dans leur contexte, autant d'indicateurs d'une disposition à exercer de l'ascendant.

grâce à sa plateforme numérique sophistiquée, elle apparaît auprès du public algérien comme compétente, motivée et très connectée. En vérité, le groupe est mal organisé, il n'a pas de vision et n'est absolument pas préparé pour assumer quelque responsabilité réelle que ce soit. Cette discordance entre la présentation en ligne et les capacités opérationnelles réelles ne peut qu'être source de frictions et d'atermoiements parmi les mouvements émergents. Au pire, une organisation pourrait avoir l'air en ligne de constituer une menace réelle contre le régime alors que, en réalité, elle ne fait pas grand-chose d'autre qu'un usage astucieux de la technologie et ne menace rien du tout. En rehaussant les attentes et en créant de faux espoirs autour des chances de réussite d'un mouvement, les groupes d'opposition incapables de relever le défi feront plus de mal que de bien, parce qu'ils détourneront l'attention précieuse de la population.

Nul doute que chaque révolution dans l'histoire a connu son lot de faiblesses organisationnelles et de faux prophètes, mais, à l'avenir, ces défauts risqueront de pousser très loin le désenchantement public à l'égard des groupes d'opposition. Il suffit que l'ensemble de la société perde la foi dans un mouvement naissant et dans ses promesses pour gâcher une occasion réelle de transformation. Associée à un commandement instable, cette dissonance entre les fronts virtuels et physiques hypothéquera lourdement les chances de réussite d'un mouvement, quel que soit le pays. Désormais connectés et informés, les citoyens se montreront aussi critiques et perspicaces à l'égard des rebelles qu'ils le sont aujourd'hui à l'égard du pouvoir en place.

Ce regard critique sur les forces d'opposition vaudra également pour les exilés de retour et les émigrés. En général, quand un exilé arrive parachuté dans son pays, il jouit d'un soutien international, mais possède une connaissance imparfaite des besoins et des revendications de sa population. Cette déconnexion de la réalité du terrain a donné lieu à des flops retentissants (comme celui de l'éphémère dirigeant irakien Ahmed Chalabi) et à des remises en cause très publiques (comme celles qu'a connues le président afghan

Hamid Karzai). D'un côté, la connectivité accrue réduira le fossé entre les communautés émigrées et la population d'origine, de sorte que les exilés qui reviendront au pays avec l'espoir de jouer un rôle dans le processus révolutionnaire seront mieux à même de rétablir le contact avec des acteurs locaux. De l'autre, les populations seront mieux informées sur le compte des exilés de retour (qui n'auront pas manqué de laisser un long sillage de données en ligne concernant leur passé et leur activité), et ces informations serviront à leur créer un profil avant qu'ils ne rentrent au pays.

Imaginons un exilé érythréen particulièrement remarqué qui a fait fortune dans le secteur des médias occidentaux et s'est constitué une vaste base de soutien en ligne, dans son pays et dans le monde. Il lui sera sans doute difficile de se constituer une base de soutien *physique* en Érythrée, parce que beaucoup de citoyens locaux auront des réserves quant à son passé ou à ses liens avec les médias internationaux. Les promesses qui ont fonctionné dans la sphère mondiale et auprès de son auditoire en ligne risquent fort de sonner creux aux oreilles de la population restée au pays. De retour chez lui, alors qu'il s'attend à trouver un avenir politique dégagé, il y a de fortes chances que l'avantage qu'il avait au départ soit réduit à néant et que les locaux le rejettent en faveur d'un concurrent auquel ils s'identifieront davantage.

Les dirigeants issus de l'émigration qui réussiront seront ceux qui auront adopté un modèle hybride, qui auront su entendre et concilier les désirs de leurs sympathisants virtuels et physiques. Remporter l'adhésion de ces deux groupes et l'employer à bon escient sera sans doute extrêmement difficile, mais essentiel pour quiconque aspire à être un dirigeant durable à l'âge numérique.

Les faux départs révolutionnaires se multiplieront, et cela conduira les générations suivantes à exiger des groupes d'opposition non seulement une vision, mais un programme détaillé de la façon dont ils entendent transformer le pays. Ces attentes seront particulièrement fortes à l'égard des jeunes organisations qui, en l'absence de bilan, auront encore à faire preuve de leur sérieux auprès du public. C'est une conséquence naturelle de tendances technologiques telles que la transparence et le libre accès à l'information. Les sympathisants potentiels se comporteront un peu comme des consommateurs, moins sensibles aux idéaux politiques qu'au marketing et aux caractéristiques du produit. Il sera plus facile de devenir dirigeant politique (au moins par le nom), et la multiplicité des candidats pour un petit nombre de places incitera les gens à se montrer très parcimonieux dans l'octroi ou le retrait de leur adhésion. Mais la concurrence est aussi salutaire pour les groupes d'opposition qu'elle l'est pour les entreprises.

Les citoyens qui souhaitent s'engager mais attendent de trouver le dirigeant qui leur convient exigeront de n'importe quel groupe qu'il commence par créer ses institutions en ligne, en précisant le nom des ministres, le mode d'organisation de l'appareil de sécurité et la façon dont seront dispensés les biens et services. Aujourd'hui, notamment dans les pays où la connectivité peine à se développer, les chefs de l'opposition peuvent se contenter de faire de vagues déclarations et d'affirmer qu'ils savent où ils veulent en venir, mais le public informé de demain réclamera des détails. Dans la mesure où un groupe d'opposition existe avant le début de la révolution – que ce soit à l'intérieur du pays ou en exil –, il aura grand intérêt à sérieusement se préparer. Les signes de cette préparation à gouverner le pays ne seront pas qu'un exercice de style ; ils seront littéralement considérés comme les fondations du nouveau système. Ceux qui rechigneront à les fournir ou s'en montreront incapables risquent de s'attirer des louanges perpétuelles pour leur talent fédérateur, mais leurs références en matière de commandement et de gestion d'un État soulèveront assurément beaucoup de questions.

Et même si un mouvement d'opposition présente un programme crédible et des dirigeants authentiquement doués, un certain nombre de variables incontrôlables demeurent susceptibles de faire échouer sa révolution. Dans beaucoup de sociétés, les tensions tribales, sectaires ou ethniques très profondément enracinées constituent un véritable champ de mines pour le plus prudent des acteurs. Les trublions intérieurs ou extérieurs, qu'il s'agisse de groupes terroristes, de milices, d'insurgés ou de forces étrangères, ont de quoi menacer la sécurité. Par ailleurs, beaucoup de révolutions naissent d'une mauvaise gestion économique ou budgétaire de la part du pouvoir en place, alors la moindre retouche économique (dans le bon sens ou pas) risque d'avoir des répercussions dans tout le pays et d'amener les sympathisants à changer d'avis.

Et puis il y a le phénomène si redouté de l'écart entre les attentes et la réalité. Même si une révolution « finit » bien, si la nouvelle équipe est en place et l'optimisme du public à son comble, rares sont les nouveaux gouvernements capables de répondre précisément aux attentes et aux souhaits de la population. Le fait que les soulèvements populaires impliquent désormais des millions d'individus, en grande mesure grâce à la connectivité, a pour conséquence qu'ils seront aussi beaucoup plus nombreux à se sentir exclus du processus politique quand la révolution aura abouti.

Nous l'avons directement constaté en Libye et en Tunisie lors de nos rencontres avec des militants et des ministres ; pas plus les uns que les autres ne se sentaient satisfaits ni pleinement appréciés. Après la révolution égyptienne et le départ de Moubarak, le mécontentement était si grand à l'égard de la gestion du pays par le Conseil suprême des forces armées (CSFA) que les gens ont *ré*investi la place Tahrir, où s'était produit le premier soulèvement, à plusieurs reprises[1]. Et lors de la première élection, lorsque la population s'est trouvée face à un choix très limité – entre Ahmed Shafik, qui symbolisait l'armée, et Mohamed Morsi, qui représentait les

1. « Egypt Anti-Military Protesters Fill Tahrir Square », BBC, 22 juin 2012, http://www.bbc.co.uk/news/world-middle-east-18547371 ; Aya Batrawy, Associated Press (AP), « Egypt Protests : Thousands Gather in Tahrir Square to Demonstrate Against Military Rule », *Huffington Post*, 20 avril 2012, http://www.huffingtonpost.com/2012/04/20/egypt-protests-tahrir-square_n_1439802.html ; Gregg Carlstrom et Evan Hill, « Scorecard : Egypt Since the Revolution », Al Jazeera, mis à jour le 24 janvier 2012, http://www.aljazeera.com/indepth/interactive/2012/01/20121227117613598.html ; « Egypt Protests : Death Toll Up in Cairo's Tahrir Square », BBC, 20 novembre 2011, http://www.bbc.co.uk/news/world-africa-15809739.

Frères musulmans —, la frustration et le sentiment d'exclusion n'ont fait que s'aggraver. Le niveau d'implication que l'on obtient aujourd'hui à travers la connectivité ne fera que susciter des attentes plus élevées que jamais.

Les nouveaux gouvernements chercheront à répondre à cette demande de responsabilité et de transparence à travers des initiatives d'ouverture telles que la publication de l'emploi du temps quotidien des ministres, la participation à des forums en ligne avec des citoyens et l'établissement de voies de communication partout où c'est possible. Reste que certains citoyens ne seront jamais satisfaits, et c'est auprès d'eux que l'élite politique déchue trouvera un réseau de soutien en ligne. Les loyalistes avisés profiteront de ces attentes déçues pour tenter de rétablir le régime sortant en maintenant le contact avec la population en ligne et en alimentant ses doléances. Certains finiront même par créer le nouveau mouvement d'opposition en ligne.

Répression et endiguement virtuels

Face à la menace révolutionnaire diffuse et omniprésente, les États vont rechercher des réponses rapides aux soulèvements qui se présenteront. Il leur faudra faire preuve de créativité. Les méthodes traditionnelles de la répression et du black-out informatif perdront de leur efficacité à mesure que se répandra la connectivité ; la vieille stratégie consistant à supprimer la rébellion par la violence et l'incarcération des meneurs est beaucoup moins pertinente à l'ère des manifestations en ligne, du militantisme numérique et de la diffusion de preuves en temps réel. Autrefois, à quelques notables exceptions près (la place Tian'anmen en 1989, le massacre de Hama, en Syrie, en 1982), la répression n'a que rarement été saisie par les caméras, et il était ensuite très difficile que les photos et les films sortent du pays. Quand le régime contrôlait les voies de communication, les médias et les frontières, la diffusion à l'étranger était quasiment impossible.

Aussitôt que les appareils portables et Internet ont été

adoptés par les mouvements de rébellion et de protestation des masses, les régimes se sont adaptés : ils ont fermé les réseaux. Dans un premier temps, la tactique a paru fonctionner pour quelques gouvernements, notamment pour le régime iranien pendant les manifestations postélectorales de 2009[1], qui a quasiment tout coupé et assez bien réussi à étouffer un mouvement d'opposition croissant. Moins de deux ans plus tard, le président égyptien Hosni Moubarak avait toutes les raisons de croire que son coup de disjoncteur virtuel allait mettre fin à l'agitation révolutionnaire qui gagnait la place Tahrir, mais, comme en témoigne l'histoire qui suit, cette stratégie était déjà devenue contre-productive.

Dès les premières heures du 28 janvier 2011, prenant les devants sur les immenses manifestations antigouvernementales prévues dans la journée, le régime égyptien a littéralement coupé toutes les connexions Internet et de téléphonie mobile dans le pays[2]. L'un des premiers posts apparus sur les blogs à propos de l'événement était titré « L'Égypte quitte Internet[3] ». L'accès aux réseaux sociaux et au service Internet de BlackBerry ayant été clos quelques jours plus tôt, la déconnexion du pays était à présent totale[4]. Les quatre grands fournisseurs d'accès du pays — Link Egypt, Telecom Egypt, Etisalat Misr et Vodafone/Raya — ont été touchés[5], et le service de téléphonie mobile a aussi été suspendu par les trois télécoms[6]. La plus importante de ces dernières,

1. Christopher Rhoads, Geoffrey A. Fowler, et Chip Cummins, « Iran Cracks Down on Internet Use, Foreign Media », *Wall Street Journal*, 17 juin 2009, http://online.wsj.com/article/SB124519888117821213.html.

2. James Cowie, « Egypt Leaves the Internet », Renesys (blog), 27 janvier 2011, http://www.renesys.com/blog/2011/01/egypt-leaves-the-internet.shtml.

3. Ce post de l'entreprise de surveillance du web Renesys comportait de saisissants graphiques montrant la déconnexion quasi instantanée du réseau mondial de tous les fournisseurs d'accès égyptiens.

4. Ce blocage de tous les FAI a souffert une exception : le groupe Noor, qui desservait plusieurs institutions de premier plan, comme la Bourse ou le Bureau du crédit, est resté opérationnel pendant encore trois jours. James Cowie, « Egypt Returns to the Internet », Renesys (blog), 2 février 2011, http://www.renesys.com/blog/2011/02/egypt-returns-to-the-internet.shtml.

5. Cowie, « Egypt Leaves the Internet », art. cit.

6. Associated Press (AP), « Vodafone : Egypt Ordered Cell Phone Service Stopped », *Huffington Post*, 28 janvier 2011, http://www.huffingtonpost.com/2011/01/28/vodafone-egypt-service-dropped_n_815493.html.

Vodafone Egypt, a émis ce matin-là la déclaration suivante : «Tous les opérateurs de téléphonie mobile d'Égypte ont reçu instruction de suspendre leurs services dans des zones choisies. Selon la loi égyptienne, les autorités ont le droit de donner ce type d'ordre et nous sommes tenus d'y obéir[1].»

Déjà maître des rares points de connexion physique avec le monde extérieur — les câbles de fibre optique hébergés dans un bâtiment du Caire[2] —, l'État égyptien n'a eu qu'à fermer ces portails et communiquer ses exigences aux grands opérateurs. On a su plus tard que le régime avait clairement signifié à des entreprises comme Vodafone que, à défaut d'obéissance, le gouvernement égyptien, par l'intermédiaire de son entreprise nationale Telecom Egypt, couperait physiquement le service[3] au niveau de leurs infrastructures disséminées dans le pays (ce qui nuirait à la capacité d'opérer de Vodafone et prendrait un temps considérable à rétablir). Les FAI et les télécoms, pris au dépourvu — le gouvernement appuyait depuis longtemps la desserte dans toute l'Égypte d'Internet et de la téléphonie mobile —, n'avaient donc rien prévu pour ce genre de cas. C'était un acte sans précédent[4]; d'autres États avaient bien fait interférence sur l'accès Internet de leur population, mais aucun n'avait jamais accompli une déconnexion aussi coordonnée et totale.

La mesure est tout de même revenue à la figure des autorités. Comme le signaleraient par la suite certains observateurs égyptiens et étrangers, l'extinction du réseau a vraiment électrisé le mouvement de protestation, parce qu'elle a massivement fait descendre les citoyens indignés dans la rue. Le président-directeur général de Vodafone, Vittorio Colao, abonde en ce sens : «En frappant cent pour cent de la popu-

1. «Statements-Vodafone Egypt», Vodafone, voir 28 janvier 2011, http://www.vodafone.com/content/index/media/press_statements/statement_on_egypt.html.

2. James Glanz et John Markoff, «Egypt Leaders Found "Off" Switch for Internet», *New York Times*, 15 février 2011, http://www.nytimes.com/2011/02/16/technology/16internet.html?pagewanted=all&_r=0.

3. *Ibid.*

4. Parmy Olson, «Egypt Goes Dark, Cuts Off Internet and Mobile Networks», *Forbes*, 28 janvier 2011, http://www.forbes.com/sites/parmyolson/2011/01/28/egypt-goes-dark/.

lation sur un service que tout le monde considère essentiel, en le supprimant pour de bon, le gouvernement a provoqué beaucoup plus d'irritation et d'hostilité qu'il n'en attendait[1].» Plusieurs militants égyptiens ont exprimé la même chose, disant en substance : «Je n'aimais pas Moubarak, mais ce combat n'était pas le mien. Or, quand Moubarak m'a privé d'Internet, c'est devenu mon combat. Alors je suis descendu place Tahrir.» Cet acte galvanisant a imprimé une formidable poussée au mouvement; s'il ne s'était pas produit, les événements en Égypte auraient peut-être pris une tout autre tournure.

Quand la demande de coupure du réseau est parvenue à Vodafone, raconte Colao, le premier geste a été de «s'assurer, sur le plan juridique, que nous avions bien affaire à une requête légitime. Elle pouvait être discutable, mais il fallait surtout qu'elle soit légale». Tous les fournisseurs de télécommunications étaient soumis à un contrat de licence passé avec l'État, alors une fois déterminé que la démarche était bien légale, Vodafone n'a plus eu le choix : «Si peu que nous ayons apprécié la requête, ne pas l'honorer aurait été contraire à la loi[2].»

Peu après, alors qu'Internet et la téléphonie mobile étaient suspendus dans le pays, Vodafone a subi une nouvelle épreuve : le gouvernement l'a sollicité, ainsi que d'autres opérateurs dans le pays, pour diffuser ses propres messages à travers la plateforme SMS[3]. C'est là, dit Colao, que Vodafone a joué un rôle positif. Au départ, le ton des messages officiels était procédural : «Un couvre-feu aura lieu ce soir de six heures à neuf heures.» «Leur obéir ne nous posait

1. Vittorio Colao, entretien avec les auteurs, août 2011.

2. *Ibid.*; voir aussi «Statements-Vodafone Egypt», Vodafone, voir 28 janvier 2011-3 février 2011, http://www.vodafone.com/content/index/media/press_statements/statement_on_egypt.html.

3. «Statements-Vodafone Egypt», Vodafone, voir 3 février 2011, http://www.vodafone.com/content/index/media/press_statements/statement_on_egypt.html; Jonathan Browning, «Vodafone Says It Was Instructed to Send Pro-Mubarak Messages to Customers», Bloomberg, 3 février 2011, http://www.bloomberg.com/news/2011-02-03/vodafone-ordered-to-send-egyptian-government-messages-update1-.html.

pas de problème», explique Colao. Puis les messages se sont faits plus patriotiques, appelant les citoyens à la réconciliation et à l'amour de la patrie – pas de problème là non plus, dit Colao. «Mais, à un moment, c'est devenu extrêmement politique et partisan, et nous ne pouvions tout de même pas demander aux employés locaux de Vodafone de dire à leur propre gouvernement : "Nous refusons d'obéir à la loi égyptienne." Nous avons alors abordé le problème avec l'ambassade d'Égypte, Hillary Clinton et le gouvernement britannique, puis le Vodafone Group PLC [la maison mère] a émis un communiqué disant que nous [rejetions la demande du gouvernement][1]. C'est ce qui a mis fin aux SMS. Nous avons été interrompus pendant vingt-quatre heures pour les appels vocaux et quatre ou cinq jours pour les SMS. Pour eux, ce sont les SMS qui constituaient la menace[2].»

Gouvernements et opérateurs ne manqueront pas de tirer les leçons de l'échec de la tactique égyptienne de coupure totale. Elle a mobilisé les masses dans le pays et exaspéré la communauté internationale. Après quelques jours d'interruption, diverses entreprises de l'extérieur et quelques militants ont mis au point des alternatives pour reconnecter les Égyptiens, serait-ce de façon fragmentaire. Une association française à but non lucratif, French Data Network, a rouvert l'accès à Internet[3] à travers les connexions filaires (accessible à tous ceux qui possédaient une ligne fixe internationale), et Google a lancé un service téléphonique de tweets nommé Speak2Tweet, qui mettait trois numéros à disposition de l'usager pour laisser un message vocal qui serait ensuite posté sous forme de tweet.

Vittorio Colao nous a raconté que, après les événements survenus en Égypte, les grands opérateurs du monde se sont réunis pour réfléchir à la façon d'éviter que cela ne se

1. *Ibid.*
2. Vittorio Colao, entretien avec les auteurs, août 2011.
3. Ujjwal Singh et AbdelKarim Mardini, «Some Weekend Work That Will (Hopefully) Enable More Egyptians to Be Heard», Google Blog, 31 janvier 2011, http://googleblog.blogspot.com/2011/01/some-weekend-work-that-will-hopefully.html.

reproduise et à la position conjointe à adopter dans le cas contraire. Finalement, dit-il, « on s'est dit qu'il fallait en débattre au sein de l'Union internationale des télécommunications — l'agence des Nations unies spécialement consacrée à ce domaine — pour définir précisément les règles de conduite[1] ». À l'avenir, d'autres gouvernements se pencheront sur l'épisode égyptien et réévalueront leurs propres chances de survie au cas où ils décideraient de toucher à la connexion de leurs citoyens. En outre, les systèmes peer-to-peer et les autres types de plateformes de connexion qui opèrent hors du réseau traditionnel sont de plus en plus populaires, alors l'impact d'une coupure totale serait sensiblement moindre. Les gouvernements irrationnels, ou en proie à la panique, envisageront peut-être encore d'aller jusqu'à couper toutes les connexions aux frontières en débranchant la fibre optique et en détruisant les antennes-relais. Mais ce serait infliger un sérieux tort à leur propre pays — qui provoquerait l'effondrement des marchés financiers, des marchés des changes et de toutes les entreprises qui ont besoin de données extérieures — et il est donc fort improbable qu'un gouvernement fasse le pas.

Il demeure que les gouvernements répressifs manquent de tout sauf d'ingéniosité, alors ils trouveront certainement une manière de profiter de la moindre faille contre les populations indociles et la menace révolutionnaire. Ils mettront au point de nouvelles méthodes, plus subtiles et insidieuses. Beaucoup recourront à la stratégie consistant à infiltrer Internet plutôt que de chercher à le limiter. On l'a vu, les États peuvent s'attendre à ce que la révolution des données leur offre une avance significative sur les citoyens parce qu'ils auront accès à un très grand nombre d'informations les concernant. Un gouvernement redoutant un soulèvement pourra étoffer sa surveillance en ligne en rôdant sur les réseaux sociaux à la recherche de militants ; ses agents se feront passer pour des dissidents afin d'attraper les autres ; ils pirateront les principaux sites de la mobilisation pour y

1. Vittorio Colao, entretien avec les auteurs, août 2011.

planter de la désinformation ; ils piloteront la webcam de tel ou tel opposant pour l'écouter et le voir à son insu ; et ils seront particulièrement attentifs aux mouvements financiers sur les plateformes électroniques pour identifier les soutiens extérieurs. En pratiquant l'infiltration dès les premières heures, ce qui promettait une rébellion nationale pourrait bien finir par n'accoucher que d'une petite manifestation.

Cependant, même si la répression virtuelle change de nature, la répression physique restera une valeur sûre du registre sécuritaire des États autoritaires. La technologie ne peut rien contre la brutalité sur le terrain, les heures terrifiantes que vit la Syrie le montrent bien. Si invraisemblable que cela paraisse au départ, la communauté internationale *peut* devenir insensible aux images violentes et explicites, même lorsque le flot de photos et de vidéos cauchemardesques ne cesse de gonfler. Cela dit, pour les gouvernements qui cherchent encore à soigner leur crédibilité en niant leurs crimes, la répression brutale est appelée à l'âge numérique à devenir une entreprise beaucoup plus hasardeuse. La visibilité apportée par les plateformes mondiales protège bel et bien le citoyen, et nous espérons qu'elle le fera de plus en plus à mesure que se perfectionneront les outils tels que les logiciels de reconnaissance des visages. Pour un officier de l'armée, l'idée qu'une seule photo prise au bon moment par un téléphone portable puisse l'identifier et lui valoir l'opprobre planétaire — ou inciter son propre gouvernement à le jeter sous un autobus — risque de le pousser à la retenue, voire à faire défection. On peut en dire autant des milices civiles informelles qui commettent des actes de violence pour le compte du régime, comme les gangs du Zimbabwe qui sévissent pour la ZANU-PF, le parti de Robert Mugabe.

Toutefois, nous nous attendons à voir de nombreux États préférer à l'infiltration une stratégie que nous appellerons l'endiguement virtuel, ou au moins à conduire les deux de front. Pour faire baisser la pression d'un public agité et informé, ils calculeront qu'au lieu de couper brutalement les services, mieux vaut ouvrir une fenêtre pour permettre au citoyen de déverser publiquement ses griefs sur Internet – mais, c'est essentiel, seulement jusqu'à un certain point. Les régimes autoritaires de demain permettront un peu de dissension en ligne, que ce soit en remaniant les lois ou en s'abstenant simplement de poursuivre ceux qui s'expriment, mais, toujours selon leurs propres termes, à travers certaines voies spécifiques dont ils ont le contrôle. Après tout, ce n'est pas en offrant à un militant écologiste bolivien un espace pour qu'il se plaigne des dangers de la déforestation qu'on entamera la puissance du gouvernement.

À première vue, la création d'espaces virtuels de « défoulement » paraîtra bénéficier à tout le monde : le citoyen se sentira plus impliqué et peut-être même un peu plus libre, et le gouvernement gagnera en popularité pour avoir consenti à un brin de réforme (tout en évitant une insurrection, au moins provisoirement). Certains États répressifs y percevront peut-être sincèrement des bienfaits et proposeront quelques changements sans arrière-pensée. Mais la plupart ne le verront pas de la sorte ; non seulement leurs gestes d'ouverture ne seront pas authentiques (ces gouvernements-là n'ont que faire de l'avis des citoyens), mais ils trouveront dans ces espaces une occasion de pêcher du renseignement. L'intérêt stratégique qu'il y a à autoriser les activités en ligne susceptibles de conduire à des arrestations n'a pas échappé à certains régimes autoritaires. Il y a dix ans, la brigade des mœurs égyptienne[1] a infiltré des salons virtuels et des forums sous de fausses identités pour repérer les citoyens gays, auxquels elle a donné rendez-vous dans un McDonald's du Caire où ils ont été arrêtés[2]. En 2011, plusieurs dissidents

1. *In a Time of Torture : The Assault on Justice in Egypt's Crackdown on Homosexual Conduct*, Human Rights Watch (HRW) : 2004, http://www.hrw.org/en/reports/2004/02/29/time-torture.

2. Il est notoire que le régime égyptien s'est montré particulièrement dur avec sa communauté gay ; la brigade des mœurs du Caire a fait un soir une descente dans une boîte de nuit flottante nommée le Queen Boat, où elle a arrêté cinquante-cinq hommes, dont plusieurs dizaines ont été condamnés et mis en prison pour outrage aux bonnes mœurs. *In a Time of Torture : The Assault on Justice in Egypt's Crackdown on Homosexual Conduct, op. cit.* ; « Egypt : Egyptian Justice on Trial – The Case of the Cairo 52 », International Gay and Lesbian Human

chinois ont répondu à un appel à s'inspirer de la révolution tunisienne[1] en allant manifester devant les grandes chaînes américaines comme Starbucks. Les appels à la mobilisation ont envahi les médias sociaux et les microblogs chinois, au point que la police s'en est aperçue. Quand les militants sont arrivés au lieu et à l'heure dite, ils se sont trouvés nez à nez avec un important dispositif policier et beaucoup ont été emmenés. Si la police avait mis fin à ces activités en ligne dès l'instant où elle les avait repérées, elle n'aurait pas pu remonter jusqu'aux dissidents de chair et d'os.

Dans le cadre de leur stratégie d'endiguement virtuel, les États entreprendront une série de gestes de transparence, ils lâcheront quelques miettes mais conserveront le gros des informations qu'ils possèdent. Ces États recevront des félicitations pour oser ainsi s'exposer et reconnaître certains de leurs propres crimes du passé. Peut-être qu'un gouvernement réputé corrompu cherchera à donner le sentiment qu'il tourne la page en révélant au public la corruption d'un juge ou d'un ancien dirigeant. Ou alors un régime à parti unique dévoilera quelques informations exactes, mais pas particulièrement nocives ou utiles, comme les comptes du ministère de la Santé. Quelques hommes de paille désignés porteront le chapeau et essuieront la colère publique, mais le régime demeurera intact. Ces gouvernements n'auront aucun mal à fabriquer des documents et des archives apparemment transparents — en l'absence d'information contradictoire (comme des documents authentiques qui auraient fuité), il y aura peu d'espoir d'en démontrer l'inauthenticité.

La vraie difficulté pour les États qui adopteront la méthode de l'endiguement virtuel sera de savoir distinguer entre défoulement public et réelle opposition en ligne. Dans le milieu informatique, la notion de « bruit » désigne les données parfois très nombreuses qui ne transportent aucun

---

Rights Commission, 15 octobre 2001, http://www.iglhrc.org/cgi-bin/iowa/article/takeaction/partners/692.html.

1. Andrew Jacobs, « Chinese Government Responds to Call for Protests », *New York Times*, 20 février 2011, http://www.nytimes.com/2011/02/21/world/asia/21china.html?_r =1.

signal utile. Les régimes autoritaires qui entreprendront de libérer un peu les débats sur Internet vont s'y trouver confrontés. Dans les sociétés ouvertes, les lois sur la liberté d'expression et les discours haineux posent des limites très larges aux citoyens, mais dans les pays fermés qui n'ont pas de précédents en matière de discours autorisé, le gouvernement agit un peu à l'aveuglette. L'État aura le plus grand mal à déterminer les intentions derrière les termes qu'emploieront les gens sur Internet — s'il ne s'agit pas de dissidents connus, s'il n'y a aucun lien avec des groupes d'opposition et si rien de particulier ne les distingue, comment un gouvernement récemment disposé au dialogue peut-il réagir sans aller trop loin ? À cause de cette indiscernabilité, le bruit numérique équivaudra pour les autorités à un véritable coup de dés, parce qu'il faudra d'abord l'évaluer, puis réagir Toute erreur, à travers une réaction excessive ou insuffisante pourra s'avérer fatale au régime. Une lame de fond ignorée en ligne peut devenir un raz-de-marée hors ligne, et, inversement, une descente trop musclée pour quelques plaisanteries sur le web pourrait fournir à un mouvement virtuel naissant un précieux motif de ralliement.

On a déjà vu quelques cas de réaction exagérée d'un État à des contenus en ligne, mais aucun n'a pour l'heure abouti à une révolution. Deux exemples de 2011 concernent l'Arabie saoudite, et ils nous offrent un modèle d'escalade que nous rencontrerons de nouveau. Le premier est celui de religieux conservateurs qui, contrariés par la décision royale d'accorder le droit de vote aux femmes aux municipales de 2015, s'en sont immédiatement pris à un groupe de participantes à la campagne Women2Drive[1] (où, défiant ouvertement les lois saoudiennes, plusieurs femmes se sont mises au volant). Décidés à faire un exemple, les religieux ont condamné l'une d'elles à dix coups de fouet. Quand la nouvelle de cette

1. « Rights Group Decries Flogging Sentence for Female Saudi Driver », CNN, 27 septembre 2011, http://articles.cnn.com/2011-09-27/middleeast/world_meast_saudi-arabia-flogging_1_flogging-sentence-women2drive-saudi-woman?_s=PM:MIDDLEEAST.

condamnation s'est répandue[1], des Saoudiens ordinaires en colère sont montés au créneau sur Internet pour prendre la défense de cette jeune femme, et l'affaire a largement dépassé les frontières du pays. La réprobation virtuelle de centaines de milliers d'individus en Arabie saoudite et dans le monde a conduit le gouvernement à révoquer cette décision après moins de vingt-quatre heures[2]. Cette fois, l'intervention rapide du roi a empêché la marée de monter, mais sa réactivité témoigne bien de la préoccupation de l'État à l'égard de la menace que pose la clameur des foules virtuelles.

Le deuxième exemple est né de l'interdiction d'un court-métrage satirique sur les prix excessifs du marché immobilier en Arabie saoudite[3]. La longue histoire de la censure officielle nous montre qu'il n'y a pas plus sûr moyen pour attirer l'attention et la demande du public, et cela s'est de nouveau vérifié à cette occasion. Une heure après l'interdiction, le film, *Monopoly*, est apparu sur YouTube[4] où il a accumulé plus d'un million de spectateurs en quelques semaines[5]. Si l'épisode de la condamnation d'une automobiliste au fouet met en lumière toute l'importance de l'intervention rapide pour réparer une erreur, celui-ci nous montre que le régime a grand intérêt à bien choisir ses batailles. Jamais il ne saura prédire ce qui fait qu'un défoulement en ligne se transforme en manifestation dans la rue, alors chaque décision de réagir ou d'ignorer constitue pour lui un pari. L'Arabie saoudite n'a pas connu à ce jour de manifestations massives, mais

1. *Ibid.*; Amnesty International (AI), « Flogging Sentence for Saudi Arabian Woman After Driving "Beggars Belief" », communiqué de presse, 27 septembre 2011, https://www.amnesty.org/en/for-media/press-releases/flogging-sentence-saudi-arabian-woman-after-driving-%E2%80%9Cbeggars-belief%E2%80%9D-2011-0.

2. « Saudi King Revokes Flogging of Female Driver », CNN, 29 septembre 2011, http://www.cnn.com/2011/09/28/world/meast/saudi-arabia-flogging/index.html.

3. Al-Walid ben Talal Al Saoud, entretien avec les auteurs, février 2011 ; Faisal J. Abbas, « Monopoly : The Saudi Short-Film Which Went a Long Way », *Huffington Post*, 9 septembre 2011, http://www.huffingtonpost.com/faisal-abbas/monopoly-the-saudi-shortf_b_969540.html.

4. Al-Walid ben Talal Al Saoud, entretien avec les auteurs, février 2011 ; le film est apparu sur YouTube et sur Facebook. Le prince nous parlait de la parution du film sur Facebook.

5. *Ibid.*

abritant l'une des populations les plus actives de la région sur les médias sociaux (avec l'un des taux de fréquentation de YouTube les plus élevés du monde, rien de moins[1]), elle sera certainement amenée à rencontrer beaucoup de petits conflits comme ceux décrits plus haut, et toute erreur de calcul pourrait donner lieu à un problème bien plus grand.

Plus de « printemps »

À mesure que de nouvelles sociétés viendront en ligne, on aura tendance à guetter les signes d'épidémie révolutionnaire régionale. Certains pensent qu'après les pays arabes, c'est au tour de l'Amérique latine, à cause de ses graves disparités économiques, de la faiblesse de ses gouvernements, du vieillissement de ses dirigeants et du fait qu'une vaste population parle la même langue. D'autres prétendent que ce sera l'Afrique, où se trouvent les États les plus fragiles, et où l'adoption des téléphones portables a explosé au point d'en faire le marché de la téléphonie mobile à plus forte expansion du monde[2]. Ce pourrait être aussi l'Asie, qui possède le plus grand nombre d'habitants vivant sous un régime autocratique et connaît une croissance économique galopante et une infinité de tensions sociales, politiques et économiques. On a vu s'esquisser des tentatives d'organisation de manifestations de masse au Vietnam, en Thaïlande, en Malaisie et à Singapour, et cela devrait continuer à prendre corps.

Cependant, bien que ces régions soient de plus en plus connectées et que leurs populations accèdent de plus en plus facilement à l'information et aux revendications qu'elles

1. « Saudi Arabia Ranks First in You-Tube Views », *Al Arabiya*, 22 mai 2012, http://english.alarabiya.net/articles/2012/05/22/215774.html ; Simon Owens, « Saudi Satire Ignites YouTube's Massive Growth in Middle East », *U.S. News*, 30 mai 2012, http://www.usnews.com/news/articles/2012/05/30/saudi-satire-ignites-youtubes-massive-growth-in-middle-east.

2. *African Mobile Observatory 2011 : Driving Economic and Social Development Through Mobile Services*, Groupe Speciale Mobile (GSM), p. 9, consulté le 17 octobre 2011, http://www.gsma.com/publicpolicy/wp-content/uploads/2012/04/africamobileobservatory2011-1.pdf.

partagent avec les autres nations, rien n'indique pour l'instant qu'on doive assister à un nouveau cas de contagion semblable au Printemps arabe. (Remarquons toutefois qu'une telle épidémie de protestations et de manifestations serait désormais plus simple à déclencher, comme l'ont illustré en septembre 2012 les réactions à l'infâme film *L'Innocence des musulmans* dans des dizaines de pays.) Le monde arabe se distingue par son identité régionale, qui s'est consolidée au fil des siècles à force de tentatives d'unification et de panarabisme. Et, évidemment, le partage de la langue, de la culture et de systèmes politiques similaires y a contribué. On l'a vu, les technologies modernes de communication n'ont pas inventé les réseaux qu'ont employés les militants et contestataires du Moyen-Orient — elles les ont développés.

En outre, ces régions abritaient déjà des réseaux religieux bien établis qui, en l'absence d'une société civile forte sous ces régimes autocratiques, constituaient la forme d'entité non gouvernementale la plus organisée et souvent la plus bénéfique au citoyen. Tous les dirigeants arabes qui ont dû renoncer au pouvoir lors de cette vague de révolutions — le Tunisien Ben Ali, l'Égyptien Moubarak, le Libyen Kadhafi et le Yéménite Ali Abdallah Saleh — avaient bâti des systèmes politiques qui étouffaient le développement des institutions, de sorte que les maisons et associations religieuses sont souvent venues combler ce vide (ce faisant, elles se sont attiré l'inimitié de ces dictateurs ; les groupes les plus éminents, comme les Frères musulmans en Égypte ou le parti islamiste Ennahda en Tunisie, ont été interdits dès le départ ou alors persécutés sans merci par l'État parce qu'ils constituaient une réelle menace). Lors des révolutions récentes, les mosquées sont devenues autant de points de ralliement, les imams et d'autres personnages religieux ont souvent apporté de la légitimité à la cause des manifestants et la solidarité religieuse a été pour beaucoup un important motif de mobilisation.

D'autres régions ne possèdent pas ces composantes. L'Afrique, l'Amérique latine et l'Asie sont beaucoup trop hétérogènes en termes de culture, de langue, de religion et d'économie pour reprendre le modèle arabe. L'identité régionale n'y existe pas aussi nettement qu'au Moyen-Orient, et les réseaux sociaux, d'affaires et politiques sont plus localisés.

N'empêche, il est impossible de ne pas voir dans toutes ces régions le changement qui s'annonce. Cela se fera peut-être de façon spécifique à chaque pays, sans toujours forcément aboutir au changement de régime, mais il ne s'en agira pas moins de bouleversements politiques et psychologiques profonds. Tous les pays du monde connaîtront des tendances révolutionnaires, mais la plupart essuieront la tempête, notamment parce qu'ils auront eu l'occasion d'observer les autres et d'apprendre de leurs erreurs. Une gamme de méthodes fonctionnelles émergera parmi les États pour réagir aux accusations présentées par les populations récemment connectées, que ce soit en les déviant ou en les étouffant. (On peut en tout cas raisonnablement le supposer parce que les ministères de l'Intérieur des pays répressifs, qui se chargent de la police et de la sécurité nationale, se rendent mutuellement visite pour échanger du savoir et des méthodes.) Des questions comme l'inégalité de revenus, le chômage, le prix élevé des denrées alimentaires et la brutalité policière sont omniprésentes, et les gouvernements seront contraints de procéder à des réajustements préventifs de leurs politiques et de leurs messages pour mieux répondre aux demandes publiques qu'ils l'ont fait dans le passé. Même dans les sociétés relativement stables, les dirigeants ressentent la pression des citoyens connectés et reconnaissent la nécessité de réformes ou d'adaptation au nouvel âge numérique parce qu'aucun gouvernement n'est à l'abri.

Personne ne perçoit mieux cette combinaison de pressions politiques et de défis technologiques que le Premier ministre de Singapour, Lee Hsien Loong, qui est un leader d'envergure régionale mais aussi un informaticien. « Internet est une bonne chose, qui permet d'évacuer la pression, nous a-t-il dit, mais cela peut aussi servir à créer de nouveaux foyers. Le danger auquel nous risquons d'être confrontés à l'avenir, c'est qu'il sera beaucoup plus facile d'être opposé à quelque chose qu'en faveur[1].» Partout, explique-t-il, les jeunes veulent faire partie d'un mouvement branché et «l'expérience sociale de l'opposition à l'autorité signifie que les jeunes n'ont plus besoin de programme. Il est devenu beaucoup trop facile qu'un événement très mineur donne lieu à une escalade d'activité en ligne que les groupes d'opposition ne manquent pas d'exploiter[2] ».

Lee cite à titre d'exemple un événement récemment survenu dans son pays, le «currygate»[3]. «Un immigré chinois et un Singapourien d'origine indienne se sont disputés autour du droit à cuisiner du curry, dont l'odeur traverse les cloisons[4] », raconte Lee. Le Chinois considérait que son voisin en préparait trop souvent, et, «dans le plus pur style singapourien», les deux hommes ont fait appel à un médiateur pour régler leur différend. Un accord a été trouvé : l'Indien ne préparerait de curry que lorsque son voisin serait en déplacement. L'affaire en est restée là jusqu'au jour où, des années plus tard, le médiateur l'a rendue publique. La communauté indienne de Singapour s'est indignée qu'un Chinois puisse décider du moment où l'on pouvait ou non faire du curry, et l'affaire est vite montée en épingle. Selon Lee, «ce qui a commencé comme une journée nationale du curry a donné lieu à des milliers de "j'aime" et de posts, et le mouvement viral a mobilisé le pays tout entier». Heureusement pour Lee, malgré le caractère extrêmement sulfureux du débat, cette agitation en ligne n'a pas donné lieu à des manifestations massives.

1. Premier ministre de Singapour, Lee Hsien Loong, entretien avec les auteurs, novembre 2011.

2. Cette affirmation est appuyée par l'analyse que fait Tina Rosenberg de l'organisation Otpor, dont la stratégie reposait notamment sur la nécessité d'être branché, et dont se sont inspirés des mouvements d'opposition dans le monde entier. On trouvera des exemples de ce «facteur branché» dans T. Rosenberg, *Join the Club*, p. 223-224, 229, 256-258, 260, 276.

3. Shamim Adam, «Singapore Curry Protest Heats Up Vote with Facebook Campaign», Bloomberg, 19 août 2011, http://www.bloomberg.com/news/2011-08-18/singapore-curry-protest-heats-up-vote.html; «Singaporeans to Launch Largest "Protest" over "Currygate" Incident», TR Emeritus (blog), 21 août 2011, http://www.tremeritus.com/2011/08/21/singaporeans-to-launch-largest-protest-over-currygate-incident/.

4. Lee Hsien Loong, entretien avec les auteurs, novembre 2011.

Au fond, les protestations de Singapour n'avaient pas grand-chose à voir avec le curry, mais bien avec la préoccupation croissante à l'égard de la présence des étrangers (et surtout des Chinois du continent) venus prendre les emplois des autochtones. Comme on pouvait s'y attendre, les partis d'opposition sensibles à cette thématique ont trouvé dans le currygate un incident facilement exploitable. Pour un pays comme Singapour, qui se félicite d'être un État de droit stable et fonctionnel, les proportions qu'a pris la colère d'un si grand nombre de citoyens ont révélé une faille du système : même dans un espace aussi strictement contrôlé que Singapour, les restrictions gouvernementales et les codes sociaux n'ont que peu de poids dans le monde virtuel. Pour Lee, l'épisode est annonciateur d'une marée d'expression en ligne dont les autorités singapouriennes reconnaissent qu'elle sera impossible à refouler. Si même l'État singapourien ressent la menace d'une société civile récemment connectée, on imagine la nervosité que doivent éprouver des gouvernements plus fragiles dans d'autres régions du monde.

Nous avons demandé à Lee comment il voyait la Chine gérer cette transition, considérant que, d'ici dix ans, près d'un milliard de citoyens chinois accéderont à la connexion dans une société où la censure est très lourde[1]. « Personne ne maîtrise tout à fait ce qui arrive en Chine, pas même le gouvernement chinois. La Chine va avoir du mal à s'accommoder de tant de nouvelles voix, et le fait que la minorité de citoyens connectés devienne majoritaire va poser un problème réel aux dirigeants[2]. » Concernant ces derniers, ajoute-t-il, « les prochaines générations n'auront ni le charisme ni le talent de

1. Michael Kan, International Data Group (IDG) News Service, « China's Internet Population Reaches 538 Million », 19 juillet 2012, PCWorld, http://www.pcworld.com/article/259482/chinas_internet_population_reaches_538_million.html ; au moment où nous écrivons, la population chinoise a dépassé 1,3 milliard d'habitants, si bien qu'environ 800 millions de Chinois attendent encore de se connecter. Notre estimation de près d'un milliard d'individus repose sur les projections de croissance dans la prochaine décennie. Selon un rapport émis en 2012 par le Committee to Protect Journalists, l'Érythrée était le pays le plus censuré, suivi de la Corée du Nord.

2. Lee Hsien Loong, entretien avec les auteurs, novembre 2011.

communicant indispensables pour imprimer un mouvement de cohésion dans la population. À cet égard, le monde virtuel va devenir beaucoup plus branché et beaucoup plus pertinent aux yeux du peuple chinois que le monde physique». Le changement, dit-il, ne proviendra pas seulement d'individus extérieurs au système : «Ce seront les gens de l'intérieur, les cadres de l'establishment chinois, ceux qui sont influencés par les commentaires [de la rue] et qui portent un regard sceptique sur la légitimité du gouvernement.»

Nous sommes d'accord avec Lee et d'autres spécialistes de la région pour considérer que l'avenir de la Chine ne sera pas nécessairement reluisant. Certains voient dans les prévisions de ralentissement économique, de vieillissement de la population et de transformation technologique autant de signes que l'État chinois ne va pas tarder à devoir lutter pour sa survie, tandis que d'autres estiment que ces difficultés annoncées ne feront que conduire la Chine à davantage d'innovation dans la recherche de solutions. Il demeure que nous voyons mal comment un système clos comportant 1,3 milliard d'habitants, aux prises avec d'immenses difficultés socio-économiques, des problèmes ethniques internes et une censure de plomb pourra survivre sous sa forme actuelle à la transition vers le nouvel âge numérique. La connectivité accrue donnera lieu à des attentes, des exigences et des demandes de reddition de comptes que même le plus grand État surveillant du monde ne pourra pas pleinement maîtriser. Lorsque les forces de l'ordre iront trop loin, ou lorsque les sbires du régime s'en prendront physiquement à des citoyens chinois, nous verrons davantage de mouvements publics réclamer justice. Les ministres haïssent les situations embarrassantes, alors Weibo et d'autres forums en ligne pourraient bien faire monter la pression et provoquer des changements, et peut-être même contenir les excès du système de parti unique.

Internet n'apportera pas du jour au lendemain la démocratie en Chine, mais la responsabilisation accrue des fonctionnaires pressera au moins le régime à prendre en considération les demandes publiques de justice. Et si la croissance économique venait à ralentir, on pourrait assister à l'ouverture dans certains secteurs d'une brèche révolutionnaire. La Chine, dans les prochaines décennies, va connaître une révolution d'un genre ou d'un autre, mais l'étendue et l'efficacité du mouvement dépendront de la disposition de la population à prendre des risques, aussi bien en ligne que dans les rues.

Les révolutions de demain, où qu'elles surviennent et quelle qu'en soit la forme, entraîneront peut-être un changement de régime, mais ce ne sera pas toujours en faveur de la démocratie. Ainsi que nous l'a dit Henry Kissinger, « dans l'histoire, la révolution est une confluence de ressentiments qui atteint un point explosif et balaye la structure en place. Ensuite vient soit le chaos, soit la restauration d'une autorité qui varie de façon inversement proportionnelle à la destruction de l'autorité précédente[1] ». Autrement dit, à la suite d'une révolution aboutie, « plus on a détruit d'autorité, plus celle qui suit est absolue », dit Kissinger. Pour avoir vu pendant plus de quarante ans des révolutions réussir et échouer, il en connaît bien les tenants et les aboutissants. Les États-Unis et l'Europe de l'Est sont les seuls cas, à sa connaissance, où la destruction des structures en place a conduit à l'avènement d'une réelle démocratie. « En Europe de l'Est, explique-t-il, les révolutions ont réussi parce que l'expérience des dictatures avait été terrible, et qu'il y restait des traces d'une appartenance à la tradition occidentale et démocratique, même si ces pays n'avaient jamais été démocratiques eux-mêmes. »

On comprend bien ce que veut dire Kissinger en évoquant le particularisme de l'Europe de l'Est, mais il ne faut pas ignorer pour autant le rôle que tiennent les incitations dans la réussite des révolutions. Il serait absurde en l'occurrence de ne pas prendre en compte la formidable incitation qu'a constituée la perspective d'intégrer l'Union européenne. Si

1. Henry Kissinger, entretien avec les auteurs, décembre 2011.

l'appartenance à l'UE n'avait pas servi à la fois de motivation politique et de facteur stabilisant pour les élites progressistes comme pour les populations, on aurait probablement vu un plus grand nombre de ces pays faire marche arrière ou connaître une contre-révolution. C'est ce qui a conduit les puissances occidentales à élargir l'OTAN *et* à offrir l'adhésion à l'UE.

Ce manque de culture démocratique fait partie des raisons pour lesquelles le renversement de dictatures lors du Printemps arabe n'a donné lieu, aux yeux de certains, qu'à des autocraties édulcorées plutôt qu'à de réelles démocraties jeffersoniennes. « Au lieu de concentrer tous les pouvoirs entre les mains d'un dictateur unique, dit Kissinger, ils se sont éparpillés entre différents partis — laïques et religieux — pour finalement se retrouver sous la domination d'un parti musulman à la tête d'un gouvernement de coalition symbolique. » Il y aura des gouvernements de coalition que « le *New York Times* saluera comme l'expression d'une grande attitude démocratique, plaisante-t-il, mais au bout de ce processus, on a un gouvernement sans opposition, même s'il est issu d'une élection exceptionnelle ».

Dans les prochaines décennies, prédit Kissinger, les pouvoirs issus de la révolution numérique prendront souvent la forme d'un gouvernement de coalition à tendance autocratique, moins à cause de la technologie que du manque de dirigeants forts et singuliers. En l'absence de chef dominant et de vision, le gouvernement de partage du pouvoir apparaîtra comme l'option la plus viable pour apaiser l'essentiel des participants, mais il courra toujours le risque de ne pas suffisamment se distinguer du régime précédent ou de la vieille génération de politiciens.

Les révolutions ne sont finalement qu'une manifestation de mécontentement. Elles restent dans les mémoires parce qu'elles se parent souvent d'atours romantiques et qu'on peut facilement en tirer un récit humain qui parle de liberté et d'autodétermination. Davantage de technologie donnera lieu à davantage d'anecdotes capables d'attiser notre imagination et de faire de jolis titres de journaux. Le personnage du révolutionnaire, même s'il a échoué, occupe dans notre histoire collective une place particulière qui impose un certain respect, qu'on le veuille ou non. Ce sont là des composantes essentielles du développement politique de l'humanité, qui déterminent notre entendement de la citoyenneté et du contrat social, et la prochaine génération technologique ne changera rien à cela.

Mais si les révolutions sont pour certains une façon de rechercher le changement d'un système ou d'exprimer leur mécontentement à l'égard du *statu quo*, il y aura toujours des individus et des groupes pour viser les mêmes objectifs par les moyens les plus dévastateurs et violents qui soient. Les terroristes et les extrémistes violents ne seront pas moins présents demain qu'ils le sont aujourd'hui. Dans le chapitre qui vient, nous allons examiner les foyers de radicalisation du futur — aussi bien dans le monde physique qu'en ligne — et tâcher d'expliquer en quoi l'extension du domaine de la lutte va changer la nature du terrorisme et des armes dont nous disposons pour le combattre.

5

L'avenir du terrorisme

Nous l'avons dit, la technologie est un vecteur d'égalité des chances, elle fournit de puissants outils à l'individu pour qu'il atteigne ses objectifs — des objectifs parfois merveilleusement constructifs, mais aussi parfois invraisemblablement destructeurs. C'est une vérité incontournable : la connectivité profite aussi aux terroristes et aux extrémistes violents ; à mesure qu'elle se répandra, les risques le feront aussi. Les activités des terroristes de demain, du recrutement à l'exécution, auront des aspects physiques et virtuels. Les groupes terroristes continueront de faire des milliers de victimes par an, que ce soit avec leurs bombes ou autrement. C'est incontestablement une très mauvaise nouvelle pour le grand public, pour les États qui ont déjà beaucoup de mal à protéger leur territoire physique, et pour les entreprises qui seront de plus en plus vulnérables.

Et puis, il y a évidemment la terrifiante possibilité que l'un de ces groupes se procure une arme nucléaire, chimique ou biologique. Parce que le monde développé est de plus en plus dépendant de sa propre connexion — la quasi-totalité de nos systèmes est d'une façon ou d'une autre reliée à un réseau virtuel —, nous sommes particulièrement vulnérables au cyberterrorisme sous toutes ses formes[1]. Cela vaut aussi, bien

1. Le cyberterrorisme et le piratage criminel se recoupent parfois en termes de tactique, mais ils se distinguent généralement par leurs motivations. Ce n'est pas très dissemblable de ce qui distingue le trafic de stupéfiants du terrorisme.

entendu, dans les régions moins connectées, où surviennent aujourd'hui la plupart des attentats. Les extrémistes violents vont gagner en compétence technique, ils pourront peaufiner dans le monde virtuel leurs méthodes de recrutement, de formation et d'exécution, bien conscients que leurs attentats seront plus visibles qu'ils ne l'ont jamais été grâce à la portée des réseaux mondiaux de médias sociaux.

Mais dans le même temps, les technologies de la communication vont aussi rendre les terroristes plus vulnérables qu'ils ne le sont aujourd'hui. Malgré tous les avantages que leur procure la possibilité d'exister dans la vie virtuelle (des petites cellules éparpillées dans le monde, des activités destructrices plus difficiles à pister), ils sont bien obligés de continuer à vivre dans le monde physique (de manger, de s'abriter, d'utiliser leurs téléphones et leurs ordinateurs dans un espace bien réel), et c'est précisément ce qui les vulnérabilise à l'âge numérique. Nous allons analyser de quelle façon les terroristes seront amenés à partager leur temps entre monde physique et monde virtuel, et pourquoi, malgré certains avantages, ils finiront par commettre davantage d'erreurs et compromettre plus d'individus, ce qui rendra leur commerce violent beaucoup plus difficile.

Nouvelle portée, nouveaux risques

Il est bien connu qu'Internet procure des informations dangereuses aux criminels en puissance et aux extrémistes de tout poil ; ce qu'on sait moins, c'est comment va évoluer cette tendance à l'échelon planétaire. Une bonne part de la population qui se connectera dans la prochaine décennie est très jeune et habite des régions agitées, où les opportunités économiques sont limitées et les conflits intérieurs et extérieurs s'accumulent depuis très longtemps. Il en résulte donc que, dans certains endroits, l'avènement de l'âge numérique s'accompagnera d'une recrudescence des actes de violence, alimentée par une technologie plus accessible. On verra une forte indication dans le fait que le processus est enclenché dans la prolifération des engins explosifs sophistiqués faits à la maison.

Lors de notre visite en Irak, en 2009, nous avons été frappés par la grande facilité qu'il y avait à se faire terroriste. Un capitaine de l'armée nous a dit que les patrouilles américaines redoutaient plus que tout les engins explosifs improvisés (EEI) cachés sur le bord de la route[1]. Au début de la guerre, la fabrication de ces engins était coûteuse et exigeait des matériaux spécifiques mais, au fil du temps, les outils nécessaires et les instructions compréhensibles sont venus à la portée de n'importe quel insurgé en herbe. Les EEI de 2009 étaient moins chers et plus ingénieux[2], conçus pour que de simples adaptations permettent de contourner les contre-mesures aussitôt qu'elles étaient connues. Il suffisait de scotcher le déclencheur d'une bombe sur un téléphone mis en mode vibreur pour la faire exploser à distance en appelant ce numéro-là. (Les Américains ont très vite répondu à cette tactique en usant de dispositifs de brouillage empêchant toute communication, avec un succès limité.) Une activité autrefois sophistiquée et lucrative (rapportant des milliers de dollars aux insurgés)[3] est devenue banale, à la portée de tout individu doté d'un minimum d'initiative et disposé à se faire payer en cigarettes.

Si la fabrication d'un EEI qui se déclenche par téléphone portable n'est pas plus complexe qu'un exercice de technologie pour lycéens, que nous réserve l'avenir ? Cette simplicité est la conséquence malheureuse de ce qu'Andy Rubin, le fondateur d'Android, appelle le « phénomène du fabricant[4] », qui, dans un autre contexte que le terrorisme, est généralement une bonne chose. « Il sera plus facile au citoyen de devenir fabricant lui-même en assemblant des produits

1. Entretien avec les auteurs, novembre 2009.

2. *Ibid.*

3. L'un des auteurs a d'abord entendu parler de cela lors d'une table ronde avec Jonathan Powers à la Johns Hopkins School of Advanced International Studies, en 2005. Les auteurs ont depuis vu cette donnée confirmée par d'autres anecdotes rapportées par des civils et des officiers de l'armée en mission en Irak pendant la dernière décennie.

4. Andy Rubin, entretien avec les auteurs, février 2012.

existants pour obtenir quelque chose qui dépasse largement ses compétences», nous a-t-il dit. La «culture du fabricant» qu'on voit émerger partout dans le monde donne lieu à d'innombrables créations ingénieuses — les imprimantes 3D n'en sont que le début —, mais comme souvent dans l'évolution technologique, l'innovation possède sa face obscure.

Il y a toutes les chances que l'engin terroriste artisanal de demain associe le drone «commun» à l'EEI mobile. On achètera ces drones sur Internet ou dans les magasins de jouets; des hélicoptères télécommandés sont d'ailleurs déjà disponibles. Le quadricoptère AR Drone de Parrot est l'un des jouets qui se sont le mieux vendus à Noël 2011. Il est équipé d'une caméra et se pilote depuis un smartphone. Imaginons un modèle plus sophistiqué, pourvu d'une connexion wi-fi engendrée par lui-même et lesté d'une bombe artisanale, et on entre dans une nouvelle dimension de terreur qui est déjà au coin de la rue. Le savoir, les moyens et la maîtrise technique que requiert la production de ce type de drone seront très certainement bientôt disponibles partout. Les capacités de navigation autonome que nous avons précédemment évoquées seront à la portée de tous, intégrables à une simple puce, et les terroristes n'auront aucun mal à déclencher une attaque de drones sans intervention humaine. La capacité accrue de destruction lors des attentats physiques n'est que l'un des aspects de l'extension de la technologie au terrorisme mondial. Le cyberterrorisme, évidemment, en est un autre — le terme date des années 1980 — et la menace ne va faire que croître. Pour le propos qui nous intéresse ici, nous définirons le cyberterrorisme comme toute attaque à motivation politique ou idéologique portée contre l'information, les données des usagers ou les systèmes informatiques dans le but d'aboutir à un dénouement violent. (Il existe certains chevauchements tactiques entre cyberterrorisme et piratage criminel, mais ils se distinguent généralement par leur motivation.)

On voit mal pour l'heure comment des groupes extrémistes opérant depuis les grottes afghanes de Tora Bora constitueraient une menace informatique mais, à mesure que la connectivité se répandra dans le monde, les endroits les plus reculés accéderont au réseau et aux téléphones sophistiqués. Il faut bien envisager aussi que ces groupes finissent par acquérir les compétences techniques nécessaires au déclenchement de cyberattaques. Entre ces transformations et le fait que notre propre connexion généralisée offre aux extrémistes une infinité de cibles potentielles, les perspectives ne sont guère réjouissantes.

Imaginons quelques scénarios possibles. Si des cyberterroristes parvenaient à compromettre la sécurité du réseau d'une banque importante, toutes les données des clients *et* leur argent seraient menacés. (Dans certaines circonstances, la simple annonce d'une menace suffirait à déclencher un mouvement de panique bancaire.) Des cyberterroristes qui prendraient pour cible un système de transport, les données de la police, la Bourse ou le réseau électrique, pourraient immobiliser une ville.

Certaines institutions et certaines villes seront à l'abri grâce aux boucliers qui les protègent, mais tout le monde ne disposera pas de telles protections. Le Nigeria, qui souffre du terrorisme national et de la faiblesse de ses institutions, est déjà un leader mondial de l'escroquerie en ligne. Lorsque la connectivité dont jouissent les villes de Lagos et d'Abuja gagnera les régions plus agitées et rurales du Nord (où la violence extrémiste est plus présente), beaucoup d'escrocs en herbe seront facilement tentés par la cause d'un groupe islamiste violent comme Boko Haram (la version nigériane des talibans). Il suffira d'une poignée de nouvelles recrues pour que Boko Haram passe du statut d'organisation terroriste la plus dangereuse à celui de principale organisation cyberterroriste d'Afrique de l'Ouest.

Les attaques cyberterroristes ne se limiteront pas non plus à l'interférence de systèmes. Les narcoterroristes, les cartels et les malfaiteurs d'Amérique latine sont ceux qui pratiquent le plus grand nombre d'enlèvements dans le monde, et cette méthode sera rendue plus difficile par des dispositifs tels que la géolocalisation des téléphones portables. (Même si les ravisseurs détruisent le téléphone de leur victime, sa dernière localisation aura été enregistrée quelque part dans le nuage. Les individus craignant pour leur sort dans les pays où les enlèvements sont courants se doteront probablement d'appareils portables de la taille d'une tête d'épingle qui transmettront leur position en temps réel. Certains pourront même se faire poser un implant physique du type de ceux que nous avons décrits plus haut.) En revanche, les enlèvements virtuels — le vol de l'identité d'individus fortunés, que ce soit à travers leurs données bancaires ou leurs profils sur les réseaux sociaux et l'échange contre rançon de ces informations — seront monnaie courante. Au lieu d'avoir à garder leurs prisonniers dans la jungle, les guérilleros des FARC ou de groupes similaires préféreront prendre des otages virtuels, car ce sera moins risqué et moins laborieux.

Pour les groupes extrémistes, les avantages des cyberattaques sont évidents : peu ou pas de risque physique, réduction des moyens requis et possibilité d'infliger des dégâts massifs. Ces attaques seront extrêmement déconcertantes pour leurs victimes parce qu'il est très difficile d'en remonter la piste[1], comme on l'a vu précédemment, et elles sèmeront la peur parmi les innombrables cibles potentielles (c'est-à-dire à peu près tous ceux dont l'univers repose sur la connexion). Il nous semble que les terroristes vont de plus en plus conduire leurs opérations dans l'espace virtuel, en les combinant avec des attaques dans le monde physique. Si l'inquiétude dominante porte sur les armes de destruction massive (la porosité des frontières permet trop facilement l'introduction dans un pays d'une bombe de la taille d'une valise), le 11 Septembre de demain ne supposera peut-être pas la coordination d'attentats et de détournements d'avion

1. Les auteurs de cyberattaques couvrent leurs traces en faisant transiter les données par des ordinateurs entre eux et leurs victimes. Ces ordinateurs « proxy » — qui sont parfois l'appareil piraté d'un particulier chez lui ou à son bureau n'importe où dans le monde — apparaissent à la victime et à l'observateur extérieur comme étant la source de l'attaque, et il est parfois extrêmement difficile de transpercer les nombreuses couches intermédiaires pour aboutir à l'auteur réel. Pour compliquer les choses, l'agresseur peut implanter un routeur Tor chez l'hôte infecté, qui sème du trafic obscurcissant dans tout le réseau et masque ses activités intentionnelles.

mais celle d'attentats physiques et virtuels aux dimensions catastrophiques, dont chacun sera conçu pour exploiter des failles précises de nos systèmes.

Une attaque contre l'Amérique pourrait commencer par une diversion dans le domaine virtuel, le piratage à grande échelle des systèmes du trafic aérien, par exemple, qui amènerait un nombre important d'appareils à voler à une altitude incorrecte ou à adopter une trajectoire de collision. Au moment où la panique se ferait sentir, une autre cyberattaque pourrait couper les communications de la tour de contrôle de nombreux aéroports, orientant l'attention générale vers le ciel et installant la peur qu'il s'agisse bien cette fois de la grande attaque que tout le monde redoutait. Le véritable assaut pourrait alors venir du sol — trois bombes puissantes, introduites depuis le Canada, qui exploseraient simultanément à New York, Chicago et San Francisco. Le pays tout entier verrait alors les premiers secours se précipiter pour intervenir et évaluer les dégâts, mais une nouvelle batterie de cyberattaques pourrait alors endommager les systèmes de la police, des pompiers et des services d'urgence de ces villes. Si cela n'est pas assez terrifiant, alors que les équipes d'intervention peineraient à évoluer parmi les dégâts physiques massifs et meurtriers, un virus informatique sophistiqué pourrait s'en prendre aux systèmes de contrôle qui gèrent les infrastructures essentielles du pays que sont les voies d'acheminement d'eau, d'électricité, de pétrole et de gaz. Mettre la main sur ces systèmes, les SCADA (Supervisory Control And Data Acquisition — télésurveillance et acquisition de données), permettrait aux terroristes d'accomplir tout type de choses : couper des réseaux électriques, inverser le flux des usines de traitement des eaux usées, désactiver les dispositifs de contrôle thermique des centrales nucléaires. (Lorsque le ver Stuxnet a attaqué les installations nucléaires iraniennes en 2012, son mode opératoire consistait à compromettre les systèmes de contrôle industriel des centrifugeuses.) Rassurez-vous, une attaque de ce niveau serait extraordinairement difficile, voire impossible — la prise de contrôle d'un seul système SCADA réclamerait une connaissance détaillée de son architecture interne, des mois de codage et de synchronisation précise. Il n'empêche qu'une attaque conjointement portée dans le monde physique et virtuel surviendra inévitablement.

Très peu de groupes terroristes dans les décennies à venir posséderont le niveau d'adresse ou la détermination nécessaires à la mise en œuvre d'une attaque de ce type. D'ailleurs, parce que la technologie les rend aussi plus vulnérables eux-mêmes, les cerveaux du terrorisme seront globalement moins nombreux. Mais ceux qui resteront seront plus dangereux. L'avantage dont bénéficieront les groupes terroristes de demain ne tiendra peut-être plus au fait que leurs membres soient prêts à mourir pour la cause ; il proviendra probablement de leur maîtrise de la technologie.

Diverses plateformes favoriseront les groupes extrémistes dans leurs tâches de planification, de mobilisation, d'exécution et, surtout, on l'a dit, de recrutement. Il n'existe pas beaucoup de grottes raccordées au réseau, mais les angles morts où se niche aujourd'hui tout type d'activités infâmes, dont la pornographie infantile et les forums de discussion de terroristes, continueront d'exister dans le monde virtuel. Si l'on se projette dans l'avenir, les groupes terroristes de demain créeront leurs propres plateformes sociales sûres et sophistiquées, qui pourraient même servir de camp d'entraînement virtuel. Ces sites étendront leur portée jusqu'à atteindre de nouvelles recrues potentielles, permettront l'échange d'informations entre cellules éparses et serviront de communauté en ligne pour des individus partageant les mêmes vues. Ces refuges virtuels seront extrêmement précieux pour les extrémistes, à condition qu'il ne s'y trouve pas d'agents doubles et que leur chiffrement numérique soit assez robuste. Les unités antiterroristes, les forces de l'ordre et certains activistes indépendants chercheront à fermer ces sites ou à les infiltrer, mais ils y échoueront. Dans l'espace virtuel infini, il est tout simplement trop facile de relocaliser la plateforme ou d'en modifier les clés de chiffrement pour la maintenir en vie.

La maîtrise des médias comptera parmi les aptitudes

essentielles des terroristes transnationaux du futur; le recrutement, notamment, en dépendra. La plupart des organisations terroristes ont déjà un pied dans l'univers de la communication et ce qu'on aurait pris autrefois pour une farce — un site officiel d'al-Qaïda truffé d'effets spéciaux, la présence sur Twitter du groupe insurrectionnel somalien Shebab [1] — est devenu une bien curieuse réalité. Le cas d'Anwar al-Awlaqi, l'extrémiste religieux aujourd'hui décédé, né aux États-Unis et qui s'est rallié à al-Qaïda au Yémen, en constitue l'exemple frappant[2]. Sa renommée s'est essentiellement bâtie sur l'autopromotion — il a fait grand usage de vidéos et des réseaux sociaux pour diffuser ses sermons charismatiques dans le monde entier. Celui qui fut la première grande vedette terroriste sur YouTube a eu une influence considérable — plusieurs terroristes confirmés ou aspirant à le devenir ont avoué s'être inspirés de lui — et sa grande visibilité lui a valu de figurer sur la liste du gouvernement américain des individus les plus recherchés[3]. Il a été tué par un drone en septembre 2011.

La maîtrise de la communication d'al-Awlaqi a fait forte impression sur le prince réformiste milliardaire saoudien Al-Walid ben Talal Al Saoud, qui y voit une tendance très répandue dans la région. «Même les figures religieuses les plus antioccidentales d'Arabie saoudite utilisent les technologies modernes», nous a-t-il confié, avant d'ajouter que «certaines émettent même leurs fatwas par téléphone portable et, de plus en plus, sur les réseaux sociaux[4]». Les obser-

1. Will Oremus, «Twitter of Terror», *Slate*, 23 décembre 2011, http://www.slate.com/articles/technology/technocracy/2011/12/al_shabaab_twitter_a_somali_militant_group_unveils_a_new_social_media_strategy_for_terrorists_.html.

2. «Profile : Anwar al-Awlaki», Anti-Defamation League (ADL), mis à jour en novembre 2011, http://www.adl.org/main_Terrorism/anwar_al-awlaki.htm.

3. Pierre Thomas, Martha Raddatz, Rhonda Schwartz et Jason Ryan, «Fort Hood Suspect Yells Nidal Hasan's Name in Court», ABC Blotter, 29 juillet 2011, http://abcnews.go.com/Blotter/fort-hood-suspect-naser-jason-abdo-yells-nidal-hasan/story?id=14187568#.UIIwW8VG-8C; Bruce Hoffman, «Why al Qaeda Will Survive», *Daily Beast*, 30 septembre 2011, http://www.thedailybeast.com/articles/2011/09/30/al-awlaki-s-death-nothing-more-than-a-glancing-blow-al-qaeda-stronger-than-everest.html.

4. Al-Walid ben Talal Al Saoud, entretien avec les auteurs, février 2012.

vateurs du Moyen-Orient le savent bien, il s'agit là d'un réel bouleversement, notamment en Arabie saoudite, où les chefs religieux sont réputés pour leur aversion à l'égard des appareils modernes. Cette tendance ne fera que croître.

Considérant l'importance que prendra le marketing numérique pour les terroristes de demain, nous devinons qu'ils chercheront de plus en plus à s'infiltrer dans les compagnies de téléphonie mobile et d'Internet. Certains groupes islamistes s'y sont déjà employés. Maajid Nawaz, ancien dirigeant de Hizb ut-Tahrir (HT) — un groupe extrémiste mondial qui aspire au renversement de gouvernements à majorité musulmane à travers des coups d'État militaires et à la création d'un super-État islamiste mondial —, nous a dit que son organisation recrutait notamment au sein des entreprises de téléphonie mobile. « Nous avons installé des comptoirs de propagande devant les bureaux de Motorola au Pakistan, puis nous avons recruté du personnel de Motorola qui nous a transmis les numéros personnels des rédacteurs en chef des journaux pakistanais[1] », raconte-t-il. Les sympathisants de HT ont ensuite bombardé ces journalistes de SMS de propagande ou de menaces. Selon Nawaz, le personnel de Motorola ainsi recruté les a ensuite aidés en dissimulant l'identité des membres qui souscrivaient un abonnement téléphonique, ce qui leur a permis d'agir sans être détectés.

Si les groupes extrémistes ne visent pas les entreprises téléphoniques proprement dites, ils trouveront d'autres moyens d'exercer leur influence sur ces puissantes plateformes. Des organisations comme le Hamas ou le Hezbollah obtiennent généralement les faveurs de la communauté en lui offrant les services que l'État ne peut ou ne veut pas assurer. Les services, l'entraide et les distractions ainsi fournis ne font que renforcer la crédibilité du groupe et la fidélité de sa base. Le Hamas pourrait par exemple mettre au point une série d'applications pour les smartphones les plus ordinaires, à travers lesquelles il dispenserait tout ce qui va des informations sur

1. Maajid Nawaz, entretien avec les auteurs, février 2012.

le système de santé aux transferts d'argent mobile en passant par des jeux pour les enfants. Une telle plateforme, extrêmement précieuse, serait conçue et opérée par des membres et des sympathisants du Hamas. Même si l'Apple Store bloquait ces applications, sur ordre du gouvernement américain ou des Nations unies, il serait toujours possible d'en fabriquer d'autres sans aucun lien officiel avec le Hamas et d'en assurer la promotion par le bouche-à-oreille. L'effet sur les jeunes générations serait considérable.

À mesure que la connectivité mondiale rendra les groupes extrémistes plus dangereux et plus compétents, les solutions traditionnelles apparaîtront de plus en plus infructueuses. Dans de nombreuses régions du monde, il ne suffira plus d'emprisonner de terroristes pour perturber leur réseau ou les empêcher d'agir. Grâce aux téléphones clandestinement introduits en prison, les extrémistes pourront diriger leur centre de commandement depuis leur cellule, et la confiscation de ces appareils ou la limitation de leur portée deviendront de plus en plus difficiles à mesure que les composants basiques des smartphones – les processeurs, les cartes SIM (cartes mémoire qui transportent les données d'un appareil à un autre) et tout le reste – deviendront plus petits et plus puissants.

Le phénomène a déjà commencé, donnant parfois lieu à des épisodes pittoresques. En 2011, les responsables d'une prison colombienne ont interpellé une fillette de onze ans venue rendre visite à un parent incarcéré à Medellín parce que son pull avait une drôle de forme ; ils y ont trouvé soixante-quatorze téléphones portables et un pistolet fixé dans le dos avec du ruban adhésif[1]. Au Brésil, des détenus ont dressé des pigeons voyageurs à leur rapporter des composants de téléphones portables[2], et un gang a recruté un adolescent pour qu'il projette des téléphones par-dessus le

1. « Colombia Catches Girl "Smuggling 74 Mobiles into Jail" », BBC, 6 février 2011, http://www.bbc.co.uk/news/world-latin-america-12378390.

2. « Pigeons Fly Mobile Phones to Brazilian Prisoners », *Telegraph* (Londres), 30 mars 2009, http://www.telegraph.co.uk/news/newstopics/howaboutthat/5079580/Pigeons-fly-mobile-phones-to-Brazilian-prisoners.html.

mur du pénitencier avec un arc à flèches[1]. (Le garçon s'est fait prendre lorsqu'une de ses flèches a atteint un gardien.)

Ces choses n'arrivent pas que dans le monde en voie de développement. Un ancien membre d'un gang de South Central, à Los Angeles, nous a raconté qu'un smartphone illégalement introduit dans les prisons américaines vaut aujourd'hui un millier de dollars[2]. On peut même se procurer une tablette si l'on y met le prix. Il nous a aussi expliqué que ces appareils permettaient à certains détenus bien connectés de continuer à conduire leurs affaires illicites depuis la prison, à travers les plateformes de réseaux sociaux très populaires. En 2010, quand des détenus d'au moins six établissements carcéraux américains ont entamé un mouvement de grève pour se plaindre de leurs conditions de détention, ils ont organisé l'ensemble de leur protestation, ou presque, à travers un réseau de téléphones portables illicites.

L'exemple le plus sidérant (et abouti) d'activité derrière les barreaux nous vient d'Afghanistan, l'un des pays les moins connectés du monde[3]. La prison Pul-e-Charkhi, à l'est de Kaboul, est le plus grand établissement carcéral du pays, dont la construction, planifiée dans les années 1970, s'est accomplie sous l'occupation soviétique. Les premières années, on y a assassiné des dizaines de milliers de prisonniers politiques par an et torturé bien d'autres encore[4]. Ensuite, sous l'occupant américain, la prison s'est à nouveau distinguée en tant que centre névralgique du terrorisme[5]. En 2008, à la suite de violentes émeutes dans le bloc numéro

1. Associated Press (AP), « Police : Brazilian Teen Used Bow and Arrow to Launch Illegal Cell Phones over Prison Walls », Fox News, 2 septembre 2010, http://www.foxnews.com/world/2010/09/02/police-brazilian-teen-used-bow-arrow-launch-illegal-cell-phones-prison-walls/.

2. Entretien avec les auteurs, avril 2012.

3. « Mobile-Cellular Subscriptions » et « Percentage of Individuals Using the Internet », International Telecommunication Union (ITU), ICT Data and Statistics (IDS), consulté le 19 octobre 2012, http://www.itu.int/ITU-D/ict/statistics/.

4. Les auteurs tirent cette estimation d'une réunion d'information avec le personnel de la prison, en février 2012.

5. Rod Nordland et Sharifullah Sahak, « Afghan Government Says Prisoner Directed Attacks », *New York Times*, 10 février 2011, http://www.nytimes.com/2011/02/11/world/asia/11afghan.html?_r=1&scp=3&sq=pul%20e%20charki&st=cse.

trois[1], les autorités afghanes ont découvert toute une cellule (aux deux sens du terme) terroriste pleinement opérationnelle d'où les détenus coordonnaient des attentats meurtriers à l'extérieur. La porte arrière du bloc était couverte de fils électriques sous tension, entrelacés aux barreaux comme de la vigne, qui émettaient un léger rougeoiement dans le couloir, et sur les murs étaient peints des sabres et des versets du Coran. Le bloc numéro trois était tombé depuis des années aux mains des talibans et des membres d'al-Qaïda qui y purgeaient leur peine, et entre l'introduction de téléphones et de radios, le recrutement soigneux au sein de la population carcérale et les menaces auprès des gardiens et de leurs familles, ces détenus radicalisés avaient transformé les lieux en prison sans murs — un refuge sûr (à l'abri des drones et d'autres menaces) d'où ils avaient tout loisir de développer leur organisation, de se livrer à l'extorsion et de coordonner des attentats terroristes dans une ville distante de trente kilomètres. Ils avaient recruté de petits délinquants, des héroïnomanes et des chrétiens (autant de détenus que le statut de paria en Afghanistan rendait particulièrement perméables à la radicalisation) en les soudoyant ou en les menaçant de violences physiques.

Après les émeutes de 2008, on a cru que le transfert de ces détenus dans d'autres blocs avait démantelé leur réseau terroriste, ou au moins gravement entamé son efficacité. Mais deux ans plus tard, après une série d'attentats à Kaboul, la direction de la prison a publiquement reconnu que les cellules terroristes s'étaient quasi immédiatement reconstituées, et que les tentatives épisodiques de brouillage (pour rendre inutilisables les téléphones des détenus) avaient globalement échoué. Pul-e-Charkhi abritait un grand nombre des détenus les plus réputés d'Afghanistan, et sa direction

1. La description de la cellule terroriste qui opérait depuis Pul-e-Charkhi provient des réunions d'information et des entretiens auxquels a assisté Jared lors de sa visite de l'établissement en février 2009 ; voir aussi Joshua Philipp, « Corruption Turning Afghan Prisons into Taliban Bases : Imprisoned Taliban Leaders Coordinate Attacks from Within Prison Walls », *Epoch Times*, 29 août 2011, http://www.theepochtimes.com/n2/world/corruption-turning-afghan-prisons-into-taliban-bases-60910.html.

était assurée par l'armée afghane assistée de conseillers américains, mais personne ne semblait en mesure de contrôler les réseaux mobiles. Quand Jared s'est rendu à Kaboul avec l'envoyé spécial Richard Holbrooke, aujourd'hui disparu, il a visité la prison et rencontré l'un des anciens meneurs du bloc numéro trois, un chef extrémiste nommé mollah Akbar Agie, pour évaluer l'évolution des conditions de détention après les émeutes. Quand, en plaisantant, on a demandé au mollah son numéro de téléphone, il a fouillé dans sa djellaba et en a tiré un portable dernier modèle. Puis il a fièrement inscrit son nom et son numéro sur un morceau de papier : 070-703-1073[1].

L'épisode de Pul-e-Charkhi nous montre le risque qu'il y a à enfermer ensemble les gangs, les extrémistes religieux, les trafiquants de drogue et les délinquants communs à l'âge numérique. À l'extérieur, ces différents réseaux ne se chevauchent et n'emploient les mêmes plateformes technologiques que de façon occasionnelle, mais une fois réunis en prison, grâce aux appareils qu'ils se procurent, ils risquent de constituer de dangereuses équipes très soudées. Une bande de narcotrafiquants d'un cartel mexicain peut fournir à un islamiste extrémiste de précieuses informations sur des réseaux internationaux de trafic d'armes contre de l'argent ou l'accès à un nouveau marché pour le cartel. Lorsque les deux parties trouvent un arrangement, chacune en informe son organisation à l'aide de son téléphone portable. Les accords conclus en prison et concrétisés à l'extérieur seront difficiles à intercepter, parce qu'à moins de placer tous les détenus à l'isolement (ce qui est irréaliste) ou de mettre fin à l'introduction de téléphones portables (aussi peu probable, malgré d'immenses efforts), les autorités de la prison ne pourront jamais totalement prévenir ce genre de cas.

Alors si l'on tient pour acquis que les réseaux de contrebande carcérale se montreront généralement plus habiles que leurs gardiens et que les téléphones portables continueront d'être très demandés parmi les détenus, quelles options

1. Mollah Akbar Agie, entretien avec Jared Cohen, février 2009.

nous reste-t-il pour empêcher le scénario de Pul-e-Charkhi de se reproduire ailleurs ? La solution évidente consiste à simplement couper tout accès, à brouiller les réseaux de façon à ce que les téléphones des détenus ne soient plus que de coûteux appareils pour jouer au Tetris. Mais on peut penser que quelqu'un trouverait encore le moyen de contourner cet obstacle. Peut-être que la ruse des pigeons voyageurs ne prendra pas, mais de petits drones ressemblant à des pigeons et agissant comme des bornes wi-fi feront aussi bien l'affaire.

L'autre option pour les forces de l'ordre consisterait à surveiller et écouter les communications mobiles des prisonniers. Les renseignements ainsi obtenus pourraient, entre autres choses, quelque peu éclairer le fonctionnement des réseaux illicites. Une méthode moins avouable consisterait à exploiter les réseaux de contrebande pour placer entre les mains des détenus des téléphones piégés. Truffés de logiciels malveillants permettant le pistage, ces appareils seraient conçus pour rendre les informations accessibles sans que l'utilisateur s'en aperçoive. Ce serait plus efficace que le recours aux informateurs, et moins dangereux.

Dans certaines sociétés, on veillera à ce que le prisonnier, une fois derrière les barreaux, disparaisse totalement d'Internet. Sur ordre du tribunal, son identité virtuelle serait gelée, il serait interdit à quiconque de chercher à joindre le profil gelé ou d'interagir avec lui, voire même à en faire la promotion, et une fois le détenu libéré, il serait tenu de fournir à son agent de mise à l'épreuve l'accès à tous ses comptes en ligne. À l'âge numérique, l'équivalent du bracelet électronique sera un logiciel imposé par les autorités qui retrace et restreint l'activité en ligne, pas seulement dans le cas évident des pédophiles (dont la limitation de l'activité sur Internet fait parfois partie des clauses de libération conditionnelle) mais pour tous les condamnés, pendant la durée de leur mise à l'épreuve[1]. Les personnes reconnues coupables de délit

1. Cela risque toutefois d'être difficile à mettre en œuvre, selon la nature du délit. Après cinq années de prison, le pirate informatique tristement célèbre Kevin Mitnick a été interdit d'Internet et de téléphone portable dans le cadre de

d'initié pourraient être temporairement interdites de tout type de commerce électronique : pas de vente, pas de banque en ligne, pas même d'achats sur Internet. De même, une personne soumise à une ordonnance restrictive n'aurait pas le droit de consulter les profils de sa victime ou de ses amis sur les réseaux sociaux, ni même de faire une recherche en ligne comportant son nom.

Malheureusement, à l'ère du cyberterrorisme, bon nombre de ces solutions seront inapplicables pour la simple raison que les délinquants opèrent de plus en plus de façon invisible.

L'avènement des hackers terroristes

La considération accordée à la menace du cyberterrorisme dépend généralement de l'idée qu'on se fait du piratage. Certains conservent l'image de l'ado dans son sous-sol qui détourne des systèmes téléphoniques pour se faire des frissons, mais le piratage a considérablement évolué depuis dix ans; il a cessé d'être un passe-temps pour devenir une activité très répandue et controversée. L'apparition des « hacktivistes » (des hackers à motivation politique ou sociale) et de groupes comme le collectif Anonymous montre que le message et leurs méthodes ont mûri et préfigure ce qui nous attend dans les prochaines années. De plus en plus, les pirates trouveront des façons de s'organiser ensemble autour de causes communes. Ils lanceront des attaques sophistiquées contre toute cible qui leur paraîtra opportune et donneront beaucoup de publicité à leurs exploits. Ces groupes continueront de réclamer l'attention des gouvernements et des organismes qu'ils visent, et leurs menaces méritent d'être prises beaucoup plus au sérieux que ne le laissent penser leurs actions actuelles, qui relèvent généralement du canular. L'histoire de WikiLeaks, le site de publication de secrets

---

sa libération conditionnelle. Il a contesté cette restriction devant les tribunaux et obtenu gain de cause.

que nous avons précédemment évoqué, et des sympathiques pirates qui le soutiennent nous en fournit un exemple éloquent.

L'arrestation en décembre 2010 du cofondateur de WikiLeaks, Julian Assange, a soulevé des tempêtes d'indignation dans le monde entier, notamment parmi les nombreux activistes, pirates et spécialistes de l'informatique qui ont vu des intentions politiques derrière les poursuites pour agression sexuelle engagées contre lui par le parquet suédois. Peu après, une série de cyberattaques a notamment paralysé les sites d'Amazon, coupable d'avoir chassé WikiLeaks de ses serveurs, ainsi que ceux de MasterCard et PayPal, qui avaient tous deux cessé de traiter les dons faits à l'organisation[1].

Cette campagne, officiellement intitulée «Opération Avenge Assange» (Opération vengeons Assange), était coordonnée par Anonymous, un collectif un peu flou de pirates et de militants déjà à l'origine d'une série d'importantes attaques de type DDoS contre quelques cibles, dont l'Église de scientologie. Lors de l'Opération Avenge Assange, Anonymous a promis de s'en prendre à toute organisation hostile à WikiLeaks[2] : «Bien que nous n'ayons pas vraiment de liens avec WikiLeaks, nous combattons pour les mêmes raisons. Nous voulons la transparence et refusons la censure. Les tentatives de faire taire WikiLeaks sont un pas important vers un monde où l'on n'est pas libre de dire ce qu'on pense et où l'on ne dispose d'aucun moyen d'exprimer son avis et ses idées. Nous ne pouvons pas laisser faire... C'est pourquoi nous entendons employer tous nos moyens pour éveiller les consciences, soutenir ceux qui contribuent à emmener notre monde vers la liberté et la démocratie et s'attaquer à ceux

1. «Anonymous (Internet Group)», *New York Times*, mis à jour le 8 mars 2012, http://topics.nytimes.com/top/reference/timestopics/organizations/a/anonymous_internet_group/index.html.

2. Sean-Paul Correll, «Operation : Payback Broadens to Operation Avenge Assange», Pandalabs (blog), 6 dcembre 2010, http://pandalabs.pandasecurity.com/operationpayback-broadens-to-operation-avenge-assange/ ; Mathew Ingram, «WikiLeaks Gets Its Own "Axis of Evil" Defense Network», GigaOM (blog), 8 décembre 2010, http://gigaom.com/2010/12/08/wikileaks-gets-its-own-axis-of-evil-defence-network/.

qui s'y opposent.» Les sites des entreprises frappées sont revenus en ligne après quelques heures, mais leur désactivation avait été très médiatisée et elle aurait pu affecter des millions de clients, dont la plupart ignoraient tout de la vulnérabilité de ces sites. Autrement dit, les hacktivistes avaient fait passer leur message. Les nombreuses enquêtes qui ont suivi ont abouti à l'arrestation de dizaines de suspects aux Pays-Bas, en Turquie, aux États-Unis, en Espagne et en Suisse, notamment[1].

Pas plus WikiLeaks que les groupes comme Anonymous ne sont des organisations terroristes, même si certains diront que des pirates qui se livrent à des activités telles que le vol et la publication en ligne d'informations personnelles et confidentielles méritent bien ce nom. Les informations rendues publiques par WikiLeaks ont mis des vies en danger et fait des dégâts bien réels sur le plan diplomatique[2]. Et c'est bien là le problème : la frontière qui séparait les pirates inoffensifs des pirates dangereux (ou les pirates des cyberterroristes, d'ailleurs) est devenue de plus en plus floue après le 11 Septembre. Les collectifs décentralisés comme Anonymous démontrent clairement qu'une association d'individus qui ne se connaissent pas et ne se sont jamais physiquement rencontrés peut s'organiser et avoir un impact réel dans l'espace virtuel. En fait, il n'y a pas de masse critique à atteindre — un seul individu doué (de talents d'ingénierie informatique, par exemple) peut faire agir des milliers d'ordinateurs à sa volonté. Que se passera-t-il à l'avenir si ces groupes se

1. U.S. Department of Justice, «Sixteen Individuals Arrested in the United States for Alleged Roles in Cyber Attacks», communiqué de presse, 19 juillet 2011, http://www.fbi.gov/news/pressrel/press-releases/sixteen-individuals-arrested-in-the-united-states-for-alleged-roles-in-cyber-attacks; Andy Greenberg, «Fourteen Anonymous Hackers Arrested for "Operation Avenge Assange", LulzSec Leader Claims He's Not Affected», *Forbes*, 19 juillet 2011, http://www.forbes.com/sites/andygreenberg/2011/07/19/anonymous-arrests-continue-lulzsec-leader-claims-hes-not-affected/; «Hackers Arrested in US, NL and UK», Radio Netherlands Worldwide, 20 juillet 2011, http://www.rnw.nl/english/bulletin/hackers-arrested-us-nl-and-uk.

2. À tout le moins, des plateformes telles que WikiLeaks et les collectifs de hackers qui trafiquent des documents confidentiels volés aux gouvernements permettent ou encouragent l'espionnage.

multiplient ? Combattront-ils tous du côté de la liberté d'expression ? De récents exemples nous incitent à penser qu'il va falloir envisager d'autres éventualités.

En 2011, le monde a fait connaissance d'un informaticien iranien de vingt et un ans qui opérait manifestement depuis Téhéran sous le nom de Comodohacker. Ce qui le distinguait des autres hacktivistes, qui combattent généralement la mainmise gouvernementale sur Internet, c'est l'idée que son pays «doit pouvoir contrôler Google, Skype, Yahoo!, etc.», ainsi qu'il l'a déclaré par e-mail au *New York Times*. Il a clairement exprimé sa détermination à tout faire pour nuire aux opposants au régime iranien. «Je casse tous les algorithmes de chiffrement, a-t-il dit, et je donne à mon pays la possibilité de les contrôler[1].»

Au-delà de ses fanfaronnades, Comodohacker a réussi à fabriquer plus de cinq cents faux certificats de sécurité sur Internet grâce auxquels il a pu contourner la vérification de différents «sites de confiance» et obtenir des informations personnelles ou confidentielles à l'insu des concernés[2]. On a estimé qu'il a ainsi intercepté les communications de pas moins de trois cent mille Iraniens au cours de l'été[3]. Il a visé des entreprises dont les produits étaient notoirement utilisés par des dissidents iraniens (Google et Skype), ou celles revêtant une valeur symbolique particulière. Il a ainsi déclaré s'en être pris à l'entreprise DigiNotar, des Pays-Bas, parce que les forces hollandaises de maintien de la paix n'avaient pas protégé les musulmans bosniaques de Srebrenica en 1995[4].

Quelques mois à peine après la campagne très médiatisée de Comodohacker, un autre activiste idéologique du Moyen-Orient s'est fait connaître du monde entier. Il s'appelait OxOmar, prétendait habiter à Riyad, en Arabie saoudite, et se proclamait «parmi les plus grands haïsseurs d'Israël»,

1. Somini Sengupta, «Hacker Rattles Security Circles», *New York Times*, 11 septembre 2011, http://www.nytimes.com/2011/09/12/technology/hacker-rattles-internet-security-circles.html?pagewanted=all&_r=0.

2. *Ibid.*

3. *Ibid.*

4. *Ibid.*

qu'il était bien décidé à « supprimer électroniquement[1] ». En janvier 2012, il a pénétré un site israélien de sport très réputé dont il a redirigé les visiteurs sur une page où ils pouvaient télécharger un document contenant quatre cent mille numéros de carte de crédit[2] (la plupart étaient en fait des doublons, et le nombre des détenteurs de carte effectivement concernés était plus proche de vingt mille[3]). Il affirmait agir au nom d'un groupe de pirates wahhabites[4], le Group-XP, qui a écrit : « Il sera très amusant de voir quatre cent mille Israéliens faire la queue devant les banques et les bureaux des organismes de crédit [et] de constater que les cartes israéliennes ne sont plus acceptées dans le monde entier, comme les cartes nigériennes[5]. » Quelques semaines plus tard, lorsque les sites de la compagnie d'aviation israélienne El Al et de la Bourse de Tel-Aviv ont été coupés par des attaques de type DoS[6], OxOmar a déclaré à un journaliste qu'il s'était allié à un groupe propalestinien de pirates nommé Nightmare (« cauchemar ») et que ces attaques cesseraient si Israël demandait pardon pour le « génocide » des Palestiniens[7]. Le vice-ministre israélien des Affaires étrangères, Danny

1. « I Will Finish Israel Off Electronically : Ox-Omar », *Emirates 24/7*, 22 janvier 2012, http://www.emirates247.com/news/world/i-will-finish-israel-off-electronically-ox-omar-2012-01-22-1.438856.

2. Chloe Albanesius, « Hackers Target Israeli Stock Exchange, Airline Web Sites », *PC Magazine*, 16 janvier 2012, http://www.pcmag.com/article2/0,2817,2398941,00.asp.

3. Isabel Kershner, « Cyberattack Exposes 20,000 Israeli Credit Card Numbers and Details About Users », *New York Times*, 6 janvier 2012, http://www.nytimes.com/2012/01/07/world/middleeast/cyberattack-exposes-20000-israeli-credit-card-numbers.html.

4. Jonathon Blakeley, « Israeli Credit Card Hack », *deLiberation*, 5 janvier 2012, http://www.deliberation.info/israeli-credit-card-hack/.

5. Ehud Kenan, « Saudi Hackers Leak Personal Information of Thousands of Israelis », YNet, 3 janvier 2012, http://www.ynetnews.com/articles/0,7340,L-4170465,00.html.

6. Isabel Kershner, « 2 Israeli Web Sites Crippled as Cyberwar Escalates », *New York Times*, 16 janvier 2012, http://www.nytimes.com/2012/01/17/world/middleeast/cyber-attacks-temporarily-cripple-2-israeli-web-sites.html.

7. Yaakov Lappin, « "I Want to Harm Israel", Saudi Hacker Tells "Post" », *Jerusalem Post*, 16 janvier 2012, http://www.jpost.com/NationalNews/Article.aspx?id=253893 ; Saar Haas, « "OxOmar" Demands Israeli Apology », YNet, 16 janvier 2012, http://www.ynetnews.com/articles/0,7340,L-4176436,00.html?utm_source=dlvr.it&utm_medium=twitter.

Ayalon, s'est déclaré « honoré d'avoir été personnellement pris pour cible par les cyberterroristes[1] ». Confirmant ensuite que sa page Facebook avait été attaquée, il a affirmé que les pirates « ne nous feront pas taire sur Internet ni aucun forum ». Comodohacker était-il vraiment un jeune ingénieur iranien ? OxOmar s'était-il vraiment coordonné avec un autre groupe pour mener ses attaques ? L'un et l'autre étaient-ils vraiment des individus, ou même des groupes ? Se peut-il que l'un et/ou l'autre de ces personnages n'aient été en fait que l'invention d'un État cherchant à tester ses capacités numériques ? Tous les scénarios sont possibles, et c'est là que réside le grand défi du cyberterrorisme de demain. L'origine des cyberattaques étant extrêmement difficile à déterminer, la cible est incapable de réagir avec justesse, quels que soient les agresseurs revendiqués. Cette obfuscation donne une nouvelle dimension aux campagnes de désinformation, et il ne fait guère de doute que les États comme les individus s'efforceront d'en tirer parti. Il sera désormais plus difficile de savoir à qui ou à quoi l'on a affaire.

À lui seul, l'accès soudain à la technologie n'aurait pas suffi à transformer des individus radicalisés en cyberterroristes. Il existe une muraille de compétence technique qui a retardé jusqu'à présent le pullulement de hackers terroristes. Mais il faut s'attendre à ce que cette muraille devienne moins infranchissable à mesure que la connectivité et que les appareils à bas prix gagneront des régions reculées comme la frontière afghano-pakistanaise, le Sahel africain ou la trijonction en Amérique latine (Paraguay, Argentine et Brésil). Les hackers des pays développés sont généralement des autodidactes, et si l'on part du principe que la proportion de jeunes gens doués pour la technique est la même partout, le temps et la connectivité vont offrir aux hackers en puissance les informations nécessaires à la réalisation de leurs talents.

1. Page Facebook de Danny Ayalon, posts du 13 et du 16 janvier 2012, consulté le 20 octobre 2012, https://www.facebook.com/DannyAyalon.

Cela produira entre autres choses une nouvelle classe de soldats virtuels n'attendant que le recrutement.

De même que l'on entend aujourd'hui parler de musulmans des classes moyennes résidant en Europe qui se rendent en Afghanistan dans des camps de formation au terrorisme, on pourrait à l'avenir voir se produire l'inverse. Afghans et Pakistanais viendront en Europe apprendre à devenir des cyberterroristes. Contrairement aux camps d'entraînement, avec leurs stands de tir, leurs cages à poules et leurs parcours d'obstacles, les camps de formation au cyberterrorisme seront très peu voyants, il suffit de quelques pièces équipées d'ordinateurs portables à Londres ou Paris, tenues par une poignée d'étudiants révoltés et techniquement compétents. Les camps d'entraînement de terroristes sont aujourd'hui repérables par satellite ; il sera difficile demain de distinguer un camp de cyberterrorisme d'un cybercafé.

Dans les deux camps, groupes terroristes et gouvernements, on cherchera à rallier des ingénieurs et des hackers. Constatant qu'une équipe de stratèges dotés de compétences techniques peut accroître la capacité de destruction, on ira chercher des ingénieurs, des étudiants, des programmeurs et des informaticiens dans les universités et les entreprises, donnant ainsi naissance à la prochaine génération de cyberdjihadistes. Convaincre un individu de se faire terroriste n'est pas facile, notamment à cause des conséquences physiques et légales que cela implique, alors il est probable que l'idéologie, l'argent et le chantage continueront de tenir un rôle important dans le recrutement. À la différence des gouvernements, les groupes terroristes peuvent toujours jouer la carte de l'opposition à l'ordre établi, et cela renforcera peut-être leurs chances auprès de certains types de jeunes pirates en colère. Évidemment, la décision de devenir un cyberterroriste a moins d'implications pour la santé personnelle que l'engagement à commettre un attentat-suicide.

La culture comptera beaucoup dans la localisation géographique de ces poches de terrorisme. Jusqu'à présent, les populations profondément religieuses dont certains éléments se sont nettement radicalisés ont été le meilleur vivier de recrutement de terroristes, et cela restera vrai pour le cyberterrorisme, plus encore lorsque les régions les moins connectées du monde viendront en ligne. La façon dont on navigue sur Internet dépend en grande mesure des réseaux qui existent et de l'environnement immédiat de l'usager. Nous ne nous attendons pas à ce que le simple avènement de la connectivité provoque de grands bouleversements sociaux. Ce qu'on verra, en revanche, c'est une recrudescence des voies de communication, de la participation et des identités rebelles connectées.

Et puis, évidemment, certains États qui financent le terrorisme chercheront à opérer dans l'ombre. L'Iran compte aujourd'hui parmi les parrains les plus réputés de groupes terroristes, puisqu'il livre des armes, de l'argent et des vivres à des organisations telles que le Hezbollah, le Hamas, le Jihad islamique palestinien, les Brigades des martyrs d'al-Aqsa et divers groupuscules irakiens. Mais à mesure que le cyberterrorisme apparaîtra de plus en plus productif, l'Iran va s'efforcer de développer les ressources virtuelles de ses intermédiaires. Cela se fera sous forme de dons d'ordinateurs et de matériel de réseau, de dispositifs de sécurité et de logiciels, mais aussi de formation d'individus. Les universités technologiques iraniennes pourraient très bien accueillir des programmeurs libanais shiites qu'elles formeraient spécifiquement pour les intégrer à l'armée électronique naissante du Hezbollah. Elles leur enverraient peut-être les plus coûteux des outils de chiffrement et des appareils. Ou alors l'Iran pourrait financer la création de madrasas techniques dans des bastions du Hezbollah comme Dahieh Janoubyé, Baalbek ou le Sud-Liban, de véritables pépinières où l'on formerait des ingénieurs prometteurs aux cyberattaques contre Israël. Peut-être qu'au lieu de financer la création d'entreprises par des hommes d'affaires shiites au Brésil (tactique bien connue du gouvernement iranien), le régime leur fournira des tablettes et des appareils portables chargés de logiciels spécialisés.

Mais le régime ou le groupe terroriste qui recrutera ces pirates prendra forcément un certain risque. Toutes ces recrues ne seront pas jeunes, mais beaucoup le seront, et pas seulement par probabilité démographique : il est établi que certains facteurs du développement humain prédisposent particulièrement les jeunes à la radicalisation. (Reste que la détermination précise de ces facteurs prête à débat ; certains y voient une affaire de chimie du cerveau, d'autres l'attribuent à des facteurs sociologiques.) Les recruteurs ne seront donc pas seulement confrontés à la tâche déjà difficile de faire travailler ensemble des hackers (réputés pour leur hostilité à toute forme d'organisation formelle), ils auront à gérer des adolescents. On va le voir, la participation à un réseau terroriste virtuel exigera une discipline de fer, ce qui n'est pas précisément le trait de caractère qu'on associe naturellement à l'ado. Les jeunes sont en général attirés et tentés par les mêmes choses — l'attention qu'ils suscitent, l'aventure, l'affirmation de soi, l'appartenance et le statut. Mais la moindre erreur, la première fanfaronnade en ligne de la part d'un pirate adolescent (ou d'une de ses connaissances) sera susceptible de mettre en cause l'ensemble du réseau terroriste.

Les opérations antiterroristes que nous connaissons aujourd'hui reposent sur le partage de renseignement et la coopération militaire — entre les États-Unis et ses alliés d'Asie du Sud, par exemple —, et ce soutien bilatéral devra demain comporter un volet virtuel. Étant donné qu'il y aura parmi les derniers arrivants sur Internet un grand nombre de pays très radicalisés, leurs autorités vont avoir besoin d'assistance étrangère pour apprendre à pister les terroristes en ligne et à employer les nouveaux outils auxquels ils accéderont. Aujourd'hui, l'aide militaire fait la fortune de grands entrepreneurs privés ; à mesure que les coopérations bilatérales se garniront d'éléments de cybersécurité, une palette d'entreprises informatiques spécialisées sont appelées à faire le même genre de bénéfices.

Les politiques de défense aussi devront s'adapter à la menace du cyberterrorisme. Les terroristes que pourchassent aujourd'hui les militaires se réfugient dans des États défaillants ou des régions sans gouvernement. À l'avenir, ces refuges physiques seront à leur tour connectés et les terroristes qui les occupent pourront se livrer à des actes virtuels malfaisants sans avoir à craindre les forces de l'ordre. Lorsque les services de renseignement révéleront que des cyberterroristes notoires préparent un acte dangereux, des mesures aussi extrêmes que l'usage de drones seront envisagées.

Les gouvernements occidentaux s'efforceront eux aussi d'attirer les meilleurs hackers. En fait, hackers et agences gouvernementales travaillent déjà ensemble aux États-Unis, au moins en matière de cybersécurité. Des organismes comme l'Agence pour les projets de recherche avancée de défense (Defense Advanced Research Projects Agency, ou DARPA) et la National Security Agency (NSA) font depuis des années la chasse aux talents dans des endroits comme les conférences Black Hat sur la sécurité informatique ou le congrès de hackers Def Con. En 2011, la DARPA a annoncé le lancement d'un nouveau programme nommé Cyber Fast Track (CFT), conçu par un ancien hacker devenu chef de projet de la DARPA, qui vise à intensifier et rationaliser la coopération entre ces deux communautés. Grâce à CFT, la DARPA s'est mise à passer des contrats de courte durée avec des individus ou de petites entreprises sur des projets ponctuels de cybersécurité. Cette initiative se distinguait par sa focalisation sur des intervenants modestes et des individus plutôt que sur de grandes entreprises, et par sa capacité à autoriser des financements rapides. La DARPA a ainsi conclu huit contrats dans les deux premiers mois du programme — c'est la vitesse de la lumière à côté du rythme habituel des embauches par l'État[1]. Ces groupes dotés de qualifications considérables qui n'auraient jamais travaillé avec le gouvernement ou pour son compte ont ainsi été amenés à contribuer à l'amélioration de la cybersécurité, facilement, et dans des délais proportionnés à la nature immédiate de la tâche.

1. Austin Wright, « With Cyber Fast Track, Pentagon Funds Hacker Research », *Politico*, 7 décembre 2011, http://www.politico.com/news/stories/1211/70016.html.

CFT s'inscrivait dans la réorientation générale de l'agence conduite par Regina Dugan vers « l'innovation démocratisée, soumise au crowd-sourcing[1] ».

Nous avons demandé à Mme Dugan ce qui avait motivé cette approche peu conventionnelle — après tout, faire venir des pirates pour leur confier des affaires sensibles de sécurité a provoqué un certain nombre de haussements de sourcils. « On ne voit généralement dans les hackers ou Anonymous que des malfaiteurs, dit-elle. Ce que nous avons constaté et cherché à faire percevoir par d'autres, c'est que le qualificatif "hacker" désigne en fait une palette de talents. Les hackers déclarés (que ce soit par eux-mêmes ou par d'autres) pouvaient faire une contribution importante à la question de la cybersécurité, avec leur façon d'aborder les problèmes, les délais qu'ils mettent à le faire et leur aptitude à agir et à relever les défis[2]. » La réussite de Cyber Fast Track, ajoute-t-elle, a été un signe de la viabilité du modèle. « Je ne pense pas que ce doive être le seul modèle que nous utilisions, mais il doit absolument faire partie de notre approche. »

Ce rapprochement avec les hackers et d'autres informaticiens indépendants risque de devenir une priorité dans les années qui viennent, et l'on peut s'attendre à voir les gouvernements occidentaux poursuivre leur recrutement de ce genre de profils, que ce soit ouvertement, à travers des programmes comme le CFT, ou plus discrètement, à travers les agences de renseignement. Les États redoubleront d'efforts pour se trouver des correspondants virtuels dans les pays étrangers et les faire travailler en complémentarité avec leurs agents secrets et leurs contacts actifs dans le monde physique, ils recruteront des hackers et d'autres individus techniquement compétents avec lesquels ils traiteront en ligne par des voies sécurisées. Ce type de contact virtuel pose toutefois certaines difficultés par sa nature. Malgré sa grande

1. Déclaration du Dr Regina E. Dugan devant le Subcommittee on Terrorism, Unconventional Threats and Capabilities of the House Armed Services Committee, United States House of Representatives, 23 mars 2010, www.darpa.mil/WorkArea/DownloadAsset.aspx?id=542.

2. Entretien avec les auteurs, juillet 2012.

utilité, il suppose l'absence de toute interaction physique, or c'est là-dessus que se fondent les agents du renseignement depuis des siècles pour déterminer la crédibilité d'une source. La téléconférence ne vaut pas le tête-à-tête, alors les agences vont devoir trouver un moyen efficace d'évaluer les nouveaux participants. Il sera peut-être plus difficile de faire confiance à un contact virtuel que de le retourner.

Le talon d'Achille des terroristes

Pour les terroristes de demain, la technologie sera un outil nécessaire mais à haut risque. La mort d'Oussama ben Laden, en 2011, a sonné le glas de l'époque du terroriste terré dans sa grotte, isolé de l'écosystème technologique moderne. Ben Laden a passé au moins cinq ans dans sa demeure d'Abbottabad, au Pakistan, sans accès à Internet ni à la téléphonie mobile. Sa sécurité l'obligeait à se maintenir hors ligne, ce qui a radicalement réduit sa portée et son influence sur le réseau al-Qaïda dont le fonctionnement reposait, au moins en partie, sur la connectivité. Ironie du sort, le fait qu'une grande maison urbaine ne soit pas raccordée à Internet a renforcé les soupçons des agents du renseignement déjà intrigués par les allées et venues de son estafette[1].

Et si Ben Laden avait jusqu'alors échappé à la capture en restant hors ligne, il était obligé malgré tout d'utiliser des clés USB, des disques durs et des DVD pour se tenir informé. Ces outils lui ont permis de suivre les opérations internationales d'al-Qaïda et fourni à ses estafettes un moyen efficace de faire circuler de grandes masses de données entre diverses cellules terroristes et lui-même. Tant qu'il demeurait introuvable, les informations que contenaient ces instruments

1. Mark Mazzetti et Helene Cooper, « Detective Work on Courier Led to Breakthrough on bin Laden », *New York Times*, 2 mai 2011, http://www.nytimes.com/2011/05/02/world/asia/02reconstruct-capture-osama-bin-laden.html ; Bob Woodward, « Death of Osama bin Laden : Phone Call Pointed U.S. to Compound-and to "The Pacer" », *Washington Post*, 6 mai 2011, http://www.washingtonpost.com/world/national-security/death-of-osama-bin-laden-phone-call-pointed-us-to-compound-and-to-the-pacer/2011/05/06/AFnSVaCG_story.html.

étaient à l'abri, inaccessibles. Mais lorsque la Navy SEAL Team Six a pris sa maison d'assaut, elle n'a pas seulement mis la main sur l'homme le plus recherché du monde, mais sur de précieux renseignements concernant tous ses contacts[1].

Le scénario terroriste le plus probable à l'âge numérique ressemblera à celui des attentats de Bombay en 2008[2],

1. Joby Warrick, «Al-Qaeda Data Yield Details of Planned Plots», *Washington Post*, 5 mai 2011, http://www.washingtonpost.com/world/national-security/al-qaeda-data-yields-details-of-planned-plots/2011/05/05/AFFQ3L2F_story.html; Bob Woodward, «Death of Osama bin Laden : Phone Call Pointed U.S. to Compound — and to "The Pacer"», *Washington Post*, 6 mai 2011, http://www.washingtonpost.com/world/national-security/death-of-osama-bin-laden-phone-call-pointed-us-to-compound—and-to-the-pacer/2011/05/06/AFnSVaCG_story.html.

2. Hari Kumar, «India Says Pakistan Aided Planner of Mumbai Attacks», *New York Times*, 27 juin 2012, http://www.nytimes.com/2012/06/28/world/asia/india-says-pakistan-aided-abu-jindal-in-mumbai-attacks.html; Harmeet Shah Singh, «India Makes Key Arrest in Mumbai Terror Plot», CNN, 26 juin 2012, http://articles.cnn.com/2012-06-26/asia/world_asia_india-terror-arrest_1_fahim-ansari-ujjwal-nikam-sabauddin-ahmed?_s=PM:ASIA ; «Mumbai Attacks "Handler" Arrested in India», Agence France-Presse (AFP), 25 juin 2012, http://www.google.com/hostednews/afp/article/ALeqM5gydBxOITFOjQ_gOjs278EF2DTvIQ?docId=CNG.1ec8f11cdfb59279e03f13dafbcd927a.01.

Pour mieux comprendre le rôle qu'a joué la technologie dans les attentats de Bombay, nous avons rencontré Prakash V. Shukla, vice-président et chef du renseignement de la société Taj Hotels Resorts and Palaces, qui administre l'hôtel Taj Mahal. «Les images des caméras de sécurité montraient très clairement que ces individus n'avaient jamais mis les pieds dans l'hôtel. Mais ils savaient quand même précisément où se trouvaient les choses, ils circulaient sans problème, etc. La partie ancienne de l'hôtel a été construite il y a plus d'un siècle, alors il n'existait pas de plans des étages. Mais entre le site Internet du Taj et Google Maps, ils ont pu se faire une bonne idée de la configuration de l'hôtel. On trouve notamment sur le site l'emplacement des chambres premium, aux étages supérieurs. Ils n'ont eu aucune difficulté à planifier des attentats contre des cibles de choix comme le Taj, Oberoi, la gare ferroviaire, etc. Tout cela, plus les rapports de reconnaissance en Inde de Headley [l'un des cerveaux de l'opération, N.d.T.], a donné aux terroristes une bonne idée des lieux. Dès le début des attaques, les terroristes se sont immédiatement dirigés jusqu'à l'aile ancienne (premium) de l'hôtel et vers les étages supérieurs. Ils étaient munis de radios satellites. Ils ont procédé à plusieurs transferts d'argent à l'aide de virements électroniques. En Inde, ils se sont procuré plusieurs cartes SIM prépayées», nous a-t-il confié.

Le fait que le terrorisme s'en prenne à des hôtels de prestige aura des répercussions sur la façon dont l'industrie va gérer sa sécurité. Selon Prakash Shukla, «le secteur hôtelier prend le même chemin que celui de l'aviation commerciale. Les mesures adoptées par ce dernier — passage au scanner des bagages, vérification des antécédents des passagers — se mettent en place dans les hôtels. Taj, notamment, a employé pendant plus de quatre ans les services d'une équipe de consultants israéliens qui ont mis en place un dispositif de sécurité censé prévenir ce type d'attaque. En 2008, nous avions des agents de sécurité, mais ils n'étaient pas armés. On a appris à nos dépens que la police n'était pas du tout à la hauteur lorsque dix hommes cagoulés ont pris la ville en otage lors d'un siège de trois jours qui a coûté la vie à cent soixante-quatorze personnes et fait plus de trois cents blessés. Les tueurs n'ont utilisé que des instruments de consommation courante[1] – BlackBerry, Google Earth et VoIP – pour coordonner et exécuter les attentats, communiquant avec un centre de commandement situé au Pakistan où leurs chefs suivaient les événements en direct à la télévision pour donner des instructions tactiques en temps réel. La technologie a rendu ces attentats beaucoup plus meurtriers qu'ils ne l'auraient été autrement, mais après la capture du dernier homme de main (vivant), les informations qu'on lui a soutirées, et, surtout, celles que contenaient les appareils trouvés sur ses camarades, ont permis aux enquêteurs de remonter la trace électronique jusqu'à des individus et des lieux au Pakistan que l'on n'aurait peut-être pas identifiés avant des mois, ou jamais[2].

Le revers de la médaille du cyberterrorisme, c'est qu'elle

---

de la situation, car à l'arrivée des équipes de la NSG et de Marcos, plus de douze heures avaient passé. Le dispositif général de sécurité comporte plusieurs éléments. Le profilage : nous profilons les clients à partir des listes d'arrivants et les forces de l'ordre sont informées des arrivées ; à leur entrée, ils sont observés, chacun de nos agents de sécurité est formé pour observer les individus qui entrent dans l'hôtel ; tous les bagages sont passés au scanner ; des exercices de réaction aux catastrophes sont régulièrement organisés ; le personnel a été formé à observer ; nous disposons à présent d'agents en civil armés ; tout le personnel de sécurité de l'hôtel s'est rendu en Israël pour suivre pendant un mois une formation au maniement des armes et à la gestion des situations d'urgence. Nous avons consacré des sommes importantes à la mise en place de ces mesures, et il nous semble que notre hôtel est aujourd'hui une cible plus difficile à atteindre que le reste du secteur, nous sommes relativement tranquilles quant au fait que notre établissement ne sera pas de nouveau visé. Cela dit, c'est une situation évolutive. Si nous nous sophistiquons, nos ennemis en font autant, il faut constamment innover et améliorer la sécurité ».

1. Jeremy Kahn, « Mumbai Terrorists Relied on New Technology for Attacks », *New York Times*, 8 décembre 2008, http://www.nytimes.com/2008/12/09/world/asia/09mumbai.html ; Damien McElroy, « Mumbai Attacks : Terrorists Monitored British Websites Using BlackBerry Phones », *Telegraph* (Londres), 28 novembre 2008, http://www.telegraph.co.uk/news/worldnews/asia/india/3534599/Mumbai-attacks-Terrorists-monitored-coverage-on-UK-websites-using-BlackBerry-phones-bombay-india.html.

2. « Global Lessons from the Mumbai Terror Attacks », Investigative Project on Terrorism (IPT), 25 novembre 2009, http://www.investigativeproject.org/1539/global-lessons-from-the-mumbai-terror-attacks.

réduira la marge d'erreur de ses adeptes. Nous n'avons pour la plupart aucune raison de nous demander ce qui changerait dans notre rapport à la technologie si notre liberté ou notre vie dépendaient du soin que nous mettons à effacer toute trace de notre passage en ligne. Les cyberterroristes ont une conscience technique très affûtée, mais peuvent-ils en dire autant de leurs amis ? Des parents avec lesquels ils correspondent ? Il est très irréaliste d'attendre une discipline parfaite de tous les terroristes en ligne. Prenons le cas, sans lien avec le terrorisme, de John McAfee, le pionnier millionnaire des antivirus informatiques qui a fait l'objet d'un mandat d'arrêt international pour avoir refusé de répondre aux autorités à propos du meurtre de son voisin dans son pays d'adoption, le Belize. Lorsqu'il a reçu dans son refuge secret des journalistes du magazine en ligne *Vice*, McAfee a posé pour une photo avec le rédacteur en chef, prise par un iPhone 4S. Ce qu'il ignorait — et son interviewer aussi —, c'est que la publication de la photo trahirait sa localisation, car beaucoup de smartphones (et l'iPhone 4S est de ceux-là) intègrent à chaque cliché des métadonnées concernant les coordonnées GPS. Il a suffi qu'un usager de Twitter remarque la présence de ces métadonnées pour que la police et le monde entier apprennent que McAfee se trouvait au Guatemala, près de la piscine du restaurant Ranchon Mary. *Vice* aurait dû le savoir (nous connaissons l'existence de ces métadonnées depuis des années), mais à mesure que les smartphones se perfectionnent, le nombre de détails à surveiller se multiplie.

À mesure que notre vie sociale, professionnelle et intime gagne le cyberespace, le degré d'interconnexion de toute activité numérique croît sensiblement. Les ordinateurs sont très forts pour reconnaître des schémas et trouver les aiguilles dans les bottes de foin, alors plus il y a de données, plus les algorithmes peuvent établir des prédictions et des corrélations précises — de façon plus rapide et plus juste qu'aucun être humain. Imaginons le cas d'un extrémiste marocain en France qui a fait tout son possible pour rendre son smartphone anonyme sur son réseau mobile. Il a débranché la géolocalisation, désactivé toutes les options de partage des données et retire périodiquement sa carte SIM au cas où quelqu'un chercherait à la trouver. Il a même pris l'habitude de retirer la batterie du téléphone, par précaution supplémentaire, conscient que même lorsqu'un téléphone est éteint, la batterie conserve la capacité d'émettre et de recevoir des signaux. Son numéro de téléphone n'est qu'un numéro parmi des milliers d'autres, il est impossible de le faire ressortir du lot, de le relier à sa personne ou à quelque emplacement que ce soit. Mais les forces de l'ordre savent que cet homme a un faible pour les courses hippiques, et que quatre bureaux de paris se trouvent dans sa ville. Grâce à cette donnée, l'ensemble des numéros possibles se réduit à la centaine d'individus qui fréquentent ces lieux. Mettons aussi qu'un petit nombre de ses connaissances ne soient pas aussi prudentes que lui ; les autorités peuvent donc faire des recoupements entre ce bureau de paris hippiques et les diverses localisations de ses amis. Il n'en faudra probablement pas plus pour identifier son numéro. Ce type de recherche sur de telles masses de données autrefois impensable est aujourd'hui très simple — c'est un nouvel exemple de partage des tâches entre l'humain et l'ordinateur selon les forces de chacun. Qu'elles se déroulent hors ligne ou en ligne, nos activités (et celles de nos amis, de nos parents et de notre milieu) offrent aux systèmes informatiques intelligents largement de quoi permettre notre identification.

Il suffit d'une erreur ou d'un maillon faible pour compromettre tout un réseau. Un membre de la Navy SEAL Team Six nous a raconté l'histoire d'un dirigeant d'al-Qaïda particulièrement prudent avec ses appareils électroniques, qui changeait constamment de téléphone et ne parlait jamais très longtemps[1]. Mais il n'était pas aussi pointilleux dans sa vie sociale. Un jour, il a appelé un cousin en Afghanistan pour lui annoncer sa présence à un mariage. Cet unique faux pas a fourni aux autorités les informations qu'il fallait pour sa capture. À moins qu'un terroriste agisse en totale solitude

1. Entretien avec les auteurs, février 2012.

(ce qui est rare) et fasse preuve d'une discipline absolue en ligne (encore plus rare), il est très probable que tôt ou tard dans la chaîne d'événements qui conduisent à un attentat planifié il se compromettra d'une façon ou d'une autre. Il y a beaucoup trop de façons de se signaler ou d'être signalé par autrui, et c'est une perspective très encourageante pour la lutte antiterroriste de demain.

Évidemment, parmi tous les cyberterroristes, certains seront malins et avisés, mais il y aura aussi des idiots. Pendant la phase expérimentale qu'entraînera l'explosion de la connectivité, beaucoup de manifestations d'ingénuité paraîtront risibles aux yeux de ceux d'entre nous qui ont grandi avec Internet. Trois ans après l'enlèvement en Somalie de la journaliste canadienne Amanda Lindhout[1] — retenue quinze mois par les extrémistes shebabs et finalement relâchée contre une coquette rançon —, ses ravisseurs l'ont contactée sur Facebook pour la menacer et lui réclamer encore de l'argent[2]. Certains de leurs comptes étaient des leurres, créés dans la seule intention de la harceler, mais d'autres se sont avérés d'authentiques comptes personnels. Il est fort probable que les terroristes n'ont pas eu conscience de l'exposition à laquelle ils s'étaient soumis — ce n'étaient pas seulement leurs noms ou leurs profils, mais tous leurs contacts, tout ce qu'ils avaient écrit sur leur mur Facebook et celui des autres, les sites qu'ils « aimaient » et tout le reste. Naturellement, chaque révélation de ce genre sera pour les autres terroristes une occasion d'apprendre et d'éviter ces erreurs à l'avenir.

On estime que plus de 90 % des possesseurs d'un téléphone portable dans le monde ne s'en éloignent jamais de plus d'un mètre[3]. Il n'y a pas de raison de penser que les extrémistes fassent exception à la règle. Ils adopteront

1. « Canadian Amanda Lindhout Freed in Somalia », CBC (Ottawa), mis à jour le 25 novembre 2009, http://www.cbc.ca/news/world/story/2009/11/25/amanda-lindhout-free.html.

2. Amanda Lindhout, entretien avec les auteurs, juillet 2012.

3. *Technology/ Internet Trends*, 18 octobre 2007, Morgan Stanley (China Mobile 50K Survey), 7. Posté sur Scribd, http://www.scribd.com/doc/404905/Mary-Meeker-Explains-The-Internet.

peut-être de nouvelles habitudes qui les protégeront un peu — comme celle de retirer périodiquement la batterie de leur téléphone — mais ne renonceront pas totalement à son usage. Cela signifie que les descentes antiterroristes de l'armée produiront de meilleurs résultats : quand on capture le terroriste, on capture aussi son réseau. L'interrogatoire du prisonnier restera important, mais chaque appareil qu'il aura utilisé — téléphone, disques de stockage, ordinateur portable et appareil photo — sera une mine d'or en puissance. La prise de contrôle des appareils d'un terroriste captif à l'insu de son réseau conduira ses compères à livrer malgré eux des informations sensibles. En outre, on y trouvera peut-être des contenus permettant de mettre au jour l'hypocrisie d'un terroriste réputé, comme l'ont fait les autorités américaines quand elles ont révélé que les ordinateurs saisis dans la villa d'Oussama ben Laden contenaient une importante collection de vidéos pornographiques[1]. Évidemment, dès que cette faille deviendra flagrante, les terroristes sophistiqués y pourvoiront en se dotant de tout un tas d'appareils truffés de fausses informations. Le stockage délibéré de détails personnels concernant leurs rivaux ou leurs ennemis sur des appareils qui atterrissent entre les mains de la police sera pour eux une forme bien commode de sabotage.

Interdit aux gens cachés

À mesure que les terroristes mettront au point de nouvelles méthodes, les stratèges de l'antiterrorisme s'adapteront. L'emprisonnement ne suffira probablement pas à empêcher un réseau terroriste de nuire. Les gouvernements en viendront peut-être à considérer, par exemple, qu'il est trop risqué de laisser des citoyens « hors circuit », totalement déconnectés de l'écosystème numérique. Il ne fait aucun

1. Scott Shane, « Pornography Is Found in bin Laden Compound Files, U.S. Officials Say », *New York Times*, 13 mai 2011, http://www.nytimes.com/2011/05/14/world/asia/14binladen.html.

doute qu'à l'avenir, comme aujourd'hui, certains individus résisteront à l'adoption et à l'utilisation de la technologie, qu'ils ne voudront pas entendre parler de profil virtuel, de systèmes de données en ligne ou de smartphones. Pourtant, il est fort probable que les autorités soupçonneront quiconque choisira la disparition totale d'avoir quelque chose à cacher, qu'elles l'estimeront plus enclin qu'un autre à commettre un acte illégal, et qu'elles créeront à titre de mesure antiterroriste un registre de «gens cachés» similaire à ce que nous avons décrit plus haut. Si vous n'avez pas de profil social enregistré ni d'abonnement de téléphonie mobile, et s'il est étonnamment difficile de trouver en ligne des références vous concernant, vous pourriez faire un bon candidat à ce genre de registre. Vous pourriez aussi être soumis à un ensemble de nouvelles contraintes très strictes, comme une fouille plus rigoureuse dans les aéroports, voire des restrictions de déplacements.

Dans le monde de l'après-11 Septembre, on voit déjà certains des pays les plus attachés aux libertés publiques renoncer à la protection du citoyen en faveur d'un dispositif renforcé de surveillance et de sécurité intérieure. Cette tendance ne va faire que s'accélérer. Après quelques coups d'éclat du cyberterrorisme, il sera plus facile de convaincre la population que les sacrifices requis — pour l'essentiel une surveillance accrue des activités en ligne par l'État — valent bien la paix d'esprit qu'ils procurent. Les dommages collatéraux d'un tel scénario, au-delà évidemment de la persécution de quelques ermites inoffensifs, seront le risque occasionnel d'abus ou de mauvais jugement des fonctionnaires. Raison de plus pour lutter en faveur de la vie privée et la sécurité à l'avenir.

Le bras de fer entre la vie privée et la sécurité à l'âge numérique est appelé à s'intensifier dans les années qui viennent. Les autorités responsables de la localisation, de la surveillance et de la capture des individus dangereux vont avoir besoin de systèmes de gestion des données immenses et extrêmement sophistiqués. Malgré tous les efforts qu'accompliront des individus, des entreprises et des associations pour protéger la confidentialité, ces systèmes comporteront fatalement quantité de données concernant des citoyens qui ne sont pas des terroristes – le tout est de savoir combien et où. Aujourd'hui, l'essentiel des informations que récoltent les gouvernements au sujet de la population – adresse, numéro de carte d'identité, casier judiciaire, données de téléphonie mobile – est réparti entre différents endroits (et dans certains pays, elles ne sont pas encore numérisées). Cette séparation assure une certaine confidentialité au citoyen, mais elle est pour les enquêteurs une importante source d'inefficacité.

Le grand défi que rencontrent aujourd'hui les gouvernements et les institutions du monde entier, c'est l'abondance des données (« *big data* ») : comment les agences de renseignement, les divisions militaires et la police peuvent-elles intégrer l'ensemble de leurs bases de données numériques en une structure centralisée de façon à pouvoir faire les rapprochements pertinents sans violer la vie privée des citoyens ? Aux États-Unis, par exemple, le FBI, le département d'État, la CIA et d'autres agences gouvernementales emploient chacun un système différent. On sait que les ordinateurs décèlent beaucoup mieux que les analystes humains les schémas, les anomalies et d'autres indices significatifs, mais le regroupement de systèmes d'information disparates (passeport, empreintes digitales, retraits bancaires, écoutes téléphoniques, historique de voyages) et la conception d'algorithmes pouvant recouper tout cela de façon efficace, éliminer les redondances et reconnaître les cas méritant signalement est une tâche d'une difficulté extraordinaire, qui demande un temps considérable.

Cependant, difficile n'est pas synonyme d'impossible, et tout indique que ces systèmes intégrés d'information complets vont bientôt se banaliser dans les États modernes et riches. Nous avons eu l'occasion de visiter le centre de commandement de Plataforma México, l'impressionnante banque de données criminelle nationale du Mexique, peut-être le meilleur modèle de système intégré de données opérant aujourd'hui. Hébergée dans un bunker souterrain du ministère de la Sécurité publique à Mexico[1], cette vaste banque intègre les données du renseignement, des crimes signalés, des images en temps réel des caméras de surveillance et tout ce qui provient des agences de tous les États du pays. Des algorithmes spéciaux en extraient des schémas, font des projections sociales sous forme de graphiques et surveillent les zones agitées à la recherche de délits et de violences, mais aussi de catastrophes naturelles et d'autres types d'urgences civiles. Le niveau de surveillance et de sophistication technologique que nous avons vu à Plataforma México est extraordinaire — mais les problèmes de sécurité qu'affrontent les autorités mexicaines ne le sont pas moins. Là réside le défi qui nous attend : les problèmes de sécurité endémiques font du Mexique le lieu idéal pour un projet pilote de ce type, mais une fois que le modèle aura été éprouvé, qu'est-ce qui empêchera d'autres États aux motivations moins avouables de le mettre en place à leur tour ? Certains gouvernements ne manqueront pas de jouer la carte sécuritaire et d'insister sur la nécessité d'une plateforme aussi sophistiquée ; qu'est-ce qui les arrêtera ?

Au début des années 2000, à la suite des attentats du 11 Septembre, un projet de ce genre a été envisagé aux États-Unis. Le département de la Défense a créé l'Information Awareness Office (Bureau de la connaissance de l'information) et donné son feu vert à la mise en route d'un programme appelé Total Information Awareness (TIA — connaissance complète de l'information). Présentée comme le dispositif de sécurité ultime pour déceler les activités terroristes, la TIA avait été conçue et financée pour regrouper toutes les données « transactionnelles[2] » — relevés bancaires, achats par carte de crédit, dossiers médicaux — et d'autres

1. Venu Sarakki *et al.*, « Mexico's National Command and Control Center Challenges and Successes », 16th International Command and Control Research and Technology Symposium in Quebec, Canada, 21-23 juin 2011, http://www.dtic.mil/dtic/tr/ulltext/u2/a547202.pdf.

2. Dr. John Poindexter, « Overview of the Information Awareness Office ». Remarques préparées pour la Conférence DARPATech 2002, 2 août 2002. Posté par la Federation of American Scientists (FAS), http://www.fas.org/irp/agency/dod/poindexter.html.

informations personnelles pour créer un fichier centralisé et consultable par les forces de l'ordre et les agences antiterroristes. Des outils technologiques sophistiqués d'exploration des données allaient être créés pour y déceler des schémas et des coïncidences, et grâce à la « signature » que laisseraient derrière eux les individus dangereux, on pourrait les repérer à temps et les empêcher de nuire à nouveau.

Quand le public a eu connaissance des détails du programme TIA, certaines voix, aussi bien à gauche qu'à droite, ont exprimé leur inquiétude pour l'avenir des libertés publiques, le droit à la vie privée et la sécurité à long terme. Focalisés sur les risques d'abus qu'entraîne ce type de système d'information massif, ces gens en ont dénoncé l'ampleur « orwellienne ». Une campagne au Sénat réclamant la fermeture de la TIA a abouti à ce qu'aucun crédit ne lui soit alloué dans le budget de la Défense en 2004[1]. L'Information Awareness Office a donc été définitivement fermé, mais certains de ses projets ont depuis été repris par d'autres agences relevant du domaine florissant de la sécurité intérieure[2].

Le combat pour la vie privée est important, mais il sera long. Peut-être en avons-nous remporté certaines batailles initiales, mais la guerre est loin d'être finie. En règle générale, la logique sécuritaire primera toujours sur les inquiétudes concernant la vie privée. Il suffit aux faucons politiques d'attendre que survienne un incident grave pour obtenir la volonté politique et le soutien nécessaires à leurs demandes, piétinant toutes les considérations émises par les colombes, et que la perte de confidentialité paraisse normale. Face à ce genre de plateforme d'informations intégrées, il va falloir mettre en place dès le départ de solides garde-fous protégeant le citoyen et les libertés publiques, parce qu'aussitôt

1. Department of Defense Appropriations Act, 2004, S.1382, 108th Cong. (2003), voir Sec. 8120 ; Department of Defense Appropriations Act, 2004, H.R.2658, 108th Cong. (2003) (Enrolled Bill), voir Sec. 8131.

2. Associated Press (AP), « U.S. Still Mining Terror Data », *Wired*, 23 février 2004, http://www.wired.com/politics/law/news/2004/02/62390 ; Michael Hirsh, « Wanted : Competent Big Brothers », *Newsweek* et *Daily Beast*, 8 février 2006, http://www.thedailybeast.com/newsweek/2006/02/08/wanted-competent-big-brothers.html.

qu'apparaît une menace sérieuse, il est très facile d'aller trop loin. (Les informations sont déjà là, il n'y a qu'à se servir.) Les gouvernements aux commandes de plateformes de surveillance en viendront forcément un jour à ne pas respecter les restrictions qui leur auront été imposées (par loi ou par décision de justice), mais dans les États démocratiques où la justice fonctionne et où la société civile est active, ces erreurs seront rectifiées, que ce soit à travers la punition des coupables ou la mise en place de nouveaux garde-fous.

Pour les États responsables, de graves questions demeurent. Le risque d'usage inapproprié d'un tel pouvoir est terrifiant, pour ne rien dire des dangers liés à l'erreur humaine, aux faux positifs statistiques ou à la simple curiosité. Peut-être ferions-nous bien d'admettre qu'un système d'information pleinement intégré, recevant des données de tout type de sources, et doté de logiciels capables d'interpréter et de prédire les comportements est un outil trop puissant pour être confié à des mains humaines. En outre, une fois créé, un tel système sera à jamais impossible à démanteler. Car même une fois passé l'alerte de sécurité qui a entraîné sa constitution, quel gouvernement renoncera volontairement à un tel outil de maintien de l'ordre ? Et peut-on avoir la certitude que le gouvernement *suivant* montrera les mêmes scrupules ou le même sens des responsabilités que son prédécesseur ? Ces systèmes d'information totalement intégrés en sont aujourd'hui au stade primitif, et ils butent incontestablement sur certaines difficultés (comme la récolte cohérente de données) qui posent des limites à leur efficacité. Mais ils vont s'améliorer, et leur multiplication dans l'avenir paraît fatale. Les seules protections dont nous disposions contre le risque de tyrannie numérique sont le renforcement des institutions légales et les appels à la vigilance de la société civile face aux abus possibles.

Un dernier mot sur le contenu numérique et l'usage qui demain en sera fait : au fil de la prolifération des données en ligne, tout le monde devenant capable de produire, de télécharger et d'émettre une quantité infinie de contenu exclusif, le véritable atout sera la vérification. Ces dernières années, les grandes chaînes d'information ont cessé de n'émettre que des images professionnelles et se sont mises à diffuser des contenus générés par l'usager, comme les vidéos postées sur YouTube. Le diffuseur prend généralement soin d'avertir le public que ces images n'ont pu être soumises à vérification indépendante, mais le simple fait de les diffuser constitue en soi une validation implicite. Certaines voix dissonantes s'élèvent parfois pour signaler que le document a été retouché, ou qu'il est trompeur, mais ces mises en garde, quand elles se produisent, n'obtiennent généralement que très peu d'attention et sont généralement ignorées. L'excès de confiance envers des contenus non vérifiés va finir par déclencher une tendance inverse vers une vérification plus rigoureuse et techniquement sûre.

En fait, la vérification va prendre de l'importance dans tous les aspects de la vie. Nous avons vu plus haut que, dans le nouveau paysage induit par les données biométriques, la nécessité de vérifier va remodeler notre comportement en ligne, exigeant une meilleure protection contre le vol d'identité. La vérification jouera aussi un rôle important dans la détermination des menaces terroristes qui méritent d'être prises au sérieux. Pour éviter d'être identifiés, la plupart des extrémistes multiplieront les cartes SIM, les identités en ligne et emploieront toute une série d'outils d'obfuscation pour couvrir leurs traces. La difficulté pour les forces de l'ordre sera de trouver une façon de gérer ce déluge d'informations sans perdre de temps à suivre de fausses pistes. Le fait de disposer de registres de « gens cachés » réduira quelque peu le problème, sans pour autant le résoudre.

Étant donné que le grand public en viendra à préférer les identités vérifiées, à s'y fier, à en dépendre, les terroristes veilleront à utiliser leurs propres voies certifiées pour émettre des déclarations. Or, on aura beaucoup plus de moyens de vérifier les vidéos, les photos et les appels téléphoniques qu'ils emploieront pour communiquer. Publier la photo d'un otage brandissant la dernière édition d'un journal deviendra une pratique désuète — la preuve de la date apparaîtra dans la photo elle-même. Grâce à certaines techniques comme la vérification du tatouage numérique, les spécialistes de la police scientifique sont capables de déterminer non seulement la date, mais le lieu et le procédé employé.

L'accent mis sur les contenus vérifiés exigera en outre des terroristes qu'ils mettent leurs menaces à exécution, sous peine de subir une perte de crédibilité qui nuira à leur réputation et à celle de leur organisation. Si al-Qaïda émettait un jour un enregistrement audio prouvant que l'un de ses membres a survécu à l'attaque d'un drone, par exemple, et si les experts informatiques déterminaient grâce à des logiciels spéciaux qu'il s'agit de la voix d'un autre, cela ne ferait qu'affaiblir la position d'al-Qaïda et renforcer ses détracteurs. Chaque accroc de vérification grignotera un peu plus l'image grandiloquente sur laquelle s'appuient de nombreux groupes terroristes pour récolter des fonds, mener leur recrutement et installer la peur. La vérification sera donc un outil formidable dans la lutte contre le terrorisme.

La conquête des cœurs et des esprits gagne l'espace virtuel

S'il est vrai que le renfort de hackers et d'informaticiens efficaces va accroître les capacités des groupes terroristes, l'immense majorité des recrues n'en restera pas moins composée de simples soldats. Il s'agira comme aujourd'hui de jeunes peu instruits, porteurs de revendications que les extrémistes exploiteront à leur avantage. Nous pensons que le grand bouleversement de la stratégie antiterroriste de demain ne concernera pas les assauts armés ou la surveillance des portables, mais plutôt la réduction de la vulnérabilité de cette population à risque à travers son engagement technologique.

On estime que 52 % de la population mondiale a moins de

trente ans[1], et qu'elle se compose très majoritairement d'individus qu'on pourrait dire « en situation de risque socio-économique », parce qu'ils vivent dans des bidonvilles urbains ou dans des communautés immigrées mal intégrées, dans des endroits où la loi ne règne pas vraiment et où les opportunités économiques sont rares. La pauvreté, l'aliénation, l'humiliation, l'absence de perspectives et de mobilité, et le simple ennui rendent ces jeunes populations extrêmement influençables. Confrontés à une toile de fond répressive et baignant dans une sous-culture qui fait la promotion de l'extrémisme, ils sont poussés à la radicalisation. Cela vaut aussi bien pour le gamin sous-instruit des bidonvilles que pour l'étudiant qui ne perçoit aucune perspective après l'obtention de son diplôme.

Chez Google Ideas, nous étudions la radicalisation dans le monde entier, avec un œil particulier sur le rôle que peuvent jouer les technologies de communication[2]. Il se trouve que le processus de radicalisation des terroristes n'est pas très différent de ce qu'on observe dans les gangs urbains ou parmi d'autres groupes violents comme les défenseurs de la suprématie blanche. Lors de notre Sommet contre l'extrémisme violent de juin 2011, nous avons réuni plus de quatre-vingts anciens extrémistes pour débattre des causes qui poussent l'individu à se joindre à des organisations violentes, et de celles qui le conduisent à les abandonner. À travers le dialogue ouvert des participants — des extrémistes religieux, des nationalistes violents, des membres de gangs urbains, des militants d'extrême droite et d'organisations djihadistes —, nous avons constaté chez tous la présence de motivations communes et découvert que la religion ou l'idéologie jouent un rôle moins important qu'on pourrait le croire. Les raisons qui conduisent les gens à se rallier à un groupe extré-

1. « Mid-Year Population by Five Year Age Groups and Sex — World, 2011 », U.S. Census Bureau, International Data Base, consulté le 20 octobre 2012, http://www.census.gov/population/international/data/idb/informationGateway.php.

2. Google, comme beaucoup d'autres entreprises, développe des outils gratuits à la disposition de tous. Pour cette raison, nous nous efforçons constamment de trouver des façons de réduire le risque de les voir utilisés à des fins malveillantes par des individus ou des entités hostiles.

miste sont complexes et généralement liées à l'absence d'un réseau de soutien, au désir d'appartenir à un groupe, de se révolter, de trouver une protection ou à la quête de danger et d'aventure.

Beaucoup trop d'individus éprouvent ces sentiments. La nouveauté, c'est qu'un grand nombre d'entre eux vont faire état de leurs revendications en ligne, et qu'ils se signaleront ainsi, volontairement ou pas, à l'attention des recruteurs terroristes. Ce que recherche la jeunesse radicalisée à travers les connexions virtuelles naît de ce qu'elle vit dans le monde physique – l'abandon, le rejet, l'isolement, la solitude et les maltraitances. On peut apprendre beaucoup de choses au sujet de ces gens dans le monde virtuel, mais, à l'arrivée, leur dé-radicalisation passe par des réunions de groupe et beaucoup de soutien, de thérapie et d'alternatives significatives dans le monde réel.

Les mots et les discours contre l'extrémisme violent ne suffiront pas à conquérir le cœur et l'esprit des jeunes. La force militaire non plus. Les gouvernements ont très bien réussi à capturer et à supprimer les terroristes existants, mais beaucoup moins à endiguer le flot de leurs recrues. Ainsi que l'a déclaré à *Der Spiegel* en 2010 le général Stanley McChrystal, ancien chef des forces américaines et de l'OTAN en Afghanistan, « deux choses sont vraiment efficaces contre le terrorisme. La primauté du droit et les opportunités pour l'individu. Un gouvernement qui fait régner le droit crée donc un environnement où il est plus difficile de devenir terroriste. Et si les gens disposent d'opportunités dans la vie, ce qui inclut l'éducation et la perspective d'obtenir un emploi, on supprime la cause principale du terrorisme. Alors, en fin de compte, ce n'est pas avec des frappes militaires qu'on vaincra le terrorisme, c'est en s'attaquant aux conditions de base[1] ».

Le propos de McChrystal laisse apparaître une opportunité pour les enthousiastes de la technologie comme les

1. General Stanley McChrystal, interview de Susanne Koelbl, « Killing the Enemy Is Not the Best Route to Success », *Der Spiegel*, 11 janvier 2010, http://www.spiegel.de/international/world/spiegel-interview-with-general-stanley-mcchrystal-killing-the-enemy-is-not-the-best-route-to-success-a-671267.html.

entreprises, car quel meilleur moyen y a-t-il d'améliorer la qualité de vie d'une population que de donner un coup de fouet à sa connectivité ? Tout ce qu'apportent les technologies de la communication à une communauté – opportunités économiques, divertissement, information libre, surcroît de transparence et de reddition de comptes – contribue à la lutte contre la radicalisation. Une fois qu'une part importante de la population sera en ligne, la communauté virtuelle locale pourra se mobiliser contre le terrorisme et exiger des comptes et des actes de ses dirigeants. Les voix s'élevant contre l'extrémisme seront plus nombreuses que celles en faveur, et si la technologie donne plus de portée au discours des fanatiques, ceux-ci ne pourront plus prêcher leur mode de pensée sans rencontrer d'interférences. Tout ce qu'implique l'existence d'une sphère virtuelle active – davantage de débat, de points de vue, de récits dissonants – est susceptible de faire naître le doute et de promouvoir l'indépendance d'esprit parmi ces populations jeunes et malléables. Évidemment, tout cela tomberait dans des oreilles plus réceptives si la connectivité était aussi porteuse de création d'emplois.

Contre la radicalisation, la plus puissante des stratégies sera celle qui se focalisera sur le nouvel espace virtuel, qui apportera aux jeunes des alternatives et des distractions riches de contenu pour les empêcher de se tourner en dernier ressort vers l'extrémisme. Cela demandera des efforts importants et l'implication d'acteurs de tous les horizons – secteur public, entreprises privées, partenariat entre intervenants locaux et militants à l'étranger. La technologie mobile tiendra dans cette campagne un rôle dominant, car la majorité des individus qui viendront en ligne le feront à travers leur téléphone. Le téléphone est une puissante plateforme personnalisée, un signe de statut très valorisé par l'usager, qui s'y investit très profondément. Atteindre la jeunesse désœuvrée à travers son téléphone portable est l'un des objectifs les plus prometteurs que nous puissions viser.

Ce ne sont pas les entreprises et les gouvernements occidentaux qui développeront l'essentiel des nouveaux contenus. Les meilleures solutions seront extrêmement localisées, conçues et entretenues par des individus ayant une connaissance intime de leur environnement immédiat. Construire des plateformes en se contentant d'*espérer* que les jeunes marginalisés les apprécieront équivaut à jeter des prospectus de propagande depuis un avion.

Les gens de l'extérieur n'ont pas à s'occuper du contenu ; qu'ils se contentent de créer l'espace. Câblons les villes, offrons aux gens les outils de base et ils feront l'essentiel eux-mêmes. Un certain nombre d'entreprises ont mis au point des kits de démarrage pour ceux qui voudraient créer des applications sur leur plateforme ; Amazon Web Services et Google App Engine en sont deux exemples, et bien d'autres suivront. Pour une entreprise, créer l'espace pour que d'autres puissent monter les sociétés, les jeux, les plateformes et les organisations qu'ils imaginent est par ailleurs une excellente stratégie, parce qu'elle garantit que ses produits seront employés par l'usager (favorisant au passage sa fidélisation à la marque) pendant qu'il invente et opère ce qu'*il* veut. Les Somaliens fabriqueront des applications efficaces contre la radicalisation d'autres Somaliens ; les Pakistanais en feront autant envers d'autres Pakistanais. Les gens auront davantage d'opportunités de créer leur petite entreprise, et cela ouvrira en même temps de nouveaux débouchés pour les jeunes. La clé consiste simplement à laisser les gens s'adapter aux produits selon leurs besoins et sans que cela demande trop d'expertise technologique.

Les partenariats public-privé avec des militants locaux et des personnages influents seront le moteur du processus. Il faut aussi que les entreprises cherchent à s'associer à des groupes locaux pour développer les contenus. Dans l'idéal, il devrait en ressortir une gamme de contenus, de plateformes et d'applications directement adressés à chaque communauté, mais partageant des composantes technologiques ou structurelles qui permettront leur imitation ailleurs. Si les causes de la radicalisation sont les mêmes partout, ses remèdes peuvent l'être aussi.

Les entreprises technologiques se trouvent dans une

position unique pour conduire cet effort sur le plan international. La plupart des principales se réclament des valeurs de la démocratie mais ne subissent pas les contraintes auxquelles sont soumis les gouvernements — elles peuvent se rendre là où ces derniers ne se rendent pas, dialoguer avec des individus sans contraintes diplomatiques et s'exprimer dans le langage neutre et universel de la technologie. En outre, il s'agit de l'industrie qui produit à la fois les jeux vidéo, les réseaux sociaux et les téléphones portables — elle sait peut-être mieux qu'aucune autre distraire les jeunes de n'importe quel secteur, et les jeunes sont précisément la population ciblée par les recruteurs du terrorisme. Ces entreprises ne connaissent peut-être pas toutes les nuances de la radicalisation ou toutes les différences entre certaines populations spécifiques et déterminantes comme celles du Yémen, de l'Irak ou de la Somalie, mais elles comprennent indéniablement la jeunesse et savent quels jouets elle désire. Ce n'est qu'une fois que nous aurons obtenu leur attention que nous pourrons espérer conquérir leur cœur et leur esprit.

De toute façon, les entreprises technologiques étant déjà profondément impliquées dans la menace sur la sécurité — leurs produits sont utilisés par les terroristes —, le public va finir par exiger d'elles davantage d'investissement dans la lutte contre l'extrémisme. Il ne suffira pas d'améliorer les produits et de protéger l'usager au moyen de politiques très strictes de contenu et de sécurité, il faudra aussi prendre publiquement position. De la même façon qu'en cédant à la pression politique dans la saga WikiLeaks, MasterCard et PayPal ont persuadé une foule de militants qu'ils avaient choisi leur camp, l'inaction des entreprises technologiques sera considérée indéfendable par certains. À juste titre ou pas, elles seront tenues responsables de l'usage destructif de leurs produits. C'est dans la façon dont elles répondront à ces défis que les entreprises révéleront leur personnalité et leurs valeurs centrales. Un public informé ne se contentera pas de mots creux.

On voit déjà s'accomplir les premiers pas dans cette direction, certaines entreprises émettant des déclarations très claires en matière de politique ou de méthodes. Pour YouTube, par exemple, la difficulté réside dans le volume du contenu. Avec plus de quatre milliards de consultations quotidiennes[1] (et soixante heures d'images qui viennent s'ajouter chaque jour aux archives), il lui est impossible de tout visionner pour y déceler les contenus inappropriés, comme ceux qui font l'apologie du terrorisme. YouTube a établi un système par lequel l'usager signale lui-même tout ce qui lui paraît inapproprié ; la vidéo ainsi signalée parvient à une équipe de YouTube qui la visionne et la retire si jamais elle viole la politique du site. Des normes communes à tous les secteurs vont finir par émerger. Toutes les plateformes numériques vont adopter une politique commune à l'égard de la présence en ligne de vidéos extrémistes dangereuses, de la même façon qu'elles se sont entendues pour instituer des règles concernant la pornographie infantile. La limite entre la censure et la sécurité est très mince, et nous devons créer des garde-fous en conséquence. Les secteurs travailleront ensemble à créer des logiciels mieux capables d'identifier les vidéos à contenu terroriste. Certains iront peut-être même jusqu'à employer des logiciels de reconnaissance de la voix capables de reconnaître certaines séquences de mots, ou des logiciels de reconnaissance des visages capables d'identifier des terroristes connus.

Le terrorisme, évidemment, ne disparaîtra jamais, et il ne renoncera pas à son entreprise destructrice. Mais le terroriste de demain étant contraint de vivre à la fois dans le monde physique et virtuel, son modèle de clandestinité et de discrétion est appelé à souffrir. Davantage d'yeux numériques seront en train d'observer, davantage d'interactions seront enregistrées et, si prudents que se montrent les plus sophistiqués des terroristes, eux non plus ne pourront pas complètement se cacher en ligne. S'ils sont en ligne, ils sont

1. Alexei Oreskovic, « Exclusive : You-Tube Hits 4 Billion Daily Video Views », Reuters, 23 janvier 2012, http://www.reuters.com/article/2012/01/23/us-google-youtube-idUSTRE80M0TS20120123.

trouvables. Et s'ils sont trouvables, le réseau de tous leurs collaborateurs l'est aussi.

Nous avons vu dans ce chapitre les plus sinistres façons dont certains individus voudront perturber notre monde, mais étant donné que le conflit et la guerre font partie de l'histoire de l'homme au même titre que la société elle-même, comment les États et les mouvements politiques mèneront-ils ces activités pour attcindre leurs objectifs ? Nous allons à présent examiner cette question en imaginant comment évolueront le conflit, le combat et l'ingérence dans un monde dont quasiment tous les habitants seront connectés.

6

L'avenir du conflit, du combat et de l'ingérence

Jamais dans le passé nous n'avons été aussi conscients des nombreux conflits en cours dans le monde. La pluie d'informations à propos d'atrocités commises partout — les articles, les vidéos, les photos, les tweets — nous donne souvent le sentiment de vivre une époque particulièrement violente. Mais la presse se nourrit d'images sanglantes. Et ce qui a changé, ce n'est pas le nombre des conflits, c'est leur visibilité.

En vérité, nous vivons des temps plus pacifiques que jamais ; la violence dans les sociétés s'est effondrée lors des derniers siècles grâce à l'apparition de certains progrès comme les États forts (qui détiennent le monopole de la violence et instituent la primauté du droit), le commerce (qui rend les autres plus précieux vivants que morts) et les réseaux internationaux (qui démystifient l'Autre et l'humanisent). Ainsi que l'explique le psychologue Steven Pinker dans *The Better Angels of Our Nature*, l'excellente étude qu'il a consacrée à cette tendance, les forces historiques exogènes de ce type « favorisent nos motivations pacifiques » telles que l'empathie, le sens moral, la raison et la maîtrise de soi, qui nous « détournent de la violence au profit de la coopération et de l'altruisme[1] ». Désormais conscient de ce changement, remarque Pinker, « le monde commence à prendre un autre

1. Steven Pinker, *The Better Angels of Our Nature : Why Violence Has Declined*, New York, Viking, 2011, p. xxv.

aspect. Le passé paraît moins innocent ; le présent moins sinistre[1] ».

Pinker aurait certainement mis la « connectivité » dans sa liste s'il avait écrit ce livre cinquante ans plus tard, parce que la visibilité à laquelle sont désormais confrontés les auteurs d'actes de sauvagerie dans un monde connecté et tout ce que cela implique vont sensiblement réduire le nombre des incitations à la violence et modifier les calculs qui sous-tendent la volonté politique de commettre des crimes comme celle de les empêcher.

Il demeure que les conflits, les guerres, les accrochages frontaliers et les atrocités de masse resteront au répertoire de la société humaine pendant quelques générations, même si l'évolution technologique leur donnera une autre forme. Nous allons nous efforcer d'analyser ce que vont changer les nouvelles possibilités et les nouvelles punitions aux différents éléments qui constituent le conflit — la montée de la discrimination et de la persécution, les combats et l'intervention armée — dans les prochaines décennies.

Moins de génocides, plus de harcèlement

La gestation des conflits violents est beaucoup trop complexe pour n'avoir qu'une seule cause. Mais s'il est un déclencheur bien connu qui va profondément changer à l'âge numérique, c'est la discrimination ou la persécution systématique des minorités, où des communautés entières sont victimes de violences graves et se mettent parfois elles-mêmes à perpétrer des actes de représailles. Nous pensons que, à l'avenir, les massacres d'ampleur génocidaire seront plus difficiles à commettre, mais que la discrimination va probablement s'intensifier et devenir plus personnalisée. La connectivité accrue au sein des sociétés va fournir aux discriminateurs, qu'il s'agisse de l'État ou de groupes conduits par des citoyens, toute une gamme de nouveaux moyens pour

1. *Ibid.*, p. XXVI.

marginaliser certaines minorités et communautés jugées indésirables, que leur propre usage des technologies n'aura rendues que plus faciles à cibler.

Les gouvernements qui répriment couramment les minorités dans le monde physique disposent dans le monde virtuel de toute une palette de nouvelles options, et ceux d'entre eux qui parviendront à coordonner leur politique dans les deux mondes à la fois n'en seront que plus efficaces dans leur répression. À l'avenir, le gouvernement d'un pays connecté qui souhaite harceler une communauté particulière disposera d'un certain nombre de méthodes très directes. La plus élémentaire sera simplement d'effacer du réseau Internet du pays tout contenu concernant cette communauté. Cela ne posera aucune difficulté aux États dotés de puissants systèmes de filtrage, car il leur suffira de commander aux FAI de bloquer tout site contenant certains mots-clés et de fermer ceux qui affichent des contenus prohibés. Puis, pour éliminer toute référence indésirable qui demeurerait sur des sites comme Facebook et YouTube, l'État n'aurait qu'à s'inspirer de la censure active que pratique aujourd'hui la Chine, où la connexion s'interrompt aussitôt qu'apparaît un mot interdit.

Le gouvernement chinois, par exemple, pourrait bien s'en prendre à la minorité ouighoure de la Chine occidentale. Concentré dans la région turbulente du Xinjiang, ce groupe ethnique turc essentiellement musulman voit depuis longtemps les tensions s'accumuler avec la majorité han chinoise, et les mouvements séparatistes de la région ont vainement entrepris ces dernières années de se soulever à plusieurs reprises. Bien qu'elle ne soit pas très nombreuse, la population ouighoure a donné beaucoup de maux de tête à Pékin, et il n'est pas inconcevable que le gouvernement passe de la censure de toute évocation des incidents la concernant (comme les émeutes survenues en 2009 à Ürümqi) à la suppression pure et simple de tout contenu ouighour en ligne.

Les États verront peut-être dans ce genre d'intervention un impératif politique, une tentative de réduire par l'effacement la menace qui pèse sur la stabilité intérieure. Les informations concernant ces groupes seraient toujours disponibles hors de l'espace Internet du pays concerné, bien sûr, mais, à l'intérieur, elles s'évaporeraient. Cela permettrait à la fois d'humilier le groupe en niant jusqu'à son existence et de l'isoler un peu plus du reste de la population. L'État serait alors plus libre de le persécuter et, pour peu que la censure se prolonge assez longtemps, les générations futures des groupes majoritaires grandiraient dans l'ignorance totale de l'existence de cette communauté et de ses problèmes. L'effacement du contenu est une manœuvre silencieuse, difficilement quantifiable et qui n'a que peu de chances de déclencher l'alerte parce que malgré la violence symbolique et psychologique qu'elle exerce sur les groupes affectés, ses effets perceptibles sont faibles. Et même si un gouvernement se « faisait prendre » d'une manière ou d'une autre et qu'il était prouvé qu'il bloque délibérément tout contenu concernant une minorité, ses représentants se justifieraient en invoquant la sécurité intérieure, un bug informatique ou une défaillance d'infrastructure.

Si un gouvernement voulait aller plus loin que le simple contrôle du contenu et pousser sa politique discriminatoire jusqu'à la persécution totale en ligne, il chercherait à restreindre l'accès d'un groupe donné à Internet et ses services. Cela peut paraître léger à côté du harcèlement physique, des arrestations arbitraires, des actes de violence et de l'étranglement économique et politique que subissent aujourd'hui les groupes persécutés dans le monde. Mais à mesure que se répand la connectivité, Internet et les téléphones portables prennent une place cruciale parmi les moyens dont dispose un individu pour transcender son milieu et accéder à des informations, des emplois, des ressources, des divertissements et à la communication avec d'autres individus. La politique qui viserait à exclure une population opprimée de toute participation au monde virtuel serait particulièrement radicale et dommageable, parce qu'elle la laisserait bel et bien sur le bord de la route, privée des opportunités de croissance et de prospérité que la connectivité apporte ailleurs. La banque, les salaires et les transactions financières employant de plus en plus les plateformes en ligne, l'exclusion d'Internet limitera radicalement les perspectives économiques des concernés. Il leur sera beaucoup plus difficile d'accéder à leur argent, de payer par carte de crédit ou d'obtenir un prêt.

Le gouvernement roumain prive déjà délibérément quelque 2,2 millions de Roms des opportunités dont jouit le reste de la population[1], et cela prend la forme de systèmes éducatifs distincts, de l'exclusion économique par la discrimination à l'embauche et de l'inégalité de l'accès aux soins et aux remboursements de santé (sans parler de la très lourde stigmatisation sociale). Il est difficile de trouver les statistiques actuelles du niveau d'accès à la technologie parmi les Roms — beaucoup, par crainte des persécutions, ne s'identifient pas comme tels dans les enquêtes officielles — mais, ainsi que nous l'avons clairement établi, la connexion permettrait aux Roms d'améliorer leur situation. Ils pourraient même un jour ou l'autre envisager de constituer leur propre État virtuel.

Si le gouvernement roumain décidait d'étendre au monde virtuel sa politique à l'égard des Roms, la quasi-totalité de ces opportunités s'évaporerait. Cette exclusion technologique pourrait prendre de multiples formes, selon le niveau de contrôle dont dispose l'État et la quantité de mal qu'il souhaite infliger. S'il exigeait de tous les citoyens qu'ils enregistrent leurs appareils et leurs adresses IP (comme le font déjà beaucoup de gouvernements avec les téléphones

1. Amnesty International (AI), «Romania Must End Forced Evictions of Roma Families», communiqué de presse, 26 janvier 2010, http://www.amnesty.org/en/for-media/press-releases/romania-must-end-forced-evictions-roma-families-20100126.

Les Roms font l'objet de persécutions de ce type dans toute l'Europe de l'Est et, de plus en plus, à l'ouest. En juillet 2010, le président français Nicolas Sarkozy a mené campagne pour le rapatriement forcé vers la Bulgarie et la Roumanie des Roms habitant son pays. En moins d'un mois, plus de cinquante camps illégaux ont été fermés et, en septembre, plus de mille Roms avaient été déportés. Voir «France Sends Roma Gypsies Back to Romania», BBC, 20 août 2010, http://www.bbc.co.uk/news/world-europe-11020429; «France : Renewed Crackdown on Roma : End Discriminatory Roma Camp Evictions and Removals», Human Rights Watch (HRW), News, 10 août 2010, http://www.hrw.org/news/2012/08/10/france-renewed-crackdown-roma; «French Ministers Fume After Reding Rebuke Over Roma», BBC, 15 septembre 2010, http://www.bbc.co.uk/news/world-europe-11310560.

portables) ou s'il créait un registre des « gens cachés », l'État roumain n'aurait aucun mal à priver les Roms d'accès aux informations intérieures et extérieures et aux plateformes ayant quelque valeur économique ou sociale. Ces usagers se trouveraient soudain dans l'impossibilité d'accéder en toute confiance à leurs données personnelles ou à leur banque en ligne ; ils recevraient des messages d'erreur ou trouveraient leur connexion extraordinairement lente. Usant de sa mainmise sur les infrastructures de communication du pays, le gouvernement pourrait arbitrairement interrompre les appels, brouiller le signal téléphonique dans certains quartiers ou court-circuiter de temps en temps l'accès des Roms à Internet. Avec la complicité de distributeurs privés, il pourrait organiser la vente d'appareils défectueux à la communauté rom (à travers des intermédiaires corrompus) et distribuer des ordinateurs et des téléphones portables truffés de bugs et de portes dérobées qui lui permettraient plus tard d'y insérer des codes malfaisants.

Au lieu de mener une campagne systématique pour barrer cet accès (qui ne manquerait pas d'attirer les regards indésirables), le gouvernement n'aurait qu'à mettre en place ces blocages de façon aléatoire, suffisamment fréquente pour harceler la communauté, mais guère plus, afin de pouvoir le nier. Évidemment, les Roms pourraient trouver des voies de contournement technologiques qui leur offriraient une connectivité rudimentaire, mais les entraves seraient de toute façon assez perturbatrices pour que même un accès intermittent ne compense pas ce qui a été perdu. Au bout d'un certain temps, on en arriverait à un genre d'apartheid virtuel, où à différents groupes sociaux correspondraient différents niveaux de restriction de la connectivité.

L'isolement électronique de groupes minoritaires est une mesure appelée à se banaliser, parce que les États en ont la volonté et qu'ils disposent des données qui le permettent. Cela commencera par des programmes inoffensifs jouissant de l'adhésion publique pour se transformer en des politiques plus restrictives et punitives à mesure que le pouvoir change de mains dans le pays. Imaginons par exemple que la communauté ultraorthodoxe d'Israël mène campagne pour la création d'un « Internet kasher » avec droit d'admission réservé, où seuls seraient acceptés les sites préalablement approuvés, et qu'elle obtienne gain de cause — en fin de compte, créer pour elle un Internet spécial n'est pas très différent de constituer une liste de sites « sûrs » pour les enfants[1]. Quelques années plus tard, si les ultraorthodoxes remportaient les élections et accédaient au pouvoir, leur première décision pourrait être de faire en sorte qu'il n'y ait plus en Israël que leur Internet kasher. Ils seraient alors en position de restreindre encore un peu plus l'accès à des groupes minoritaires au sein du pays.

Le résultat le plus inquiétant de ce genre de pratiques, c'est la vulnérabilité qu'elles entraîneraient pour les groupes visés, qui verraient sectionné un lien vital avec l'extérieur. La limitation de l'accès précédant le harcèlement physique ou la violence d'État, elle priverait la population ciblée de la capacité d'émettre des messages d'alerte, mais elle l'empêcherait aussi de documenter les maltraitances ou les destructions après coup. Peut-être sera-t-on prochainement amené à dire que lorsqu'une chose se produit dans le silence numérique, c'est comme si elle ne se produisait pas du tout.

Dans les pays dont le gouvernement s'en prend ainsi à des minorités ou à des groupes ciblés, on verra apparaître un arrangement implicite ou explicite entre certains citoyens et l'État, qui troquera l'accès amélioré contre des informations ou l'obéissance. Ceux qui se montreront manifestement coopératifs bénéficieront de connexions individuelles plus rapides, de meilleurs appareils, de protections contre le harcèlement en ligne et d'une gamme élargie de sites accessibles. Un artiste, père de six enfants, membre de la communauté chiite d'Arabie saoudite, n'aura peut-être aucune envie a priori de devenir informateur ni de signer une promesse de ne pas se mêler de politique, mais s'il calcule que la

1. Si une telle exception était admise pour les ultraorthodoxes israéliens au nom de la religion, quel précédent cela créerait-il ? Et si les salafistes ultraconservateurs d'Égypte leur emboîtaient le pas, exigeant à leur tour un Internet particulier ?

coopération lui vaudra de meilleurs revenus ou une meilleure éducation pour ses enfants, sa détermination pourrait faiblir. La stratégie consistant à coopter les minorités potentiellement insoumises en jouant sur les incitations est aussi ancienne que la notion d'État moderne ; cette version-là est simplement adaptée à notre âge numérique.

Ni l'une ni l'autre de ces tactiques – effacement de contenu et restriction d'accès – n'est l'apanage des États. Un groupe ou un individu aux compétences techniques suffisantes peuvent pratiquer la discrimination virtuelle indépendamment des autorités. Le premier génocide virtuel du monde pourrait être l'œuvre non pas d'un gouvernement mais d'une bande de fanatiques. Nous avons vu plus haut que les organisations extrémistes se lanceront dans la destruction en ligne aussitôt qu'elles en acquerront l'aptitude technologique, et il se trouve que certains de ces actes ressembleront au harcèlement décrit plus haut. Cela vaudra également pour les zélotes francs-tireurs. On imagine sans peine qu'un enragé islamophobe doté de solides compétences techniques décide de s'en prendre aux sites, aux plateformes et aux autres médias de la communauté musulmane de son pays pour les harceler. Cela équivaudrait dans le monde virtuel à dégrader leurs propriétés, à faire irruption dans leurs commerces et à vociférer contre eux à tous les coins de rue. Si notre excité est particulièrement habile, il trouvera moyen de limiter l'accès des musulmans en ciblant certains routeurs pour les déconnecter, en envoyant des signaux de brouillage dans leurs quartiers ou en fabriquant des virus informatiques qui désactivent leur connexion.

En vérité, la discrimination virtuelle satisfera davantage certains extrémistes que les options dont ils disposent aujourd'hui. Pour Christian Picciolini, un ancien chef néonazi devenu militant contre la haine, « l'intimidation que pratiquent certains groupes ou individus haineux est plus facile en ligne parce que le web déshumanise les échanges et installe une couche d'anonymat et de déconnexion "virtuelle". En agissant comme un tampon impersonnel, Internet permet à l'intimidateur de dire certaines choses plus facilement qu'il ne le ferait devant son interlocuteur, par crainte du jugement social ou de représailles. Les propos racistes sont à juste titre stigmatisés en société, mais en ligne, les mots peuvent se dire sans être associés à celui qui les prononce[1] ». Picciolini s'attend dans les prochaines années à une poussée significative du harcèlement virtuel de la part de groupes haineux, car « la discrimination en ligne demande moins d'audace à celui qui la commet, alors [le harcèlement] sera plus fréquent et probablement plus véhément ».

Jusqu'à présent, l'exclusion physique et juridique était la méthode de prédilection des puissants dans les sociétés sujettes au conflit, et nous pensons que l'exclusion virtuelle va venir compléter ce dispositif (mais pas le remplacer). Et comme toujours dans l'histoire, lorsque la situation deviendra intenable, le conflit surviendra.

Conflit multidimensionnel

La désinformation et la propagande ont toujours été au cœur du conflit humain. Jules César a truffé son célèbre récit *La Guerre des Gaules* (58-50 av. J.-C.) de révoltants portraits des tribus barbares et vicieuses qu'il avait combattues[2]. Dans le brouillard des récits discordants, il est essentiel et pourtant souvent très difficile de distinguer les « bons » des « méchants », et cela ne va faire que se compliquer encore à l'âge numérique. La guerre de communication des différents groupes va devenir un élément déterminant des conflits, parce que tous les bords auront accès aux plateformes, aux outils et aux appareils électroniques qui multiplient leur puissance narrative dans le pays comme à l'étranger. On l'a bien vu lors du conflit qui a opposé Israël au Hamas en novembre 2012, quand l'organisation terroriste a lancé une

1. Christian Picciolini, entretien avec les auteurs, avril 2012.
2. Jules César, *La Guerre des Gaules*, Flammarion 1993 ; voir aussi Dr Neil Faulkner, « The Official Truth : Propaganda in the Roman Empire », BBC, History, mis à jour le 17 février 2011, http://www.bbc.co.uk/history/ancient/romans/romanpropaganda_article_01.shtml.

véritable campagne de communication qui a inondé le monde virtuel d'images violentes de femmes et d'enfants morts. Le Hamas, qui prospère auprès d'un public humilié et démoralisé, a su exploiter le nombre supérieur de victimes à Gaza. Israël, qui cherche plutôt à entretenir le sentiment national et à réduire l'ambiguïté qui entoure ses actes, a répondu à travers le compte Twitter du porte-parole de l'armée, où l'on a pu lire des messages comme : « Vidéo : un pilote de l'armée israélienne attend que les civils aient quitté la zone avant de frapper youtube.com/watch?v=G6a112wRmBs ... #Gaza[1]. » Mais la réalité des guerres de communication, c'est que le camp qui n'hésite pas à glorifier la mort et à s'en servir à des fins de propagande s'attirera souvent plus de sympathie, notamment à mesure qu'un public plus large et moins informé se joindra aux débats. La tactique de propagande du Hamas n'avait rien de nouveau, mais la multiplication des plateformes comme YouTube, Facebook et Twitter lui a ouvert l'accès à un public occidental plus vaste et non arabophone qui, à coups de tweets, de +1 et de « j'aime », a servi d'amplificateur à la communication du Hamas.

Les groupes en conflit chercheront à détruire les capacités de communication de leur adversaire avant même le début des hostilités. Il est rare qu'un conflit soit parfaitement limpide à la fin — ne parlons pas du début — et le nivellement des moyens de communication va profondément affecter la façon dont les civils, les dirigeants, les militaires et les médias géreront la situation. En outre, le simple fait que *n'importe qui* puisse émettre et diffuser sa propre version des événements va annuler beaucoup de messages ; le nombre de récits contradictoires et l'absence de vérification crédible dévalueront tous les récits. Dans la guerre, la gestion des données (récolte, indexation, classement et vérification des contenus provenant d'une zone de conflit) sera, immédiatement après l'accès à la technologie, le grand défi de demain.

Les technologies modernes de communication permettent à la victime comme à l'agresseur de semer le doute sur le récit

1. Tweet @IDFspokesperson, 19 novembre 2012.

de l'autre de façon plus persuasive que jamais dans l'histoire. Pour les États, c'est parfois la qualité du marketing qui fera la différence entre conserver le pouvoir ou subir une intervention étrangère. Pour les civils piégés dans une ville assiégée par les forces officielles, les vidéos amateur éloquentes et les images satellites en temps réel pourront venir contredire les allégations de l'État et fortement inciter l'opinion à penser qu'il ment, voire à le prouver. Mais dans une crise comme celle qu'a connue la Côte d'Ivoire en 2011 (où les deux camps se sont violemment affrontés à propos de résultats électoraux contestés), si les deux parties mènent une communication numérique de même qualité, il devient beaucoup plus difficile de savoir ce qu'il est vraiment en train de se passer. Et si pas plus un camp que l'autre ne maîtrise pleinement sa communication (c'est-à-dire si certains exaltés n'appartenant pas au noyau de commandement produisent leur propre contenu), la confusion n'en devient que plus grande.

Pour les observateurs étrangers, certaines questions déjà difficiles — à qui s'adresser pour comprendre un conflit, qui soutenir et de quelle façon — vont considérablement se compliquer à l'âge des guerres de communication. (Et plus encore lorsque la langue locale n'est pas beaucoup parlée ailleurs, ou en l'absence d'alliances permanentes, comme celle des pays de l'OTAN ou de la SADC, la Communauté de développement de l'Afrique australe.) Les informations essentielles pour prendre ces décisions seront enfouies sous des masses de contenus tendancieux et contradictoires émanant de la zone en conflit. Il est rare que des États interviennent militairement lorsque la situation sur place n'est pas parfaitement claire, et même alors, ils redoutent les conséquences matérielles imprévues et le regard des chaînes d'information en continu[1].

1. C'est ce qu'on appelle dans les milieux politiques l'effet CNN, qu'illustre bien l'intervention américaine en Somalie de 1992-1993. Il est généralement admis que ce sont les images télévisées de Somaliens affamés et désespérés qui ont décidé George H. W. Bush à envoyer ses troupes, mais lorsque, le 3 octobre 1993, dix-huit soldats américains et deux partenaires malaisiens de la coalition ont été tués et qu'on a vu les images d'un Américain traîné dans les rues de Mogadiscio, les forces américaines ont été rappelées.

Les guerres de communication d'un conflit à l'étranger auront aussi des implications chez nous. Si le grand public américain, conquis par les vidéos émouvantes d'un camp, conclut que l'intervention dans un conflit donné est un impératif moral, mais que les services de renseignement de l'État suggèrent que ces images ne reflètent pas vraiment la réalité du conflit, que devra faire l'administration ? Elle ne peut pas rendre publiques les données classifiées pour justifier sa position, mais pas davantage contredire le récit qui a conquis le public. Quand les deux camps présentent des versions également persuasives, les acteurs extérieurs se figent sur place, incapables de faire le moindre pas — et c'est parfois précisément ce que souhaite l'un des camps.

Dans les sociétés sujettes aux violences ethniques ou religieuses, la guerre de communication commence généralement bien avant que la première étincelle n'ait mis le feu aux poudres. On l'a vu, la connectivité et l'espace virtuel servent souvent d'amplificateur aux griefs historiques ou fabriqués, et renforcent les points de vue dissonants au lieu d'épurer leurs inexactitudes. Les tensions religieuses plus ou moins dormantes depuis des années peuvent ressurgir aussitôt que la population accède à un espace virtuel anonyme. On a vu certaines sensibilités religieuses soudain s'exacerber parce que des propos ou des images polémiques apparaissaient sur Internet — l'affaire des caricatures danoises en 2005 et les violentes manifestations suscitées par le film *L'Innocence des musulmans* en 2012 n'en sont que deux exemples parmi bien d'autres — et l'espace en ligne est fatalement appelé à fournir aux gens davantage d'occasions de mutuellement s'offenser. Du fait de la nature virale des contenus incendiaires, le moindre acte blessant commis n'importe où dans le monde n'aura plus aucune chance de passer inaperçu.

Évidemment, la communication n'est pas le renseignement. Les premières tentatives de communication numérique par des groupes en conflit se borneront au simple transfert sur une plateforme virtuelle de leur propagande et de leur désinformation. Mais au fil du temps, à mesure que ces comportements seront adoptés par les États et les individus du monde entier, l'écart esthétique entre le renseignement et la communication va se réduire. Les États devront faire bien attention à ne pas confondre l'un et l'autre. Aussitôt que les groupes auront compris ce qu'ils ont intérêt à produire pour susciter une réaction précise, ils fabriqueront sur mesure du contenu et des messages à cette fin.

Dans toute guerre de communication, ceux qui disposeront des moyens de l'État auront un avantage, mais il ne sera jamais définitif. Même si c'est l'État qui contrôle la plupart des moyens de production — les antennes-relais, les médias officiels, les FAI —, aucune partie n'aura le monopole de l'information. Quand il suffit d'un téléphone portable pour filmer, monter, télécharger et diffuser du contenu, la domination du régime ne peut être totale. C'est une vidéo tournée par un téléphone portable tremblotant lors des protestations postélectorales survenues en Iran en 2009 qui a galvanisé le mouvement d'opposition — la fameuse « vidéo de Neda[1] ». Neda Agha-Soltan, une jeune Téhéranaise, stationnait tranquillement dans sa voiture lorsqu'elle a voulu en sortir pour ne pas se trouver prise dans une manifestation et qu'elle a été abattue d'une balle dans le cœur par un tireur d'élite de la police situé sur un toit. Étonnamment, l'ensemble de la scène a été saisi par un téléphone portable. Pendant que certains dans la foule cherchaient à ranimer Neda, d'autres se sont mis à filmer à leur tour. Les images ont d'abord circulé parmi la population iranienne[2], essentiellement à travers la plateforme peer-to-peer Bluetooth, étant donné que le régime avait bloqué les communications mobiles en prévision des manifestations, puis elles ont atterri sur Internet et sont devenues virales. Dans le monde entier, les observateurs se sont mobilisés pour dénoncer le régime iranien, et dans le pays, il y a eu des manifestations pour réclamer justice au

1. Nazila Fathi, « In a Death Seen Around the World, a Symbol of Iranian Protests », *New York Times*, 22 juin 2009, http://www.nytimes.com/2009/06/23/world/middleeast/23neda.html.

2. Thomas Erdbrink, « In Iran, a Woman Named Neda Becomes Opposition Icon in Death », *Washington Post*, 23 juin 2009, http://www.washingtonpost.com/wp-dyn/content/article/2009/06/22/AR2009062203041.html.

nom de Neda. Tout cela a considérablement accru l'attention mondiale portée sur un mouvement de protestation que le régime essayait à tout prix d'arrêter.

Même dans les sociétés les plus restrictives, où les logiciels espions, le harcèlement virtuel et les téléphones portables piégés sont très répandus, certains individus particulièrement déterminés trouveront un moyen d'émettre leurs messages. Il faudra peut-être pour cela faire entrer des cartes SIM en contrebande, créer des réseaux maillés (qui sont en gros un collectif sans fil où chaque appareil agit comme un routeur, multipliant les nœuds de circulation des données au lieu de posséder un centre numérique) ou distribuer des téléphones « invisibles » conçus pour n'enregistrer aucune conversation (peut-être en effectuant tous les appels en mode VoIP) et permettre un usage anonyme des services d'Internet. Tous les efforts de l'État pour enrayer la prolifération des technologies sujettes à une demande intérieure sont voués à l'échec ; il ne peut que la retarder. (Cela vaut aussi pour les minorités persécutées que le gouvernement cherche à exclure d'Internet.) Bien avant la vidéo de Neda, l'Iran avait cherché à interdire les antennes de télévision paraboliques ; il n'a fait qu'*accélérer* leur adoption parmi la population. Aujourd'hui, le marché noir de la télévision satellitaire en Iran est l'un des plus importants du monde, et même certains membres du régime en profitent.

Le génocide rwandais de 1994, un conflit d'avant l'ère numérique qui a coûté la vie à huit cent mille personnes, illustre bien tout ce que peut changer le nivellement de la puissance de communication. En 1994, tous les Hutu, les Tutsi et les Twa possédaient un transistor, mais seuls les Hutu possédaient des stations de radio. Privés de moyens d'amplifier leur voix, les Tutsi n'ont rien pu faire contre la propagande massive et le discours haineux qui envahissaient les ondes. Dès qu'ils ont essayé de créer leur propre station de radio, le gouvernement majoritairement hutu a identifié les responsables, investi leurs locaux et procédé à des arrestations[1]. Si dans les années précédant le génocide de 1994 les Tutsi avaient disposé des puissants appareils portables que nous connaissons aujourd'hui, peut-être auraient-ils pu introduire un élément discordant dans le discours officiel et amener certains civils hutu ordinaires à douter de la propagande anti-Tutsi et à refuser de prendre les armes contre leurs compatriotes. Les Tutsi auraient pu diffuser leur propre discours à partir de téléphones portables, en mouvement, sans avoir à attendre l'approbation du gouvernement ou dépendre d'intermédiaires pour développer du contenu et le diffuser. Pendant que se déroulait le génocide, les radios hutu donnaient les noms et les adresses des personnes qui se cachaient[2] — on imagine aisément ce qu'aurait changé la présence d'une voie de communication alternative, comme la possibilité d'échanger des SMS en peer-to-peer.

Au-delà de ses bienfaits potentiels, ce nivellement du terrain de jeu aura des conséquences à plus long terme, même si l'on ne peut pas prédire ce qui se perdra quand disparaîtront les obstacles traditionnels. On l'a dit, la désinformation sera génératrice de confusion et de distorsion, et cela conduira tous les acteurs à des erreurs d'interprétation ou au mauvais calibrage de leur réaction aux événements. Tous les crimes brutaux qui se commettent ne s'inscrivent pas nécessairement dans le cadre du massacre systématique d'un groupe ethnique ou religieux, mais il sera très facile de le faire croire. La désinformation peut même en venir à poser un problème considérable dans un contexte très local : comment les pouvoirs publics d'une ville doivent-ils se comporter face à une foule en colère venue devant la mairie réclamer justice à grands cris pour une vidéo trafiquée ? Les gouvernements et les pouvoirs publics seront régulièrement confrontés à ce

1. Informations obtenues par Jared Cohen lors du travail de recherche pour son livre *One Hundred Days of Silence : America and the Rwanda Genocide*, Lanham, Rowman & Littlefield Publishers, 2007 ; voir aussi Alison Liebhafsky Des Forges, *Aucun témoin ne doit survivre*, Karthala, 1999.

2. Allan Thompson (sous la direction de), avec une déclaration de Kofi Annan, *The Media and the Rwanda Genocide*, Londres, Pluto Press, 2007, p. 49, http://www.internews.org/sites/default/files/resources/TheMedia&TheRwandaGenocide.pdf.

genre de question, et seulement certaines de leurs réponses seront apaisantes.

Le meilleur moyen, et peut-être le seul, de résoudre ce genre de difficulté, c'est la vérification numérique. Prouver qu'une photo a été manipulée (grâce au tatouage numérique), ou qu'une vidéo a été montée de façon tendancieuse (en diffusant par crowd-sourcing le film complet pour prouver que certains passages ont été supprimés), ou encore qu'un individu déclaré mort est bien vivant (en pistant son identité en ligne), permettra d'apporter un peu de véracité à un conflit hyperconnecté. Demain, le témoin d'une attaque de miliciens au Sud-Soudan pourra incruster son document de tatouages numériques, de données biométriques et de coordonnées satellitaires pour lui donner du poids, et cela sera particulièrement utile lorsqu'il le remettra à la police ou aux médias. La vérification numérique est de toute évidence la prochaine phase du processus. Elle survient déjà lorsque les journalistes ou les représentants de l'État recoupent leurs informations avec d'autres sources. Cela deviendra encore plus facile et plus fiable lorsque les ordinateurs feront l'essentiel du travail.

On pourrait voir se créer des équipes internationales de vérification, envoyées dans les conflits où apparaissent d'importantes polémiques autour des récits numériques qui émergent. À la façon de la Croix-Rouge, ces vérificateurs seront considérés comme des intervenants neutres, en l'occurrence très compétents techniquement[1]. (Il ne sera pas toujours nécessaire de les envoyer dans la zone de combat — ils pourront parfois travailler par connexion Internet. Mais dans les conflits où l'infrastructure des communications est limitée ou trop soumise au contrôle d'un camp, la proximité avec les acteurs sera indispensable, ainsi que le fait de parler

1. C'est précisément ce que fait aujourd'hui une jeune entreprise nommée Storyful pour un grand nombre d'entreprises d'information. Elle emploie d'anciens journalistes et épluche attentivement les contenus provenant des médias sociaux (en vérifiant par exemple que le climat qu'on voit sur YouTube correspond bien au temps enregistré ce jour-là dans la ville où les images ont supposément été tournées).

la langue et de connaître la culture locale.) Leur approbation sera une denrée précieuse, un feu vert permettant aux médias et aux observateurs de prendre le contenu au sérieux. Un État ou une partie en guerre pourront choisir de se passer de leur concours, mais cela aura pour effet de dévaluer les pièces produites et de les rendre très suspectes aux yeux des autres.

Pour donner du poids à leurs conclusions, les vérificateurs examineront les données, pas le méfait, et les États pourront se fonder sur leur avis pour décider d'intervenir, d'envoyer de l'aide ou d'émettre des sanctions. Et, évidemment, tant de confiance et de pouvoir s'accompagnera forcément du risque d'abus, car ces analystes ne seront pas toujours à l'abri de la corruption qui frappe d'autres organismes internationaux. Certains États chercheront à coopter les vérificateurs, à travers les pots-de-vin ou le chantage, ou certains vérificateurs auront eux-mêmes un penchant personnel qui se révélera trop tard. N'empêche, le gros de ces analystes sera composé d'ingénieurs et de journalistes honnêtes, et leur présence dans un conflit apportera davantage de sécurité et de transparence à toutes les parties.

Quand ils ne seront pas occupés à mener une guerre de communication, les groupes en conflit s'attaqueront à toute entité en ligne qu'ils considéreront précieuse pour l'adversaire. Cela signifie qu'ils s'en prendront aux sites web, aux plateformes et aux infrastructures de communication ayant une importance stratégique ou symbolique par des attaques distribuées de déni de service (DDoS), des virus sophistiqués et tout l'arsenal de la cyberguerre. Les attaques en ligne deviendront partie intégrante de la stratégie des groupes en conflit, qu'il s'agisse de combats de la plus faible intensité ou d'une guerre à part entière. La mise hors service du réseau de l'ennemi ne perturbera pas seulement sa campagne de communication, elle affectera son accès aux ressources, à l'information et à sa base de soutien. Une fois qu'un groupe a piraté un réseau ou une banque de données, il peut utiliser les renseignements obtenus pour s'informer, diffuser de la désinformation, lancer des attaques préventives ou même remonter jusqu'à des cibles très valorisées (si, par exemple, il tombe sur les numéros de téléphone portable de quelques représentants du régime et qu'il possède du matériel de surveillance permettant la localisation).

Les attaques virtuelles surviendront de façon arbitraire ou à titre de représailles. Dans une guerre civile, par exemple, si l'un des camps perd une partie de son territoire au profit de l'autre, il y aura des chances qu'il réplique en sabotant les sites de propagande de l'ennemi pour l'empêcher de trop se vanter de sa victoire — ça ne compense pas la perte, bien entendu, mais ça fait quand même des dégâts. C'est l'équivalent virtuel d'un attentat contre le ministère de l'Information, qui est souvent l'une des premières cibles lors des conflits du monde physique. Un gouvernement répressif sera capable de localiser et de désactiver les portails financiers à travers lesquels les révolutionnaires reçoivent de l'argent de leurs soutiens à l'étranger. Les hackers individuels favorables à l'un ou l'autre camp prendront seuls l'initiative de démanteler tout ce qui sera à leur portée : les chaînes YouTube gérées par l'ennemi, les banques de données qui lui sont importantes. Lorsque l'OTAN a lancé ses opérations militaires en Serbie en 1999, des pirates pro-Serbes s'en sont pris à ses sites publics et à ceux du département américain de la Défense, avec un certain succès. (Le site public de l'OTAN pour le Kosovo est resté plusieurs jours « virtuellement inutilisable[1] », et son serveur e-mail s'est trouvé sérieusement saturé.)

Nous verrons aussi apparaître dans les prochaines décennies le premier mouvement de rébellion « branché ». Il lui faudra certainement des armes et des hommes pour défier le gouvernement, mais ses outils technologiques et ses priorités lui imposeront une nouvelle approche. Avant même d'annoncer sa campagne, il s'en prendra au réseau de communication du gouvernement, conscient qu'il s'agit de la vraie colonne

1. Dan Verton, « Serbs Launch Cyberattack on NATO », Federal Computer Week, 4 avril 1999, http://fcw.com/articles/1999/04/04/serbs-launch-cyberattack-on-nato.aspx.

vertébrale de la défense de l'État (même si ce n'est pas officiellement admis). Il s'adressera peut-être secrètement à des gouvernements sympathisants pour obtenir les instruments techniques — vers, virus, informations biométriques — permettant de le désactiver, de l'intérieur ou de l'extérieur. Une frappe numérique contre les infrastructures de communication prendra l'État au dépourvu et, si les rebelles ne signent pas leur attaque, le gouvernement se demandera d'où elle est venue et qui se cache derrière. Pour brouiller encore un peu les pistes, les rebelles auront peut-être laissé de faux indices, incriminant par exemple un ennemi étranger du pays. Pendant que l'État s'efforcera de revenir en ligne, ils pourront frapper à nouveau, infiltrant cette fois les sites Internet officiels par « usurpation » d'identité (portant le réseau à croire que les infiltrés sont des usagers légitimes) pour ajouter à la confusion et aux perturbations du réseau. (Si les rebelles accèdent à une importante banque de données biométriques, ils pourront voler celles de représentants de l'État et se faire passer pour eux en ligne, en émettant de fausses déclarations ou en accomplissant des achats suspects.) Finalement, les rebelles pourront viser quelque chose de tangible, comme le réseau électrique du pays, dont la manipulation suscitera les protestations et les reproches du public, injustement adressés au gouvernement. Avec trois frappes numériques et sans le moindre coup de feu, le mouvement rebelle branché se trouverait en position très favorable pour mobiliser les masses contre un gouvernement qui ne serait même pas au courant de l'existence d'une rébellion dans le pays. Il pourrait alors lancer l'assaut militaire et ouvrir un second front, physique celui-là.

Les conflits de demain subiront aussi l'influence de deux tendances distinctes et fondamentalement positives qui naissent de la connectivité : d'une part, la sagesse populaire des réseaux et, de l'autre, la pérennité des données susceptibles de servir de preuve, qui, on l'a vu, complique la tâche des auteurs de violences cherchant à minimiser leurs crimes.

La question du bon sens collectif sur Internet prête à débat. Beaucoup dénoncent les aspects négatifs de la collaboration en ligne, comme la médiocrité agressive de l'« esprit de ruche » (le consensus des groupes d'usagers) ou le caractère vicieux de la meute anonyme sur les forums, les réseaux sociaux et toutes les voies de communication en ligne. D'autres saluent le degré de justesse et de fiabilité qu'atteignent des plateformes d'informations de crowd-sourcing comme Wikipédia. Mais quoi qu'on en pense, la sagesse collective est en position de faire certains apports aux conflits futurs.

Le terrain de l'information étant désormais plus nivelé, un plus grand nombre de citoyens peut prendre part à l'élaboration des récits qui émergent lors des conflits. L'usage généralisé du téléphone portable permettra à plus de gens d'être au courant de ce qui se passe dans un pays qu'autrefois, et la connexion à Internet étend cette sphère à une gamme très large d'acteurs extérieurs. En règle générale, les bons suscitent toujours plus d'adhésion que les agresseurs. Dès lors que la population s'implique, il y a plus de chances que les citoyens se mobilisent contre l'injustice ou la propagande : aussitôt qu'un nombre suffisant d'individus est en colère, ils disposent des voies de communication pour se faire entendre et pour agir, individuellement ou collectivement — même si, comme à Singapour, cette colère porte sur la préparation de curry.

Parmi les risques de l'implication des masses sur Internet, il y a celui de la justice populaire, comme le montre le cas chinois des « moteurs de recherche de chair humaine » (*renrou sousuo yinqing*). Selon le très éloquent article de Tom Downey paru dans le *New York Times Magazine* en mars 2010[1], l'espace virtuel chinois a accouché voici quelques années d'une tendance pour le moins dérangeante, qui voit des masses d'internautes localiser des individus qui se sont attiré la colère collective pour les harceler. (Cela ne se fait pas à travers une plateforme centralisée, et la tendance ne

1. Tom Downey, « China's Cyberposse », *New York Times Magazine*, 3 mars 2010, http://www.nytimes.com/2010/03/07/magazine/07Human-t.html.

se limite pas à la Chine, mais c'est dans ce pays qu'une succession de cas éloquents a permis de mieux observer le phénomène.) En 2006, on a vu circuler sur les forums chinois une vidéo atroce où une femme tuait un chaton à coups de talon aiguille[1]. Dans tout le pays, on s'est activement lancé à la recherche de cette femme. Grâce à une enquête éclair menée par crowd-sourcing, on l'a très vite localisée dans une petite ville du nord-est du pays[2], et une fois rendus publics son nom, son numéro de téléphone et l'identité de son employeur, elle a dû prendre la fuite avec celui qui l'avait filmée. Les ordinateurs ne sont manifestement pas les seuls à pouvoir trouver une aiguille dans une botte de foin ; il n'a fallu que six jours pour repérer cette femme parmi plus d'un milliard de Chinois — à l'aide des seuls indices que contenait la vidéo[3].

Ce type de comportement de foule peut vite ouvrir la porte à tous les débordements, mais cela ne signifie pas qu'il faille renoncer d'emblée à tenter de canaliser cette puissance collective dans le bon sens. Imaginons que l'objectif final des internautes chinois n'ait pas été de harceler cette femme mais de la traduire devant les juges par les voies légales. Dans un scénario de conflit, quand les institutions ont cessé de fonctionner ou qu'elles ont perdu la confiance de la population, l'énergie du crowd-sourcing permettra de produire des informations plus complètes et plus justes, de traquer des criminels recherchés et d'amener l'exigence de reddition de comptes jusque dans les circonstances les plus difficiles.

Mais malgré son importance et sa grande utilité, la justice par crowd-sourcing n'est que peu de chose comparée à l'autre grande tendance moderne : la pérennité des données. Le fait de pouvoir révéler les atrocités aux yeux du monde en temps réel est déterminant, mais aussi celui de stocker à jamais les preuves et de les rendre consultables par quiconque le voudrait (à des fins de poursuites judiciaires, d'adoption de

1. *Ibid.*
2. *Ibid.*
3. *Ibid.*

lois ou simplement d'étude). L'agresseur, qu'il soit gouvernemental ou pas, détient peut-être l'avantage militaire grâce à ses armes, ses tanks et ses avions, mais tous les efforts qu'il fera pour effacer le sillage d'informations qu'il laisse derrière lui sont désormais voués à l'échec. Un gouvernement qui se démène pour bloquer les communications de ses citoyens parviendra peut-être à étouffer une partie des indices qui circuleront dans le pays et au-dehors, mais le flux ne s'arrêtera pas pour autant. Plus important, la présence de ces indices, même si elle est contestée sur le moment, influencera le déroulement du conflit, sa résolution et son interprétation jusque dans un avenir lointain.

L'obligation de rendre des comptes, ou la menace d'avoir à le faire, est une notion puissante ; c'est elle qui pousse depuis toujours les malfaiteurs à vouloir détruire les preuves. En l'absence de données irréfutables, les récits contradictoires suffisent à suspendre le cours de la justice et toute possibilité de tourner la page, aussi bien pour les citoyens que pour les États. En janvier 2012, la France et la Turquie se sont affrontées dans une querelle diplomatique parce que le Sénat français avait voté une loi (annulée un mois plus tard par le Conseil constitutionnel)[1] qui interdisait de nier que le massacre d'Arméniens par l'Empire ottoman en 1915 a constitué un génocide. Le gouvernement turc, qui rejette le terme de « génocide » et conteste le chiffre d'un million et demi de victimes, a qualifié cette loi de « raciste et discriminatoire[2] », ajoutant qu'il faut laisser aux historiens le soin de juger des événements. Grâce aux appareils, aux plateformes et aux banques de données dont nous disposons aujourd'hui, les gouvernements vont avoir plus de mal à soutenir ce genre d'arguments, pas seulement à cause de la pérennité des indices, mais parce que tout le monde aura accès aux mêmes sources.

1. Scott Sayare, « French Council Strikes Down Bill on Armenian Genocide Denial », *New York Times*, 28 février 2012, http://www.nytimes.com/2012/02/29/world/europe/french-bill-on-armenian-genocide-is-struck-down.html.

2. « Turkey PM Says French Bill on Genocide Denial "Racist" », BBC, 24 janvier 2012, http://www.bbc.co.uk/news/world-europe-16695133.

À l'avenir, les outils d'emploi facile tels que la comparaison de données biométriques, le pistage des cartes SIM et les plateformes de génération de contenu vont conduire la responsabilité à un niveau jamais connu. Le témoin d'un crime pourra utiliser son téléphone pour saisir ce qu'il voit et identifier quasi instantanément l'auteur et la victime grâce à un logiciel de reconnaissance des visages, sans avoir à se mettre personnellement en danger. Les informations numériques concernant des crimes ou des violences seront directement enregistrées dans le nuage (évitant ainsi toute perte si le téléphone du témoin venait à être confisqué) et peut-être envoyées à un organisme international de surveillance ou aux instances judiciaires. Une cour internationale pourra alors ouvrir une enquête et, selon le résultat, entamer un procès virtuel public dont le déroulement sera diffusé dans le pays où sévit le malfaiteur. Le risque d'opprobre public et de poursuites pénales ne suffira peut-être pas à dissuader les chefs, mais il incitera certains soldats à y réfléchir à deux fois avant de commettre des violences. Les indices vérifiés par des professionnels seront disponibles sur le site Internet de La Haye avant le procès, et les témoins pourront comparaître de façon virtuelle et en toute sécurité.

Évidemment, les rouages de la justice ne sont jamais rapides, et moins encore dans le domaine labyrinthique du droit international. En attendant que se mette en place un système de prise en compte des données, on aura au moins obtenu le stockage des indices vérifiables, qui permettra un meilleur exercice du droit. Une application en open source créée par la Cour pénale internationale ou quelque autre organisme pourrait alors présenter la liste des criminels les plus recherchés dans le monde, classés par pays. À la façon des moteurs de recherche chinois de chair humaine, on pourrait localiser un criminel et remonter physiquement jusqu'à lui (n'oublions pas que tout le monde possédera un téléphone puissant, même dans les endroits les plus reculés). Sur la même plateforme, les citoyens engagés pourraient contribuer financièrement à la dotation d'une récompense en vue de l'arrestation de l'individu recherché. Ensuite, au lieu d'avoir à subir la justice populaire, ce dernier serait emmené par la police et jugé.

La puissance collective du monde virtuel va devenir un élément extrêmement dissuasif pour tous les auteurs potentiels de brutalités, d'actes de corruption et même de crimes contre l'humanité. Sans doute restera-t-il certains individus malveillants sur lesquels cette dissuasion n'aura pas prise, mais pour le commun des mortels, le prix à payer pour un mauvais comportement à l'âge numérique ne va faire qu'augmenter. Au-delà du risque accru pour le malfaiteur d'avoir à rendre des comptes et du fait que son crime sera enregistré et conservé à jamais, les technologies vont permettre aux sonneurs d'alerte d'atteindre l'auditoire le plus large possible. Les individus tentés par la désertion trouveront eux aussi dans la documentation de ces crimes une motivation bien plus grande à faire le pas, pour éviter toute accusation de complicité. Peut-être qu'un programme numérique de protection des témoins sera mis en place pour procurer aux informateurs une nouvelle identité virtuelle (comme celles qui se vendront au marché noir, ainsi qu'on l'a vu plus haut) et les inciter un peu plus à s'exprimer.

La pérennité des indices numériques facilitera aussi la tâche de la justice transitionnelle une fois le conflit terminé. Demain, les commissions de vérité et de réconciliation disposeront d'une mine d'archives numériques, d'images satellites, de vidéos et de photos amateur, de rapports d'autopsie et de témoignages (nous y reviendrons bientôt). Là encore, la peur d'avoir à rendre des comptes sera suffisamment dissuasive pour certains agresseurs en puissance ; au minimum, elle fera reculer d'un cran le degré de violence.

Au-delà de la documentation des atrocités commises, le stockage dans le nuage va faire de la pérennité des données un élément utile et important pour les citoyens pris malgré eux dans le conflit. Désormais situées hors du monde physique, les données individuelles seront mieux protégées car elles seront inaccessibles. L'irruption des violences prend parfois tout le monde par surprise, mais dans les cas où la sécurité se dégrade de façon visible, les individus auront l'occasion de se préparer à s'enfuir ou à être déplacés. Ils ne risqueront plus de perdre le titre de propriété de leur maison, de leurs biens et de leur commerce alors qu'ils se trouvent en exil ou dans un camp de réfugiés, parce qu'ils auront saisi des preuves visuelles et employé des outils comme Google Maps et le GPS pour définir les limites de leur terrain. Ils téléchargeront leurs titres ou leurs actes de propriété dans le nuage, et en cas de litige, les plateformes numériques favoriseront l'arbitrage. Les civils happés par le conflit et contraints de s'enfuir pourront prendre des photos de tous leurs biens et recréer un modèle de leur maison dans l'espace virtuel. À leur retour, ils sauront exactement ce qui manque et pourront éventuellement localiser les biens dérobés à l'aide des réseaux sociaux (après avoir vérifié numériquement qu'il s'agit bien des leurs).

La guerre automatisée

Dans les cas où le conflit atteindra le stade de la lutte armée, les soldats de demain évolueront dans un paysage sans aucun rapport avec celui d'hier. L'ouverture d'un front virtuel ne changera pas le rôle des soldats et de leurs armes sophistiquées dans le monde physique, pas plus qu'elle ne réduira l'importance du commandement et du jugement de l'homme. Mais les militaires qui ignoreront ce dédoublement du monde (et de leurs responsabilités dans l'un et l'autre) seront amenés à constater que si les nouvelles technologies font d'eux de redoutables machines à tuer, ils n'en seront que beaucoup plus haïs et vilipendés, et cela compliquera considérablement la conquête des cœurs et des esprits.

L'automatisation moderne des combats due aux progrès de la robotique, de l'intelligence artificielle et des drones est le plus grand bouleversement survenu dans la guerre depuis l'invention de l'arme à feu. Comme le signale Peter Singer dans *Wired for War : The Robotics Revolution and Conflict in the 21st Century* (« Câblé pour la guerre : révolution robotique et conflit au XXIe siècle »), l'étude magistrale qu'il a consacrée au phénomène, c'est ce que les scientifiques appellent une «singularité[1]» — un «état dans lequel tout devient si différent que les vieilles règles s'effondrent et qu'on n'a plus aucune certitude ou presque». Comme lors des autres grands changements de paradigme de l'histoire (la théorie microbienne, l'invention de l'imprimerie, la relativité d'Einstein), il est à peu près impossible de prédire avec un minimum de précision de quelle façon le passage à la guerre totalement automatisée va altérer le cours de l'humanité. Nous ne pouvons qu'observer les signes qui apparaissent aujourd'hui, rapporter ce qu'en pensent les concernés sur la ligne de front et lancer quelques hypothèses raisonnées.

L'intégration aux mécanismes de la guerre des technologies de l'information n'est pas un phénomène nouveau : la DARPA, la branche recherche et développement du Pentagone, a été créée en 1958 à la suite du lancement de Spoutnik[2]. Profondément déterminé à ne plus se laisser prendre de court, l'État a confié à la DARPA la mission très explicite de «maintenir la supériorité technologique de l'armée américaine et de prévenir toute surprise technologique susceptible de nuire à la sécurité nationale[3]». Depuis, les États-Unis dominent le monde en termes de technologie militaire, des bombes guidées aux drones en passant par les robots de désactivation d'explosifs. Mais, nous allons le voir, il se pourrait qu'ils ne conservent pas cette avance très longtemps.

On comprend bien que les robots et les systèmes de combat sans homme soient très prisés par les gouvernements et les militaires : ils ne connaissent pas plus la fatigue que la peur ni aucune émotion, ils sont dotés de capacités surhumaines et obéissent toujours. Comme le dit Singer, les robots sont idéalement taillés pour trois types de tâches : rébar-

1. P. W. Singer, *Wired for War : The Robotics Revolution and Conflict in the 21st Century*, New York, Penguin Press, 2009, p. 102.

2. Les mordus d'informatique se souviendront que cette agence, qui s'appelait alors l'ARPA (Advanced Research Projects Agency), a joué un rôle central dans la création d'Internet.

3. DARPA, «About», consulté le 9 octobre 2012, http://www.darpa.mil/About.aspx; DARPA, «Our Work», consulté le 9 octobre 2012, http://www.darpa.mil/our_work/.

batives, sales ou dangereuses[1]. Les seules limites aux bénéfices tactiques qu'ils apportent sont celles des fabricants de robotique, qui produisent des engins à l'épreuve des balles, capables de viser à la perfection, de reconnaître et de désarmer des cibles et de transporter des charges invraisemblables dans de terribles conditions de chaleur, de froid ou de confusion. Les robots sont plus endurants et possèdent un meilleur temps de réaction que n'importe quel soldat, et les politiciens préféreront de loin les envoyer au front plutôt que des hommes. De l'avis quasi général, l'arrivée des robots dans les opérations de combat, que ce soit au sol, sur mer ou dans les airs, finira par réduire le nombre de morts sur le front, mais aussi celui des victimes civiles et des dégâts collatéraux.

De nombreux types de robots participent déjà aux opérations militaires américaines. Voici plus de dix ans, en 2002, l'entreprise iRobot, à qui l'on doit déjà l'aspirateur automatique Roomba[2], a présenté un robot terrestre appelé PackBot, une machine de moins de vingt kilos dotée de chenilles, de caméras et d'une certaine autonomie, que les unités militaires peuvent équiper pour détecter des mines, sentir les armes chimiques ou biologiques et examiner de possibles engins explosifs déposés le long des routes ou ailleurs[3]. Un autre fabricant, Foster-Miller, produit le TALON, un concurrent du PackBot[4], ainsi que le premier robot armé envoyé au combat : le SWORDS (Special Weapons Observation Reconnaissance Detections System, « Système spécial d'observation, de reconnaissance et de détection d'armes »). Et puis il y a les drones. Outre le Predator que nous connaissons

1. Singer, *Wired for War*, p. 63.
2. *Ibid.*, p. 21-23.
3. Lors de l'alerte nucléaire de Fukushima après le tremblement de terre survenu au Japon en 2011, deux PackBots ont été envoyés pour récolter des données visuelles et sensorielles dans la centrale, où le niveau de radioactivité était trop élevé pour l'homme. Amar Toor, « iRobot Packbots Enter Fukushima Nuclear Plant to Gather Data, Take Photos, Save Lives », *Engadget*, 18 avril 2011, http://www.engadget.com/2011/04/18/irobot-packbots-enter-fukushima-nuclear-plant-to-gather-data-ta/.
4. Singer, *Wired for War*, p. 26.

bien aujourd'hui, l'armée américaine en utilise de plus petits (comme le Raven qu'on lance à la main, pour la surveillance) et de plus gros (comme le Reaper, qui vole plus haut, plus vite et qui est plus lourdement armé que le Predator)[1]. Selon un rapport parlementaire interne de 2012 que s'est procuré le blog Danger Room, du magazine *Wired*, les drones représentent aujourd'hui 31 % de tous les engins volants militaires – contre seulement 5 % en 2005[2].

Nous avons demandé à plusieurs soldats des Forces spéciales, en activité ou à la retraite, quels effets auraient à leurs yeux les progrès de la robotique sur les opérations de combat dans les prochaines décennies. Harry Wingo, ancien SEAL de la Navy qui travaille aujourd'hui chez Google, nous a parlé de la grande utilité des ordinateurs et des robots pour remplacer les humains dans les fonctions de surveillance, ou pour occuper la première ligne quand il faut traverser une zone de tir ou partir en reconnaissance dans un bâtiment. Dans les dix ans qui viennent, dit-il, « on confiera davantage de "cinétique létale" [d'opérations impliquant des tirs] à des robots, comme l'évacuation d'une pièce qui suppose l'évaluation en une fraction de seconde des cibles en présence[3] ». Au départ, ces robots seront actionnés par des « assistants machine », c'est-à-dire qu'un soldat les pilotera à distance, mais, plus tard, pense Wingo, « les robots reconnaîtront des cibles et s'y attaqueront ». Depuis 2007, l'armée américaine utilise des robots armés SWORDS capables de façon semi-autonome de reconnaître et d'ouvrir le feu sur des cibles humaines[4], mais on pense qu'ils n'ont pas encore servi dans un contexte meurtrier.

Les soldats ne seront pas mis au rancart pour autant, et toutes les fonctions humaines ne seront pas automatisées.

1. *Ibid.*, p. 32-35, 37, 116.

2. Spencer Ackerman et Noah Shachtman, « Almost 1 in 3 U.S. Warplanes Is a Robot », Danger Room (blog), *Wired*, 9 janvier 2012, http://www.wired.com/dangerroom/2012/01/drone-report/.

3. Harry Wingo, entretien avec les auteurs, avril 2012.

4. Singer, *Wired for War*, p. 29-32 ; Noah Shachtman, « First Armed Robots on Patrol in Iraq (Updated) », Danger Room (blog), *Wired*, 2 août 2007, http://www.wired.com/dangerroom/2007/08/httpwwwnational/.

Aucun des robots aujourd'hui engagés dans des opérations n'opère de façon totalement autonome — c'est-à-dire sans aucun contrôle humain — et, nous le verrons plus loin, certains aspects du combat, comme le jugement, ne seront pas à la portée des machines avant beaucoup d'années. Pour mieux comprendre de quelle façon la technologie va bientôt renforcer les capacités des soldats humains, nous avons demandé à un SEAL, aujourd'hui inactif, qui a incidemment participé à la capture d'Oussama ben Laden en mai 2011, de quoi serait fait l'avenir des unités de combat. D'abord, nous a-t-il dit, il les imagine équipées de tablettes extrêmement sophistiquées et sûres grâce auxquelles le soldat pourra observer en direct les images filmées par les drones, télécharger des analyses de renseignement et connaître en permanence la situation des troupes amies. Ces appareils lui présenteront des cartes exclusives en temps réel comportant toutes les données concernant l'environnement — signification historique d'une rue ou d'un bâtiment, identité des propriétaires de chaque logement, mouvements détectés à l'intérieur par les caméras thermiques des drones — et lui offriront une vision beaucoup plus claire de ce qu'il faut viser et de ce qu'il faut éviter.

Ensuite, la tenue des soldats et le matériel qu'ils transportent vont changer. Les technologies tactiles produiront des uniformes permettant de communiquer par pressions, d'échanger des signaux qui se traduisent par un léger pincement ou une vibration à un endroit précis du corps. (Un pincement au mollet droit signifiera par exemple qu'un hélicoptère arrive.) Les casques procureront une meilleure visibilité et seront pourvus d'un système intégré de communication qui permettra aux officiers de voir ce que voit le soldat et de « piloter depuis le siège arrière », de diriger les troupes à distance, depuis la base. Les options de camouflage permettront au soldat de changer la couleur, la texture, le motif et l'odeur de son uniforme. Il pourra même émettre des sons pour noyer les bruits indésirables — des sons de la nature pour étouffer ses pas, par exemple. L'uniforme comportera aussi des sources d'énergie légères et durables, pour s'assurer qu'aucun de ces appareils ne flanche au mauvais moment à cause de la chaleur, de l'eau ou de l'éloignement d'un chargeur. Tous ces dispositifs pourront en outre se détruire à distance, de façon à ne pas livrer de secrets importants à l'ennemi à la suite d'une capture ou d'un vol.

Et, bien entendu, tout cela sera entouré d'une couche épaisse de cybersécurité – supérieure à tout ce que pourrait utiliser un civil – permettant la transmission instantanée de données dans un cocon de protection électronique. Sans sécurité, aucun des avantages décrits ci-dessus ne vaudrait le coût considérable qu'exigeront son développement et son déploiement sur le terrain.

Malheureusement, les procédures auxquelles sont contraints les fabricants de matériel militaire vont retarder l'adoption d'un grand nombre de ces nouveautés. Aux États-Unis, le complexe militaro-industriel travaille déjà sur certaines des initiatives évoquées plus haut – la DARPA a conduit le développement d'un grand nombre des robots opérant aujourd'hui – mais il est par nature mal outillé pour gérer l'innovation. Même la DARPA, qui est relativement bien financée, est freinée par des systèmes contractuels très élaborés et par son appartenance à la bureaucratie du département de la Défense. La longueur d'avance qui caractérise le secteur technologique américain demeure fondamentalement inaccessible à l'armée à cause d'un système d'acquisitions anarchique et byzantin, et cela constitue une importante opportunité manquée. En l'absence de réformes qui permettraient aux agences et aux fabricants d'agir comme de petites entreprises privées (plus maniables et capables de réaction rapide), tout le secteur d'activité risque d'entrer en récession au lieu d'évoluer à cause de l'austérité budgétaire.

L'armée est parfaitement consciente du problème. Comme nous l'a dit Singer, « c'est pour eux une question stratégique fondamentale : comment se sortir de cette structure handicapante[1] ? ». D'importants projets de défense s'éternisent au stade du prototype et dépassent les budgets et les délais à

1. Peter Warren Singer, entretien avec les auteurs, avril 2012.

une époque où les produits technologiques commerciaux sont conçus, construits et massivement mis sur le marché en des temps record. Le Joint Tactical Radio System, par exemple, qui devait être le nouveau réseau de communication radio de l'armée, calqué sur le modèle d'Internet, a été conçu en 1997, puis le projet a été fermé en septembre 2012, pour renaître sous la responsabilité de l'armée de terre affublé du nouveau nom de Joint Tactical Networking Center[1]. Au moment de sa clôture en tant qu'opération indépendante, le programme avait coûté plusieurs milliards de dollars et n'était toujours pas en place sur le terrain. « Ils n'ont plus les moyens de se permettre ce genre de fonctionnement aujourd'hui[2] », dit Singer.

À titre de recours, l'armée et ses sous-traitants pourraient se tourner vers les produits disponibles dans le commerce au lieu de tout fabriquer en interne. Mais l'incorporation de ces produits extérieurs n'est pas simple ; la seule adaptation aux exigences militaires (en termes de robustesse, d'usage et de sécurité) suppose parfois des délais inacceptables. Selon Singer, l'inefficacité issue de la lourdeur bureaucratique du système d'adjudications de contrats de l'armée a même donné naissance à une certaine débrouillardise sur le terrain pour mettre en place des expédients fonctionnels. Cela consiste parfois à acheter rapidement des systèmes de substitution en marge du processus d'acquisition ordinaire du Pentagone ; c'est de cette façon que les véhicules MRAP (*mine-resistant, ambush-protected* — résistant aux mines et protégés contre les embuscades) ont été envoyés d'urgence sur le front lorsque les EEI ont commencé à se multiplier en

1. Bob Brewin, « Pentagon Shutters Joint Tactical Radio System Program Office », *Nextgov*, 1er août 2012, http://www.nextgov.com/mobile/2012/08/pentagon-shutters-joint-tactical-radio-system-program-office/57173/ ; Matthew Potter, Defense Procurement News, « Joint Program Executive Office Joint Tactical Radio System (JPEO JTRS) Stands Down and Joint Tactical Networking Center (JTNC) Opens », communiqué de presse, 1er octobre 2012, http://www.defenseprocurementnews.com/2012/10/01/joint-program-executive-office-joint-tactical-radio-system-jpeo-jtrs-stands-down-and-joint-tactical-networking-center-jtnc-opens-press-release/.

2. Peter Warren Singer, entretien avec les auteurs, avril 2012.

Irak. Et il n'est pas rare que les soldats adaptent des appareils commerciaux qu'ils ont personnellement apportés sur le théâtre des opérations.

Les chefs militaires ont eux-mêmes constaté les avantages d'une telle inventivité. « Les militaires ont d'une certaine façon trouvé une aide dans les réclamations remontées des champs de bataille d'Irak et d'Afghanistan, explique Singer. En Afghanistan, les pilotes des hélicoptères d'attaque de la marine ont pris l'habitude de se sangler un iPad sur les genoux quand ils sont en vol et d'y afficher les cartes au lieu de s'en remettre au système intégré à leur appareil[1]. » Il ajoute que ces chefs militaires s'inquiètent de voir disparaître ces expédients une fois retombée la pression du champ de bataille. Il n'est pas dit que le système D parvienne à faire évoluer un système d'adjudication défectueux.

Il est déjà arrivé dans le passé que de grandes percées technologiques procurent aux États-Unis d'importants avantages stratégiques. Après la mise au point du missile à guidage laser, aucun autre pays ne s'est montré aussi redoutable sur de longues distances pendant de nombreuses années. Mais ce genre d'avantage tend à s'estomper avec le temps, par la banalisation ou la fuite des technologies, ou par rétro-ingénierie, et le domaine des armes sophistiquées ne fait pas exception. Le marché des drones s'est déjà internationalisé : Israël en a occupé la pointe pendant plusieurs années, la Chine s'y montre très active dans la vente et la promotion de ses appareils et l'Iran a annoncé le premier drone bombardier de sa propre fabrication en 2010. Même le Venezuela s'est joint au club[2], profitant de son alliance militaire avec l'Iran pour lancer un programme de drones « exclusivement défensifs » conduit par des ingénieurs iraniens. Comme on

1. *Ibid.* Cette affirmation de Singer nous a été confirmée par plusieurs soldats des Forces spéciales aujourd'hui en service.

2. Brian Ellsworth, « Venezuela Says Building Drones with Iran's Help », Reuters, 14 juin 2012, http://www.reuters.com/article/2012/06/14/us-venezuela-iran-drone-idUSBRE85D14N20120614.

lui demandait confirmation de l'existence de ce programme, le président défunt Hugo Chávez a dit : « Bien sûr que nous le faisons, et c'est notre droit. Nous sommes un pays libre et indépendant[1]. » Avec le temps, les drones vont devenir plus petits, moins coûteux et plus efficaces. Comme pour toutes les technologies, une fois qu'un produit est lancé — qu'il s'agisse d'un drone ou d'une application informatique — on ne peut plus le remettre dans sa boîte.

Nous avons demandé à Regina Dugan, l'ancienne directrice de la DARPA, comment les États-Unis assumaient la lourde responsabilité qui pèse sur la fabrication de ce genre de choses, sachant qu'elles finissent par échapper à leur contrôle. « La plupart des progrès technologiques, notamment s'ils sont conséquents, ont tendance à inquiéter, dit-elle. Et nous disposons de bons et de mauvais exemples d'évolution du cadre sociétal, éthique et juridique accompagnant ce genre d'avancée[2]. » Mme Dugan évoque l'inquiétude qui a accueilli l'annonce du séquençage du génome humain : s'il était possible de déterminer qu'une personne avait une prédisposition pour la maladie de Parkinson, quelles répercussions cela aurait-il sur le traitement que lui feraient les employeurs ou les assurances de santé ? « Le message qui est passé, c'est qu'il ne fallait pas avoir peur du simple fait de pouvoir constater cette prédisposition, explique-t-elle, mais créer les garanties légales pour qu'on ne puisse pas refuser l'accès aux assurances à cause d'une prédisposition génétique. » Trouver le bon équilibre implique de faire avancer ensemble le progrès technologique et les protections qu'il exigera.

Pour décrire le rôle de l'agence dont elle était responsable, Mme Dugan n'y va pas par quatre chemins : « On ne se lance pas dans l'invention et la prévention de surprises stratégiques si l'on craint de déranger au départ. » L'obligation consiste plutôt à gérer la tâche avec responsabilité — et pour

1. Robert Beckhusen, « Iranian Missile Engineer Oversees Chavez's Drones », Danger Room (blog), *Wired*, 18 juin 2012, http://www.wired.com/dangerroom/2012/06/mystery-cargo/.

2. Regina Dugan, entretien avec les auteurs, juillet 2012.

cela, l'avis et le concours de tierces parties sont absolument indispensables. « L'agence ne peut pas agir d'elle-même. Il faut impliquer d'autres branches du gouvernement, d'autres intervenants, dans le débat concernant ces choses », dit-elle.

Il est réconfortant de voir avec quel sérieux la DARPA prend ses responsabilités à l'égard de ces nouvelles technologies, mais le problème est évidemment que tous les gouvernements n'y mettront pas tant de considération et de prudence. La prolifération des drones pose des difficultés particulièrement inquiétantes, parce qu'ils procurent un avantage énorme à la plus petite des armées. Tous les gouvernements et toutes les armées du monde ne possèdent pas l'infrastructure technique ou le capital humain pour entretenir leur propre flotte de drones ; seuls ceux qui en ont les moyens en feront l'acquisition, ouvertement ou en cachette. La possession de robots militaires — et plus particulièrement de drones — va devenir une prérogative stratégique pour tous les pays ; certains s'en procureront pour en tirer un avantage, les autres le feront simplement pour défendre leur souveraineté.

À l'arrière-plan de cette concurrence au niveau des États se jouera une course entre civils et autres acteurs non étatiques pour acquérir ou fabriquer des drones et des robots à leurs propres fins. Singer nous rappelle que « certains acteurs privés — cela va des groupes de médias aux sociétés de pulvérisation des récoltes en passant par les entreprises de sécurité, les criminels et même les terroristes — ont déjà recours aux drones[1] ». Le fabricant d'armes privé très controversé Blackwater, aujourd'hui rebaptisé Academi, a annoncé en 2007 le lancement de son propre service de location de drones à des fins de surveillance et de reconnaissance[2]. Dès 2009, il était sollicité pour équiper de bombes les drones de la CIA[3].

1. Peter Warren Singer, entretien avec les auteurs, avril 2012.
2. Singer, *Wired for War*, p. 265.
3. James Risen and Mark Mazzetti, « C.I.A. Said to Use Outsiders to Put Bombs on Drones », *New York Times*, 20 août 2009, http://www.nytimes.com/2009/08/21/us/21intel.html.

Les drones possèdent aussi de multiples usages et marchés hors de tout contexte militaire. Certaines entreprises immobilières, par exemple, les utilisent aujourd'hui pour prendre des photos aériennes de leurs grandes propriétés[1]. Plusieurs universités en possèdent à des fins de recherche; celle de l'État du Kansas a créé un diplôme d'aviation sans équipage[2]. Et en 2012, on a appris l'existence de Tacocopter (un service par lequel le client pris d'une soudaine envie de tacos peut entrer sa localisation sur son smartphone et se faire livrer par drone), qui était en vérité un canular, mais qui demeure à la fois techniquement possible et pas si tiré par les cheveux que cela.

On l'a vu, les drones légers, peu coûteux et « à la portée de tous », conçus à des fins de combat vont devenir très populaires dans le grand bazar mondial de l'armement et sur les marchés illicites. Les modèles réduits d'avion, de voiture et de bateau télécommandés capables de remplir des missions de surveillance, d'intercepter des cibles hostiles ou de transporter des bombes et les faire exploser vont poser de profondes difficultés aux soldats dans les zones de guerre, et donner une tout autre dimension aux opérations de combat. Si la version civile du drone armé atteint la sophistication suffisante, on pourrait bien voir s'affronter les drones militaires et civils sur le terrain, peut-être au Mexique, où les cartels de drogue ont à la fois la volonté et les moyens de se procurer des armes de ce genre.

Les gouvernements vont s'efforcer de restreindre l'accès aux technologies clés qui facilitent la production massive de drones pour le grand public, mais il sera extrêmement difficile de réguler la prolifération et la vente de ces drones pour tous. L'interdiction pure et simple n'est pas une option réaliste, et même de modestes tentatives de contrôle de l'usage civil dans les pays en paix ne connaîtront qu'un

1. Somini Sengupta, « Who Is Flying Drones over America ? », Bits (blog), *New York Times*, 14 juillet 2012, http://bits.blogs.nytimes.com/2012/07/14/who-is-flying-drones-over-america/.

2. Jefferson Morley, « Drones Invade Campus », *Salon*, 1er mai 2012, http://www.salon.com/2012/05/01/drones_on_campus/.

succès limité. Si, par exemple, le gouvernement américain exigeait des citoyens qu'ils déclarent les petits drones qu'ils possèdent, s'il restreignait les espaces où ils sont autorisés à voler (jamais près des aéroports, qui sont une cible privilégiée, par exemple) et leur interdisait le franchissement de la frontière des États, on imagine sans peine que certains individus déterminés trouveraient moyen de contourner les règles en reconfigurant leur appareil, en le rendant anonyme ou en fabriquant quelque dispositif garantissant la discrétion. Il n'empêche qu'on devrait voir des traités internationaux réguler la prolifération de ces technologies, peut-être à travers l'interdiction de la vente des modèles de grande taille hors des voies officielles des États. Il se pourrait d'ailleurs que les pays les mieux placés pour faire proliférer les drones prennent la peine d'entamer une version moderne des négociations sur la limitation des armements stratégiques (SALT), qui visaient à réduire l'arsenal des Américains et des Soviétiques pendant la guerre froide.

Les États auront bien du mal à assurer la sécurité de leurs côtes et de leurs frontières contre la menace croissante des drones ennemis qui sont, par nature, difficilement repérables. Lorsque la navigation autonome sera possible, les drones seront devenus de mini-missiles de croisière qui, une fois mis à feu, ne pourront être interceptés. Les drones de surveillance envoyés par l'ennemi seront peut-être plus acceptables que ceux qui transportent des missiles, mais il faudra bien considérer les deux comme une menace puisqu'il sera difficile de les distinguer. Peut-être que le plus efficace pour s'en prendre à un drone ennemi ne sera pas l'usage de la force brute, mais le recours à l'électronique, à travers la pénétration de ses mécanismes de cybersécurité. La guerre deviendra alors, comme le dit Singer, une « bataille de persuasion[1] » — un combat pour apprivoiser ces machines et les persuader de faire autre chose que ce qu'a prévu leur mis-

1. Peter Warren Singer, cité par Noah Shachtman, « Insurgents Intercept Drone Video in King-Size Security », Danger Room (blog), *Wired*, 17 décembre 2009, http://www.wired.com/dangerroom/2009/12/insurgents-intercept-drone-video-in-king-sized-security-breach/.

sion. Fin 2011, l'Iran a fièrement exhibé un drone américain qu'il avait abattu sans l'endommager, le RQ-170 Sentinel[1], prétendument saisi en piratant son système de défense une fois qu'il avait été repéré dans l'espace aérien iranien. (Les États-Unis, de leur côté, se sont contentés de déclarer que le drone avait été «perdu».) Un ingénieur iranien anonyme a expliqué au *Christian Science Monitor* que, avec ses collègues, il avait pu amener le drone «à atterrir par lui-même où nous le voulions, sans avoir à casser les signaux de commande à distance et les communications[2]» du centre de contrôle américain, parce qu'ils avaient connaissance d'une faille dans le GPS de navigation de l'appareil. La technique ayant permis l'implantation de nouvelles coordonnées, le «spoofing[3]», n'est pas irréalisable, mais extrêmement difficile (pour atteindre le GPS, il fallait que les Iraniens contournent le chiffrement militaire en imitant ses signaux et en brouillant les voies de communication).

Parmi les solutions diplomatiques, il y aura peut-être des traités reposant sur la bonne foi engageant les États à ne pas envoyer de drones de surveillance dans leurs espaces aériens respectifs ou au contraire l'admission implicite que l'envoi de drones de surveillance ne constitue pas une infraction impardonnable. On ne saurait dire. Peut-être verra-t-on apparaître l'obligation internationale de rendre les drones de surveillance facilement distinguables des drones armés. Ou que certains États créeront ensemble un genre de «bouclier anti-drones» évoquant l'alliance nucléaire de la guerre froide, ce qui nous donnerait l'occasion d'assister à la naissance de la première zone d'exclusion aérienne pour les drones. Un petit

1. Scott Peterson, «Downed U.S. Drone : How Iran Caught the "Beast"», *Christian Science Monitor*, 9 décembre 2011, http://www.csmonitor.com/World/Middle-East/2011/1209/Downed-US-drone-How-Iran-caught-the-beast.

2. Scott Peterson et Payam Faramarzi, «Exclusive : Iran Hijacked U.S. Drone, Says Iranian Engineer», *Christian Science Monitor*, 15 décembre 2011, http://www.csmonitor.com/World/Middle-East/2011/1215/Exclusive-Iran-hijacked-US-drone-says-Iranian-engineer-Video.

3. Adam Rawnsley, «Iran's Alleged Drone Hack : Tough, but Possible», Danger Room (blog), *Wired*, 16 décembre 2011, http://www.wired.com/dangerroom/2011/12/iran-drone-hack-gps/.

pays n'ayant pas les moyens de bâtir ou d'acheter ses propres drones armés, mais craignant les attaques aériennes d'un voisin agressif, cherchera peut-être à s'allier à une grande puissance pour obtenir un certain degré de protection. Il est très peu probable que les États dépourvus de drones le restent très longtemps : la fabrication du drone espion Sentinel que possèdent les Iraniens ne coûte qu'autour de 6 millions de dollars[1].

La prolifération des robots et des drones va faire augmenter le nombre des conflits dans le monde — aussitôt qu'un État en aura acquis, il sera pressé d'essayer ses nouveaux outils — mais elle va faire baisser le risque de guerre totale. Il y a à cela plusieurs raisons. D'abord, le phénomène est encore trop récent ; les traités internationaux sur les armes et la guerre — le traité de non-prolifération nucléaire, le traité ABM (Anti-Ballistic Missile) et la convention sur l'interdiction des armes chimiques, pour n'en citer que trois — n'ont pas été adaptés à l'âge du drone. Il faut tracer des limites, développer un cadre juridique et que les politiciens apprennent à faire un usage responsable et stratégique de ces outils. Le choix de ce qui doit être porté à la connaissance du public pose de profonds problèmes d'éthique (comme on le voit aujourd'hui aux États-Unis). Toutes ces questions inciteront les États à la prudence lors des premières années de la prolifération des drones.

Il faut aussi envisager l'éventualité que se pose le problème des drones perdus, comme on le rencontre aujourd'hui concernant les armes nucléaires. Dans un pays comme le Pakistan, par exemple, il y a vraiment lieu de s'inquiéter de la capacité de l'État à protéger du vol ses stocks d'armes nucléaires (estimés à une centaine d'exemplaires). À mesure que les États se constitueront d'importantes flottes de drones, le risque augmentera de voir l'un d'eux tomber en de mauvaises mains et servir contre une ambassade, une base

1. Dan Murphy, « Obama Taking Heat for Asking for U.S. Drone Back ? Pay Little Heed », *Christian Science Monitor*, 15 décembre 2011, http://www.csmonitor.com/World/Backchannels/2011/1215/Obama-taking-heat-for-asking-for-US-drone-back-Pay-little-heed.

militaire ou un centre culturel. Imaginez un nouveau 11 Septembre n'impliquant pas de pirates de l'air ni d'avions de ligne, mais des drones ayant échappé au contrôle d'un État. Ces craintes ont de quoi donner naissance à des traités visant à établir certaines exigences concernant la protection et la conservation des drones.

Les États auront à inventer, séparément ou ensemble, les règles concernant les drones, et à déterminer s'ils seront soumis aux mêmes lois que les avions réguliers en matière de violation de l'espace aérien. La peur mutuelle des États empêchera l'escalade de la guerre par les drones. Lorsqu'on a su que le Sentinel américain avait violé l'espace aérien iranien, Téhéran a réagi par des fanfaronnades, mais pas par des représailles.

Le public verra d'un bon œil la mortalité réduite que suppose la guerre des drones, et cela devrait à l'avenir désamorcer le recours à la guerre pure et dure. L'Amérique peut déjà tirer certains enseignements de plusieurs années de présence des drones dans les actualités. À peine quelques mois avant la présidentielle de 2012, des fuites ont donné lieu à une série d'articles très détaillés sur les opérations secrètes du président Obama en matière de drones[1]. Si l'on en juge aux réactions suscitées par les frappes effectuées dans des théâtres d'opération officiels ou non comme la Somalie, le Yémen ou le Pakistan, les missions meurtrières sont beaucoup plus acceptables aux yeux du public américain lorsqu'elles sont accomplies par des drones que par des soldats, elles soulèvent moins d'interrogations et d'indignation. On a même vu certains partisans de la réduction de la

1. Daniel Klaidman, «Drones : How Obama Learned to Kill», 28 mai 2012, *Newsweek* et *Daily Beast*, http://www.thedailybeast.com/newsweek/2012/05/27/drones-the-silent-killers.html; Jo Becker et Scott Shane, «Secret "Kill List" Proves a Test of Obama's Principles and Will», *New York Times*, 29 mai 2012, http://www.nytimes.com/2012/05/29/world/obamas-leadership-in-war-on-al-qaeda.html; David E. Sanger, «Obama Order Sped Up Wave of Cyberattacks Against Iran», *New York Times*, 1er juin 2012, http://www.nytimes.com/2012/06/01/world/middleeast/obama-ordered-wave-of-cyberattacks-against-iran.html; Charlie Savage, «Holder Directs U.S. Attorneys to Track Down Paths of Leaks», *New York Times*, 8 juin 2012, http://www.nytimes.com/2012/06/09/us/politics/holder-directs-us-attorneys-to-investigate-leaks.html?pagewanted= all.

présence américaine à l'étranger soutenir l'extension du programme de développement des drones en tant que procédé légitime.

Nous ne percevons pas encore toutes les conséquences — politiques, culturelles et psychologiques — du fait que la distance physique et émotionnelle nous permet désormais de vraiment « déshumaniser » la guerre à ce point. La guerre à distance est plus fréquente aujourd'hui que jamais dans l'histoire, et elle est appelée à devenir une caractéristique primordiale des conflits. La guerre à distance ne s'est jamais vraiment conçue qu'à travers les armes transportées par des missiles, mais il va devenir de plus en plus ordinaire et acceptable de séparer encore un peu les acteurs du théâtre des opérations. Si l'on en juge à la tendance actuelle, on peut s'attendre à ce que ces changements aient pour effet d'amoindrir l'implication émotionnelle et politique du public. Après tout, les victimes de *l'autre* camp ne sont que rarement le facteur déterminant de la politique étrangère ou du sentiment public ; aussitôt que les troupes américaines sont physiquement à l'abri, l'intérêt de l'opinion décline radicalement. Cela signifie aussi que la population sera plus indifférente aux questions de sécurité nationale ; lorsque la menace qui pèse sur leurs propres soldats s'atténue, les faucons comme les colombes s'agitent moins. Disposant d'un plus grand nombre d'options moins susceptibles d'embraser l'opinion, le gouvernement peut se consacrer à ses objectifs de sécurité sans avoir à envisager de déclarer la guerre ou d'engager des troupes, et cela réduit le risque de guerre en bonne et due forme.

La perspective d'une réduction du nombre des victimes civiles, des dégâts collatéraux et des pertes humaines est bienvenue, mais le passage à un champ de bataille plus automatisé va créer de nouvelles vulnérabilités et de nouvelles difficultés de taille. Il faudra avant tout préserver la cybersécurité du matériel et des systèmes. Le flux de données entre les appareils, les robots, les drones et leurs centres humains de commandement et de contrôle doit être rapide, sécurisé et à l'abri d'un défaut d'infrastructure, comme le sont les communications entre les unités de soldats et leur base. C'est la raison pour laquelle les militaires choisissent d'établir leur propre réseau de communication au lieu de compter sur le réseau local. En attendant que les robots sur le terrain soient dotés d'intelligence artificielle, la moindre connexion instable ou coupée fait de ces engins un poids mort extrêmement coûteux — voire dangereux, puisque la capture d'un robot par l'ennemi équivaut à celle de matériel breveté. Les informations que procurerait une telle capture sont infinies, surtout si le robot est mal conçu — il s'agirait non seulement de renseignements sur les logiciels et la conception du drone, mais aussi de données plus sensibles, comme les positions ennemies, révélées par leurs coordonnées numériques. (On se doute aussi que certains pays provoqueront volontairement l'écrasement ou la compromission d'un engin truffé de fausses informations et de composants techniques trompeurs à des fins de désinformation.) Dans les guerres où sera présent l'élément robotique, les deux camps auront recours aux cyberattaques pour interrompre les activités de l'ennemi, que ce soit par spoofing (en se faisant passer pour un autre sur le réseau) ou par le recours à des leurres pour affoler les grilles de capteurs de l'ennemi et dégrader ses réseaux. Les fabricants s'efforceront d'installer des mécanismes à sécurité intégrée pour limiter les dégâts de ce genre d'attaque, mais il sera très difficile de construire quoi que ce soit à l'épreuve de tout.

Militaires et développeurs de robotique ne seront pas non plus à l'abri de simples erreurs. Tous les systèmes en réseau possèdent leurs failles et leurs bugs, et il faut souvent attendre qu'un hacker ou qu'un expert indépendant de sécurité des systèmes les mette en lumière pour découvrir leur existence. Le code informatique nécessaire à des machines de ce calibre est extraordinairement dense — ce sont des millions et des millions de lignes de code — et des erreurs sont toujours possibles. Et même si le développeur est conscient d'une faille dans son système, il n'est pas facile d'y remédier. La faille que les Iraniens prétendent avoir exploitée pour abattre le drone américain, une faiblesse dans le système GPS, était apparemment connue du Pentagone depuis la campagne bosniaque des années 1990[1]. En 2008, des soldats américains ont d'abord découvert des ordinateurs[2] appartenant à des insurgés chiites d'Irak qui contenaient des fichiers interceptés de transmission vidéo de drones, que les Irakiens avaient obtenus le plus simplement du monde, en pointant leurs antennes satellites vers le ciel et en utilisant un logiciel bon marché téléchargeable sur Internet, SkyGrabber, disponible pour 26 dollars, originellement conçu pour permettre aux usagers de pirater des films et de la musique. La transmission des données entre le drone et sa station de contrôle n'était pas chiffrée.

Dans l'avenir proche, tant que l'homme restera aux commandes du développement de ces technologies, des erreurs seront commises. Placer des psychismes humains fragiles dans des situations extrêmes de combat sera toujours source d'imprévisibilité — et de trouble de stress post-traumatique, de profonde détresse émotionnelle ou de réels épisodes psychotiques. Tant que l'homme conduira la guerre, ces erreurs devront être prises en considération.

En attendant que les systèmes dotés d'intelligence artificielle sachent imiter les capacités du cerveau humain, les systèmes robotisés ne remplaceront pas totalement les soldats de chair et d'os, que ce soit en personne ou dans la prise de décision. Les plus intelligentes des machines peuvent avoir des défauts flagrants. Comme le signale Peter Singer, pendant la Première Guerre mondiale, lorsque le char est apparu sur le champ de bataille, avec ses canons, son blindage et ses chenilles, on l'a cru indestructible — jusqu'au jour où quelqu'un a eu l'idée du fossé antichar[3]. L'ancien ministre iranien de la Défense Abdul Rahim Wardak, que

1. Siobhan Gorman, Yochi J. Dreazen et August Cole, « Insurgents Hack U.S. Drones », *Wall Street Journal*, 17 décembre 2009, http://online.wsj.com/article/SB126102247889095011.html.

2. *Ibid.*

3. Peter Warren Singer, entretien avec les auteurs, avril 2012.

nous avons rencontré à Kaboul peu avant son renvoi, n'a pas pu réprimer un gloussement lorsqu'il nous a raconté la façon dont, avec ses camarades moudjahiddines, il s'attaquait aux chars soviétiques dans les années 1980 — en barbouillant leurs vitres de boue et en fabriquant des pièges recouverts de feuillage comme ceux qu'avaient utilisés les Vietcongs dix ans plus tôt pour attraper les soldats américains[1]. Établissant un parallèle avec notre époque, Singer dit : « Les robots terrestres qu'utilisent nos soldats en Irak et en Afghanistan [reposent] sur une technologie épatante, mais les insurgés ont compris qu'ils pouvaient fabriquer des pièges à tigre — un simple trou profond dans lequel tombe [l'engin]. Ils ont même calculé l'inclinaison nécessaire pour que le robot ne puisse pas remonter[2]. » L'intelligence de ces robots est extrêmement spécialisée, si bien qu'à mesure qu'ils seront testés sur le terrain, leurs opérateurs et leurs développeurs ne vont pas cesser de rencontrer des parades de l'ennemi qu'eux-mêmes n'avaient pas imaginées, et cela les forcera à faire évoluer leurs produits. L'asymétrie de ce genre de combats n'est pas près de cesser de poser des problèmes imprévisibles à la technologie, si sophistiquée soit-elle.

Mais l'intelligence humaine n'est pas seulement faite de techniques de résolution de problèmes. Certains traits exclusifs à l'homme et pertinents au combat — comme le jugement, l'empathie et la confiance — sont difficiles à définir, et plus encore à installer dans un robot. Qu'est-ce qui va disparaître alors, à mesure que les robots seront investis des responsabilités humaines sur le champ de bataille ? Les membres des Forces spéciales avec lesquels nous avons discuté insistent invariablement sur l'importance capitale de la confiance et de la camaraderie dans leur propre expérience du terrain. Certains de ces hommes s'entraînaient et combattaient ensemble depuis des années, ils avaient une connaissance quasi instinctive des habitudes de l'autre, de ses gestes et de sa façon de penser. Ils racontent qu'ils étaient capables

1. Abdul Rahim Wardak, entretien avec les auteurs, juin 2012.
2. Peter Warren Singer, entretien avec les auteurs, avril 2012.

de communiquer d'un simple regard. Un robot sera-t-il un jour capable d'imiter l'aptitude humaine au décodage des signes non verbaux ?

Un robot peut-il faire preuve de courage ? Peut-il se sacrifier pour autrui ? S'il a été formé à reconnaître ses cibles et à engager le combat avec elles, peut-il y mettre un certain sens de l'éthique ou de la retenue ? Un robot sera-t-il jamais capable de distinguer un enfant d'un homme de petite taille ? Et si un robot tue un civil innocent, à qui faudra-t-il le reprocher ? Imaginons le face-à-face entre un robot terrestre armé et un enfant de six ans muni d'une simple bombe de peinture, peut-être envoyé là par un groupe insurgé. Qu'il soit autonome ou dirigé par l'homme, le robot a le choix entre tirer sur l'enfant désarmé ou finir lui-même désactivé, puisque le gamin n'a plus qu'à vaporiser de la peinture sur ses caméras high-tech et ses capteurs sensoriels pour l'aveugler. Confronté à cette situation, si c'est vous qui pilotiez le robot, demande Singer, que feriez-vous[1] ? On ne peut pas traduire un robot devant la cour martiale, le tenir pour responsable ni même ouvrir une enquête à son sujet. Les hommes vont donc continuer de régner sur les opérations de combat pendant de nombreuses années, même lorsque les robots seront devenus plus intelligents et qu'on les aura dotés de certaines qualités humaines.

Nouvelles ingérences

L'avènement du conflit virtuel et de la guerre automatisée va mettre entre les mains des États agressifs une panoplie plus vaste d'outils. L'ingérence d'autres acteurs — citoyens, entreprises ou gouvernements — est elle aussi appelée à se diversifier.

Pour ce qui est des États, le Conseil de sécurité des Nations unies demeurera le seul organisme international incluant toutes les nations et capable de donner un caractère légal

1. *Ibid.*

aux interventions militaires conduites par des États. Il est peu probable que la communauté internationale s'éloigne beaucoup de la grande distribution de pouvoir qu'a signifiée la création des Nations unies en 1945, même si les appels vociférants de citoyens désormais habilités à prendre la parole redoubleront de pression sur les États pour qu'ils agissent. Il sera quasiment impossible d'adopter de nouveaux mandats et de nouvelles chartes d'intervention, car le moindre amendement à la charte de l'ONU requiert l'approbation des cent quatre-vingt-quatorze États membres.

Mais dans certaines sphères supérieures des États, de nouvelles formes d'intervention sont plus viables, et elles seront menées par de petites alliances. Dans une situation extrême, on imagine bien un groupe de nations s'associer, par exemple, pour mettre hors d'état de nuire les robots militaires d'un pays dévoyé. On peut aussi imaginer que certains membres de l'OTAN appellent à la création de nouveaux mandats d'intervention autorisant les États à envoyer des troupes de combat au sein d'un conflit pour y établir une zone sécurisée de réseaux de communication indépendants et à l'abri du piratage. L'idée serait particulièrement appréciée dans les milieux favorables à l'ingérence — c'est une extension naturelle de la doctrine de la « responsabilité de protéger[1] », au nom de laquelle le Conseil de sécurité de l'ONU a autorisé l'intervention militaire (frappes aériennes comprises) accomplie par l'OTAN en Libye en 2011. Il est très possible que les pays membres de l'OTAN prêtent leurs drones pour imposer la première zone d'exclusion aérienne pour les drones au-dessus d'un bastion rebelle, s'épargnant ainsi d'avoir à mettre le moindre soldat en situation de danger physique.

Au-delà des organisations formelles comme l'OTAN, la pression interventionniste trouvera d'autres débouchés, notamment sous la forme de coalitions ad hoc impliquant

1. Jayshree Bajoria, « Libya and the Responsibility to Protect », Counsel on Foreign Relations, 24 mars 2011, http://www.cfr.org/libya/libya-responsibility-protect/p24480.

des citoyens et des entreprises. Pas plus les premiers que les secondes n'ont les moyens d'engager de forces armées pour une invasion terrestre, mais ils peuvent contribuer à la tâche cruciale de l'entretien du réseau de communication dans une zone de conflit. Les interventions de demain consisteront à rétablir l'accès à Internet ou à participer à l'établissement d'un réseau sûr et indépendant dans une zone tenue par les rebelles. Dans les cas de manipulation directe ou indirecte des communications par un État, certains pays se concerteront pour intervenir et rétablir une connexion stable et libre sans attendre l'approbation de l'ONU.

Ce n'est pas tant la connectivité qui est cruciale en soi (les civils dans les zones de conflit disposeront peut-être déjà d'une forme d'accès aux communications), mais plutôt tout ce que permet d'accomplir un réseau sûr et rapide. Les médecins des hôpitaux de campagne de fortune y trouvent un moyen de coordination rapide, dans le pays et avec l'étranger, pour répartir le matériel médical, organiser des parachutages et documenter la réalité qu'ils observent. Les combattants rebelles peuvent communiquer en toute sécurité, sans emprunter le réseau du gouvernement, avec une portée beaucoup plus étendue et sur des plateformes beaucoup plus utiles que la radio. Les civils peuvent parler avec leur famille en exil sur des plateformes autrement inaccessibles et faire venir de l'argent ou sortir des informations par des voies sécurisées — notamment à travers toute une gamme d'outils proxy et de contournement.

Plusieurs États coalisés enverront un équivalent des Forces spéciales pour aider un mouvement rebelle à se déconnecter des réseaux gouvernementaux et à établir le sien. On rencontre des initiatives de ce genre aujourd'hui, mais elles sont prises de façon indépendante. Plusieurs ministres libyens nous ont raconté l'histoire de Fred, un Américain au grand cœur arrivé dans le bastion rebelle de Benghazi à bord d'un canot de bois rempli de matériel électronique, bien déterminé à aider les rebelles à bâtir leur propre réseau de télécommunications. Sa première tâche a été de démanteler les écoutes téléphoniques de l'ère Kadhafi[1]. À l'avenir, ce genre de mission fera partie des opérations de combat, notamment dans les endroits non accessibles depuis la mer.

La composition des coalitions intervenantes sera aussi amenée à changer. Les États militairement faibles mais dotés d'un puissant secteur technologique vont devenir d'importants acteurs. Le Bangladesh compte aujourd'hui parmi les premiers contributeurs en hommes des troupes internationales de maintien de la paix[2]. À l'avenir, ce sont plutôt des pays technologiquement forts, comme aujourd'hui l'Estonie, la Suède, la Finlande, la Norvège et le Chili, qu'on verra en première ligne de ce genre de missions. Les coalitions de pays connectés apporteront à la fois la volonté politique et l'arsenal numérique — des réseaux mobiles provisoires, par exemple, indépendants et à haut débit. Ces pays pourront aussi prendre part aux interventions militaires par le biais de leurs armées de robots et de drones. Pour certains États, les petits notamment, il sera plus simple, moins coûteux et politiquement plus efficace de se constituer un parc de drones et de l'engager dans les efforts multilatéraux que d'entretenir et de déployer des effectifs humains.

Les entreprises technologiques, les ONG et les individus participeront aussi à ces coalitions, chacun apportant une contribution unique et précieuse à l'effort collectif. Les entreprises fabriqueront des logiciels open source adaptés aux besoins de la population locale, à qui elles offriront des mises à jour gratuites de leurs produits. Les ONG se coordonneront avec les télécoms pour créer des banques de données crédibles concernant une population et ses besoins, dont elles localiseront les poches les plus instables ou les plus isolées. Et les citoyens se porteront volontaires pour tester le nouveau réseau et l'ensemble de ces produits afin d'y déceler les bugs et les failles et d'émettre leurs commentaires.

1. Entretien de plusieurs ministres libyens avec les auteurs, juin 2012.

2. « Ranking of Military and Police Contributions to U.N. Operations », United Nations Peacekeeping, Resources, 31 août 2012, http://www.un.org/en/peacekeeping/contributors/2012/august12_2.pdf.

Si évoluée que soit notre technologie, le conflit et la guerre continueront de puiser leurs racines dans le monde physique, où la décision de déployer des machines ou de recourir à des méthodes électroniques échoit essentiellement à l'homme. Parce qu'elle favorise l'égalité des chances, la technologie dotera toutes les parties d'un conflit de la possibilité d'en faire plus, ce qui signifie qu'il y aura davantage de messages et de contenu provenant de tous les camps, davantage de robots sur le terrain et d'armes électroniques en ligne et davantage de cibles stratégiques à viser. Malgré quelques progrès sensibles, comme l'exigence de responsabilité qu'induira la pérennité des preuves, la technologie ne fera en fin de compte que compliquer les conflits, même si le risque net sera réduit.

Les combattants de demain — les États, les rebelles, les militaires — vont être amenés à constater que leurs habituels calculs éthiques, tactiques et stratégiques complexes dans les conflits physiques doivent désormais prendre en considération un front virtuel qui pèsera souvent sur leurs décisions. Cela incitera les agresseurs à intervenir davantage sur le front virtuel, moins dangereux, à travers la discrimination sur Internet et les invasions spontanées en ligne, difficilement attribuables, comme on l'a vu plus haut. Dans d'autres cas, le front virtuel agira comme une force modératrice, conduisant les agresseurs à réévaluer l'intensité des actes qu'ils commettent sur le front physique. Et, ainsi que nous allons le voir dans les pages qui suivent, la simple existence d'un front virtuel ouvre la voie à de nouvelles options d'ingérence qui, sans perdre de leur force, réduisent considérablement la nécessité de mettre des hommes en danger. Les zones d'exclusion aérienne protégées par des drones et les interventions de maintien de la paix robotisées seront parfois envisageables dans un conflit, mais ce seront des démarches limitées. Une fois le conflit fini, toutefois, lorsque commence le travail de la reconstruction, la technologie va participer de mille façons à remettre le pays sur pied.

7

L'avenir de la reconstruction

On a bien compris que la technologie peut mettre une société sens dessus dessous, voire la conduire à s'entre-déchirer, mais peut-elle aussi la remettre sur pied? Après un conflit ou une catastrophe naturelle, la reconstruction est un processus long et difficile, pas vraiment à la portée d'une flash mob ou d'une vidéo virale. Mais si les technologies de communication ne peuvent à elles seules rebâtir une société détruite, elles peuvent considérablement intensifier et accélérer l'ensemble des efforts politiques, économiques et de sécurité accomplis. Les outils que nous utilisons aujourd'hui pour nous divertir auront un tout autre usage dans les pays sortant d'une crise, et les populations dans le besoin y trouveront l'accès à davantage d'information et de pouvoir. À mesure que seront mis à jour ou abandonnés les modèles et les méthodes du passé, le travail de reconstruction, en faisant une plus grande place à l'innovation, va devenir plus inclusif et plus efficace. La technologie ne peut pas empêcher une catastrophe ou mettre fin à une guerre civile, mais elle peut abondamment huiler les rouages du processus de reconstitution.

Si les conflits de demain sont doublés d'un front virtuel, il en ira de même pour les missions de reconstruction. Nous verrons toujours les grues et les pelleteuses réparer les routes, reconstruire les ponts et faire renaître les bâtiments détruits, mais l'attention se portera aussi dès la première heure sur les fonctions clés qui n'étaient jusqu'à présent envisagées que dans un deuxième temps du processus. La remise en état de marche des communications, par exemple, permettra la reconstruction simultanée des infrastructures physiques, économiques et de gouvernement. Nous allons ici décrire comment, selon nous, les planificateurs de demain aborderont la reconstruction d'une société au sortir d'une crise, puis nous évoquerons la vague de nouveaux participants que la connectivité va mettre en action en tâchant d'apporter quelques idées novatrices de mesures susceptibles d'engager les sociétés sur une voie de rétablissement plus rapide.

Les communications d'abord

Pour une société qui sort d'une catastrophe naturelle ou provoquée par l'homme, la reconstruction est une tâche apparemment insurmontable. De la réfection des routes et des bâtiments au rétablissement des services nécessaires à la population, les défis qui se présentent réclament des moyens immenses, différents types d'expertise technique et, évidemment, de la patience. Correctement utilisée, la technologie peut considérablement faciliter ces processus, et nous pensons que les reconstructions de demain s'appuieront en grande mesure sur les technologies de communication et les réseaux rapides.

Il y aura un prototype de la reconstruction : un ensemble souple et modulaire de procédures et de modèles adaptables, que l'on peut façonner sur mesure selon le milieu. Dans l'industrie technologique, on a recours aux prototypes et aux versions « bêta » pour faire la place aux essais et aux erreurs — la philosophie de base étant que le retour d'information rapide concernant un modèle imparfait permet d'obtenir un meilleur résultat final. (D'où l'aphorisme classique du chef d'entreprise technologique : se tromper tôt, se tromper souvent.) Il faudra un certain temps pour mettre au point une approche de la reconstruction fondée sur les prototypes, mais ce ne sera finalement que pour mieux servir les communautés dans le besoin.

Le composant essentiel d'un prototype de reconstruction — ce qui le différencie des méthodes plus traditionnelles —, c'est l'idée de placer la priorité sur les communications, notamment la téléphonie mobile. La remise en service et la modernisation des réseaux de communication sont déjà le ciment des méthodes de reconstruction actuelles. À l'avenir, doter une société en ruine des infrastructures de télécommunication les plus rapides et les plus modernes va constituer la priorité absolue de tous les intervenants de la reconstruction, notamment parce que leur propre travail en dépendra. On a même déjà assisté à ce basculement lors de la décennie passée.

Jusqu'au début des années 2000, lors de la reconstruction à la suite d'un conflit, il ne s'agissait pas tant de rétablir les communications que de les installer. Pas plus l'Afghanistan que l'Irak ne possédaient avant le changement de régime quelque chose qui ressemble de près ou de loin à un réseau de téléphonie mobile. Le gouvernement des talibans était violemment opposé à toute forme ou presque d'électronique grand public (même si ses dignitaires disposaient d'un petit réseau GSM [*Global System for Mobile Communications*] à leur usage exclusif)[1] et Saddam Hussein avait décrété l'interdiction totale du téléphone portable dans son pays[2]. Une fois ces régimes renversés, les populations se sont retrouvées totalement dépourvues d'infrastructure et d'appareils modernes; seuls les combattants des conflits qui ont suivi disposaient d'une forme ou d'une autre de mode de communication mobile (en général des radios)[3].

En 2003, lorsque les équipes civiles de reconstruction sont arrivées en Irak, elles ont trouvé un désert de communication, et les premières tentatives d'emploi de téléphones satellitaires se sont vite heurtées au fait qu'il fallait

1. «Apple's iPhone and Afghanistan's Taliban», Cellular-News (Londres), 13 février 2009, http://www.cellular-news.com/story/36027.php.

2. W. David Gardner, «For Sale : Iraq's Cell-Phone Franchises», *InformationWeek*, 27 juillet 2005, http://www.informationweek.com/news/166403218.

3. Entretien des auteurs avec des membres du ministère libyen des Communications et de l'Informatique, juin 2012.

impérativement que les deux interlocuteurs se trouvent en plein air – une contrainte évidemment très embêtante dans une zone de guerre[1]. Parant au plus pressé, l'Autorité provisoire de la coalition (APC) a passé contrat avec MTC-Vodafone, une entreprise de télécommunications régionale[2], pour l'installation d'antennes-relais et l'établissement du service dans le sud du pays, tandis qu'une autre entreprise, MCI, se voyait confier le secteur de Bagdad[3]. Selon un ancien responsable de l'APC que nous avons rencontré, les antennes se sont littéralement dressées dans l'ensemble du pays du jour au lendemain[4], et le personnel de l'ONU a reçu des milliers de téléphones portables à distribuer parmi les principaux acteurs politiques locaux. (Détail curieux, tous ces numéros de téléphone comportaient le préfixe « 617 », qui est aussi celui des cinq arrondissements de la ville de New York.) En installant les infrastructures nécessaires, cette initiative a remis sur les rails le secteur moribond des télécommunications irakiennes, qui après quelques années est devenu florissant[5].

En Afghanistan, où l'ONU a établi un réseau de téléphonie mobile dès la chute des talibans[6] (le service étant gratuit en guise d'incitation à l'usager), le marché du téléphone portable a connu dans la dernière décennie une croissance considérable, notamment parce que le gouvernement a décidé d'émettre des licences auprès d'opérateurs privés. En

1. Ces difficultés n'étaient rendues que plus handicapantes par le fait que les États-Unis avaient établi leur quartier général dans les anciens palais de Saddam Hussein, transformés par le dictateur paranoïaque en bunkers électroniquement impénétrables.

2. « Post-War Telecommunications Developments in Iraq », Office of Technology and Electronic Commerce, Research by Country/Region, consulté le 18 octobre 2012, http://web.ita.doc.gov/ITI/itiHome.nsf/6502bd9adeb499b285256cdb00685f77/e781b255ae7a4f9a85256d9c0068abd 9?OpenDocument.

3. *Ibid.*

4. Entretien avec les auteurs, janvier 2011.

5. « Iraq-Telecoms, Mobile, Broadband and Forecasts : Executive Summary, BuddeComm », consulté le 18 octobre 2012, http://www.budde.com.au/Research/Iraq-Telecoms-Mobile-Broadband-and-Forecasts.html.

6. « Press Briefing by the U.N. Offices for Pakistan and Afghanistan », United Nations, News Centre, 16 janvier 2001, http://www.un.org/apps/news/infocus/afghanistan/infocusnews.asp?NewsID=136&sID=4.

2011, quatre grands opérateurs totalisaient quelque 15 millions d'abonnés dans le pays[1]. Les équipes de reconstruction qui ont débarqué en Afghanistan et en Irak y ont trouvé une page totalement blanche : les infrastructures étaient rudimentaires, il n'y avait aucun abonné et les perspectives commerciales étaient pour le moins douteuses. Considérant le taux d'adoption du téléphone portable et l'expansion du secteur des télécommunications partout dans le monde, il est peu probable que quelqu'un rencontre un jour un terrain vierge à ce point.

En Haïti, après le tremblement de terre de 2010, la première tâche dans le domaine des communications n'a pas été d'installer des infrastructures, mais de restaurer celles existantes, qui étaient très endommagées. Malgré la dévastation du pays, la remise en marche des réseaux de communication a été relativement rapide. Les infrastructures de téléphonie mobile avaient été passablement détériorées par le séisme et ses répliques, mais grâce à la vivacité d'esprit et à la coopération des entreprises locales de télécommunication et de l'armée américaine, les opérateurs n'ont mis que quelques jours à rétablir le service[2]. Dix jours après la catastrophe, les deux grands opérateurs, Digicel et Voilà, annonçaient avoir retrouvé 70 à 80 % de leur capacité d'origine[3].

Jared, qui travaillait alors au département d'État, se souvient avoir contacté l'ambassadeur américain en Indonésie pour qu'il lui résume les enseignements du tsunami de 2004 qui avait tué deux cent trente mille personnes dans quatorze pays du Sud-Est asiatique. L'ambassadeur avait été clair :

1. «Afghanistan-Telecoms, Mobile, Internet and Forecasts : Executive Summary, BuddeComm», consulté le 18 octobre 2012. http://www.budde.com.au/Research/Afghanistan-Telecoms-Mobile-Internet-and-Forecasts.html. On y voit qu'en 2011, l'Afghanistan comptait 17,6 millions d'abonnés à la téléphonie mobile et que les quatre principaux opérateurs «totalisaient plus de 20 % de parts de marché». Notre estimation d'«environ 15 millions» est donc prudente.

2. Tim Large, «Cell Phones and Radios Help Save Lives After Haiti Earthquake», Reuters, 25 janvier 2010, http://www.reuters.com/article/2010/01/25/us-haiti-telecoms-idUSTRE60O07M20100125.

3. Suzanne Choney, «Firms Scramble to Repair Haiti Wireless Service», MSNBC, mis à jour le 22 janvier 2010, http://www.msnbc.msn.com/id/34977823/ns/world_news-haiti/t/firms-scramble-repair-haiti-wireless-service/#.UIBq5MVG-8B

érigez les antennes-relais, faites-les fonctionner et n'écoutez surtout pas ceux qui vous disent que les télécommunications doivent passer après les secours d'urgence[1]. Les réseaux rapides ne sont pas secondaires, ils sont complémentaires.

L'immense majorité des antennes-relais d'Haïti n'étant pas raccordées au réseau électrique mais alimentées par des groupes électrogènes — c'était déjà le cas avant le séisme —, le maintien de la couverture était davantage une affaire de carburant que d'infrastructures. Il a donc fallu protéger les antennes pour que des individus désespérés ne viennent pas voler le combustible[2]. Le maintien du service en dépit de la destruction et du chaos ambiant s'est avéré décisif dans la coordination et l'envoi des secours dans les régions où les gens en avaient le plus grand besoin, mais il a aussi permis à la population de contacter famille et amis dans l'île ou à l'étranger. D'ailleurs, parmi les premières images sorties du pays après la catastrophe, certaines avaient été prises et envoyées par des Haïtiens avec leur téléphone. Tous les présents sur place après le séisme ont reconnu l'importance capitale d'avoir disposé de communications opérationnelles au milieu de tant de destruction et de souffrance.

Les soulèvements qu'a connus le monde arabe à partir de 2010 sont un autre exemple récent des avantages d'une approche privilégiant les communications. En Égypte, le rétablissement rapide du service par Vodafone[3] juste avant le départ de Moubarak est un bel exemple de l'agilité et de l'astuce dont devra désormais faire preuve le secteur des télécommunications. Vittorio Colao, de Vodafone, nous a dit : « Nos employés ont dormi à la centrale pour que nous soyons les premiers à offrir le service dès la levée de l'interruption. Nous nous sommes munis de vivres ; nous avions loué des chambres dans les hôtels voisins et nous protégions nos ins-

1. Cameron R. Hume, entretien avec Jared Cohen, janvier 2010.

2. Suzanne Choney, « Firms Scramble to Repair Haiti Wireless Service », MSNBC, mis à jour le 22 janvier 2010, http://www.msnbc.msn.com/id/34977823/ns/world_news-haiti/t/firms-scramble-repair-haiti-wireless-service/#.UIBq5MVG-8B.

3. « Statements-Vodafone Egypt », Vodafone, voir 29 janvier 2011 et 2 février 2011, http://www.vodafone.com/content/index/media/press_statements/statement_on_egypt.html.

tallations, pour être sûrs que personne ne viendrait [désactiver] le réseau[1].» Vodafone a vu ses efforts récompensés en devenant le premier opérateur à reprendre le service — une «première place» précieuse pour une entreprise cherchant à s'installer sur un vaste marché égyptien qui avait soudain beaucoup de choses à se dire. Pour séduire sa clientèle égyptienne, Vodafone a suivi une stratégie intelligente, empreinte d'empathie : «Nous avons offert du crédit à nos clients pour qu'ils puissent appeler dans le pays, c'était un cadeau.» Vodafone a aussi aménagé le volume du trafic (en libérant de l'espace sur le réseau pour les usagers égyptiens) «de façon à ce qu'une fois les communications rétablies, les premiers utilisateurs puissent [dépenser leurs] vingt euros d'appels pour faire savoir à leurs proches qu'ils [étaient] sains et saufs».

Notre dépendance actuelle à l'égard des télécommunications se reflète jusque dans les sociétés les plus déshéritées. En général, quand on parle aujourd'hui de rétablir le réseau, cela concerne spécifiquement les services vocaux et textuels — pas la connexion à Internet. Cela va changer au cours de la prochaine décennie, car partout les gens vont préférer les services de données aux communications vocales. Après une crise, la pression pour rétablir Internet sera incomparablement plus forte que celle que nous observons aujourd'hui concernant la voix et le texte, aussi bien de la part de la population que des acteurs de la reconstruction, qui trouveront dans le réseau rapide de données une aide précieuse dans leur mission. Au besoin, les organisations de secours déploieront des antennes 4G portables, selon un maillage permettant un accès à bas débit. Les données sauteront du téléphone à l'antenne la plus proche, puis de relais en relais jusqu'à un câble de fibre optique raccordé à l'Internet général. La navigation ne sera pas rapide, mais la connectivité que permet une installation de ce type suffira à accélérer la reconstruction.

1. Entretien avec les auteurs, août 2011.

Dans le prototype de reconstruction sera inscrite la prééminence du secteur des télécommunications, appelé à montrer le chemin en tant qu'organisme public ou en tant que partenaire de la coalition s'il s'agit d'entreprises privées. Aujourd'hui, la reconstruction des infrastructures physiques est souvent confiée à des entreprises d'ingénierie comme Bechtel à travers des contrats passés avec l'État, mais à mesure que le monde adoptera une perspective privilégiant les communications, les télécoms deviendront les premières intervenantes — et comme les autres, elles seront là pour gagner de l'argent. Dans une société qui sort d'une crise, il faut disposer au plus vite de solides réseaux pour coordonner le travail de recherche et de secours, communiquer avec la population, préserver la primauté du droit, organiser et faciliter la distribution de l'aide, localiser les personnes disparues et aider les populations déplacées à s'orienter dans leur nouvel environnement. Pour les télécoms, les raisons d'investir dans la construction et l'entretien d'un réseau moderne sont claires et pertinentes. Si le secteur d'activité est correctement régulé dès le départ, toutes les parties auront beaucoup à gagner : les télécoms feront des bénéfices, les reconstructeurs disposeront d'outils plus rapides et de meilleure qualité et l'ensemble de la population accédera à un service fiable, rapide et bon marché (notamment si le secteur est ouvert dès le départ à la concurrence).

À long terme, une industrie des télécommunications bien portante offre l'avantage de favoriser la croissance économique, même lorsque la stabilité tarde à revenir dans le pays. De façon générale, l'investissement direct dans les infrastructures, les emplois et les services est plus profitable à l'économie que les programmes d'aide à court terme, et les télécommunications sont l'un des secteurs commerciaux les plus lucratifs et viables. Le principal opérateur de téléphonie mobile d'Afghanistan, Roshan, est aussi le premier investisseur et le premier contribuable du pays[1], puisqu'il emploie

1. « Western Union and Roshan to Introduce International Mobile Money Transfer Service in Afghanistan », Roshan, News, 27 février 2012, http://www.

des milliers de travailleurs et assure à l'État près de 5 % de ses recettes nationales[1]. Et il l'est devenu malgré la médiocrité des infrastructures, le faible niveau général des revenus et plus de dix ans de guerre. Demain, reconnaissant naturellement la grande valeur des entreprises de télécommunications, tous les acteurs de la reconstruction — gouvernements, organismes internationaux et groupes d'aide — feront une priorité du rétablissement du réseau, au lieu d'y voir une source de concurrence ou une tâche secondaire.

Les télécommunications sont une affaire rentable (et plus encore au sortir d'une crise, quand les niveaux de trafic sont inhabituellement élevés), il y aura donc largement la place pour les entreprises locales et internationales. Les ingénieurs talentueux de la région utiliseront des logiciels libres pour élaborer des plateformes et des applications susceptibles d'aider l'économie naissante, ou alors ils collaboreront avec des entreprises ou des organisations étrangères auxquelles ils apporteront leur savoir-faire. Bonne part des investissements réalisés dans les télécommunications seront de franches transactions visant à servir la population, mais le risque existe que les entrepreneurs qui émergeront en viennent à constituer une nouvelle oligarchie du numérique. Ce seront peut-être des hommes d'affaires locaux dotés de solides contacts qui profiteront de la situation pour faire main basse sur un secteur industriel clé, ou des chefs d'entreprise étrangers désireux d'étendre leur empire. Là encore, la régulation sera fondamentale : lors de toute reconstruction, les individus aux commandes devront se méfier de ce genre de manœuvres dans un environnement chaotique très malléable, et faire bon usage de leur supervision.

Aux entrepreneurs et aux oligarques du numérique se mêleront des investisseurs étrangers, des membres de la communauté en exil et d'autres encore, animés par l'intérêt personnel plutôt que simplement financier. À l'avenir, les

roshan.af/Roshan/Media_Relations/News/News_Details/12-02-27/Western_Union_and_Roshan_to_Introduce_International_Mobile_Money_Transfer_service_in_Afghanistan.aspx.

1. *Ibid.*

investisseurs cherchant à s'implanter dans de nouveaux pays vont constater que la connectivité mondiale leur permet une implication beaucoup plus profonde et variée. L'information en temps réel, les réseaux sociaux actifs et la traduction instantanée leur apporteront davantage de proximité avec les pays où ils opèrent, qu'ils connaîtront presque aussi bien que les exilés. Cela donnera lieu à des investissements de meilleure qualité, plus durables, et à une relation plus fructueuse aussi bien pour l'investisseur que pour la population avec laquelle il travaille.

Tout cela, peu d'individus le savent aussi bien que Carlos Slim Helú, le magnat mexicain des télécommunications, actuellement première fortune mondiale. Slim appartient à la communauté des quinze millions de Libanais en exil — son père est venu au Mexique en 1902, fuyant la conscription de l'Empire ottoman. Aujourd'hui, à travers une gamme très variée d'entreprises, Slim possède des intérêts dans le monde entier (y compris 8 % des actions du *New York Times*)[1]. Il nous a raconté comment sa condition d'enfant de l'immigration a façonné sa vision. « Plus que simplement libanais, j'ai le sentiment d'appartenir au monde entier, dit-il. Aujourd'hui, je sens que je suis un compromis entre le Libanais concerné par les difficultés que connaît son pays et l'homme d'affaires d'Amérique latine porteur d'une responsabilité à l'égard des régions où il fait des affaires[2]. »

Slim affirme ne pas être le seul dans ce cas, et il prédit qu'à l'avenir, tout le monde va devenir « plus mondial *et* plus local à la fois », partagé entre les intérêts de la naissance individuelle, les opportunités d'affaires et la simple curiosité. Il dit appartenir à une nouvelle classe internationale qu'il nomme « la diaspora des affaires ». « Nous n'allons pas dans un pays pour gagner de l'argent et aussitôt repartir. Nous allons y faire des affaires avec l'intention d'y rester et de participer au développement national. » On peut trouver cela un peu

1. Russell Adams, « Carlos Slim Boosts Stake in *New York Times* Again », *Wall Street Journal*, 6 octobre 2011, http://online.wsj.com/article/SB10001424052970203388804576615123528159748.html.
2. Carlos Slim Helú, entretien avec les auteurs, septembre 2011.

«romantique», dit-il, mais ce n'en est pas moins une bonne pratique commerciale : «La vérité, c'est que les affaires se bonifient si l'on fait croître le marché, la demande, les clients et les possibilités.»

À mesure que s'effaceront les barrières du commerce dans un monde de plus en plus interconnecté, l'appartenance à la «diaspora des affaires» ne sera pas réservée à ceux qui ont les moyens d'investir d'importants capitaux. Imaginons par exemple qu'un étudiant en informatique de l'Indiana mette au point un jeu pour un réseau social populaire qui connaît soudain un vif succès au Sri Lanka. L'étudiant, entrepreneur en herbe, ne possède même pas de passeport (et ne connaît évidemment rien au Sri Lanka), mais allez savoir pourquoi, son jeu devient extrêmement rentable. Sa curiosité titillée, il se fait des amis sri lankais sur Facebook et Google+, suit les nouvelles locales sur Twitter et se met à s'informer sur le pays, avant de finir par s'y rendre. Très vite, il développe avec le Sri Lanka une sorte de fraternité numérique qui se prolongera plusieurs années. Des millions d'entrepreneurs, de développeurs d'applications et d'hommes d'affaires sont appelés à vivre un épisode de cet ordre, parce que les marchés en ligne seront plus vastes et plus variés qu'on ne l'imagine vraiment.

Dans un milieu en reconstruction, cette perspective est évidemment encourageante, mais même la plus organisée et la mieux intentionnée des entreprises de télécommunications ne pourra jamais assurer la lourde fonction de gouvernance des institutions. Certains biens élémentaires et services sociaux ne peuvent être offerts à la population que par l'État, comme la sécurité, la santé publique, l'approvisionnement en eau potable, les infrastructures de transport ou l'instruction primaire. La connectivité et les télécommunications rendront ces fonctions plus efficaces, mais le partenariat avec des acteurs institutionnels sur le terrain sera indispensable, comme nous le montre l'exemple qui suit.

Lors de son effondrement initial, en 1991, la Somalie est devenue le premier État défaillant du monde. Les famines, les guerres de clans, les agressions de l'extérieur, les insurrections terroristes et la fragmentation régionale ont conduit à l'échec un gouvernement de transition après l'autre. Ces dernières années, l'essor de la téléphonie mobile en Somalie a été l'une des rares réussites dans ce tableau globalement anarchique[1]. Malgré l'absence de sécurité et d'un gouvernement opérationnel, le secteur des télécommunications a pris une place essentielle dans bien des domaines de la société, puisqu'il a offert aux Somaliens des emplois, de l'information, de la sécurité et un lien crucial avec le monde extérieur. En fait, les télécommunications sont à peu près la seule chose en Somalie qui soit organisée, qui transcende la dynamique des clans et des tribus et qui fonctionne dans les trois régions à la fois : le Centre-Sud (Mogadiscio), le Puntland au nord-est et le Somaliland au nord-ouest[2]. Il n'existe dans le pays qu'une banque commerciale[3] (fondée en mai 2012), et, jusqu'à l'apparition du téléphone portable, les Somaliens qui voulaient déplacer de l'argent devaient s'en remettre aux réseaux informels de l'*hawala*, où aucune trace des transactions n'est conservée. Aujourd'hui, les services de transfert d'argent par téléphone permettent à des centaines de milliers de citoyens de déplacer des sommes à l'intérieur du pays et de recevoir des virements de l'étranger[4]. Les plateformes à base de SMS permettent à leurs abonnés d'échanger des e-mails, de recevoir des conseils boursiers ou des prévisions météo.

1. Abdi Sheikh et Ibrahim Mohamed, «Somali Mobile Phone Firms Thrive Despite Chaos», Reuters, 3 novembre 2009, édition Afrique, http://af.reuters.com/article/investingNews/idAFJOE5A20DB20091103; Abdinasir Mohamed et Sarah Childress, «Telecom Firms Thrive in Somalia Despite War, Shattered Economy», *Wall Street Journal*, 11 mai 2010, http://online.wsj.com/article/SB10001424052748704608104575220570113266984.html.

2. «Somalia-Telecommunications Overview», Infoasaid, consulté le 18 novembre 2012, http://infoasaid.org/guide/somalia/telecommunications-overview.

3. Mohamed Odowa, «Rebuilding Trust in Somali Commercial Banking», Somalia Report, 15 mai 2012, http://www.somaliareport.com/index.php/post/3347/Rebuilding_Trust_in_Somali_Commercial_Banking; Dinfin Mulupi, «Opening a Bank in Somalia? Not a Crazy Idea, Says Businessman», *How We Made It in Africa* (Le Cap), 18 juin 2012, http://www.howwemadeitinafrica.com/why-we-decided-to-open-a-bank-in-somalia/17530/.

4. Sahra Abdi, «Mobile Transfers Save Money and Lives in Somalia», Reuters, 3 mars 2010, http://www.reuters.com/article/2010/03/03/us-somalia-mobiles-idUSTRE6222BY20100303.

Les ONG et les entreprises étrangères en Somalie lancent régulièrement des projets pilotes de technologie mobile pour améliorer un peu les perspectives de la population; on a vu par exemple des tentatives de création d'une plateforme de bourse du travail par SMS ou de systèmes de santé mobiles par diagnostic à distance. La plupart de ces initiatives ne prennent pas — ce qui n'a rien d'étonnant, si l'on considère l'extrême hostilité du milieu en termes de sécurité. L'essentiel de l'innovation que l'on observe aujourd'hui en Somalie est donc dû aux Somaliens eux-mêmes; comme partout dans le monde en voie de développement, les solutions les plus créatives naissent à l'échelon local, essentiellement conduites par la nécessité.

L'absence de gouvernement en Somalie a conduit à la dérégulation du secteur des télécommunications, ce qui fait baisser les prix puisque les entrepreneurs qui y voient une opportunité (et possèdent un certain goût du risque) n'ont qu'à se présenter et créer un réseau. Ce schéma-là est très courant quand il n'y a pas de gouvernement. Dans les semaines qui ont suivi la chute de Saddam Hussein, une entreprise de télécommunications du Bahrein a voulu s'implanter dans le sud de l'Irak en jouant sur le fait que cette région est très largement chiite et que le Bahrein l'est majoritairement lui aussi[1]. Les forces militaires d'occupation, inquiètes de l'exacerbation des tensions religieuses, ont mis fin à l'aventure.

Le laisser-faire extrême qui règne en Somalie a accouché des prix les plus bas d'Afrique en matière de communications locales, internationales et d'Internet, et cela a rendu l'usage du téléphone beaucoup plus accessible à une population particulièrement pauvre. Lorsqu'un membre de l'émigration somalienne aux États-Unis appelle sa famille restée au pays, il est courant que son interlocuteur raccroche pour le rappeler lui-même. Quand il n'y a pas de gouvernement

1. Cynthia Johnston, Reuters, « U.S. Authority Tells Batelco to End Iraq Cellular Service », *Arab News* (Jeddah), 27 juillet 2003, http://www.arabnews.com/node/234902.

pour prélever des taxes, faire payer des licences ou imposer des tarifs à des fins de régulation, l'entreprise de télécommunications peut considérablement baisser ses prix sans devoir renoncer à faire des bénéfices. La pénétration de la téléphonie mobile en Somalie est beaucoup plus élevée qu'on pourrait le croire, puisqu'elle oscille entre 20 et 25 %[1]. Le service vocal et de données des quatre grands opérateurs couvre tout le pays, et s'étend même jusqu'à une centaine de kilomètres dans le Kenya voisin.

Malgré ces succès dans le domaine des communications, la Somalie demeure un pays exceptionnellement périlleux, et les groupes insurgés ont mis à profit la connectivité pour ajouter à l'instabilité. Les Shebab envoient par exemple des appels et des messages de menace aux responsables du maintien de la paix de l'Union africaine. Les islamistes radicaux interdisent l'usage des plateformes de banque par téléphone et sabotent les infrastructures de télécommunications. Les pirates du littoral communiquent à travers les réseaux locaux parce qu'ils redoutent que leurs téléphones satellitaires soient repérés par des navires de guerre internationaux[2]. Dans un rapport de février 2012, le Conseil de sécurité des Nations unies a inscrit le grand patron de Hormuud, la première société de télécommunications somalienne, sur la liste des individus soumis à l'interdiction de quitter le territoire pour l'avoir identifié comme étant l'un des principaux argentiers des Shebab. (Le rapport précise aussi que cet homme, Ali Ahmed Nur Jim'ale, a créé le service de transfert d'argent par téléphone de Hormuud pour faciliter les financements anonymes des Shebab[3].)

La situation en Somalie est sans doute complexe. Mais quand le pays sortira de l'instabilité, le nouveau gouver-

1. Entretien des auteurs avec des responsables du gouvernement somalien, octobre 2012. Il est intéressant de noter que les statistiques officielles du pays font état d'un pourcentage moins élevé.

2. Jama Deperani, « Somali Pirate Rules and Regulations », Somalia Report, 8 octobre 2011, http://www.somaliareport.com/index.php/post/1706.

3. Security Council Committee on Somalia and Eritrea Adds One Individual to List of Individuals and Entities, United Nations Security Council SC/10545, 17 février 2012, http://www.un.org/News/Press/docs/2012/sc10545.doc.htm.

nement trouvera certainement dans les opérateurs de télécommunications nationaux des partenaires de bonne volonté.

Dans l'idéal, les efforts de reconstruction ne se bornent pas à recréer ce qui existait auparavant, mais, dans la mesure du possible, à améliorer la situation d'origine et à développer des pratiques et des institutions qui réduisent le risque de répétition des catastrophes. La plupart des sociétés se relevant d'une crise, malgré certaines différences dans le détail, ont les mêmes besoins élémentaires, qui correspondent à peu près aux composants basiques du processus d'édification des États. On y trouve le contrôle administratif du territoire, le monopole de la violence, la gestion saine des finances publiques, l'investissement dans le capital humain, l'apport des infrastructures et la création de droits et de devoirs du citoyen[1]. Les efforts pour répondre à ces besoins dépendent lourdement de la communauté internationale (sur le plan financier, technique et diplomatique), mais ils doivent être conduits par l'État concerné. Si la société locale ressent que la reconstruction ne provient pas d'elle-même, ou qu'elle n'est pas cohérente avec ses objectifs politiques et économiques, la probabilité d'un échec augmente considérablement.

La technologie interviendra dans la protection du droit de propriété, en permettant la sauvegarde de traces virtuelles de biens physiques de façon à ce qu'ils puissent être rapidement réclamés une fois la stabilité revenue. Il y a peu de chances que les investisseurs viennent placer leur argent dans un pays où ils doutent de la sécurité et de la possession de leurs biens. En Irak, après l'invasion, trois commissions ont été créées pour que les habitants locaux ou les exilés de retour puissent récupérer ou réclamer une compensation pour leurs

1. Nous tirons ces éléments de la liste des dix fonctions de l'État présentée dans le livre de Clare Lockhart et Ashraf Ghani, fondateurs de l'Institute for State Effectiveness, *Fixing Failed States, A Framework for Rebuilding a Fractured World*, New York, Oxford University Press, 2008, p. 124-166

biens saisis sous le régime de Saddam Hussein[1]. Une autorité parallèle a été établie pour régler les litiges[2]. Ces démarches ont été un élément important de la reconstruction du pays, qui a servi de facteur de modération à l'exploitation de l'instabilité après le conflit et aux tentatives de récupération par la force. Mais malgré toute leur bonne volonté (en 2011, plus de cent soixante mille demandes avaient été déposées), ces commissions ont vu leurs travaux ralentis par les lourdeurs bureaucratiques qui ont embourbé beaucoup de dossiers dans des procédures complexes[3]. La communauté internationale retiendra de l'expérience irakienne qu'un modèle plus sûr et transparent de protection de la propriété est susceptible d'éviter ce genre d'ennuis en cas de conflit. En créant un cadastre en ligne, pourvu de logiciels de cartographie compatibles avec le téléphone portable, les gouvernements offrent à la population la possibilité de visualiser toutes les terres, publiques et privées, et même de soumettre en ligne à un arbitre autorisé certaines querelles mineures, comme l'emplacement précis d'une clôture.

À l'avenir, on ne sauvegardera pas seulement ses données, on sauvegardera son gouvernement. Dans le prototype de reconstruction qui verra le jour, les institutions virtuelles existeront parallèlement à leur pendant physique, et serviront au besoin de solution de secours. Au lieu d'un ministère physique abritant les archives et des guichets d'accueil, ces informations seront numérisées et stockées dans le nuage, et la plupart des démarches officielles s'accompliront sur des plateformes en ligne. Dans une ville ravagée par un tsunami, tous les ministères continueront de fonctionner avec une certaine efficacité en attendant leur reconstruction physique.

Ces institutions virtuelles permettront au gouvernement,

1. Work Package 7 on Reparations, Report of Workshop II : The Interactions between Mass Claims Processes and Cases in Domestic Courts, Impact of International Courts on Domestic Criminal Procedures in Mass Atrocity Cases (DOMAC) and Amsterdam Center for International Law, 18 juin 2010. Voir Peter van der Auweraert, « Panel Three : Iraq Reparation Schemes », p. 27-31, http://www.domac.is/media/domac/Workshop-II-report-Final.pdf.

2. *Ibid.* Voir passage sur la Commission de cassation, p. 28 et 30.

3. *Ibid.*, p. 29-31.

qu'il soit naissant ou affaibli par la crise, de maintenir l'essentiel des services qu'il rend, mais aussi de pleinement participer au travail de reconstruction. Les institutions virtuelles ne lui permettront pas d'accomplir tout ce qu'il accomplirait en temps normal, mais elles n'en seront pas moins extrêmement utiles. Le ministère des Services sociaux, chargé d'allouer des abris, aura toujours besoin de bureaux physiques pour interagir avec la population mais, en disposant de davantage de données, il pourra par exemple attribuer les lits de façon efficace et garder à jour l'inventaire des ressources disponibles. Une armée virtuelle ne fera pas respecter la loi, mais elle peut garantir le versement des salaires des soldats et des policiers, et cela ne manquera pas de dissiper certaines craintes. Les gouvernements resteront quelque peu réticents à confier leurs données aux fournisseurs d'accès au nuage, mais la tranquillité qu'offrira la sauvegarde des institutions justifiera amplement la démarche.

Ces institutions constitueront un filet de sécurité pour les populations aussi, car elles garantiront la préservation des archives, le paiement des salaires et la conservation du registre des citoyens, qu'ils soient dans le pays ou en exil. Tout cela accélérera la prise en main de la reconstruction par la population et réduira le gâchis et la corruption que l'on rencontre généralement à la suite d'une catastrophe ou d'un conflit. Le gouvernement peut tomber et les infrastructures physiques s'effondrer, mais les institutions virtuelles survivront.

Les gouvernements en exil agiront de façon très différente que le firent depuis Londres ceux de la Pologne, de la Belgique ou de la France pendant la Seconde Guerre mondiale. Étant donné que les institutions virtuelles continueront de fonctionner, ces gouvernements interviendront à distance avec une efficacité et une portée sans précédent. Cela naîtra forcément de la nécessité, à cause d'une catastrophe naturelle ou d'un malheur plus durable, comme une guerre civile. Imaginons que Mogadiscio devienne soudainement trop hostile pour le gouvernement somalien assiégé, peut-être parce que les Shebab ont pris la ville ou parce que la guerre des clans l'a rendue invivable. Si les institutions virtuelles étaient en place, le gouvernement pourrait provisoirement se délocaliser, dans le pays ou à l'étranger, et conserver un certain contrôle de l'administration civile de l'État. Au minimum, il pourrait maintenir une certaine crédibilité auprès de la population en faisant en sorte que les salaires soient versés, en assurant la coordination avec les organisations humanitaires et les donateurs étrangers, et en entretenant avec le grand public une communication transparente. Évidemment, l'administration virtuelle à distance ne sera jamais qu'un pis-aller (la distance entamera forcément le degré de responsabilité du gouvernement et sa crédibilité auprès du peuple), et certaines conditions préalables sont indispensables, notamment la présence de réseaux rapides, fiables et sécurisés, de plateformes sophistiquées et d'une population pleinement connectée. Aucun État n'en serait capable aujourd'hui — et la Somalie moins que les autres —, mais les pays qui entreprendraient dès aujourd'hui de créer ce genre de système seront prêts le moment venu.

La possibilité d'un gouvernement virtuel à distance risque de beaucoup affecter le sort des exilés politiques. Les personnages publics résidant hors de leur pays devaient autrefois compter sur des voies dérobées pour garder le contact — on se souvient que, dans les années 1970, l'ayatollah Khomeiny a diffusé son message sur des cassettes audio enregistrées à Paris et introduites clandestinement en Iran. Il existe désormais toute une gamme d'alternatives plus rapides, plus sûres et plus efficaces. Demain, les exilés politiques seront en mesure de créer des institutions virtuelles puissantes et compétentes, un véritable contre-gouvernement capable d'interagir avec la population au pays et de répondre à ses besoins.

Ce n'est pas aussi tiré par les cheveux qu'on pourrait le croire. Grâce à la connectivité, les exilés seront beaucoup moins coupés de la population qu'ils ne l'étaient autrefois. Demeurant très au fait des tendances et des humeurs du pays, ils pourront mieux atteindre la population en émettant des messages ciblés sur des appareils et des plateformes simples et populaires. Ils n'auront plus à se regrouper en un seul lieu pour créer un parti ou un mouvement ; seules compteront entre eux les différences idéologiques, pas géographiques. Et une fois que ces exilés disposeront d'une plateforme et d'une vision cohérente pour leur pays, ils pourront transmettre leur programme à leur population sans avoir à mettre le pied dans le pays, de façon rapide, sûre et à des millions d'exemplaires, si bien que le gouvernement officiel ne pourra pas endiguer le flot.

Pour étayer leur campagne, les exilés partiront à la conquête des cœurs et des esprits à travers les institutions virtuelles qu'ils contrôlent. Imaginons un contre-gouvernement qui financerait et déploierait dans son pays une force de sécurité comprenant divers citoyens nationaux exilés ici et là pour protéger certains bastions communautaires, tout en fournissant des services électroniques de santé depuis Paris (administration hospitalière indépendante, coordination de campagnes de vaccination gratuite, polices virtuelles d'assurance-maladie, coordination à distance d'un réseau de médecins pour établir le diagnostic), et en entretenant des écoles et des universités en ligne depuis Londres. Ce gouvernement en exil pourrait organiser l'élection de son propre Parlement, dont les campagnes et le scrutin se tiendraient exclusivement en ligne, dont les élus proviendraient de différents pays d'accueil et les sessions seraient diffusées en streaming sous l'œil de millions de spectateurs dans le monde. Le simple fait de voir fonctionner un tel contre-gouvernement pourrait suffire à pousser la population à se détourner du gouvernement officiel au profit de celui rassemblé et entretenu à distance par les exilés.

Enfin, le prototype de reconstruction aura pour caractéristique de profondément impliquer la communauté en exil. Les gouvernements en exil naissent souvent à l'initiative des intellectuels de la diaspora, mais le rôle des communautés émigrées ne sera pas seulement politique ou financier (à travers les transferts d'argent). Grâce à la connectivité, ces groupes seront en mesure de travailler ensemble de façon plus rapprochée et dans une gamme de domaines beaucoup plus étendue. Les communautés en exil entretiennent des idées et un savoir précieux pour la reconstruction, alors l'accès aux technologies de la communication va permettre aux sociétés sortant d'une crise de puiser abondamment dans ce capital humain. On a déjà perçu certains signes en ce sens lors de crises récentes. L'émigration somalienne a beaucoup utilisé des outils tels que Google Map Maker pour identifier les régions affectées par la sécheresse survenue dans la Corne de l'Afrique en 2011[1]. Sa connaissance des lieux et ses contacts lui ont permis de produire des comptes rendus plus justes que ceux des intervenants extérieurs.

À l'avenir, nous assisterons à la création d'un corps de réserve issu de l'émigration, organisé selon l'activité : les médecins, les policiers, les travailleurs du bâtiment, les enseignants, etc. Les États seront tentés d'organiser leur communauté en exil — dans la mesure où il ne s'agira pas systématiquement d'exilés politiques hostiles au gouvernement — afin de savoir qui possède des compétences susceptibles de s'avérer nécessaires en cas de crise.

Aujourd'hui, diverses communautés d'exilés s'en sortent beaucoup mieux que les populations restées au pays (notamment les Iraniens, les Cubains et les Libanais, ainsi que certains groupes moins nombreux comme les Hmong ou les Somaliens). Mais seuls quelques secteurs de ces communautés sont restés en contact avec leur pays d'origine ; beaucoup, par choix ou par l'effet du temps qui passe, ont pleinement adopté leur pays d'accueil pour les opportunités, la sécurité ou la qualité de vie qu'ils y trouvent. À mesure que se développera la connectivité, le fossé entre les exilés et leur pays d'origine va se réduire, car les technologies de communication et les médias sociaux renforcent les liens culturels, linguistiques et les perspectives que partagent ces groupes distants. Et ceux qui émigrent dans le cadre de la fuite des cerveaux quitteront un pays beaucoup plus connecté qu'aujourd'hui, même s'il s'agit d'un État pauvre, autocratique ou

1. France Lamy, « Mapping Towards Crisis Relief in the Horn of Africa », Google Maps, 12 août 2011, http://google-latlong.blogspot.com/2011/08/mapping-towards-crisis-relief-in-horn.html.

dépourvu d'opportunités. La communauté en exil sera donc en mesure de créer une économie du savoir qui profite de la vigueur des institutions, des réseaux et des moyens d'éducation des pays développés et d'en faire profiter son pays d'origine de façon constructive.

Opportunisme et exploitation

À la suite d'un conflit majeur ou d'une catastrophe naturelle, de nouveaux acteurs envahissent les lieux : travailleurs humanitaires, journalistes, représentants de l'ONU, consultants, hommes d'affaires, spéculateurs et touristes. Certains viennent simplement offrir leurs services, mais d'autres espèrent tirer parti de la situation à des fins politiques ou lucratives. Beaucoup le font pour les deux raisons, et ils y parviennent assez bien[1].

Même ceux qui ne recherchent pas le profit ne s'impliquent pas seulement par altruisme. Pour une jeune ONG, un pays qui sort d'une crise constitue un formidable terrain d'essai et, pour les organisations plus établies, c'est une occasion de prouver leur valeur à leurs contributeurs. Cet afflux de nouveaux participants — altruistes et opportunistes confondus — peut faire beaucoup de bien, mais aussi causer de terribles dégâts. Les planificateurs de la reconstruction de demain vont devoir trouver un moyen d'équilibrer les intérêts et l'action de ces individus et de ces groupes de façon productive.

En termes généraux, la connectivité favorise les comportements altruistes, parce qu'elle permet de mieux voir et de mieux comprendre les souffrances des autres, et fournit davantage d'occasions d'agir. Certains se moquent de la

1. Dans son livre provocateur *La Stratégie du choc* (Actes Sud, 2010), la journaliste Naomi Klein qualifie ces acteurs de « capitalistes du désastre ». Elle affirme que les partisans du néolibéralisme cherchent à exploiter les situations d'après-crise pour imposer les idéaux du libre-échange, généralement au détriment de l'ordre économique existant. Comme la thérapie de choc en psychologie, ce fondamentalisme du libre-échange exploite ce qui lui apparaît comme une « page blanche » pour violemment transformer le milieu économique.

montée de cet activisme en pantoufles, mais des organisations transnationales et progressistes telles que Kiva, Kickstarter et Samasource préfigurent les contours d'un avenir connecté. Kiva et Kickstarter sont des plateformes de financement collaboratif, ou « crowd-funding » (la première s'occupe de microcrédit, la seconde se focalise surtout sur le financement de projets créatifs), et Samasource organise pour des entreprises la sous-traitance de leurs « micro-travaux » auprès d'individus des pays en voie de développement à travers de simples plateformes en ligne. Il existe d'autres recours moins quantifiables que le don d'argent pour contribuer à une cause lointaine, comme la création de contenu de soutien ou la participation à la conscientisation du public, qui sont de plus en plus des parties intégrantes du processus.

À mesure que se multipliera le nombre de connectés dans le monde, nous verrons proliférer les donateurs et les militants potentiels, prêts à s'engager dans la prochaine grande crise. Les informations en temps réel sur les conflits et les catastrophes aux quatre coins du globe sont de plus en plus accessibles, équitablement réparties entre différentes plateformes en différentes langues, alors toute crise survenant dans un pays peut trouver un écho immédiat dans le monde entier. Tous ceux qui recevront l'information ne passeront pas aussitôt à l'action, mais ceux qui le feront seront assez nombreux pour qu'on assiste à une explosion de ce type d'engagement.

Les suites du tremblement de terre haïtien nous fournissent une fois encore une bonne indication de ce que nous réserve l'avenir. Dans ce pays à la fois très densément peuplé et très pauvre, le niveau de destruction a été terrible, notamment autour de la capitale : maisons, hôpitaux, bâtiments officiels, tout s'est effondré ; les transports et les communications ont été dévastés ; il y a eu des centaines de milliers de morts et un million et demi de sans-abri[1]. En l'espace de

1. « Paul Farmer Examines Haiti "After the Earthquake" », NPR, 12 juillet 2011, http://www.npr.org/2011/07/12/137762573/paul-farmer-examines-haiti-after-the-earthquake. Les estimations du bilan mortel du séisme en Haïti sont très variables. Le gouvernement haïtien parle de 316000 morts (« Haiti », *New*

quelques heures, les pays voisins ont envoyé des équipes de secours d'urgence et, après quelques jours, un grand nombre d'États du monde entier avaient envoyé de l'aide ou promis de le faire.

La réaction de la communauté humanitaire a été plus forte encore. Dans les jours qui ont suivi le drame, la Croix-Rouge a récolté plus de 5 millions de dollars à travers une campagne novatrice de «don par SMS»[1] où l'usager n'avait qu'à envoyer «HAITI» à un numéro spécial (90999) pour faire don de 10 dollars, automatiquement ajoutés à sa facture téléphonique. Au total, selon la Mobile Giving Foundation, qui fournit l'infrastructure électronique qu'emploient beaucoup d'ONG, près de 43 millions de dollars ont ainsi transité par les plateformes mobiles[2]. Dès le lendemain du séisme, Télécoms sans frontières, une organisation humanitaire spécialisée dans les télécommunications d'urgence, s'est déployée sur le terrain où elle a installé des centres d'appel pour permettre aux familles de joindre leurs proches[3]. Et cinq jours après la catastrophe, le service d'information AlertNet de la Thomson Reuters Foundation créait Emergency Information Service, premier du genre, qui a offert aux Haïtiens

York Times, mis à jour le 26 août 2012, http://topics.nytimes.com/top/news/international/countriesandterritories/haiti/index.html, mais selon un rapport confidentiel du gouvernement américain, ce nombre se situerait quelque part entre 46 190 et 84 961. (Emily Troutman, «US Report Queries Haiti Quake Death Toll, Homeless», Agence France-Presse (AFP), 27 mai 2011, http://www.google.com/hostednews/afp/article/ALeqM5jELhQRaWNNs56GOlifagC5F4DSZg?docId=CNG.699dc08a5f873f53071a317e008a7a5b.3a1.

1. Lindsey Ellerson, «Obama Administration Texting Program Has Raised $5 Million for Red Cross Haiti Relief», ABC News, 14 janvier 2010, http://abcnews.go.com/blogs/politics/2010/01/obama-administration-texting-program-has-raised-5-million-for-red-cross-haiti-relief/.

2. Elizabeth Woyke, «Yes, You Can Still Donate Money to Haiti via Your Cellphone», *Forbes*, 12 janvier 2011, http://www.forbes.com/sites/elizabethwoyke/2011/01/12/yes-you-can-still-donate-money-to-haiti-via-your-cellphone/.

3. Adele Waugaman, «"Télécoms Sans Frontières" Emergency Response», presentation to the U.S. Department of State, Haiti Earthquake, 9 juillet 2010, United Nations Foundation and Vodafone Foundation, http://www.unfoundation.org/assets/pdf/haiti-earthquake-tsf-emergency-response-1.pdf; Tom Foremski, «Télécoms Sans Frontières – How a Simple Phone Call Helps in Haiti», *Silicon Valley Watcher*, 4 février 2010, http://www.siliconvalleywatcher.com/mt/archives/2010/02/telecoms_sans_f.php.

l'usage gratuit de messages d'alerte SMS pour les aider à s'y retrouver dans le paysage défiguré par la catastrophe[1].

Puis le travail de secours d'urgence a fait place à des projets de reconstruction à long terme, et, après quelques mois, des dizaines de milliers d'ONG étaient à l'œuvre sur le sol haïtien. On voit mal comment des dizaines de milliers d'organisations humanitaires pourraient travailler efficacement — avec des objectifs clairs, sans redondances — où que ce soit, et moins encore dans un pays aussi petit, surpeuplé et dévasté qu'Haïti. Au fil des mois, des informations dérangeantes se sont mises à apparaître sur l'inefficacité de la distribution de l'aide. Les entrepôts étaient remplis de médicaments périmés à cause d'erreurs de gestion. Des irruptions de choléra dans les camps qui partout bourgeonnaient menaçaient bonne part des survivants au séisme. Les fonds des donateurs institutionnels, essentiellement des gouvernements, se faisaient attendre[2] et le processus s'entourait souvent d'une grande opacité, une très faible part de ces dons parvenait vraiment entre les mains des Haïtiens, l'essentiel ayant servi en amont à un nombre ahurissant d'organisations étrangères. Un an après le tremblement de terre, des centaines de milliers d'Haïtiens vivaient encore dans des camps insalubres parce que le gouvernement et ses partenaires des ONG n'avaient toujours pas trouvé de solution de logement[3]. Malgré la presse, la récolte de fonds, les plans de coordination et les bonnes intentions, les Haïtiens n'auront pas vraiment été aidés après la catastrophe.

Certains individus bien placés pour en parler ont étudié

1. Thomson Reuters, «Thomson Reuters Foundation Launches Free Information Service for Disaster-Struck Population in Haiti : Text Your Location to 4636 to Register», communiqué de presse, 17 janvier 2010, http://thomsonreuters.com/content/press_room/corporate/TR_Foundation_launches_EIS.

2. José de Córdoba, «Aid Spawns Backlash in Haiti», *Wall Street Journal*, 12 novembre 2010, http://online.wsj.com/article/SB10001424052702304023804575566743115456322.html; Ingrid Arnesen, «In Haiti, Hope Is the Last Thing Lost», *Wall Street Journal*, 12 janvier 2011, http://online.wsj.com/article/SB10001424052748704515904576076031661824012.html.

3. William Booth, «NGOs in Haiti Face New Questions about Effectiveness», *Washington Post*, 1er février 2011, http://www.washingtonpost.com/wp-dyn/content/article/2011/02/01/AR2011020102030.html.

la chose de très près[1] — notamment Paul Farmer dans *Haiti After the Earthquake* — et tous se rejoignent apparemment pour dénoncer une conjonction malheureuse de facteurs : à l'étendue des dégâts est venue s'ajouter l'inefficacité bureaucratique, sur un fond de difficultés préexistantes et profondément enracinées. Les technologies de la communication n'auraient certes pas résolu tous les malheurs d'Haïti, mais dans de nombreux domaines, les plateformes coordonnées en ligne, correctement et amplement utilisées, auraient pu rationaliser le processus afin de produire de meilleurs résultats et moins de gâchis, et le rétablissement aurait été moins long. Nous présentons ci-dessous un certain nombre de nos propres idées en ce sens, parfaitement conscients que les acteurs institutionnels de la reconstruction — les grandes ONG, les gouvernements étrangers donateurs et tous les autres — rechigneront à les adopter, de peur qu'elles échouent ou qu'elles les contraignent à renoncer à une part de leur influence.

Si l'on réfléchit aux conflits et aux catastrophes appelés à survenir dans un monde plus connecté, on voit se dessiner un motif[2]. La multiplication des donateurs potentiels ajoutée à la puissance du marketing en ligne va créer une « bulle d'ONG » au sein de chaque société en voie de sortie de crise, et cette bulle finira par éclater, ce qui entraînera une plus grande décentralisation de l'aide et l'irruption d'expériences innovantes.

Historiquement, les organismes d'aide humanitaire se sont moins distingués par leur impact que par leur marque : les logos accrocheurs, les publicités poignantes et les parrainages célèbres font beaucoup plus pour attirer les dons du public que les rapports détaillés sur la logistique, les moustiquaires contre la malaria ou la lente accumulation des petits succès.

1. Voir Paul Farmer, *Haiti After the Earthquake*, New York, PublicAffairs, 2012.
2. Voir Jessica T. Mathews, « Power Shift », *Foreign Affairs*, janvier/février 1997, http://www.foreignaffairs.com/articles/52644/jessica-t-mathews/power-shift.

Peut-être n'en est-il pas de meilleur exemple que la désormais tristement célèbre vidéo « Kony 2012 », produite par l'association Invisible Children pour ébranler les consciences à propos d'une guerre qui ravage depuis plusieurs décennies le nord de l'Ouganda. Si le propos de l'ONG ne manquait pas de noblesse — il s'agissait de mettre fin aux atrocités commises par un groupe ougandais nommé Armée de résistance du Seigneur —, bon nombre de connaisseurs du conflit, notamment des Ougandais, ont trouvé le film trompeur, simpliste et, en fin de compte, trop versé dans l'autopromotion. Ça ne l'a pas empêché de totaliser plus de 100 millions de spectateurs en moins d'une semaine (un record dans son genre), notamment grâce au soutien de célébrités de premier plan disposant de millions de suiveurs sur Twitter. Les critiques très vite apparues concernant l'ONG et son travail — comme le fait que 70 % du budget soient consacrés aux « coûts de production[1] » (essentiellement des salaires) — n'ont pas vraiment enrayé le mouvement, qui a quand même pris fin de façon extrêmement voyante et bizarre le jour où l'un des cofondateurs s'est fait arrêter pour outrage public à la pudeur[2].

On l'a vu, à l'âge numérique, le terrain de jeu de la communication est appelé à se niveler. Quiconque disposera d'une ONG ou d'une organisation caritative déposée (et peut-être même moins que cela) pourra créer une jolie plateforme en ligne avec des contenus de qualité et de chouettes applis pour téléphone portable. Après tout, pour un individu ou un groupe qui souhaiterait marquer les esprits, il n'y a rien de plus rapide ni de plus simple. La véritable substance de l'organisation — son degré de puissance ou de compétence, sa gestion des finances, la qualité de ses programmes — compte moins. Comme ces esprits révolutionnaires dont la start-up

1. Aly Weisman, « Invisible Children Respond to #StopKony Viral Video Criticisms », The Wire, *Business Insider*, 8 mars 2012, http://www.businessinsider.com/invisible-children-respond-to-stopkony-viral-video-criticisms-2012-3.

2. Sarah Grieco, « Invisible Children Co-founder Detained : SDPD », NBC 7 San Diego, 17 mars 2012, http://www.nbcsandiego.com/news/local/jason-russell-san-diego-invisible-children-kony-2012-142970255.html.

fait primer le style sur la substance, les nouveaux participants trouveront différentes façons d'exploiter les angles morts du champ de vision de leurs adhérents ; ils seront ainsi libres de profiter du fait que les donateurs ne savent pas vraiment ce qu'il se passe sur le terrain. Alors, quand surviendra une catastrophe et que les ONG se précipiteront sur les lieux, les plus établies se retrouveront coude à coude avec les débutantes jouissant d'une forte présence en ligne et d'importants fonds de démarrage, mais qui n'ont généralement pas fait leurs preuves. Ces jeunes organisations auront une mission plus ciblée que leurs consœurs traditionnelles, et elles donneront l'impression d'être aussi compétentes, voire plus. Elles attireront l'attention, mais leur apport correspondra moins aux nécessités de ceux qu'elles cherchent à aider ; si certaines seront compétentes, la plupart ne le seront pas, parce qu'elles manqueront des réseaux, de la connaissance approfondie et du savoir-faire opérationnel des organisations professionnelles.

Cette disparité entre le marketing des jeunes ONG et leurs réalisations aura le don d'exaspérer les acteurs établis. Les deux types d'organisations se disputeront les mêmes ressources, et les jeunes start-up tireront parti de leur habileté numérique et de leur connaissance des différents publics en ligne pour siphonner les plus anciennes. Elles diront des grands acteurs institutionnels qu'ils sont lourdauds, inefficaces, dépassés, noyés sous les frais généraux, qu'ils comptent trop d'employés et sont trop impersonnels, et promettront de considérablement rapprocher le donateur des bénéficiaires en supprimant les intermédiaires. Pour les nouveaux donateurs qui se demanderont de quelle façon contribuer, cette promesse d'action directe sera un argument de vente particulièrement attrayant puisque la connectivité leur offrira le sentiment d'être déjà personnellement impliqués dans la crise.

Le jeune homme engagé et altruiste de Seattle exerçant une profession libérale qui aura quelques dollars à dépenser ne sera plus seulement le « témoin » des malheurs du monde, il sera bombardé de propositions d'intervention. Sa boîte mail, son fil Twitter, son mur Facebook et ses résultats de recherche en seront saturés. Submergé, il n'en parcourra pas moins les options qui s'offrent à lui et cherchera à se faire une idée rapide mais sérieuse à partir de ce qu'il voit — quel groupe possède le plus beau site, la plus forte présence médiatique, les plus prestigieux parrains. N'étant pas expert lui-même, comment voulez-vous qu'il décide quelle organisation mérite sa contribution ? Il devra se fier à la confiance que lui inspire telle ou telle enseigne, et à ce petit jeu, celles dont le marketing s'adresse directement à lui (ou à son profil) auront l'avantage.

Le risque est réel de voir les ONG traditionnelles se faire pousser vers la sortie par la marée de jeunes start-up. De ces dernières, certaines seront vraiment utiles, mais toutes ne seront pas authentiques. Quelques opportunistes ne manqueront pas de tirer parti des nouvelles possibilités du marketing direct et de l'abaissement des coûts pour entrer dans la danse. Lorsque ces groupes finiront par être placés devant leurs responsabilités, la confiance des donateurs s'en ressentira (et cela entraînera probablement la démystification d'autres participants frauduleux). On verra aussi pulluler les projets vaniteux de célébrités et d'hommes d'affaires renommés dont les campagnes survoltées ne feront que détourner l'attention du travail méritant réellement d'être accompli sur le terrain. Dans l'ensemble, la transformation du concept de « faire le bien » en guerre de marketing va faire augmenter le nombre d'acteurs, mais réduire l'aide réelle, à mesure que les organisations établies seront mises sur la touche.

Une intervention, on l'a dit, demande de l'expertise. La coordination de l'aide, la supervision du gouvernement et l'établissement d'attentes réalistes, tout cela devient plus difficile quand on se bouscule sur le terrain. À cet égard, la technologie peut s'avérer utile. Le gouvernement pourrait constituer une banque de données centralisée de toutes les ONG et enregistrer chacune, l'observer et l'évaluer sur une plateforme en ligne avec le concours du public. Des systèmes de surveillance et de notation des ONG existent déjà[1] – Charity Navigator, la banque de données One World Trust ou NGO Ratings – mais, bien qu'elles contribuent à imposer un certain sens des responsabilités, il s'agit essentiellement encore d'ONG qui mettent sans doute en lumière certaines mauvaises pratiques, mais n'ont aucun pouvoir de contrainte. Imaginons un système de notation de type AAA pour les ONG, où les données concernant les activités, les finances et la gestion des organisations, ainsi que les commentaires de la communauté locale et des bénéficiaires de l'aide, serviraient à établir un classement qui permettrait aux donneurs de s'y retrouver. Ce classement aurait des répercussions très concrètes, il pourrait notamment signifier pour les ONG qui n'atteignent pas une certaine note l'impossibilité de percevoir de l'argent des pouvoirs publics, ou l'obligation de se soumettre à une surveillance accrue des autorités. En l'absence d'un système de notation et d'observation intégré et transparent, gouvernements et donateurs vont crouler sous un déluge de sollicitations de multiples organisations d'aide humanitaire, et ils n'auront pas vraiment de moyen de distinguer celles qui sont légitimes et compétentes.

Pour finir, comme toutes les bulles, celle-ci éclatera à son tour, car tout prendra du retard et les donateurs institutionnels perdront confiance dans les efforts de reconstruction.

1. GuideStar, Charity Navigator, GiveWell, CharityWatch, Philanthropedia, GreatNonprofits et d'autres relèvent de la première catégorie. Leur objectif principal est de faire un peu de lumière sur l'acte de donation. Certaines se contentent de rassembler des informations pertinentes, comme la situation fiscale des organisations (GuideStar), d'autres invitent directement les organisations caritatives à pratiquer la récolte de données et à analyser les signes de l'effet qu'elles produisent (GiveWell). Ces outils sont très précieux, mais il nous semble qu'ils ne sont utilisés que par des fondations et par la petite minorité d'individus qui donnent des sommes considérables. Un rapport intitulé *Money for Good* confirme notre intuition, puisqu'il établit que seuls 35 % des individus effectuent des recherches avant de donner, et que ceux qui le font vont directement puiser ces informations auprès de l'organisation elle-même. Voir *Money for Good II : Driving Dollars to the Highest Performing Nonprofits*, Summary Report 2011, Hope Consulting, novembre 2011, p. 9-10, http://www.guidestar.org/ViewCmsFile.aspx?ContentID =4040.

Certaines organisations de coordination existent, comme InterAction, mais elles ne comptent au mieux que quelques centaines de membres, ce qui n'est qu'une infime fraction des dizaines de milliers d'ONG impliquées dans un genre ou un autre de travail humanitaire.

Après la mêlée, seules resteront debout les ONG bien positionnées, celles dont les objectifs sont ciblés et les donateurs fidèles, celles qui ont à leur actif des opérations efficaces et transparentes. Certaines seront anciennes, d'autres récentes, mais elles partageront les caractéristiques qui les rendront aptes au travail de reconstruction de l'âge numérique. Elles conduiront de solides programmes dont les résultats seront traduits sous forme de statistiques, et leurs efforts sur le terrain s'accompagneront d'un marketing numérique bien conçu qui montrera le travail accompli tout en permettant les commentaires des donateurs comme des bénéficiaires. L'image de responsabilité et de transparence comptera beaucoup.

La tendance à l'établissement de rapports plus directs entre donateurs et bénéficiaires est aussi appelée à durer. Les ONG adopteront de nouvelles méthodes visant à satisfaire le désir de proximité, et donneront ce faisant un coup d'accélérateur à une autre tendance à long terme aujourd'hui visible : la décentralisation de la distribution de l'aide. Ce que nous entendons par là, c'est le renoncement à un système reposant sur quelques noyaux essentiels (un petit nombre de grandes ONG institutionnelles) au profit d'un réseau de plus petits canaux. Au lieu de faire un don au bureau central de la Croix-Rouge ou de Save the Children, les donateurs informés et impliqués vont de plus en plus chercher des programmes particuliers et spécifiques qui s'adresseront directement à eux, ou alors ils feront leur don à de plus petites ONG récentes qui promettent un service équivalent. Parmi les ONG établies, les plus intelligentes sauront se remettre en question pour adopter un rôle de rassembleur plutôt que de chef hiérarchique, elles repenseront leur rôle comme consistant à relier directement le donateur à ceux qu'il finance — à lui procurer l'« expérience » individuelle qu'il désire, en mettant par exemple en contact un médecin d'un pays développé avec ceux d'un pays touché par un séisme — tout en conservant le plein contrôle de leur programme. (Évidemment, tous les donateurs ne souhaiteront pas avoir une connaissance aussi poussée des organisations et des individus qu'ils soutiennent. Pour ceux-là, il sera très facile de ne pas souscrire à ce niveau d'implication.)

Dans le paysage de l'aide humanitaire remodelé par l'âge numérique, nous ne pouvons pas ignorer le rôle que joueront les individus dans les pays souffrant d'une catastrophe ou d'un conflit. La connectivité va profondément remanier notre façon d'aborder l'un des problèmes les plus importants et les plus courants que rencontrent les sociétés sortant d'une crise — celui des déplacés internes. Les intervenants extérieurs ne peuvent pas grand-chose pour prévenir les événements qui conduisent au déplacement de populations au sein d'un pays — la guerre, la famine, les catastrophes naturelles. Mais le téléphone portable va transformer le sort qu'auront à subir les victimes. La plupart des déplacés posséderont un portable, et si ce n'est pas le cas (ou s'ils l'ont perdu en route), les organisations humanitaires leur en distribueront. Les camps de réfugiés seront équipés de bornes 4G qui rendront les appels faciles et peu coûteux, et le téléphone portable va rendre l'enregistrement des déplacés plus aisé que jamais.

Selon le témoignage de la plupart des déplacés et des réfugiés, le manque d'information fait partie des principaux problèmes qu'ils rencontrent. Ils ne savent jamais combien de temps ils resteront à un endroit donné, quand arrivera la nourriture, comment se la procurer, où trouver du bois à brûler, de l'eau et des soins, ni quelles sont les menaces relatives à la sécurité. Grâce à leur enregistrement et aux plateformes spécialisées, ils recevront des alertes, pourront mieux évoluer dans leur nouvel environnement et recevoir les denrées et les services des organisations internationales présentes. Les logiciels de reconnaissance de visage seront abondamment utilisés pour retrouver des personnes perdues ou disparues. Grâce aux technologies de reconnaissance de la voix, les usagers illettrés n'auront qu'à prononcer le nom d'un parent pour vérifier s'il figure dans la banque de données du camp. Les plateformes en ligne et les téléphones portables permettront aux administrateurs de classer et d'organiser les habitants du camp en fonction des compétences, du milieu d'origine et des centres d'intérêt. À l'heure actuelle, un grand nombre de réfugiés possédant des compétences utiles et demandées (médecins, enseignants, entraîneurs de football) ne sont sollicités que de façon circonstancielle, au compte-gouttes, à travers le bouche-à-oreille. Les déplacés internes de demain auront accès à une application de pistage des compétences qui leur permettra de proposer leurs talents ou de consulter une banque de données pour trouver ce qu'ils recherchent, et aucune qualification ni bonne volonté ne devrait être délaissée.

L'usage généralisé du téléphone portable offrira de nouvelles opportunités aux personnes qui souhaitent secouer le modèle actuel de la distribution de l'aide. Quelques individus entreprenants dotés d'un minimum de savoir-faire technique pourront créer une plateforme ouverte où les bénéficiaires potentiels de l'aide établiront la liste de leurs besoins et de leurs informations personnelles, l'enverront dans le nuage et attendront que des donateurs individuels les choisissent et leur adressent directement de l'aide. Ce n'est pas très différent de la plateforme qu'emploie Kiva pour le financement de microcrédits, mais celle-ci aurait une étendue plus vaste, serait plus personnalisée et traiterait les dons plutôt que les crédits. (Naturellement, une plateforme de ce genre soulèverait une série de problèmes mécaniques et juridiques qui demanderaient à être réglés.)

Imaginons à présent que cette plateforme fonctionne en partenariat avec une organisation plus grande qui la fasse connaître à un public beaucoup plus étendu dans le monde et procure un système de vérification pour rassurer les sceptiques. En Occident, une mère pourrait se détourner un instant du match de football de son fils pour explorer sur son iPad une carte du monde en temps réel (interactive et constamment mise à jour), où s'afficherait qui a besoin de quoi et où. Elle déciderait seule qui financer à partir de l'histoire individuelle de chacun ou du niveau d'aide dont il a apparemment besoin. Grâce à un système de transfert d'argent mobile comme il en existe déjà, elle enverrait alors directement des espèces ou de l'argent mobile au bénéficiaire choisi, aussi facilement et naturellement que si elle envoyait un SMS.

Le problème d'une plateforme de ce type, c'est qu'il échoit entièrement au bénéficiaire de faire son propre marketing. La vie est déjà assez difficile dans un camp de réfugiés pour avoir à se soucier des mérites de son profil, et la rude concurrence à laquelle cette plateforme soumettrait les bénéficiaires fait elle-même grincer des dents. Il y a aussi le risque que les donateurs, par manque de jugement ou par méconnaissance de la situation sur le terrain, soutiennent de façon disproportionnée les individus qui auront monté la meilleure campagne de communication (ou déjoué le système) plutôt que ceux qui en ont le plus grand besoin. Le court-circuitage des organisations établies implique qu'on se passe de leur aptitude à distinguer les niveaux de besoin et à distribuer l'aide de façon appropriée. Ces contrôles supprimés, le système des donations directes ouvertes à tous conduira quasi certainement à une répartition *moins* équitable de ces ressources. Une analyse conduite par des chercheurs de Singapour sur les prêts consentis en peer-to-peer à travers le site de Kiva a montré que les prêteurs ont tendance à choisir des emprunteurs séduisants, à la peau claire et pas trop obèses.

En outre, ce type de plateforme part du principe que le désir d'un contact plus proche est partagé. Il faudrait que les bénéficiaires *veuillent* s'impliquer dans ce type de connexion, et beaucoup de ceux qui ont travaillé dans le développement y verront une condition rédhibitoire. Bien sûr, certains habitants d'un pays sortant d'une crise (ou en voie de développement) sauteront sur l'occasion de directement s'autopromouvoir s'ils ont une chance d'y trouver une source de financement plus fiable. Mais la majorité s'en abstiendra. À la différence des bénéficiaires de Kiva, qui sont demandeurs d'un prêt, ceux-là seraient en train de faire l'aumône — publiquement. La fierté est un trait universel, et les plus démunis sont souvent ceux qui lui accordent la plus grande valeur. On imagine mal, même si une plateforme de financement ouvert leur était accessible, que des réfugiés, des déplacés internes et d'autres bénéficiaires aillent volontairement étaler leurs besoins aux yeux du monde. L'une des fonctions importantes des organisations d'aide humanitaire établies est la distance qu'elles installent entre le bénéficiaire et son donateur. Alors, parmi tous les changements décrits plus haut — jeunes ONG, programmes micro-ciblés, décentralisation de l'aide —, il sera souhaitable de ne pas oublier ce qui fait que certains aspects du dispositif actuel sont ce qu'ils sont, et pourquoi ils fonctionnent.

Faire place à l'innovation

Si la destruction des institutions et des systèmes par les cataclysmes possède un aspect positif, c'est bien qu'elle ouvre la voie aux idées neuves. L'innovation existe partout, même dans les travaux laborieux et complexes de la reconstruction, et elle ne sera que favorisée par la présence d'un réseau rapide, d'une bonne gestion et d'appareils abondants, notamment des smartphones et des tablettes.

On voit déjà certains outils d'Internet se remodeler de façon à servir dans un environnement d'après-crise. Ushahidi (« témoignage » en swahili), une plateforme open source de cartographie qui intègre des données apportées par crowd-sourcing pour produire une carte informative vivante, en a fait la preuve éclatante après le séisme haïtien de 2010[1]. Partant d'un logiciel de cartographie élémentaire, il n'a fallu qu'une heure après le séisme aux bénévoles américains d'Ushahidi pour créer une carte vivante de la crise, dotée d'un code court (4636) qui permettait aux personnes sur place d'envoyer des informations par SMS[2] ; son existence a ensuite été signalée au public sur les radios locales et

1. Jason Palmer, « Social Networks and the Web Offer a Lifeline in Haiti », BBC, 15 janvier 2010, http://news.bbc.co.uk/2/hi/8461240.stm ; « How Does Haiti Communicate after the Earthquake ? », BBC, 20 janvier 2010, http://news.bbc.co.uk/2/hi/technology/8470270.stm.

2. James F. Smith, « Tufts Map Steered Action amid Chaos », *Boston Globe*, 5 avril 2010, http://www.boston.com/news/world/latinamerica/articles/2010/04/05/tufts_project_delivered_aid_to_quake_victims/?page=1 ; Jessica Ramirez, « "Ushahidi" Technology Saves Lives in Haiti and Chile », *Newsweek* et *Daily Beast*, 3 mars 2010,

nationales d'Haïti. Les ingénieurs hors du pays ont reporté les données recueillies sur une carte interactive en ligne où figuraient les destructions, le matériel d'urgence requis, les personnes piégées et les violences ou les crimes. Bon nombre des messages étant en créole, Ushahidi a mis à contribution tout un réseau de plusieurs milliers d'Haïtiens des États-Unis à qui il ne fallait que dix minutes pour les traduire. Après quelques semaines, ils avaient ainsi cartographié environ deux mille cinq cents signalements ; selon Carol Waters, directrice des communications et des partenariats d'Ushahidi-Haïti, bon nombre de ces messages disaient simplement quelque chose du genre : « Je suis enfoui sous des gravats, mais toujours en vie[1]. »

La rapidité montrée par Ushahidi dans sa constitution comme dans le codage a permis de sauver des vies. À l'avenir, les cartes de crise de ce type deviendront la norme, et ce sont probablement les gouvernements qui en dirigeront l'élaboration. En centralisant les informations auprès d'une source officielle de confiance, on évitera certains des problèmes rencontrés par Ushahidi (comme le fait que d'autres ONG ignoraient son existence). Évidemment, il y a toujours le risque qu'un projet dirigé par le gouvernement s'enlise dans la bureaucratie ou les contraintes juridiques qui l'empêcheront de tenir la cadence d'acteurs privés comme Ushahidi. Mais si elle est immédiate, la constitution d'une carte de crise sous l'égide du gouvernement offre un potentiel considérable, parce qu'elle pourrait comporter bien plus que des informations d'urgence. Elle demeurerait active durant tout le processus de reconstruction, et servirait de plateforme au gouvernement pour émettre et recevoir des informations concernant les divers projets et sites de reconstruction qu'il conduit.

Dans n'importe quelle société d'après-crise, les citoyens

---

http://www.thedailybeast.com/newsweek/blogs/techtonic-shifts/2010/03/03/ushahidi-technology-saves-lives-in-haiti-and-chile.html.

1. Ramirez, « "Ushahidi" Technology Saves Lives in Haiti and Chile », http://www.thedailybeast.com/newsweek/blogs/techtonic-shifts/2010/03/03/ushahidi-technology-saves-lives-in-haiti-and-chile.html.

seraient informés de la localisation dans leur secteur de zones sûres (c'est-à-dire libres de mines ou de milices), de la meilleure couverture de téléphonie mobile ou des plus importants efforts de reconstruction. En signalant les crimes, la violence ou les cas de corruption qu'il est amené à constater, le citoyen tiendrait le gouvernement au courant de la situation. Un tel système d'information de crise intégré n'apporterait pas seulement à la population davantage de sécurité, de santé et d'information, il supprimerait une part du gâchis, de la corruption et des redondances que génèrent invariablement les processus de reconstruction. Évidemment, tous les gouvernements d'après-crise ne voudront pas d'une telle transparence, mais si la population et la communauté internationale connaissent l'existence du modèle, la pression publique pourrait suffire à en imposer l'adoption. L'apport de l'aide étrangère pourrait même y être conditionné. Et il ne fait aucun doute qu'un grand nombre de partenaires non étatiques et de bénévoles seront heureux de prendre part au processus.

Pour un État sortant d'une crise, la priorité porte en général sur la question de la sécurité. Les cartes interactives peuvent avoir à cet égard une certaine utilité, mais elles ne suffiront pas. Les tout premiers temps après une crise sont les plus délicats, parce que le gouvernement provisoire doit montrer *à la fois* qu'il maîtrise la situation et qu'il est à l'écoute des gens, sous peine de se voir chassé par ceux-là mêmes qui l'ont mis en place. Pour que la vie retrouve un cours normal, il faut que les citoyens se sentent assez en sécurité pour rouvrir les commerces, rebâtir les maisons et semer les champs. La réduction de l'instabilité ambiante est donc indispensable à l'édification de la confiance citoyenne dans le processus de reconstruction. Or un usage intelligent de la technologie peut considérablement aider l'État à réaffirmer la primauté du droit.

Par sa fonctionnalité même, le téléphone portable est appelé à devenir un vecteur déterminant de la sécurité et un atout précieux dans sa gestion par l'État. Pour les pays dotés d'une armée en état de marche, la question de savoir si ses membres vont se montrer respectueux de l'État de droit — ou s'ils vont faire défection, commettre des actes criminels ou chercher à prendre le pouvoir — dépendra moins des motivations personnelles que de leur foi dans la compétence du gouvernement. Pour simplifier, disons que pour la plupart des individus en uniforme, l'essentiel sera d'être certain que la paye va arriver de façon régulière et relativement libre de prélèvements indus ; ils doivent savoir qui commande.

Les plateformes numériques de demain aideront les forces de l'ordre en équipant chaque membre de la police et de l'armée d'un appareil portable équipé de diverses applications spécifiques (et hautement sécurisées). L'une d'elles gérera les salaires et servira d'interface entre l'agent et le ministère qui le paye. En Afghanistan, la compagnie de télécommunications Roshan a lancé un programme pilote de paiement électronique des fonctionnaires de la police nationale par l'intermédiaire d'une plateforme de banque mobile[1] — c'était une démarche audacieuse visant à mettre fin à la corruption endémique qui gangrenait les finances du pays. Sur ces téléphones spéciaux, une autre application pourrait exiger de l'agent qu'il rende compte de ses activités au quotidien, comme il le ferait dans un carnet de bord, et ces informations seraient stockées dans le nuage, que ses chefs pourraient ensuite consulter pour établir des statistiques sur l'efficacité et l'impact du service. D'autres applications offriront des conseils ou une assistance virtuelle aux agents récemment incorporés — en Libye, par exemple, où un grand nombre de miliciens ont intégré l'armée récemment créée — et garantiront un espace en ligne sécurisé de dénonciation anonyme des cas de corruption ou d'actes illégitimes commis par d'autres agents.

La dénonciation citoyenne à travers les plateformes mobiles aidera l'État à assurer la sécurité, pour peu que la population et le gouvernement décident de travailler ensemble.

1. Eltaf Najafizada et James Rupert, « Afghan Police Paid by Phone to Cut Graft in Anti-Taliban War », Bloomberg, 13 avril 2011, http://www.bloomberg.com/news/2011-04-13/afghan-police-now-paid-by-phone-to-cut-graft-in-anti-taliban-war.html.

Munis d'un téléphone portable, les citoyens deviennent autant de témoins et d'enquêteurs en puissance, plus largement répartis que n'importe quel corps de maintien de l'ordre et capables de fournir des preuves de tout acte illégitime. Dans le meilleur des scénarios, les citoyens choisiront de participer à ces activités de surveillance mobile, par sentiment national ou par intérêt propre, et contribueront en collaboration avec l'État à établir une société plus sûre et plus honnête. Dans le pire des scénarios, si d'importants secteurs de la population se méfient du gouvernement ou lui préfèrent les anciens insurgés (comme ceux qui ont combattu Kadhafi), ces voies de dénonciation citoyenne pourraient servir à diffuser de fausses informations et faire perdre son temps à la police.

L'engagement citoyen ne sera pas seulement déterminant dans le domaine de la sécurité. Pourvus des plateformes qui conviennent et d'un gouvernement favorisant la transparence, les individus sur le terrain pourront surveiller les progrès accomplis, dénoncer la corruption, échanger des propositions et devenir partie intégrante du dialogue entre le gouvernement, les ONG et les acteurs étrangers — le tout à travers le téléphone portable. Lors de notre rencontre avec le président rwandais Paul Kagamé, l'un des dirigeants africains les plus au fait de l'évolution technologique, nous lui avons demandé en quoi la technologie mobile était en train de transformer la gestion par les citoyens des problèmes locaux. « Partout où les gens ont des besoins — en termes d'économie, de sécurité ou d'aide sociale —, ils se tourneront vers leur téléphone, dit-il, parce que c'est le seul recours dont ils disposent pour se protéger. Les gens qui ont besoin d'une aide immédiate sont à présent en mesure de l'obtenir[1]. » Ce fait, selon lui, change complètement la donne pour les populations des pays en voie de développement, et plus particulièrement pour ceux qui sortent d'un conflit ou d'une crise. Créer un lien de confiance avec les gouvernements est une tâche essentielle, qui peut être beaucoup plus rapide et plus durable si l'on exploite la participation citoyenne à travers

1. Paul Kagamé, entretien avec les auteurs, septembre 2011.

les plateformes mobiles : «Au Rwanda, nous avons lancé un programme communautaire de maintien de l'ordre public, dans lequel la communauté transmet des informations», dit Kagamé, en soulignant que le recours à la technologie a rendu ce programme beaucoup plus efficace.

L'adoption du crowd-sourcing comme élément central de l'État de droit – au moins à la suite d'un conflit ou d'une catastrophe – entraînera l'émergence progressive d'une culture de la responsabilité. La crainte de violences ou de pillages ne disparaîtra pas, mais les sociétés de demain disposeront en ligne des preuves de leurs possessions individuelles, mais aussi des trésors historiques de leur pays, de sorte qu'on ne se demandera plus ce qui manque une fois la sécurité revenue. Les citoyens qui enverront la photo d'un voleur dont on voit le visage et le butin seront récompensés (même s'il s'agit d'un policier). Le risque de représailles sera bien réel, mais tout indique que, malgré la peur, il y aura toujours une masse critique d'individus disposés à courir ce risque. Et plus il y a d'individus prêts à dénoncer des crimes, plus le risque de chacun se réduit. Imaginons que le fameux saccage du musée de Bagdad se soit produit vingt ans plus tard : combien de temps les voleurs auraient-ils pu cacher leur butin (et plus encore chercher à le revendre) si le délit avait immédiatement été enregistré et diffusé dans tout le pays, et si d'autres citoyens avaient été fortement motivés à les dénoncer ?

La disparition des objets anciens nuit à la dignité d'une société et à la préservation de son patrimoine culturel, mais celle des armes est beaucoup plus dangereuse pour la stabilité d'un pays. Il est très courant après un conflit que les armes, lourdes et légères, disparaissent et gagnent le marché noir (un commerce estimé à 1 milliard de dollars par an[1]), pour réapparaître entre les mains de milices, de gangs et d'armées d'autres pays. La radio-identification (*radio*

1. Aditi Malhotra, «The Illicit Trade of Small Arms», *Geopolitical Monitor* (Toronto), Backgrounder, 19 janvier 2011, http://www.geopoliticalmonitor.com/the-illicit-trade-of-small-arms-4273/.

frequency identification – RFID) pourrait offrir une solution à ce problème. Les puces ou les étiquettes RFID, plus petites qu'un grain de riz, contiennent des informations électroniques et sont aujourd'hui partout, aussi bien dans nos téléphones que dans nos passeports ou dans les produits que nous achetons. (Il y en a même dans nos animaux domestiques : une puce RFID implantée sous la peau ou dans l'oreille permet d'identifier les animaux égarés.) Si les grands pays signaient des traités imposant aux fabricants d'armes de doter tous leurs produits d'une puce RFID inamovible, cela simplifierait considérablement la recherche de caches d'armes et le contrôle des cargaisons d'armement. Les puces RFID actuelles étant faciles à griller au four à micro-ondes, il faudrait les doter d'un bouclier empêchant toute manipulation. (On peut s'attendre à voir les gouvernements désireux de pister les armes et les trafiquants qui veulent faire leur commerce à l'abri des regards jouer au chat et à la souris.) Lorsqu'on retrouvera des armes comportant une puce qui emmagasine des données de géolocalisation, il sera possible de retracer leur parcours. Le trafic d'armes ne disparaîtra pas pour autant, mais ses principaux acteurs sentiront monter la pression d'un cran.

Les États qui procurent des armes à un mouvement rebelle cherchent souvent à savoir ce qu'elles deviennent par la suite. Les puces RFID leur permettraient de garder la trace de leur investissement. Les rebelles libyens étant inconnus d'à peu près tout le monde et en l'absence de tout dispositif de pistage, les gouvernements qui leur ont fourni des armes ont eu à mettre en balance les bienfaits d'une révolution aboutie et le risque que ces armes s'évaporent dans la nature. (Début 2012, une part de l'arsenal utilisé par les milices libyennes a atterri au Mali, entre les mains des Touareg en colère[1]. Ce fait, ajouté au retour du contingent touareg de l'armée de Kadhafi, a donné lieu à une violente campagne hostile au

1. Michel Moutot, Agence France-Presse (AFP), « West's Intervention in Libya Tipped Mali into Chaos : Experts », Google News, 5 avril 2012, http://www.google.com/hostednews/afp/article/ALeqM5hJtUvEGQfS0X5Lip5M2Z7MOJIgkw?docId=CNG.90655ad2d0483083880b2914c0ec5599.251.

gouvernement malien qui a créé les conditions d'un coup d'État militaire.)

La généralisation du marquage électronique des armes va rencontrer certains obstacles. D'abord, l'élaboration d'armes pourvues de RFID sera coûteuse ; ensuite, les fabricants tirent actuellement profit de l'existence d'un vaste marché illicite de leurs produits ; enfin, les États comme les marchands d'armes ont plutôt tendance à apprécier l'anonymat qui entoure aujourd'hui la distribution des armes. On voit mal quelle grande puissance renoncerait de bon cœur à la possibilité de nier toute implication dans la constitution d'une cache ou dans la livraison secrète d'armement au nom d'un intérêt à long terme. En outre, les États diront que le risque d'implantation factice d'armes d'un autre pays dans une zone de conflit ne ferait qu'ajouter aux hostilités. Mais il se pourrait que la pression internationale change les choses.

Heureusement, la technologie RFID possède une foule d'autres usages immédiatement utiles aux efforts de reconstruction. Les étiquettes RFID peuvent servir à suivre la trace de l'acheminement de l'aide et d'autres denrées essentielles, à vérifier la légalité des produits pharmaceutiques et de façon générale à limiter le gâchis ou les prélèvements indus dans les grands travaux publics. Le Programme alimentaire mondial (PAM) a testé le pistage à l'aide de codes-barres et de puces RFID des livraisons de nourriture en Somalie pour repérer les transporteurs honnêtes qui livrent les aliments aux destinataires voulus. Ce type de système de traçage — peu coûteux, généralisé et fiable — pourrait rationaliser l'univers tortueux de la distribution d'aide humanitaire en accroissant la responsabilité et en procurant des données permettant d'en évaluer la réussite et l'efficacité jusque dans les endroits les moins connectés.

Les gouvernements trouveront un autre usage innovateur des téléphones portables dans la gestion des combattants démobilisés à la suite d'un conflit. L'échange d'armes contre des téléphones pourrait devenir un élément clé de tout programme de désarmement, démobilisation et réintégration (DDR). Le gouvernement de Paul Kagamé, malgré les controverses qui agitent la communauté de défense des droits de l'homme, a organisé la démilitarisation de dizaines de milliers de combattants à travers le Projet de démobilisation et de réintégration du Rwanda[1]. « Nous estimons qu'il faut mettre entre les mains des combattants démobilisés des outils qui leur permettront de transformer leur existence », explique-t-il. Dans le colis qui leur a été remis, « il y avait de l'argent, mais aussi un téléphone, pour qu'ils puissent considérer les possibilités qui s'offrent à eux[2] ». La plupart des combattants qui se soumettent au programme, toujours en vigueur au Rwanda, ont aussi droit à une formation qui les prépare à leur réintégration au sein de la société. L'accompagnement psychologique y tient une place importante. Nous avons vu ces programmes à l'œuvre, et ils ressemblent à des colonies de vacances, avec leurs salles de classe, leurs dortoirs et leurs activités — ce qui est tout à fait opportun, puisqu'un grand nombre des combattants du Rwanda sont quasiment des enfants. L'essentiel est de les mettre sur la bonne voie, en compagnie de centaines d'autres qui ont partagé leur expérience, puis de leur insuffler la confiance en ce qu'une belle vie les attend après la guerre.

Selon Kagamé, d'autres pays sont sur le point d'adopter à leur tour cette méthode. Après tout conflit, le désarmement des combattants est une priorité absolue. (Le désarmement, parfois appelé démilitarisation ou contrôle des armes, est le processus qui consiste à supprimer les capacités militaires des factions en présence, qu'il s'agisse d'insurgés, d'ennemis civils ou de troupes de l'armée de l'ancien régime.) Dans les programmes habituels de DDR, les parties en conflit remettent leurs armes aux forces de maintien de la paix pendant une période prescrite, souvent contre quelque type de compensation. Plus le conflit a été long, plus le processus

1. Reintegration Program : Reflections on the Reintegration of Ex-Combatants, Multi-Country Demobilization and Reintegration Program (MDRP), septembre-octobre 2008, http://www.mdrp.org/PDFs/MDRP_DissNote5_0908.pdf.

2. Paul Kagamé, entretien avec les auteurs, septembre 2011.

est appelé à durer. Il a fallu des années de combats entre le nord et le sud du Soudan pour que naisse l'État du Soudan du Sud (que nous avons eu l'occasion de visiter en janvier 2013), si bien que l'urgence de la nécessité d'un grand programme de DDR a immédiatement été reconnue par le nouveau gouvernement sud-soudanais et la communauté internationale. Grâce à une aide de plus de 380 millions de dollars venue de l'ONU, de la Chine, du Japon, de la Norvège et des États-Unis[1], les Soudanais des deux côtés de la frontière ont accepté de désarmer environ deux cent mille anciens soldats d'ici à 2017[2]. Deux pays voisins, l'Ouganda et le Kenya, inquiets de la possible dispersion de combattants transformés en mercenaires et de voir des armes franchir illégalement leurs frontières, ont aussi promis d'y apporter leur soutien en vue du renforcement de la sécurité dans la région — c'est un élément essentiel du plan. Toutefois, peu de régions étant aussi imprévisibles et sujettes au conflit que celle des Grands Lacs, cette promesse doit être prise avec des pincettes.

Dans la plupart des situations d'après-conflit, des combattants démobilisés se retrouvent sans travail, sans objectifs, sans statut, et mis au ban de la société. Si rien n'est fait pour eux, ils peuvent facilement retourner à la violence — que ce soit en tant que criminels, miliciens ou mercenaires —, surtout s'ils possèdent encore leurs armes. Les gouvernements cherchant à inciter ces hommes à rendre leur AK-47 vont constater que la perspective d'obtenir un smartphone en échange peut largement suffire dans un premier temps. Ce dont ont besoin les combattants démobilisés, c'est d'un dédommagement, d'un statut et d'une prochaine étape. Pour peu qu'on leur fasse comprendre qu'un smartphone ne représente pas seulement la possibilité de communiquer, mais un moyen de percevoir des denrées et de l'argent, il devient un

1. Frederick Womakuyu, « South Sudan : Nation Embarks on Disarming Ex-Combatants », AllAfrica, 12 juillet 2011, http://allafrica.com/stories/201107130081.html.

2. *Ibid.*

investissement qui mérite bien qu'on l'échange contre une arme.

Dans cette initiative, chaque société offrira aux combattants démobilisés un colis légèrement différent, selon sa culture et son niveau de sophistication technologique, mais le procédé comporte dans ses grandes lignes un élément qui fera l'unanimité : des appareils haut de gamme gratuits, des forfaits vocaux et SMS à bas prix, du crédit pour acquérir des applications, et une aide financière donnant accès à Internet et au courrier électronique. Ces smartphones seront de meilleure qualité que les appareils d'une bonne partie de la population, et leur usage sera moins cher. Ils seront déjà chargés d'applications attractives de formation professionnelle qui donneront certaines perspectives d'ascension sociale aux combattants démobilisés, comme des cours de langue anglaise ou même d'alphabétisation élémentaire. Un enfant-soldat se trouvant dans un camp de réfugiés du Soudan du Sud, qui a été forcé de quitter très jeune sa famille, disposera ainsi d'un appareil qui lui permettra non seulement d'entrer en contact avec des parents dans la région, mais aussi avec certains compatriotes en exil qui pourraient le parrainer, de jeunes gens ayant par exemple obtenu l'asile aux États-Unis et qui ont refait leur vie.

Il est probable que la création d'un tel programme obtiendra au départ la contribution financière de certaines nations, puis ce sera à l'État concerné de prendre en charge son coût et son contrôle. Le gouvernement y gagnera la possibilité d'exercer une certaine influence sur les combattants démobilisés de son pays. Un logiciel installé d'office sur le téléphone permettra à l'État de suivre leur trace ou de surveiller quelque temps l'usage qu'ils en font ; ceux qui n'observeront pas les règles du programme risqueront de perdre leur forfait ou leur téléphone. L'État pourra par exemple instituer une politique en trois temps liée aux données de géolocalisation de ces téléphones : la première fois qu'un ancien combattant ne contactera pas son agent de probation au moment prévu, il recevra une brève mise en garde ; la deuxième, il verra son forfait interrompu pendant un certain temps ; et la troisième entraînera l'annulation pure et simple du forfait et la confiscation de l'appareil.

Évidemment, la mise en œuvre de ce dispositif sera difficile, mais il offrira davantage de maîtrise à l'État que ne le ferait une compensation unique en espèces. Et le programme ne sera pas seulement désirable pour les applications utiles ou le statut symbolique que procure la possession d'un smartphone. Les combattants démobilisés compteront probablement sur le versement d'une pension ou d'une allocation pour entretenir leur famille, alors l'intégration de ces versements à un système d'argent mobile sera un moyen intelligent de les maintenir sur le droit chemin.

Pour que ce système d'échange des armes contre des téléphones puisse fonctionner, il faudra toutefois qu'il soit rattaché à un programme plus général et efficace — un simple téléphone portable ne suffira pas à réintégrer durablement des milliers de combattants démobilisés. Dans le cadre des programmes de réintégration et de responsabilisation, certains recevront de l'argent ou quelques fonctions spécifiques pour leur appareil en échange de photos de caches d'armes ou de fosses communes. Pour qu'ils renoncent à la fois à leurs armes et à leur sentiment d'autorité, il faudra qu'ils se sentent équitablement traités et justement rétribués ; l'accès à un service de conseil à l'orientation ou de formation professionnelle jouera un rôle important dans leur retour à la vie civile.

En Colombie, dans le cadre d'un programme très réussi de réinsertion d'anciens guérilleros[1], on a mis en place un vaste réseau de centres d'accueil où ils trouvent des services d'éducation, d'aide juridique, de soutien psychosocial et de santé. À la différence de beaucoup d'autres programmes de DDR, généralement conduits loin des centres urbains, le gouvernement colombien a eu l'audace d'installer une bonne part de ces maisons d'accueil au cœur de la ville. Il a très vite perçu qu'il fallait gagner la confiance des guérilleros mais aussi

1. Observation des auteurs lors de deux visites du programme de DDR en Colombie.

celle de la société. Ces foyers, conçus comme des centres d'accueil d'adolescents fugueurs, ont fini par s'intégrer à la communauté locale et susciter la participation de voisins. Le gouvernement a sélectionné certains de ces anciens guérilleros pour en faire les émissaires de son message invitant les Colombiens à ne pas recourir à la violence. Ces hommes ont pris la parole dans les universités, rencontré d'anciens membres des Forces armées révolutionnaires de Colombie (FARC) — une organisation terroriste vieille de quarante-huit ans — et animé des tables rondes communautaires.

On peut se demander si pour les non-combattants les technologies de communication vont favoriser le processus de réconciliation ou au contraire y faire obstacle. D'un côté, l'omniprésence des appareils lors du conflit aidera les citoyens à saisir des preuves qui leur permettront de réclamer justice une fois la paix revenue. En revanche, un si grand nombre d'enregistrements numériques d'actes de violence et de souffrances (stockés à jamais et abondamment échangés) risque de consolider les divisions sociales ou ethniques qui ont donné lieu au conflit. Le processus de rétablissement des sociétés déchirées par des conflits sociaux ou ethniques est déjà particulièrement douloureux en soi, et il suppose une certaine perte de mémoire collective. Plus il y aura de preuves, plus il y aura de choses à oublier.

À l'avenir, la technologie servira aussi à documenter et à consigner le déroulement de différentes procédures de justice de transition, notamment les réparations, les épurations (comme la « débaasification » en Irak), les commissions de vérité et de réconciliation et même les procès, qui gagneront en accessibilité et en transparence. Cela possède ses avantages et ses inconvénients. Le procès télévisé de Saddam Hussein a eu pour beaucoup d'Irakiens un effet cathartique, mais il a aussi offert une tribune à l'ancien dictateur et à ses sympathisants. Il demeure, comme l'annonce Nigel Snoad, ancien responsable humanitaire de l'ONU qui travaille aujourd'hui pour Google, que « les groupes de défense des droits de l'homme et de la justice y trouveront l'occasion de mettre en place un système permettant aux gens d'entretenir un mémorial et de raconter l'histoire des tués et des disparus[1] ». Grâce à ces témoignages et éléments commémoratifs, ces groupes pourront « reconstituer les versions des deux camps et, malgré les récits contradictoires et les campagnes occasionnelles de *flaming* en ligne (le vilipendage de certains personnages dans les groupes de discussion sur Internet), ouvrir un espace à la présentation d'excuses, aux discours de vérité et à l'ébauche d'une réconciliation ».

La technologie d'Internet ne supprimera pas le mécanisme lent et douloureux de la réconciliation, et c'est tant mieux. Les aveux publics de culpabilité, les condamnations et les châtiments, de même que les gestes de pardon, tout cela sert la catharsis d'une société qui se remet d'un conflit. Le modèle actuel de la justice criminelle au niveau international — pour crimes contre l'humanité — est lent, bureaucratique et sujet à la corruption. Des dizaines de criminels[2] attendent de nombreux mois à la Cour pénale internationale (CPI) de La Haye que s'ouvre leur procès[3]. Dans les pays sortant d'un conflit, on préfère souvent s'en remettre aux tribunaux et aux institutions locales plutôt qu'aux organismes internationaux, toujours à la traîne.

La prolifération technologique va probablement accentuer cette tendance. Le simple volume des témoignages numériques des crimes et des violences va exacerber la demande de justice mais, par leur cadence glaciale, les instances juridiques internationales comme la CPI auront beaucoup de mal à s'adapter à cette évolution. Il est par exemple très peu probable que la très procédurière CPI accepte un jour comme pièce à conviction les images non vérifiées saisies

1. Nigel Snoad, entretien avec les auteurs, mars 2012.

2. Rapport de la Cour pénale internationale, soixante-sixième session, Assemblée générale des Nations unies, 19 août 2011, 6-7, http://www.icc-cpi.int/NR/rdonlyres/D207D618-D99D-49B6-A1FC-A1A221B43007/283906/ICC2011AnnualReporttoUNEnglish1.pdf.

3. Susana Sá Couto, Katherine Cleary *et al.*, « Expediting Proceedings at the International Criminal Court », American University, Washington College of Law, War Crimes Research Office, International Criminal Court, Legal Analysis and Education Project, juin 2011, http://www.wcl.american.edu/warcrimes/icc/documents/1106report.pdf.

par un téléphone portable (même si certaines organisations comme Witness font en sorte que cela change), mais les appareils judiciaires locaux, soumis à moins de contraintes légales et manifestement plus souples, se montreront plus ouverts aux progrès du tatouage numérique qui permettront l'authentification des images de première main. Ces voies judiciaires gagneront de plus en plus la préférence des populations concernées.

Le choix d'une instance locale suppose que les arbitres, qu'il s'agisse de juges formels, de chefs tribaux ou de dirigeants communautaires, possèdent une connaissance intime et étendue de la société — de ses dynamiques internes, ses principaux acteurs, ses grands malfaiteurs et toutes les nuances difficilement perceptibles par les organismes lointains ou internationaux. Ils ont moins besoin de vérifier les pièces à conviction numériques, parce que les gens et les lieux leur sont déjà connus. Dans un contexte d'après-crise, il y a aussi une pression très nette de la communauté pour que la justice soit rapidement rendue. On peut débattre du fait que ces tribunaux soient plus ou moins équitables que leurs équivalents internationaux, mais il ne fait aucun doute qu'ils agiront plus vite.

Cette tendance pourrait demain se manifester au sein des commissions de vérité et de réconciliation, ou dans les structures judiciaires provisoires mises en place après un conflit important. À la suite du génocide rwandais, le nouveau gouvernement a rejeté le modèle sud-africain de vérité et réconciliation[1], estimant que la réconciliation ne serait possible qu'une fois les coupables punis. Mais le système judiciaire formel mettait beaucoup trop de temps à juger les génocidaires ; plus de cent mille Rwandais ont passé plusieurs années en prison à attendre leur procès. Un nouveau système de tribunaux locaux a donc été mis en place, inspiré

1. *Reconciliation After Violent Conflict : A Handbook*, International Institute for Democracy and Electoral Assistance (International IDEA), 2003. Voir texte de Peter Uvin, « The Gacaca Tribunals in Rwanda », p. 116-117, consulté le 19 octobre 2012, http://www.idea.int/publications/reconciliation/upload/reconciliation_full.pdf.

d'une procédure populaire et communautaire de résolution de conflits, les *gacaca*. Comparaissant devant la communauté, l'accusé se voyait proposer une réduction de peine s'il avouait ses crimes, s'il permettait d'éclairer les événements survenus ou identifiait ses victimes. Le système reposait sur une justice de village, mais les *gacaca* n'en possédaient pas moins une structure complexe[1], impliquant diverses phases de procès. La première était celle du niveau de la « cellule » : l'accusé était traduit devant un tribunal populaire au sein de la communauté même où le crime avait été commis. Ce tribunal évaluait la gravité des actes — et déterminait si l'accusé devait être jugé au niveau du secteur, du district ou de la province, dont chacun comporte des procédures d'appel. Le système des *gacaca* n'était certes pas parfait. On y retrouvait toute la gamme des préjugés culturels, notamment l'exclusion des femmes de la fonction de juge ou le fait de traiter avec moins de férocité les crimes commis contre les femmes que ceux contre les hommes. Mais ces réserves mises à part, les procédures étaient rapides et la communauté qui y participait s'estimait généralement satisfaite. Lors de diverses crises survenues plus tard dans le monde, les autorités ont envisagé d'adopter ce modèle parce qu'il remplissait bon nombre des objectifs de la réconciliation.

Qu'ils choisissent de porter leurs pièces numériques à La Haye ou aux instances juridiques locales, les citoyens auront certainement l'occasion de s'impliquer davantage dans le processus transitoire de justice et de réconciliation. Ils pourront instantanément télécharger dans le nuage des documents, des photos et tout type de preuves concernant un conflit ou la répression du régime dans une banque de données internationale, où ils seront classés et versés au dossier correspondant afin que les tribunaux, les journalistes et d'autres en disposent. La création de sites commémoratifs ouverts à la participation et de systèmes permettant à la population d'exprimer ses griefs de façon organisée — les communautés utiliseront peut-être des algorithmes de

1. *Ibid.*

schématisation conceptuelle pour regrouper les arguments les plus communs – permettra de maintenir la confiance de groupes qui, une fois le conflit terminé, risquent de commencer à sentir qu'on les néglige. Les citoyens des quatre coins du monde verront la justice se rendre en temps réel sur leur téléphone, grâce à la diffusion en streaming du procès des principaux responsables, et disposeront au bout des doigts d'une mine d'informations concernant chaque étape de la procédure. La documentation des crimes (physiques ou virtuels) d'un régime déchu déborde du cadre des poursuites judiciaires : une fois tous les vilains secrets de l'État mis en ligne, aucun gouvernement ne pourra vraiment perpétrer les mêmes actes. Les observateurs politiques s'inquiètent toujours de voir les États sortant d'un conflit revenir à l'autocratie, et ils guettent les signes d'un tel glissement ; l'exposition totale des méfaits de l'ancien régime – la façon précise dont il brutalisait les dissidents, espionnait les activités en ligne de ses citoyens, cachait de l'argent à l'étranger – devrait aider à désamorcer ce risque.

De tous les sujets que nous avons abordés, l'avenir de la reconstruction est peut-être celui qui prête le plus à l'optimisme. Peu de choses sont aussi destructrices qu'une catastrophe naturelle ou la guerre, voire les deux, mais il apparaît nettement que les processus de transition suivant une crise tendent à devenir plus brefs et plus satisfaisants. Pour une fois en matière de géopolitique, le monde semble disposé à tirer les enseignements de chaque cas de reconstruction, à retenir ce qui fonctionne, ce qui ne fonctionne pas et ce qui mérite perfectionnement. Les applications intelligentes que nous procureront la technologie des communications et la généralisation de la connectivité vont accélérer la reconstruction, permettre l'implication de la population, et favoriser l'édification d'une société meilleure, plus robuste et plus résiliente. Il suffira pour cela d'un soupçon de créativité, de beaucoup de bande passante et d'une certaine volonté d'innover.

Conclusion

Quand on considère l'avenir — avec ses promesses et ses défis —, on voit s'annoncer le meilleur des mondes, la période la plus bouillonnante et la plus excitante de l'histoire de l'humanité. Nous allons vivre plus de transformations et plus rapidement que n'importe quelle génération précédente, et ces changements, conduits en partie par des appareils qui tiennent dans la main, auront une dimension plus personnelle et plus participative qu'on n'oserait l'imaginer.

En 1999, dans le visionnaire *The Age of Spiritual Machines : When Computers Exceed Human Intelligence*, le futurologue Ray Kurzweil évoquait la « loi du retour accéléré » : « La technologie, écrivait-il, est la continuation de l'évolution par d'autres moyens, et elle est en elle-même un processus évolutionniste[1]. » L'évolution se développe selon un ordre qui lui est propre, et qui aboutit avec le temps à une croissance exponentielle et à des retours accélérés. L'informatique, qui est l'épine dorsale de toutes les technologies que nous voyons aujourd'hui, se comporte en grande mesure de la même façon. Même si l'on tient compte des limites qu'elle rencontrera fatalement, la loi de Moore nous promet des processeurs infinitésimalement plus petits d'ici à peine quelques années. Nous fabriquons tous les deux jours autant de contenu numérique qu'on en a fabriqué de l'aube

1. Ray Kurzweil, *The Age of Spiritual Machines : When Computers Exceed Human Intelligence*, New York, Viking, 1999, p. 32.

de la civilisation jusqu'à 2003[1] —, soit environ cinq exaoctets d'information, alors que seuls deux milliards d'individus[2] sur sept possibles sont connectés à Internet[3]. Combien d'idées, de perspectives et de créations va produire la véritable inclusion technologique mondiale, et à quelle vitesse leur effet se fera-t-il sentir ? L'arrivée de nouveaux participants dans le monde virtuel est une bonne nouvelle pour eux, mais aussi pour nous. Le bénéfice collectif du partage du savoir et de la créativité des humains se multiplie de façon exponentielle.

Demain, les technologies de l'information seront partout, comme l'électricité. Ce sera une évidence, si pleinement intégrée à notre existence que nous aurons du mal à décrire à nos enfants ce qu'était le monde auparavant. Avec ses milliards de nouveaux connectés, la technologie sera bientôt mêlée à tous les problèmes du monde. Les États, les citoyens et les entreprises l'appliqueront à toutes leurs solutions.

Toute tentative de contenir la propagation de la connectivité ou d'empêcher les gens d'y accéder est vouée à l'échec à plus ou moins long terme — comme l'eau, l'information trouvera toujours un chemin. États, citoyens, entreprises, ONG, consultants, terroristes, ingénieurs, politiciens ou pirates, tous chercheront à s'adapter au changement et à en gérer les conséquences, mais aucun ne parviendra à la maîtriser.

Il nous semble que l'immense majorité des habitants de la planète vont tirer un bénéfice très net de la connectivité, qui leur apportera davantage d'efficacité et d'opportunités, ainsi qu'une meilleure qualité de vie. Mais au-delà de ces bienfaits quasi universels, l'expérience de la connexion ne sera pas la même pour tous. On verra se mettre en place un système de castes numériques appelé à durer longtemps, et la façon dont chacun vivra ce progrès dépendra en grande mesure de la position qu'il occupera dans ce paysage. L'infime minorité au

1. M. G. Siegler, « Eric Schmidt : Every 2 Days We Create as Much Information as We Did up to 2003 », *TechCrunch*, 4 août 2010.

2. « The World in 2010 : ICT Facts and Figures », ITU News, décembre 2010, http://www.itu.int/net/itunews/issues/2010/10/04.aspx.

3. « U.S. & World Population Clocks », U.S. Census Bureau, consulté le 26 octobre 2012, http://www.census.gov/main/www/popclock.html.

sommet sera largement à l'abri des effets indésirables de la technologie, grâce à sa richesse, au type d'accès dont elle disposera ou à sa localisation géographique. La classe moyenne sera aux manettes de l'essentiel du changement, puisqu'elle fournira les inventeurs, les dirigeants des communautés en exil et les propriétaires de petites et moyennes entreprises. Cette classe-là se compose des deux milliards d'individus déjà connectés.

Les cinq milliards de personnes qui s'apprêtent à entrer dans le club vont connaître beaucoup plus de changements, ne serait-ce que du fait du type d'endroit où ils habitent et de leur nombre. Ils auront droit aux plus grands bienfaits de la connectivité, mais subiront aussi les plus graves inconvénients de l'âge numérique. C'est cette population qui fera les révolutions et défiera les États policiers, mais c'est aussi celle qui sera traquée par ses autorités, harcelée en ligne par des meutes haineuses et prise dans le tourbillon des guerres de communication. Bon nombre des difficultés que connaît leur monde perdureront malgré l'avènement de la technologie.

Alors finalement, que croyons-nous savoir du monde de demain ?

En premier lieu, il est clair que la technologie n'est pas en elle-même une panacée pour tous les maux de la terre, mais son usage intelligent peut considérablement changer les choses. De plus en plus, l'ordinateur et l'homme vont se partager les tâches selon leurs compétences respectives. L'intelligence humaine servira pour son jugement, son intuition, son sens de la nuance et toutes les interactions spécifiques à l'homme ; l'ordinateur nous apportera sa mémoire infinie, sa rapidité de traitement et se chargera généralement de toutes les tâches inaccessibles à la biologie humaine. Nous lui demanderons d'établir des corrélations prédictives à partir d'immenses masses de données pour repérer et attraper les terroristes, mais la façon dont nous les interrogerons et les traiterons demeurera du ressort de l'homme et de ses lois. Les robots envoyés au combat préviendront certaines morts grâce à leur précision et à leur capacité d'analyse de la situation, mais c'est le jugement humain qui déterminera le contexte dans lequel ils seront employés et le type d'actions qui leur seront confiées.

Ensuite, le monde virtuel ne va pas s'emparer de l'ordre mondial existant ni le renverser, mais il va compliquer à peu près tous les comportements. Les peuples et les États préféreront l'espace dans lequel ils ont la plus grande maîtrise — le virtuel pour les peuples, le physique pour les États — et cette tension est appelée à durer aussi longtemps qu'existera Internet. Les foules virtuellement courageuses seront peut-être capables de mettre une révolution en route, mais l'État recourra toujours aux rafles brutales dans les rues. Les minorités séparatistes pourront rechercher leur indépendance virtuelle et trouver dans cette quête une force agglomérante, mais si l'aventure tourne mal, les participants et leur cause pourraient en sortir perdants aussi bien dans le monde physique que virtuel.

Troisièmement, les États devront mener de front deux politiques étrangères et deux politiques intérieures — dans le monde virtuel et dans le monde physique — et ces politiques apparaîtront parfois contradictoires. Ils déclencheront des cyberattaques contre des pays auxquels ils n'oseraient jamais s'en prendre militairement. Ils autoriseront en ligne le défoulement des dissensions, mais patrouilleront vicieusement sur la place du village à la recherche de contestataires un peu trop expressifs pour leur fondre dessus. Ils participeront à des interventions d'urgence dans le domaine des télécommunications sans envisager un instant d'avoir à poser leurs bottes (ou leurs robots) sur le sol concerné.

Enfin, une fois la connectivité et les téléphones portables omniprésents dans le monde, les citoyens disposeront de plus de pouvoir qu'ils n'en ont jamais eu dans l'histoire, mais il y aura un prix à payer, notamment en termes de vie privée et de sécurité. Les technologies dont nous parlons récoltent et stockent beaucoup d'informations personnelles — votre localisation passée, présente et future, ou les informations que vous consommez — qui sont conservées un certain temps pour que les systèmes fonctionnent. Jamais dans le passé on n'a disposé de tant d'informations, et il sera toujours possible qu'elles soient utilisées contre vous. Les nations adopteront de nombreuses lois à ce sujet, et les politiques qu'elles appliqueront seront variables, pas seulement entre les autocraties et les démocraties, mais entre pays au système politique similaire. Le risque que ces informations soient rendues publiques ne cesse d'augmenter, et si la technologie qui permettrait de les protéger existe, l'erreur humaine, les malfaisances et le simple passage du temps ne rendront que plus difficile le maintien de la confidentialité. Les entreprises qui s'occupent de stocker ces données ont la responsabilité d'assurer leur sécurité, et cela ne changera pas. La protection de la vie privée de l'individu relève aussi de leur responsabilité, mais ils partagent celle-là avec les usagers.

Il va falloir que nous nous battions pour notre vie privée, sous peine de la perdre, notamment en période de crise nationale, quand les faucons de la sécurité insisteront à chaque nouveau crime terrible pour que le gouvernement soit autorisé à accéder à des informations de plus en plus privées. Les gouvernements doivent décider d'où se situe la nouvelle limite de la vie privée et s'y tenir. La reconnaissance des visages, par exemple, garantira la sécurité des gens et leur prise en compte à tous les niveaux, du recensement jusqu'au vote, en rendant plus faciles le repérage et la capture des acteurs illicites, ce qui découragera les délinquants en herbe et favorisera la sécurité publique. Mais elle peut aussi donner au gouvernement le loisir d'exercer une plus grande surveillance sur son peuple.

Sera-t-il toujours possible à l'avenir de garder des secrets — un recours qui demeure aussi important pour les individus que pour les institutions ? Les nouvelles méthodes de chiffrement et de dissémination de segments d'information parmi les individus vont donner lieu à des problèmes d'un genre inédit. Bientôt, différents groupes — des malfaiteurs aux dissidents — auront la possibilité de s'emparer d'un secret (une série de codes ou un jeu de documents confidentiels, par exemple), de l'encrypter, de le morceler et d'allouer une partie de la clé de chiffrement à chacun de leurs membres. Ils pourront alors passer un pacte de publication mutuellement garantie – c'est-à-dire que, dans certaines circonstances, tout le monde apportera son fragment de clé pour libérer les données. Ce type d'accord pourra aussi bien servir à agir contre un gouvernement qu'à terroriser des individus. Et si un groupe comme al-Qaïda met la main sur des données sensibles encryptées – le nom et la localisation d'agents secrets de la CIA, par exemple –, il pourra en distribuer une copie à tous ses affiliés avec une clé commune et menacer de rendre l'information publique si n'importe lequel de ses groupes subit une attaque.

L'avenir qui se dessine, et que nous avons voulu décrire ici, est un conte de deux civilisations : l'une, physique, s'est développée sur des milliers d'années, l'autre, virtuelle, est en cours de formation. Ces civilisations coexisteront de façon plus ou moins pacifique, chacune atténuant les aspects négatifs de l'autre. Le monde virtuel permettra au citoyen d'échapper à la répression de l'État, lui offrant de nouvelles occasions de s'organiser et de se révolter; d'autres citoyens se contenteront de se connecter pour apprendre et jouer en ligne. Le monde physique imposera des règles et des lois qui canaliseront en partie la nature anarchique de l'espace virtuel et protégeront les individus du piratage terroriste, de la désinformation et même des traces numériques de leurs propres excès de jeunesse. La pérennité des données compliquera la tâche des criminels qui chercheront à minimiser leurs actes ou à les nier, imposant dans le monde physique un degré de responsabilité jamais connu.

Les civilisations virtuelle et physique s'influenceront et se façonneront mutuellement; notre monde se définira par l'équilibre qu'elles trouveront. Il nous semble que le résultat multidimensionnel de ce processus, sans être nécessairement parfait, sera toutefois plus égalitaire, plus transparent et plus intéressant que tout ce qu'on peut imaginer. À travers un genre de contrat social, les usagers renonceront volontairement à certaines choses qu'ils valorisent dans le monde physique — la vie privée, la confidentialité, les données individuelles — afin de profiter des avantages de la connexion au monde virtuel. Inversement, s'ils viennent à se sentir privés de ces avantages, ils emploieront les outils à leur disposition pour exiger des comptes et imposer le changement dans le monde physique.

Notre optimisme ne se fonde pas sur quelques gadgets de science-fiction ou quelques hologrammes, il tient au contrôle que permettent la technologie et la connectivité contre les abus, les souffrances et la destruction. Quand l'exposition publique rencontre l'opportunité, tout devient possible. Le mieux que puisse faire quelqu'un pour améliorer la qualité de vie de n'importe quelle région du monde, c'est d'y apporter la connectivité et les opportunités technologiques. Une fois que l'accès leur aura été ouvert, les gens s'occuperont du reste. Ils savent déjà ce dont ils ont besoin et ce qu'ils veulent bâtir, et ils trouveront moyen d'y parvenir avec le plus misérable ensemble d'outils qui soit. Quiconque est sensible à la prospérité économique, aux droits de l'homme, à la justice sociale, à l'éducation ou à l'autodétermination doit se demander de quelle façon la connectivité peut nous aider à atteindre ces objectifs et même à les dépasser. Nous ne pouvons pas éliminer les inégalités ou les abus de pouvoir, mais à travers l'inclusion technologique, nous pouvons favoriser le transfert du pouvoir aux mains de l'individu et nous en remettre à ce dernier pour la suite. Ce ne sera pas facile, mais le jeu en vaudra la chandelle.

REMERCIEMENTS

Cet ouvrage est le fruit d'une collaboration qui a duré près de trois ans, mais il n'aurait pas vu le jour sans l'incroyable générosité qui a poussé nos amis, nos familles et nos collègues à s'y impliquer.

En premier lieu, nous sommes immensément redevables envers Sophie Schmidt, qui pendant dix mois a été notre éditrice interne et une partenaire déterminante dans la rédaction. Par son esprit, sa vision stratégique et sa puissance analytique, Sophie nous a aidés à donner vie à nos idées. Sa perception du monde politique et du monde technologique l'a placée dans une position unique pour donner au livre la rigueur et le juste équilibre entre le discours technique et la politique étrangère d'un côté, et l'analyse actuelle et les spéculations futuristes de l'autre. Sophie a également été du voyage qui nous a conduits dans un certain nombre des points chauds de la planète ici évoqués.

Nous devons aussi un grand merci au Council on Foreign Relations (CFR), qui a été le premier à nous suggérer d'écrire ensemble un article pour sa revue *Foreign Affairs* à l'été 2010. Cet article a inspiré les conversations qui ont conduit à ce livre. Merci en particulier à Richard Haas et aux autres dirigeants du CFR.

Notre gratitude va aussi à notre ami Scott Malcomson, qui dès les premiers jours s'est rendu indispensable à l'élaboration du manuscrit. Nous étions tous deux des admirateurs de son œuvre de journaliste, de penseur de la politique étrangère et d'écrivain avant même de l'embaucher. Sa profonde culture générale, sa connaissance pointue du système international et sa conscience de la nature révolutionnaire de la technologie ont fait de lui un conseiller et un correcteur idéal dans la phase critique du premier jet. Mais ce qui nous inspire le plus de reconnaissance, c'est encore l'amitié que nous avons nouée tout au long du processus avec un esprit si merveilleux et brillant.

Merci aussi aux premiers lecteurs de notre manuscrit : Robert Zoellick, Anne-Marie Slaughter, Michiko Kakutani et Ian Bremmer. Chacun d'eux a trouvé de la place dans un emploi du temps extrêmement chargé pour nous offrir ses commentaires et son éclairage professionnel.

Nous avons eu plusieurs partenaires dans le travail de recherche, sans lesquels ce livre n'aurait pas vu le jour. Merci en particulier à Kate

Krontiris, qui nous a apporté l'assurance que nos propos les plus audacieux reposaient sur des données quantitatives exactes. Merci aussi à Andrew Lim, inépuisable dans ses recherches qui ont été utiles à chacun des chapitres. Sa capacité à systématiquement faire aboutir ses recherches quasiment dans la journée nous a beaucoup impressionnés. Nous tenons aussi à remercier Thalia Beaty, qui nous a rejoints vers la fin et s'est montrée immensément utile dans les dernières recherches.

Les entretiens individuels ont été précieux, et nous tenons particulièrement à remercier l'ancien secrétaire d'État Henry Kissinger ; le président rwandais Paul Kagamé ; le Premier ministre de Malaisie Mohd Najib Abdul Razak ; l'ancien président mexicain Felipe Calderón ; le prince saoudien Al-Walid ben Talal ; le chef d'état-major de l'armée pakistanaise Ashfaq Parvez Kayami ; l'ancien Premier ministre pakistanais Sharkat Aziz ; le cofondateur de WikiLeaks Julian Assange ; l'ancien Premier ministre de Mongolie Sukhbaatar Batbold ; l'homme d'affaires mexicain Carlos Slim Helú ; le Premier ministre tunisien Hamadi Jebali ; l'ancienne administratrice de la DARPA Regina Dugan, qui travaille aujourd'hui pour Google ; le premier vice-président d'Android, Andy Rubin ; le patron de la recherche chez Microsoft, Craig Mundie ; le P-DG de Vodafone, Vittorio Colao ; le professeur honoraire de Brookings Peter Singer ; l'ancien patron du Mossad Meir Dagan ; le président de Taj Hotels, Prakash Shukla, et l'ancien ministre mexicain de l'Économie Bruno Ferrari.

Un certain nombre d'amis, de collègues et de parents ont bien voulu que nous les embêtions à diverses étapes de la rédaction. Nous souhaitons remercier Pete Blaustein, étoile montante dans le domaine de l'économie, dont les idées ont été essentielles pour plusieurs chapitres de ce livre ; Alec Ross, dont l'amitié et la grande connaissance de l'entrecroisement entre la technologie et la politique étrangère nous a orientés et donné l'impulsion qu'il nous fallait pour aller un peu plus loin dans nos prédictions ; Jeffrey McLean, qui nous a apporté un éclairage stratégique précieux concernant l'avenir du combat et des conflits ; Trevor Thompson, qui nous a permis de mieux comprendre ce que seront les champs de bataille de demain ; et Nicolas Berggruen, qui a été l'un des premiers à nous encourager dans ce projet et qui en a lu les premiers brouillons.

Knopf est un éditeur formidable, et l'origine de sa réputation est évidente. Son chef, Sonny Mehta, nous a encouragés à être audacieux, à voir grand et à écrire quelque chose qui voie loin. Jonathan Segal a fait mieux que se montrer à la hauteur de sa réputation, il nous a aidés à emmener le manuscrit dans des directions qui le rendraient plus fort. Sa créativité et sa vision d'éditeur ont été déterminantes.

Notre agent, Mel Parker, a su nous trouver un éditeur qui partageait notre vision dans le choix de ce sujet difficile. Nous voudrions aussi remercier les nombreux individus chez Google qui nous ont offert leurs idées dans les différentes phases de l'écriture. Les cofondateurs de Google Larry Page (qui en est aussi le P-DG) et Sergey Brin sont pour nous une source constante d'inspiration. Justin Kosslyn, visionnaire chef produit de Google Ideas, nous a aidés à donner corps à certaines de nos prédictions. Justin va incontestablement faire parler de lui dans le futur. Lucas Dixon, membre de l'équipe Google Ideas et brillant ingénieur, nous a aidés à voir clair dans certains aspects les plus techniques du livre. Nous avons aussi abondamment puisé dans nos conversations avec de nombreux employés actuels ou passés de Google : Larry Alder, Jieun Baek, Brendan Ballou, Eric Brewer, Shona Brown, Scott Carpenter, DJ Collins, Yasmin Dolatabadi, Marc Ellenbogen, Eric Gross, Jill Hazelbaker, Shane Huntley, Minnie Ingersoll, Amy Lambert, Erez Levin, Damian Menscher, David Pressoto, Nigel Snoad, Alfred Spector, Matthew Stepka, Astro Teller, Sebastian Thrun, Rachel Whetstone et Mike Wiacek.

Certaines personnes chez Google nous ont aidés à organiser la logistique et les voyages indispensables à ce livre : Jennifer Barths, Kimberly Birdsall, Kimberly Cooper, Dominique Cunningham, Danielle « Mr D » Feher, Ann Hiatt, Dan Keyserling, Ann Lavin, Marty Lev, Scott Rubin, Pam Shore, Manuel Temez et Brian Thompson.

Merci aussi à tous les amis et collègues dont les idées et la pensée nous ont été profitables : Elliott Abrams, Nazanin Ash, Ruzwana Bashir, Richard Branson, Chris Brose, Jordan Brown, James Bryer, Amanda Catanzano, Mike Cline, Steve Coll, Peter Diamandis, Larry Diamond, Jack Dorsey, Mohamed el-Erian, James Fallows, Summer Felix, Richard Fontaine, Dov Fox, Tom Freston, Malcolm Gladwell, James Glassman, Jack Goldsmith, David Gordon, Sheena Greitens, Craig Hatkoff, Chris Hughes, Walter Isaacson, Dean Kaman, David Kennedy, Erik Kerr, Parag Khanna, Joseph Konzelmann, Stephen Krasner, Ray Kurzweil, Eric Lander, Claudia Mendoza, Evgeny Morozov, Dambisa Moyo, Meghan O'Sullivan, Farah Pandith, Barry Pavel, Steven Pinker, Joe Polish, Alex Pollen, Jason Rakowski, Lisa Randall, Jane Rosenthal, Nouriel Roubini, Vance Serchuk, Kristen Silverberg, Michael Spence, Stephen Stedman, Dan Twining, Decker Walker, Tim Wu, Jillian York, Juan Zarate, Jonathan Zittrain et Ethan Zuckerman.

Merci encore aux gars de Peak Performance, notamment Joe Dowdell et José et Emilio Gómez, qui ont su nous maintenir en forme lors des dernières phases de la rédaction.

Quant à nos familles : Jared tient à remercier très particulièrement Rebecca Cohen, qui pendant l'élaboration du livre est passée du statut de petite amie du bout du monde à celui d'épouse. Elle a été une partenaire intellectuelle du début à la fin, et l'une de nos plus précieuses conseillères. Sa connaissance du système juridique a soulevé toute une gamme de questions dérangeantes qui ont fini par devenir un élément central de plusieurs chapitres. Merci aussi à Dee et Donald Cohen, Emily et Jeff Nestler, Annette et Paul Shapiro, Audrey Bear, et Aaron et Rachel Zubaty pour la solidarité familiale. Nous éprouvons aussi une gratitude particulière envers Alan Mirken, vieux loup du monde de l'édition et qui, non content d'être un grand-oncle, se montre toujours lumineux dans ses conseils et son orientation.

Eric tient à adresser des remerciements éternels à Wendy Schmidt, qui a su apporter de l'humanité et un sens à la vie d'un responsable technologique aride. Elle sait à la perfection établir une passerelle entre le monde des humains et celui des machines.

E. S. et J. C., janvier 2013

Table des matières

Composition Ütibi
Achevé d'imprimer
par CPI Firmin Didot,
à Mesnil-sur-l'Estrée, en octobre 2013.
Dépôt légal : octobre 2013.
Numéro d'imprimeur : 120161

ISBN 978-2-207-11671-5/Imprimé en France.

256211